# MULHERES DE CINEMA

Karla Holanda (org.)

# MULHERES DE CINEMA

Karla Holanda (org.)

EDITORA

MULHERES DE CINEMA

## SUMÁRIO

# PREFÁCIO
# "ELA É UM OUTRO": POR UMA OUTRA HISTÓRIA DO CINEMA

Ilana Feldman



O movimento mundial por equidade de gênero no cinema, da indústria cinematográfica ao campo da reflexão acadêmica, tem ganhado contornos cada vez mais claros também no Brasil, onde coletivos femininos se organizam para discutir a participação das mulheres na concepção, produção, crítica e pensamento acerca da produção audiovisual atual. Nesse cenário de novos questionamentos sobre o lugar da mulher como realizadora e pensadora do cinema, como sujeito do olhar, em vez de mero objeto do olhar alheio, nasce a original coletânea *Mulheres de cinema*, organizada por Karla Holanda.

Extremamente atual e imprescindível, esta obra traça um panorama do cinema realizado por mulheres de toda parte do globo terrestre, do Ocidente ao Oriente, do Norte ao Sul, do passado ao presente. Aos nomes das cineastas Alice Guy Blaché, Lois Weber, Esfir Chub, Leni Riefenstahl, Carolee Schneemann, Agnès Varda, Laura Mulvey, Chantal Akerman, Helena Solberg, Naomi Kawase, Trinh T. Minh-ha, María Novaro, María Luisa Bemberg, Lucrecia Martel, Safi Faye, Samira Makhmalbaf e Mira Nair, somam-se ainda estudos sobre realizadoras ameríndias, africanas, chinesas, portuguesas, iranianas, indianas, latinas, lésbicas, jovens, veteranas e pioneiras. A proposta é ousada e o panorama, vertiginoso. Tomadas pelo espanto, não conseguimos deixar de nos perguntar: Onde estávamos que nunca ouvimos falar dessa ou daquela realizadora? Por onde andávamos que nunca assistimos a uma imagem sequer de uma penca de filmes analisados? Onde elas se encontram e por onde circulam suas vozes e imagens?

Fazendo frente ao histórico silêncio e à invisibilidade que sempre combateram, censuraram, negligenciaram, omitiram ou simplesmente ignoraram a extensa e rica produção de mulheres cineastas, *Mulheres de cinema* vem preencher uma lacuna no campo das publicações acadêmicas no país dedicadas às questões de gênero, dando continuidade ao movimento iniciado com *Feminino e plural: mulheres no cinema brasileiro*, coletânea organizada por Karla Holanda e Marina Cavalcanti Tedesco (Papirus, 2017). Mas, longe de defender um "lugar de fala" que seria próprio ou exclusivo das mulheres, e supondo que o cinema realizado por elas seja um cinema efetivamente ancorado em uma *posição feminina*, trata-se aqui de propor uma leitura do feminino como multiplicidade, pluralidade e heterogeneidade. 

Seria essa posição feminina o que permite que as realizadoras se abram para embates com o passado e o presente? O que permite o diálogo e o encontro com a alteridade? O que permite uma passagem, como postulavam as feministas dos anos 1970, do pessoal ao político? Mas, afinal, o que entendemos por "feminino"? À luz da filosofia de Judith Butler, podemos reconhecer aqui o feminino não como uma comunidade de origem determinada pelo gênero, mas como uma *comunidade de destino*. O feminino, nesse sentido, não seria definido por uma anatomia, essência ou biologia, mas se construiria performativamente no âmbito social e cultural na forma de um compromisso com o porvir.

Desta feita, nos parece importante afirmar que o campo do feminino que verdadeiramente interessa diz respeito a uma posição subjetiva e discursiva sempre transgressiva, inclusive em relação à própria identidade, independentemente do sexo biológico, da raça e da origem social. O feminino como comunidade de destino estaria então em vários lugares, atravessado por muitas vozes, sotaques e estilos, e atravessando diversas origens, orientações sexuais e lugares sociais. Como a linguagem é sempre simplificadora, é perda a priori, chamemos de "mulheres" esse conjunto de realizadoras: O que elas teriam em comum? De que modo suas poéticas operariam como políticas? Quais contextos econômicos, políticos e culturais elas desafiariam ou transgrediriam? Que outros sentidos, rostos e mundos seriam por elas inventados?

A mulher não existe, nos diz a psicanálise. Não existe enquanto essência, substância, representação fixa. Mais próxima da plasticidade, do movimento, da errância, das diferentes diferenças e da transgressão de toda ordem constituída, historicamente dominada por identidades masculinas, majoritárias, ser mulher seria uma invenção, a partir das condições socioculturais e das relações de poder em uma dada civilização, de uma posição subjetiva singular. Portanto, "a" mulher não existe, pois o feminino, sempre plural e cindido, se esquiva de representações totalizantes. Mas, se realmente fizermos questão de que ela exista, pensemos então, parafraseando Rimbaud, que "ela é um outro".



Como então mapear, cartografar, organizar e revelar a história quase nunca contada desse outro, cuja força criadora reside em um território movediço de diferenças e singularidades que resistem a categorizações fixas? Aqui, o desafio de Karla Holanda é imenso: propor uma coletânea de textos que aproxime distintas realizadoras, de diversas origens, e que forme um conjunto coerente e contundente, mas sem ser fechado ou enclausurado em si mesmo. Sabendo que a história do cinema e de suas teorias foi, no decorrer do século XX, forjada pela eleição de cânones majoritariamente masculinos, esse conjunto se apresenta aberto para nós, sob o risco de todas as escolhas, recortes e esquecimentos, sob o risco, poderíamos dizer, de toda contingência. É então em nome dessa abertura contingente que cada leitor e leitora poderá convidar outras cineastas a participar dessa comunidade de mulheres, que, finalmente, deslocando-se de uma histórica posição subalterna, pode cindir as imagens, tomar posição e ser, de fato, sujeito do próprio olhar.

Sendo o cinema um espaço comum de pensamento e sabendo que ele só existe como uma fronteira instável que precisa ser permanentemente atravessada, *Mulheres de cinema* elege e reúne análises de pensadoras brasileiras que transitam pelo interior de diversas experiências cinematográficas, sem submetê-las a enquadramentos conceituais preexistentes e sem restringi-las a um panorama meramente histórico do cinema feito por mulheres. O livro é, portanto, animado por um gesto de reconstrução de uma história do cinema mundial, com suas teorias e ativismos, não hierárquica, não competitiva, uma história "minoritária" que poderíamos chamar de *uma outra história do cinema*, aquela que sempre se deu nas margens e nas bordas da história oficial e dos modos de produção hegemônicos.

Aqui, seria preciso ainda lembrar que o cinema não é simplesmente um conjunto de imagens e sons, uma reunião de representações sonoras da realidade, mas um agente cognitivo e sensível, um operador, potencialmente transformador, da própria realidade. Por isso, em *Mulheres de cinema*, trata-se de trazer à luz o olhar e a voz de um cinema inventado por mulheres, com mulheres, aberto às suas mais diversas inscrições e participações, aberto, inclusive, às suas ambiguidades e contradições. Paralelamente, trata-se também de promover o exercício do pensamento crítico, identificado como feminista ou não, ensaiando novos caminhos e articulações para a pesquisa e a reflexão cinematográfica no Brasil. Encarando os desafios da mulher na atualidade e as contradições do próprio feminismo, a obra se endereça, assim, ao presente, mas por meio de um compromisso profundamente ético com o passado e o porvir.

"Somos todas instruídas em dor", escreveu Marguerite Duras. O que *Mulheres de cinema* nos mostra é que o cinema de assinatura feminina tem feito dessa dor criadora não um drama, mas uma trama de permanente reinvenção do real e do próprio fazer cinematográfico, marcado pela abertura à alteridade das imagens. Nesse coração coletivo, mora o pessoal, o poético e o político.

# HISTÓRIAS DE CINEMA PARA MULHERES E HOMENS

Karla Holanda



Este livro reúne histórias do cinema mundial sob perspectiva inédita, que é a feminina. Pode parecer irreal que, passados mais de 120 anos da exibição de *A chegada de um trem à estação* (1895) - o filme dos irmãos Lumière, que marca o surgimento do cinema -, essa história não tenha sido devidamente contada. Ouvimos muito sobre esses e outros pioneiros de todos os períodos da história do cinema, mas quase nada sobre as mulheres que participaram dessa história e que dela ficaram de fora, ao menos da versão oficial. Cada vez mais, se percebe que essa narrativa, sem a devida e justa presença delas, já não é mais possível ser aceita e, muito em breve, será tida como engodo.

Entretanto, há poucas publicações ao redor do mundo que tentam contornar, com fôlego, esse constrangimento. Em geral, nelas se destacam importantes cineastas mulheres de alguns países. São iniciativas extremamente importantes para disseminar o cinema feito por elas. Mas a proposta desta coletânea é trilhar um percurso que, mesmo que em alguns casos parta de trajetórias de algumas cineastas, acima de tudo propicie momentos e contextos históricos que as encontrem. A ideia é pensar onde estavam as cineastas em determinados períodos em que a história do cinema canonizava diretores e suas obras, e discutir os filmes realizados por elas, bem como as frentes de pensamento que essa filmografia abre, nas dimensões histórica, teórica, estética, política, ética, humana - tudo isso reunido em um só volume.

Ao estudar o período silencioso, quando se desenvolvia a gramática do cinema ou se faziam experimentações livres, impossível não se conhecer de cor os aclamados pioneiros, mas por que nenhuma mulher foi pinçada para essa história? Para além da dificuldade de aceitação das mulheres ocupando espaços públicos no período em que o cinema nascia e se firmava, as mulheres, ao menos as de família mais abastadas, não trabalhavam fora de casa, eram confinadas ao espaço doméstico. Era, assim, até aceitável que estivessem mesmo distante da realização de cinema. Todavia, indiferentemente aos obstáculos, mulheres filmaram, foram contemporâneas de muitos dos "grandes", com quem coabitaram o mesmo espaço e tempo. Alice Guy Blaché, o exemplo mais indefensável da injustiça da história, realizou centenas de filmes desde 1896, para só nos últimos anos começar a receber atenção. E, como ela, muitas outras não usufruíram em vida de reconhecimento.



A partir de pesquisas verticalizadas de autoras e autores brasileiros, importantes referências em suas áreas, este livro se compõe de capítulos que dão um grande panorama da história do cinema mundial feito por mulheres. Aqui, muito se encontrará sobre as pioneiras, que surpreenderão o leitor por não serem poucas e pela extensa produção em diversas partes do mundo. Reúnem-se histórias da participação das mulheres como diretoras em inúmeros países da América – em especial a Latina –, da Europa, da África e da Ásia.

A abrangência do recorte do livro é ousada, ao agrupar nacionalidades emblemáticas e histórias em momentos chave do cinema, como o período silencioso; a revolucionária União Soviética; a Alemanha nazista; a América Latina, com ênfase na Argentina, México e Brasil; o cinema chinês; o cinema africano; o cinema iraniano; o cinema indiano; o cinema português. Com viés politicamente emergente, temos os capítulos com as cineastas ameríndias e afirmações raciais no Rio de Janeiro. Destacam-se, entre dezenas de outras cineastas, Agnès Varda, Chantal Akerman, Naomi Kawase, Helena Solberg, Carolee Schneemann, Trinh T. Minh-ha, diretoras com reconhecido vigor em suas obras. Estudos sobre a espectatorialidade, a teoria feminista, o cinema lésbico e a pornografia feminina no cinema, também aqui presentes, demarcam o potencial epistemológico do pensamento sob a perspectiva das mulheres.

Desde o início do desenho desta coletânea, atentou-se para a urgência de se delinear, além do eurocêntrico, um horizonte decolonial – dando espaço a cinematografias contra-hegemônicas, pertencentes a contextos "menores". O presente reivindica abalos na estabilidade de olhares, pensamentos, referenciais, já devidamente petrificados pela história hegemônica do cinema. Esses abalos implicam pensar outros modos de vida ou de se fazer cinema, afinal há centenas de narrativas de outras culturas, outras experiências: não é possível acreditar que há *uma* forma mais "certa" que outra. Por isso, aqui estão contemplados, lado a lado, longas e curtas-metragens; filmes premiados nos mais renomados festivais do mundo e filmes lançados gratuitamente na internet; filmes produzidos com muitos recursos e filmes sem recurso algum. Nenhuma restrição a formato e tamanho do filme ou proeminência da cineasta.



Estamos cientes de que as categorias "mulheres" e "homens" não esgotam as possibilidades de gêneros na constituição das sociedades, há inúmeros arranjos admissíveis entre um e outro. Mas, ao reivindicar os termos "feminino" ou "mulheres", estamos utilizando um atalho para nos referirmos à condição subalternizada por gênero, o que, evidentemente, inclui tantas outras configurações possíveis na expressão da sexualidade e de ser no mundo.

Não pretendemos ocupar todos os interstícios dessa história imensamente lacunar, mas a partir da força de algumas presenças, sugerimos o quanto ainda há a percorrer pelas brechas deixadas. Acreditamos que esta coletânea, que põe em xeque a história tradicional – aquela guiada pelos vícios do patriarcado –, seja indispensável para estudos do cinema no século XXI, pois a ideia é estimular olhares renovados, desabituados.

É possível que essa perspectiva feminina do cinema que trazemos aqui leve um frescor restaurador às leitoras, como a confirmar o que muitas já intuíam. No entanto, o livro não é restrito ao universo das mulheres; é uma história igualmente para homens. É imprescindível convocar a empatia masculina pela "causa", afinal não se trata de competição pueril entre sexos. A verdade é que não se pode aspirar por uma sociedade minimamente mais justa sem a compreensão, por amplos espectros da sociedade, do fato histórico da desigualdade que rege os tratamentos destinados a homens e mulheres, o que o panorama trazido por *Mulheres de cinema*, nos parece, revela de forma inequívoca.

# AGRADECIMENTOS



O risco de agradecer e ser injusta com eventuais esquecimentos é recompensado pela alegria de lembrar de cada nome ou cada grupo nessa hora. A cada menção me vem a lembrança dos momentos certeiros em que essas presenças foram fundamentais na organização desta coletânea. Agradeço, em primeiríssimo lugar, às autoras e aos autores dos capítulos por terem embarcado nessa sinergia, acreditando na urgência dessas escritas. Agradeço às colegas que me inspiram com suas pesquisas, muitas aqui já agradecidas como autoras, e ainda Sheila Schvarzman, Luciana Corrêa de Araújo, Ilana Feldman, Consuelo Lins, Andréa França, Esther Hamburger, Mariana Tavares, Anita Leandro, Karla Bessa, Lúcia Nagib, Sara Brandellero, Lúcia Monteiro. Agradeço às alunas e aos alunos da UFF e da UFJF, com quem tive a alegria de estabelecer trocas que me formam continuamente. Agradeço às colegas e aos colegas de trabalho pelas constantes e cordiais partilhas. Agradeço às cineastas brasileiras e às de todo o mundo. Agradeço à Adriana Maciel e à sua Numa, editora que acreditou no projeto no primeiro instante. Agradeço à Eliane Terra, ao Luiz Garcia, à Queta Satt, à Denise Tavares – pelos pitacos e interlocuções sempre afetuosos, pela amizade e pelo incentivo de tantas maneiras. A cada uma, a cada um, aos carnavais, às coisas inomináveis, a tudo que nos encoraja a ir adiante e com fé em um Brasil justo, bom, alegre e generoso.

# AS RUIDOSAS MULHERES DO CINEMA SILENCIOSO

Flávia Cesarino Costa



Em 1977, o historiador de cinema Anthony Slide foi um dos primeiros a dizer que, no início do século XX, muitas mulheres se envolveram com o cinema. Em seu livro *Early Film Directors*, ele afirma que "antes de 1920, houve mais mulheres trabalhando na indústria cinematográfica norte-americana do que em qualquer período posterior" (SLIDE, 1977, p. 9),[1] mas a maior parte das teóricas feministas o ignorou. Na década de 1970, quando os estudos feministas de cinema ganharam força, ninguém imaginava que tantas mulheres haviam participado do período silencioso, e que elas tinham trabalhado em funções tão diversas na cadeia de produção, distribuição e exibição de filmes. Naquele momento, o foco dos estudos e festivais de cinema feministas abarcava somente a existência de diretoras, e só as mais conhecidas, como Alice Guy-Blaché, Lois Weber e Dorothy Arzner (GAINES, 2002, p. 89).

Foi apenas a partir dos anos 1990, vinte anos depois dos primeiros estudos e das novas perguntas trazidas no Simpósio de Brighton (1978), que a academia começou a pesquisar sistematicamente essas mulheres, e a intensificação do trabalho de pesquisadoras e pesquisadores mostrou que havia toda uma atividade feminina escondida. Desde então, as ruidosas mulheres do cinema silencioso começaram a sair das sombras, sendo lentamente (re)descobertas por terem atuado em um amplo espectro de atividades, como roteiristas, produtoras, operadoras de câmera, donas de estúdio, montadoras, argumentistas, distribuido-

1. Todas as citações em língua estrangeira neste capítulo foram traduzidas pela autora.

ras, projecionistas, exibidoras, designers de arte, de vestuário, de letreiros, laboratoristas, coloristas e animadoras. A presença delas vem sendo constatada em vários lugares do mundo, principalmente em esferas mais industrializadas do cinema ocidental, como no cinema europeu e, sobretudo, no norte-americano, no qual filmes e registros sobre essas atividades foram preservados de forma mais sistemática e permanente, e vêm sendo encontrados ou redescobertos.

Hoje sabemos que, nas duas primeiras décadas do cinema, as atividades de produção e exibição de filmes eram irregulares, desregulamentadas e flexíveis, o que de certa forma permitiu que, em diversos lugares do mundo, mulheres pudessem experimentar e inventar em funções que inúmeras vezes não se resumiam a simplesmente atuar em frente às câmeras e que não estavam definidas como masculinas. A divisão de tarefas não era fixa, e as diretoras podiam facilmente mover-se entre várias funções detrás das câmeras, como editar, roteirizar, dirigir e produzir (SACCONE, 2017, p. 10). Foi um tempo em que "o futuro da mídia não estava decidido, no qual a experimentação, a inovação, as rápidas mudanças e o empreendedorismo eram frequentes", e as mulheres participavam disso tudo (VATSAL, 2002, p. 120). No entanto, a participação feminina atrás das câmeras diminuiu drasticamente no final da década de 1920, com a verticalização e concentração da indústria cinematográfica, e caiu no silêncio e na obscuridade.

Por que as mulheres tiveram a liberdade de entrar no ramo, para depois serem totalmente expulsas dele? Em suas memórias, Alice Guy-Blaché descreve o início de sua carreira e conta a proposta que fez ao seu chefe, Léon Gaumont, de filmar umas cenas com alguns amigos atuando. Ele concordou, desde que isso não atrapalhasse suas funções como secretária, e isso a levou a ser uma das primeiras diretoras de filmes de ficção da história. Porém, ela faz uma observação curiosa quanto à permissão de seu chefe, que diz muito sobre a questão: "Se o futuro desenvolvimento do cinema tivesse sido previsto naquele tempo, eu jamais teria obtido o seu consentimento" (GUY-BLACHÉ, 1996, p. 27). Para Jane Gaines, a afirmação de Guy-Blaché explica claramente porque as mulheres puderam trabalhar no cinema dos Estados Unidos, da Europa e de muitos outros lugares do mundo nesse período:

> Ninguém sabia que o cinema iria se tornar um grande negócio. Essa não era ainda uma indústria significativa, e com tão pouca coisa em jogo (tão pouco poder, tão pouco capital), muito podia ser concedido às mulheres. O campo estava vazio, e elas puderam entrar com relativa facilidade. (...) Foi um momento inocente em que não se imaginava a possibilidade seja de autoria, seja de um diretor. Temos aqui a indústria antes da especialização e da elaborada divisão do trabalho do *studio system*, com seus múltiplos diretores (GAINES, 2002, p. 105-106).



Quando se trata de mulheres diretoras, houve enorme heterogeneidade, seja de estilos, seja nas diversas formas de produzir filmes. Muitas delas inovaram e desafiaram as técnicas existentes, na enorme diversidade de filmes que elas fizeram, desde os documentários e noticiosos, até as ficções, fantasias e animações, formatos genéricos como comédias e melodramas, bem como filmes experimentais e de vanguarda. Não havia apenas uma maneira de ser diretora, seja no cinema *mainstream*, seja nas formas fílmicas menos convencionais. Elas podiam dirigir filmes de maneira individual, mas frequentemente participavam de experiências colaborativas. Algumas diretoras enfatizavam fortemente perspectivas femininas, mas muitas outras não. O conceito de "diretora" é, portanto, muito pouco monolítico. Elas viveram um período de grandes transformações e fizeram de tudo. Algumas delas, como Alice Guy-Blaché e Lois Weber, se tornaram diretoras muito jovens, outras assumiram a função para ajudar ou suceder seus maridos em suas empresas. Algumas produziram de forma independente, rarefeita ou amadora, enquanto outras se inseriram nos sistemas comerciais de produção, distribuição e exibição. Grande parte delas produziu poucos filmes, como Madeline Brandeis, Marie-Louise Iribe, Cléo de Verberena e Maya Deren. Outras filmaram durante anos, como Alice Guy-Blaché e Lois Weber, que trabalharam até o fim do período silencioso, e Lotte Reiniger, que produziu suas animações até a chegada da TV. A maior parte das diretoras conhecidas e estudadas é norte-americana – e elas já estavam dirigindo e enfrentando machismo, discriminação e restrições econômicas bem antes de terem direito ao voto (SACCONE, 2017, p. 6-7). Algumas dessas mulheres tiveram carreiras que atravessaram países, enquanto outras são identificadas com lugares específicos (Lois Weber nos Estados Unidos, Germaine Dulac na França, Leni Riefenstahl na Alemanha nazista e Elvira Notari na Itália) ou com setores específicos dentro de países (como o cinema afro-americano de Zora Neale Hurston, Tressie Sanders e Maria P. Williams). Diferentes razões – pessoais, econômicas, culturais e geográficas – levaram essas mulheres a se envolverem com o cinema.

O sumiço das mulheres é mais intrigante quanto mais produtiva e realmente industrializada foi a atividade cinematográfica de cada lugar. A vasta maioria das historiadoras do tema é norte-americana, pesquisa o cinema dos Estados Unidos e tira partido de que a indústria cinematográfica criou, em seu início, muitas possibilidades de trabalho para as mulheres – principalmente em seu centro dinâmico, que foi Hollywood –, ainda que na década de 1920 elas, aos poucos, tenham desaparecido. O custo da produção de filmes aumentou gradualmente com a solidificação do sistema dos estúdios. Estrelas, histórias e sets ficaram mais caros e mais lucrativos. As corporações e a forte centralização da atividade tirou as oportunidades das mulheres, consideradas inadequadas para tratar com os magnatas do mundo financeiro, do qual dependiam cada vez mais para poder financiar e exibir seus filmes. O trabalho de direção foi sendo absorvido por um sistema de produção que considerava o legado teatral e literário (que tinha, muitas vezes, encorajado as mulheres a atuar detrás das câmeras, e do qual elas se orgulhavam) como algo "arcaico, talvez inconveniente, caótico", isto é, pouco eficiente para esse ambiente, dominado cada vez mais por produtores e seus códigos masculinos de comportamento. As mulheres diretoras foram ficando com os "filmes para mulher", até que a norma se tornou o diretor ser homem, enquanto as mulheres ainda eram admitidas em atividades como argumento, roteiro, montagem e vestuário, consideradas "mais femininas" (SACCONE, 2017, p. 11). Ainda que gradualmente afastadas de posições de comando e afastadas da história em favor da participação de seus colegas masculinos, essas mulheres tiveram sua atividade muito mais documentada do que em outros lugares.

Apesar de ter sido completamente omitida da primeira história do cinema (COISSAC, 1925), de ter sido descrita em outra como atriz

(BARDÈCHE; BRASILLACH, 1935) e de seus filmes terem sido atribuídos a outros diretores por Georges Sadoul (1948), Alice Guy-Blaché é hoje considerada a única diretora de cinema no mundo entre 1896 e 1906. Nascida em 1873, na França, morou no Chile quando criança e voltou a Paris quando seu pai, que era livreiro, foi à falência. Quando ele e seu irmão morreram, logo depois, e suas irmãs se casaram, Alice foi trabalhar como secretária e estenógrafa para Léon Gaumont. Ela estava presente quando Georges Demenÿ demonstrou e vendeu a patente de seu fonoscópio para a Gaumont, e acompanhou o chefe na demonstração feita pelos irmãos Lumière de seu cinematógrafo, em 22 de março de 1895.



Em 1896, Alice Guy escreveu, produziu e dirigiu *La feé aux choux* (*A fada do repolho*), seu primeiro filme, que era uma brincadeira sobre a ideia popular de que os bebês nasciam em repolhos. Como era comum no início do cinema, não se tratava de uma ficção, mas de uma espécie de alegoria em movimento, típica do cinema de atrações. No filme, que é composto apenas por um plano, uma mulher vestida de fada retira bebês de dentro de enormes repolhos cenográficos e os mostra para a câmera, interpelando o espectador com sorrisos marotos. Primeiro, aparecem dois bebês reais, peladinhos e esperneando, e no final, uma boneca. Em suas memórias, escritas entre 1947 e 1952, Alice Guy referia-se a esse filme como "seu primeiro filme de ficção", mas ele estava perdido. Ela conta que o filme mostrava um casal que visita as fadas à procura de um bebê. Levados ao jardim, eles verificam vários bebês retirados dos repolhos e acabam escolhendo um. Ela tinha sido, portanto, a primeira a fazer um filme de ficção. Nos anos 1990, um filme de Alice Guy foi descoberto na Cinemateca de Estocolmo e os pesquisadores o identificaram como sendo *La feé aux choux*. O problema é que esse filme não correspondia exatamente à descrição que ela fez em suas memórias. Descobriu-se que, ao comentar esse seu "primeiro filme", ela estava se referindo, na verdade, a um outro trabalho seu sobre o mesmo assunto, chamado *Sage femme de première classe*, produzido em 1902. Esse outro, mais próximo do que seria uma ficção, tem dois planos e três personagens, e seu enredo coincide com o que a diretora lembrava erroneamente como sendo a história de *La feé aux choux* (GAINES, 2018, p. 51-54).

O episódio mostra como é fácil criar versões incorretas sobre fatos históricos quando não temos acesso aos filmes e dependemos de memórias imprecisas, pressionadas por demandas de toda ordem. Nas cartas que trocou na época do filme, Alice Guy-Blaché nunca disse ter sido diretora de um filme de ficção (McMAHAN, 2002, p. 10). Contudo, ela escreveu suas memórias entre 1947 e 1952, em um esforço de não ser esquecida, quando o cinema já tinha se institucionalizado e apagado suas conquistas. A história do cinema feito por mulheres está, assim, sempre se refazendo a partir de muitas perguntas, alguns enganos e descobertas graduais, que reconfiguram o passado segundo demandas de reconhecimento. Depois de *La feé aux choux*, Alice Guy dirigiu e produziu (ou pelo menos supervisionou) cerca de seiscentos filmes de um rolo só, que tinham entre um e trinta minutos. Ela também produziu e dirigiu 150 fonocenas (*phonoscènes*) gravadas no cronofone (*chronophone*) da Gaumont. Seus filmes, muitos rodados em locações reais, são considerados ousados e energéticos.



Em 1907, Alice casou com Herbert Blaché, também empregado da Gaumont, que foi enviado aos Estados Unidos para produzir fonocenas em inglês, mas o negócio não avançou quando Thomas Edison não permitiu a distribuição desses filmes pela Motion Pictures Patents Company (MPPC), que concorria com seu aparelho de filmes sincronizados, o *kinetophone*. Nesse intervalo, o casal teve uma filha, mas em 1910, Alice Guy-Blaché já estava na ativa: criou sua própria companhia, a Solax, e usou o estúdio de Gaumont, em Long Island, para fazer filmes que eram distribuídos pela George Kleine Company. Em 1911, a empresa estava lucrando tanto que os Blaché se mudaram para Fort Lee, New Jersey, onde construíram um grande estúdio. Alice Guy supervisionou centenas de filmes para a Solax, e impulsionou a carreira de vários atores e atrizes em filmes que, de variadas formas, faziam muita crítica social. Alice Guy-Blaché era o polo dominante do casal. De 1910 a 1914, foi chamada de "diretora-geral" na Solax, e em Fort Lee, ela foi chefe de estúdio, dirigiu os filmes, supervisionou os *casts* e os outros diretores e dirigiu o estúdio. Foi também produtora, diretora e conselheira da companhia.

Em *A house divided* (1913) e *Matrimony's speed limit* (1913), a diretora enfatiza a possibilidade do casamento como parceria e ridiculariza as convenções, lançando mão dos atores Marion Swayne e Fraunie

Fraunholz, cuja fama ela construiu. Guy também fez muitos filmes de ação, típicos da época, mas que apresentam as personagens femininas como heroínas ativas, e outros que invertiam os papéis feminino e masculino. No final de 1913, Herbert Blaché iniciou sua própria companhia, na qual Alice trabalhou como assistente e diretora, mas logo depois o marido fugiu para a Califórnia com uma de suas atrizes. Tanto Herbert quanto Alice trabalharam para outras companhias até o final da década. O casal se divorciou em 1920 e Alice voltou para a França em 1922, depois de entrar em falência e ter que leiloar seu patrimônio (McMAHAN, 2013).

Em 1947, Alice Guy-Blaché foi morar com a filha e começou a fazer palestras sobre sua vida, o que lhe deu a ideia de trabalhar em suas memórias. De 1947 a 1952, ela escreveu sobre sua vida, fez sua filmografia e procurou por seus filmes, a maioria perdidos. Pouca gente lembrava dela, mas, em 8 de dezembro de 1954, o filho de Gaumont (Louis Gaumont) realizou, em Paris, a palestra "Madame Alice Guy-Blaché, a primeira cineasta mulher", na qual disse que ela foi "injustamente esquecida". Em 1955, ela recebeu a Legião de Honra francesa, e, no ano seguinte, a imprensa não noticiou uma cerimônia em sua honra na Cinemateca Francesa. Em 1965, a cineasta se mudou com a filha para os Estados Unidos, onde morreu em 1968. Suas memórias foram publicadas em 1976 em francês, e apenas em 1986 foram publicadas em inglês (McMAHAN, 2002, p. xxiii). Sua vida e filmografia têm sido pesquisadas com mais intensidade desde a década de 1990. Suas memórias parecem incompletas e têm muitos erros e imprecisões, mas são também um documento não apenas da sua própria história, mas do contexto mais amplo em que ela viveu e produziu, uma espécie de dimensão alternativa que é a matéria-prima de uma história feminista que procura mostrar vidas que foram ficando invisíveis. As memórias e autobiografias são "um cruzamento de memória, história e verdade" através do processo narrativo que elas constroem. Nelas, "podemos não apenas reconhecer novamente a falibilidade das histórias institucionalizadas, (...) mas também considerar o quão ativas estas mulheres têm sido na produção de histórias" (HASTIE, 2002, p. 36). Em 1914, Guy-Blaché declarou em uma entrevista que, na verdade, as mulheres estavam melhor talhadas do que os homens para dirigir, porque possuíam uma inteligência emocional que era crucial para dirigir atores e tinham atenção para os detalhes de objetos, vestimentas e cenários, coisa indispensável em uma mídia como o cinema (STAMP, 2018, p. 7).

Muitas razões levaram as mulheres a experimentar a direção de filmes na América do Norte. Em primeiro lugar, era fácil entrar no ramo, e também mover-se entre as atividades, que não tinham uma definição clara. Muitas começaram suas carreiras como atrizes e gradualmente foram passando para trás das câmeras, como Cleo Madison, Grace Cunard, Helen Holmes e Gene Gauntier, nos Estados Unidos. Na Rússia, sabemos que Olga Preobrazhenskaia pediu uma chance ao estúdio onde trabalhava e dirigiu *As camponesas de Ryazan* (1927); enquanto Marie Louise Iribe, na França, e Leni Riefenstahl, na Alemanha, formaram suas próprias companhias, a Les Artistes Réunis e a Leni Riefenstahl Studio-Film. Nos Estados Unidos, Dorothy Arzner foi galgando funções, começando como datilógrafa de roteiros, depois montadora, até chegar a diretora, no final dos anos 1920, quando as mulheres diretoras de dez anos antes já tinham sido esquecidas pela amnésia coletiva que recaiu sobre os profissionais e a imprensa (STAMP, 2018, p. 22).



Madeline Brandeis, por sua vez, fez filmes para crianças, como *The star prince* (1918), que ela financiou com recursos do marido milionário. Depois de seu divórcio, ela abriu sua produtora e fez uma série de filmes educacionais para a Pathé, que ela escreveu, filmou, editou e revelou. São filmes que localizam a diretora em uma zona mais amadora de Hollywood. Algumas diretoras trabalhavam com seus maridos, que muitas vezes levavam o crédito por um trabalho que era mérito delas: Lois Weber e Pillips Smalley, Grace Cunnard e Francis Ford, Nell Shipman e Bert Van Tuyle, Helen Holmes e J. P. Gowan, Gene Gauntier e Sidney Olcott e Elsie Jane Wilson e Rupert Julian. Ainda no âmbito norte-americano, mulheres dirigiram filmes fora de Hollywood. As irmãs Angela e Ruby Grimson escreviam, dirigiam, atuavam, processavam e montavam filmes, nos quais usavam as pessoas de sua comunidade em Caselton, Dakota do Norte. Marion Wong pertencia à comunidade chinesa de Oakland, Califórnia, e escreveu, atuou e dirigiu, em 1916, o primeiro longa-metragem feito com um elenco só de chineses – todos da sua família –, na sua empresa, a Mandarin Film Company: *The curse of Quon Gwon: when the far east mingles with the west* (1917), que vem sendo restaurado a partir de cópias incompletas. Na Flórida do final dos anos 1920, a escritora Zora Neale Hurston fez filmes etnográficos sobre a comunidade afro-americana. Em Alberta, Canadá, Nell Shipman não foi creditada por dirigir, em 1919, uma história que valoriza paisagens naturais nas quais a heroína salva o marido no inverno, com um trenó puxado por cachorros.

Em Hollywood, as mulheres ajudavam umas às outras com colaborações variadas. Alla Nazimova produziu filmes super estilizados que incorporavam referências do teatro de vanguarda, dança moderna e uma concepção visual inspirada no expressionismo alemão, com a ajuda de sua companheira Natacha Rambova. A prolífica roteirista Frances Marion teve a ajuda de Lois Weber no início da carreira, escreveu vários papéis importantes para Mary Pickford e dirigiu a amiga em *The love light*. Marion dava festas só para mulheres em sua casa, onde escritoras, diretoras, atrizes e esposas de executivos podiam se encontrar para trocar experiências. Porém, a personalidade feminina mais influente desse período silencioso foi Lois Weber. Ela não apenas produziu filmes, mas refletiu sobre a situação das profissionais mulheres em Hollywood e lutou muito para que o trabalho delas não fosse desvalorizado e esquecido.

A trajetória de Lois Weber exemplifica como a indústria do cinema usou as mulheres para se erguer e depois as descartou. No início e no auge de sua posição como diretora, Weber serviu para dar respeitabilidade e uma cara de diversão inteligente ao cinema, conferindo aos filmes um carimbo de qualidade. Ela sempre pensou na capacidade crítica e no papel social que o cinema podia ter. Via o cinema como uma espécie de arma educativa que podia atingir muita gente, de todas as classes sociais. Mais do que defender uma ou outra posição, Weber tratava de temas polêmicos, questões que envolviam as mulheres e histórias que pudessem provocar discussões, com o objetivo de conscientizar o público, intervir no debate sobre reformas e gerar mudanças reais na sociedade.

Com a verticalização dos estúdios ao longo dos anos 1920, suas escolhas temáticas progressistas começaram a ser vistas como problemáticas. Seus filmes tratavam explicitamente de injustiças sociais, desigualdade de gênero, controle da natalidade, aborto, igualdade de salários, pena de morte e abuso de drogas. Para nossos padrões de hoje, talvez esses filmes soem moralistas ou simplificadores, mas certamente jogavam as questões da época na cara do espectador. Muitas vezes, as discussões morais eram destacadas na própria construção narrativa de seus filmes, configurando o que Tom Gunning detectou nos filmes de D. W. Griffith: um tipo de narração que ainda não era o da transparência clássica e que fazia a opinião moral do autor sobrepujar a própria fluência da diegese. Para Gunning, esse "sistema do narrador", diferentemente do "sistema de absorção narrativa" posterior, "parece ler as imagens para o público durante a própria apresentação da história delas, é um narrador invisível, mas que revela sua presença pela forma como organiza as imagens na narração" (GUNNING, 1991, p. 93). Por outro lado, os filmes de Weber desafiam o papel canônico dos filmes de Griffith, pois ela usou, talvez com mais inventividade e maestria que o diretor, elementos de linguagem que muitas vezes têm o uso e a invenção atribuídos a ele, como: *cross-cuts*, uso de íris, divisões internas da tela, sobreposições e, sobretudo, enquadramentos inusitados, como ela fez ao filmar o ponto de vista da mulher ameaçada que vê o bandido olhando para cima, e encarando a vítima no andar superior, em *Suspense* (1913). Em *The rosary* (1913), o drama que se passa na Guerra Civil é inteirinho mostrado dentro da forma redonda de um rosário, que enquadra todas as tomadas com suas contas e a cruz.



O filme *Hypocrites* (1915), de Lois Weber, é um exemplo claro de "sistema do narrador" e que, ainda assim, fez enorme sucesso e foi muito falado na imprensa. Weber usou personagens esquemáticos e sem psicologia, em uma estrutura episódica e alegórica na qual a diretora recusou o realismo em prol da discussão moral. Há efeitos de dupla exposição e travellings pouco comuns para contar a história de um pastor diante da indiferença e hipocrisia de sua congregação. Caindo no sono, sonha ser o monge medieval Gabriel, um iluminado que procura mostrar aos outros a verdade "nua", encarnada pela atriz Margareth Edwards, que realmente aparece completamente despida em suaves sobreposições translúcidas e escandaliza os hipócritas ao exibir, além de sua nudez, um espelho que os reflete. Houve muita crítica. A história "introduz não uma motivação ou conflito de personagens, mas um problema generalizado da vida cotidiana, que o filme de Weber tenta resolver através de Gabriel: a dificuldade de identificarmos a hipocrisia nas situações onde menos esperamos encontrá-la" (YOUNG, 2015, p. 105).

Esse é o primeiro filme no qual se lê "escrito e produzido por Lois Weber", pois toda sua trajetória anterior tinha sido construída em uma identidade simbiótica com o marido, Phillips Smalley, catorze anos mais velho e com quem a diretora se casou aos 24 anos, quando trabalhavam juntos no teatro.

Em 1907, Lois Weber foi contratada pela divisão americana da Gaumont, e pôde ver como Alice Guy-Blaché dirigia. Herbert Blaché contratou Weber para escrever e dirigir, além de atuar. O marido se juntou a ela ao final de uma turnê e eles começaram a usar o título de "The Smalleys". Tanto na Gaumont como na Reliance, a dupla atuava e dirigia os roteiros escritos por Weber. O seu status de casal de classe média que trabalhava feliz junto foi propagandeado desde então, para reforçar a reputação de uma produção de filmes de alta qualidade. Em 1912, os Smalleys foram contratados pela Rex, em Nova York, onde Edwin Porter os supervisionou. Logo a Rex foi absorvida pela Universal e transferida para Los Angeles para ser administrada por eles, que passaram a escrever, dirigir e atuar em dois curtas por semana, elevando a marca a um patamar sofisticado.

Em 1913, Weber foi eleita prefeita da Universal City e se tornou membro da *Photoplay* Author's League, depois de brigar com a revista por terem banido mulheres das suas reuniões. Em 1914, os Smalleys saíram da Universal para a Hobart Bosworth Productions, onde conseguiram maior liberdade para produzir longas metragens, como *Hypocrites* (1915) (STAMP, 2013). No entanto, em 1915, a dupla voltou à Universal. Nesse momento, era claro que Weber era o polo inventivo e dominante da parceria, apesar de terem construído na imprensa uma persona de casal que fazia tudo junto, em casa e no trabalho, exercendo companheirismo romântico, virtudes burguesas, ideais progressistas e harmonia profissional. Isso transparecia em fotos e entrevistas na imprensa que, hoje analisadas, demonstram clara preeminência de Weber. O foco de seus filmes em questões sociais a levou a muitas brigas com a censura, que ela ganhou usando sua persona de profissional branca de classe média que trabalhava com o marido (STAMP, 2006).

Em 1916, Lois Weber foi a "primeira e única mulher a ser eleita para a Motion Picture Directors Association, posto que deteve por décadas" (STAMP, 2013). Em 1917, um artigo promocional da Universal, publicado na *Moving Picture Weekly*, dizia que "havia muito poucas diretoras no mundo, mas três delas estavam na Universal", e que Weber "ostentava merecidamente o título de maior diretora do mundo" (SACCONE, 2017, p. 4). De fato, Weber estava em alta nesses anos, e seu nome era mencionado rotineiramente junto ao de D. W. Griffith e Cecil B. DeMille como os maiores talentos de Hollywood.

Weber ajudou a impulsionar a carreira de outras mulheres, apoiando roteiristas como Frances Marion e Lenore Coffee, escrevendo papéis sérios para atrizes como Claire Windsor e Billie Dove, que depois dirigiu (STAMP, 2018, p. 13). Na Universal, Weber ajudou muitas atrizes que dirigiu, como Cleo Madison, Lule Warrington e Dorothy Davenport Reid, que se tornaram elas mesmas, depois, diretoras e produtoras (STAMP, 2013).



No meio desse sucesso todo, Lois Weber saiu da Universal, em 1917, para formar sua própria produtora, a Lois Weber Productions, em um movimento paralelo ao de outras diretoras de Hollywood que "tentavam ganhar autonomia diante do rápido crescimento da integração vertical e centralizada do sistema de estúdios". Apesar de procurar autonomia, Weber manteve laços com a Universal, que lançou e distribuiu sete de seus filmes (SACCONE, 2017, p. 19).

Weber continuou trabalhando como produtora independente, mesmo diante do impacto causado por seu divórcio, em 1922. Nesse ponto, a indústria cinematográfica já reclamava muito de suas escolhas temáticas e a considerava um "risco", contribuindo para o início de seu apagamento, mesmo antes do final de sua carreira. Equipes majoritariamente masculinas ficavam desconfortáveis por terem que obedecer a diretoras mulheres, como se elas nunca tivessem existido antes. Weber fez filmes importantes, como *The blot* (1921), sobre as desventuras de uma moça pobre, filha de um professor universitário, que criticava as injustiças salariais. Fez, ainda, *What do men want?* (1921), *A chapter in her life* (1923) e *The marriage clause* (1926), sempre com papéis femininos preeminentes, tentando fugir de técnicas de produção massificadas, querendo experimentar, buscando locações reais e filmando, sempre que possível, na ordem da narrativa. Contudo, era já um momento de muita crítica ao didatismo e à seriedade de seus filmes, considerados ultrapassados. Terminou a carreira com um filme sonoro, *White heat* (1933), e morreu aos sessenta anos, em 1939.

Quando o cinema se transformou em uma atividade extremamente lucrativa, a janela de oportunidade foi fechada para as mulheres, principalmente no centro da indústria, que eram os Estados Unidos. Os grandes estúdios compraram cadeias exibidoras e afastaram da parte mais lucrativa do negócio os produtores independentes. Assim, as mulheres que trabalhavam no ramo da exibição foram saindo dos teatros mais elegantes que ficavam no centro das cidades, pois eles exigiam cada vez mais luxo e capital, e os bancos recusavam crédito para mulheres. A liderança moral das mulheres também já não era necessária. Novos treinamentos na administração de cinemas enfatizavam habilidades masculinas. A habilidade feminina de entender e se relacionar com proximidade com o público de cada teatro foi varrida pela padronização. As mulheres continuaram na exibição, mas não nas cadeias de lançamentos, e sim nos cinemas de bairro pequenos, que passavam reprises e dependiam das comunidades locais (FULLER-SEELEY; MAHAR, 2013). Quanto às escritoras, existiu uma predominância feminina de roteiristas na indústria cinematográfica, mas ela virtualmente desapareceu com a chegada do som, que alterou drasticamente a indústria que lhes proporcionava trabalho, por causa da centralização, da organização do trabalho em etapas, uma industrialização da atividade que tornou o ambiente mais masculino. Para Donna Casella,

> A transformação de Hollywood em um negócio com mercado nacional e internacional e um sistema de produção centralizado empurrou as mulheres das posições de poder e deixou pouco espaço para a cultura de trabalho independente e colaborativa à qual elas estavam acostumadas. (...) Estas mudanças afetaram mais as produtoras, diretoras e editoras, mas as roteiristas continuaram trabalhando com a chegada do som (CASELLA, 2013).

As mulheres foram afastadas da indústria justo no momento em que a Décima Nona Emenda, que dava às mulheres direito ao voto, foi aprovada, em 1920. No final da década, ninguém mais lembrava das diretoras mulheres, que foram excluídas da história do cinema.

A realidade da participação feminina no cinema começou a ser sistematicamente exposta a partir de 1999, graças à conferência bianual

"*Women and the silent screen*", organizada por um ativo grupo de acadêmicas, cujas publicações até hoje vêm decorrendo desses encontros científicos. Já em 1993, essas pesquisadoras, lideradas por Jane Gaines, iniciaram um projeto de busca e catalogação de dados sobre trabalhadoras no cinema silencioso no mundo todo, que, em 2013, se transformou no site "Women Film Pioneers Project", hospedado na Universidade de Columbia, nos Estados Unidos. Essa fonte digital em progresso contínuo agrega dados e perfis de pioneiras da indústria cinematográfica, bem como artigos de especialistas. Além de fonte de informações bibliográficas e de pesquisa, o site serve para conectar pesquisadores. Muitas estudiosas têm se debruçado sobre esses assuntos, investigando não apenas em acervos institucionais, mas também em documentos privados, diários, memórias e inúmeros outros tipos de fonte. Cópias e trechos de filmes considerados perdidos também vêm sendo aos poucos encontrados, identificados e, muitos deles, restaurados.



Os filmes de D. W. Griffith não são mais considerados os únicos de seu tempo, mas o problema é que muitas das várias mulheres, ativas e prolíficas, que fizeram filmes na mesma época que ele, e que produziram em empresas independentes no período 1916-1923, tinham uma distribuição limitada, o que resultava em poucas cópias produzidas de cada filme – o que levou à pouca probabilidade de terem sobrevivido. As empresas maiores, como a Vitagraph, faziam muito mais cópias, que foram distribuídas não apenas nos Estados Unidos, mas no mundo todo, e por isso tiveram mais chance de sobrevivência, porque terminaram em arquivos fora do país. Além disso, há muitos filmes depositados na Biblioteca do Congresso, em Washington, que nunca foram revisados ou vistos. Nesse sentido, é cedo para se estimar quantos filmes produzidos, dirigidos ou escritos por mulheres sobreviveram até hoje. Filmes dados como perdidos, ou desconhecidos, vêm sendo seguidamente localizados em coleções privadas, ou no fundo de baús perdidos pelo mundo (GAINES; VATSAL, 2013). A questão da distribuição é, portanto, um dos elementos cruciais para explicar o sumiço dessas "ruidosas mulheres".

Ao redor do mundo, os países buscavam maneiras próprias de construir suas identidades diante das violentas estratégias competitivas globais do cinema norte-americano. A menor presença de mulheres nas atividades fílmicas de países periféricos, configurados por seu passado colonial e subjugados pelo imperialismo da virada do século XX, parece proporcional à frequente e tímida atividade local de produção cinematográfica, face à avassaladora concorrência do cinema estrangeiro e sua pressão sobre os exibidores e à predominância de costumes distintos, mais rígidos e conservadores, refratários aos costumes modernizantes e sua aceitação da participação feminina no trabalho e no espaço público.

A história da participação feminina no cinema silencioso latino-americano é muito dificultada pelo baixo número de filmes remanescentes desse período, bem como pela existência de pouca documentação, mas algumas importantes pesquisas têm apontado caminhos.



Luciana Corrêa de Araújo, em artigo sobre o trabalho de mulheres no cinema brasileiro, aponta o choque entre os retrógrados valores morais da sociedade brasileira dos anos 1920 e as formas modernas de comportamento vinculadas ao modelo de Hollywood, com suas personagens femininas que trabalhavam fora de casa e tomavam decisões próprias. Araújo alude à dificuldade de atrizes e diretoras como Cléo de Verberena, Eva Nil e Carmen Santos em participarem do cinema, como atrizes, produtoras ou diretoras, sem a legitimação de figuras de autoridade masculina a elas associadas, como pais e maridos, conexão que necessariamente aparecia nas matérias da imprensa. O problema se estendia aos enredos dos quais elas participavam, pois as personagens femininas ativas também requeriam justificativa diegética (orfandade, perda de herança ou de posses etc.) para driblar o legado cultural escravocrata do país, que tendia a "restringir o trabalho de mulheres e personagens femininas no cinema silencioso brasileiro" (ARAÚJO, 2017a, p. 121).

A atriz Carmen Santos, que dirigiu, em 1923, *A carne* (filme que não foi lançado, nem sobreviveu) e depois atuou em *Sangue mineiro* (1929), dirigido por Humberto Mauro, e *Limite* (1931), de Mário Peixoto, teve sua carreira pesquisada por Ana Pessoa (2002), que também publicou um perfil da autora no "Women Film Pioneeers Project" (PESSOA, 2013). No mesmo site, Marcela Grecco de Araújo (2013) publicou verbete sobre Cléo de Verberena, que atuou e dirigiu *O mistério do dominó preto* (1931), o primeiro filme dirigido por uma mulher no país. A atriz foi analisada também no artigo de Luciana Corrêa de Araújo (2017b), "Cléo de Verberena e o trabalho da mulher no cinema silencioso brasileiro". O trabalho da atriz Eva Nil como produtora, cinegrafista e assistente de laboratório no filme *Senhorita agora mesmo* (1927) foi analisado em detalhes por Luciana Araújo (2017a), em artigo já mencionado.

As diretoras argentinas Emilia Saleny (*La niña del bosque*, em 1917; *Paseo trágico*, 1917; *Clarita*, 1919) e María V. de Celestini (*Mi derecho*, 1920), bem como René Oro e Elena Sansinena de Elizalde necessitam ser pesquisadas, pois pouco se sabe sobre elas. Também espera-se investigação sobre as diretoras chilenas Gabriela von Bussenius Vega, que dirigiu o segundo longa-metragem feito no país, *La agonia de Arauco* (1917), Alícia Armstrong de Vicuña, que fez *Leito nupcial* (1926) e Rosario Rodriguez de la Serna, diretora dos filmes *Malditas sean las mujeres* (1925) e *La envenenadora* (1929).



Já a participação das mexicanas no cinema silencioso foi abordada por uma série de pesquisas a partir dos anos 1990.[2] A atriz Mimí Derba – que, em 1917, fundou a Azteca Film Company com Enrique Rosas e produziu cinco filmes em 1917, entre eles *La tigresa* (1917) e *El automóvel gris* (1919) – é analisada por Ángel Miquel (2000). Um volume de estudos sobre Adela Sequeyro, jornalista que produziu, atuou e dirigiu na passagem para o cinema sonoro foi organizado por Eduardo de La Vega Alfaro e Torres San Martín (2000). Há, ainda, as irmãs Adriana e Dolores Elhers, que influenciaram os documentários silenciosos mexicanos, desafiando as imagens convencionais do país como lugar definido pelo atraso e pela presença indígena. Elas foram abordadas por Sanchez García (1940), mas pedem reavaliação.

As mudanças ocorridas nesse panorama de descobrimento da atividade feminina no cinema silencioso ocorreram pelo cruzamento entre o caminho das pesquisas acadêmicas sobre o cinema e a trajetória do pensamento feminista sobre o cinema. No entanto, essa história mereceria um outro capítulo...

---

2. Ver, quanto a isso, GREAVES, 1994; BENITES e VILLAFUERTE, 1993; VAZQUES, 2001; e MORENO OCHOA, 1992.

## Referências Bibliográficas

ARAÚJO, Luciana Corrêa de. "A role in which the work is not completely passive: Eva Nil, 'Miss right now' (1927) and women's work in brazilian silent cinema". *Feminist Media Histories*, v. 3, n. 4, p.102-125, 2017a.

________, Luciana Corrêa de. "Cleo de Verberena e o trabalho da mulher no cinema silencioso brasileiro". In: HOLANDA, Karla; TEDESCO, Marina Cavalcanti. *Feminino e plural:* mulheres no cinema brasileiro. Campinas: Papirus, p. 15-29, 2017b.

ARAÚJO, Marcela Grecco de. Cleo de Verberena. In: GAINES, Jane; VATSAL, Radha; DALL'ASTA, Monica (Org.). *Women film pioneers project*. Nova York: Columbia University Libraries, 2013. Disponível em: https://wfpp.cdrs.columbia.edu/pioneer/cleo-de-verberena/. Acesso em: 6 de agosto de 2019.

BARDÈCHE, Maurice; BRASILLACH, Robert. *Histoire du cinéma*. Paris: Denoël et Steele, 1935.

BENITES, Maria Guadalupe; VILLAFUERTE, Martha Letícia. *Del hogar a la realización fílmica:* el caso de dos directoras (Matilde Soto Landeta y Marcela Fernandez Violante. Tese – Escuela de Comunicación, Universidade Latinoamericana, 1993.

CASELLA, Donna. "Shaping the craft of screenwriting: women screen writers in silent era Hollywood". In: GAINES, Jane; VATSAL, Radha; DALL'ASTA, Monica (Org.). *Women film pioneers project*. Nova York: Columbia University Libraries, 2013. Disponível em: https://wfpp.cdrs.columbia.edu/essay/shaping-the-craft-of-screenwriting-women-screen-writers-in-silent-era-hollywood. Acesso em: 6 de agosto de 2019.

COISSAC, Guillaume M. *Histoire du cinématographe de ses origines a nos jours*. Paris: Cineopse, 1925.

FULLER-SEELEY, Kathryn; MAHAR, Karen Ward. "Exhibiting women: gender, showmanship, and the professionalization of film exhibition in the United States, 1900-1930". In: GAINES, Jane; VATSAL, Radha; DALL'ASTA, Monica (Org.). *Women film pioneers project*. Nova York: Columbia University Libraries, 2013. Disponível em: https://wfpp.cdrs.columbia.edu/essay/exhibiting-women-gender-showmanship-and-the-professionalization-of-film-exhibition-in-the-united-states-1900-ndash-1930/. Acesso em: 6 de agosto de 2019.

GAINES, Jane; VATSAL, Radha. "How women worked in the US silent film industry". In: ________, Jane; VATSAL, Radha; DALL'ASTA, Monica (Org.). *Women film pioneers project*. Nova York: Columbia University Libraries, 2013. Disponível em: https://wfpp.cdrs.columbia.edu/essay/how-women-worked-in-the-us-silent-film-industry. Acesso em: 6 de agosto de 2019.

________, Jane. "Of cabbages and authors". In: BEAN, Jennifer; NEGRA, Diane (Org.). *A feminist reader in early cinema*. Durham e Londres: Duke University Press, 2002, p. 87-118.

________, Jane. *Pink-slipped: what happened to women in the silent film industries?* Urbana: University of Illinois Press, 2018.

GREAVES, Luz Cecília. *La mujer como cineasta em México*. Dissertação (Mestrado em Ciência da Comunicação) – Universidade Intercontinental, Cidade do México, 1994.

GUNNING, Tom. *D. W. Griffith and the origins of american narrative film*. Urbana: University of Illinois Press, 1991.

GUY-BLACHÉ, Alice. *The memoirs of Alice Guy-Blaché*. Editado por Anthony Slide. Metuchen. New Jersey: Scarecrow Press, 1996.

HASTIE, Amelie. "Circuits of memory and history: the memoirs of Alice Guy-Blaché". In: BEAN, Jennifer; NEGRA, Diane (Org.). *A feminist reader in early cinema*. Durham e Londres: Duke University Press, 2002, p. 29-59.

McMAHAN, Alison. "Alice Guy-Blaché". In: GAINES, Jane; VATSAL, Radha; DALL'ASTA, Monica (Org.) *Women film pioneers project*. Nova York: Columbia University Libraries, 2013. Disponível em: https://wfpp.cdrs.columbia.edu/pioneer/ccp-alice-guy-blache/. Acesso em: 6 de agosto de 2019.

McMAHAN, Alison. *Alice Guy Blaché*: lost visionary of the cinema. Nova York: Continuum, 2002.

MIQUEL, Ángel. *Mimí Derba*. México: Archivo Fílmico Agrasánchez/ Filmoteca de la UNAM, 2000.

MORENO OCHOA, Octavio. "Catálogo de diretoras de cine em México", 2 volumes. Tese de licenciatura – Universidad Nacional Autónoma de México (UNAM), Cidade do México, 1992.

PESSOA, Ana. Carmen Santos. In: GAINES, Jane; VATSAL, Radha; DALL'ASTA, Monica (Org.). *Women film pioneers project*. Nova York: Columbia University Libraries, 2013. Disponível em: https://wfpp.cdrs.columbia.edu/pioneer/ccp-carmen-santos. Acesso em: 6 de agosto de 2019.

PESSOA, Ana. *Carmen Santos*: o cinema dos anos 20. Rio de Janeiro: Aeroplano, 2002.

SACCONE, Kate. "A camera of one's own: early women directors". Texto em encarte da coletânea de filmes *Early women filmmakers, an international anthology*. Estados Unidos: Blackhawk Films/ Flicker Alley, 2017. DVD (652 min.)

SADOUL, Georges. Les pionniers du cinéma, 1897-1909. *Histoire générale du cinéma*, v. 2, 3ª.ed. Paris: Denöel, 1948.

SANCHEZ GARCÍA, José Maria. "Apuntes para la historia de nuestro cine". S.l: Novedades, 1940.

SLIDE, Anthony. *Early women directors*. Nova York: A. S. Barnes, 1977.

STAMP, Shelley. "Presenting the Smalleys, collaborators in authorship and direction". *Film History*, 2006, v. 18, p. 119-128.

STAMP, Shelley. "Lois Weber". In: GAINES, Jane; VATSAL, Radha; DALL'ASTA, Monica (Org.). *Women film pioneers project*. Nova York: Columbia University Libraries, 2013. Disponível em: https://wfpp.cdrs.columbia.edu/pioneer/ccp-lois-weber/. Acesso em: 6 de agosto de 2019.

STAMP, Shelley. "Women in early filmmaking: no finer calling". Texto em encarte da coletânea de filmes *Pioneers*: first women filmmakers (1911-1929). Estados Unidos: Kino Lorber: 2018. Blu-ray (1710 min.)

TORRES SAN MARTÎN, Patrícia; DE LA VEGA ALFARO, Eduardo (Org.). *Adela Sequeyro*. Guadalajara: Universidade de Guadalajara/ Archivo Fílmico Agrasánchez, 2000.

VATSAL, Radha. "Reevaluating footnotes: women directors of the silent era". In: BEAN, Jennifer; NEGRA, Diane (Org.). *A feminist reader in early cinema*. Durham e Londres: Duke University Press, 2002, p. 119-138.

VAZQUES, Luis Bernardo Jaime. *Cine al borde de un ataque de mujeres:* apuntes para una filmobibliografia de las directoras del cine mexicano (1917-1999). Tese (Doutorado em Ciências da Comunicação). México: J.V.L.B., 2001.

YOUNG, Paul. "Yours Sincerely, Lois Weber: hypocrites and the allegorical mode of the transitional feature film". *Cinema Journal*, v. 55, n. 1, Fall, p.95-119, 2015.

# NOTAS INTRODUTÓRIAS SOBRE ESFIR CHUB: SOVIÉTICA, REVOLUCIONÁRIA E MESTRA DOS MESTRES DO CINEMA

Neide Jallageas



> *Quando é necessário nomear os pioneiros do documentário, que abriram novos caminhos na cinematografia, dominaram sua nova área até então desconhecida e influenciaram a prática criativa de muitos mestres progressistas do cinema em nosso país e no exterior, primeiro pronunciamos os nomes de Dziga Viértov e Esfir Chub.*[1]
>
> Ilia Vaisfeld

No período em que Esfir Chub[2] viveu, de 1894 a 1959, sua terra natal sofreu fortes convulsões sociais, políticas e econômicas, passando de Império Russo a União Soviética. A trajetória de Chub sofreu o impacto das transformações promovidas por governantes com visões de mundo e

1. Todas as citações em língua estrangeiras deste artigo foram traduzidas pela autora.

2. Os nomes próprios e demais termos russos aqui presentes foram transliterados e não traduzidos. Assim, o nome Эсфирь é transliterado para Esfir, e não traduzido para Ester ou Esther, bem como Лев é transliterado para Liev e não para Leo, Leão ou Leon, sistema que é adotado em outros países. As normas de transliteração adotadas são aquelas convencionadas para o português e estabelecidas, no Brasil, pelos especialistas em Língua e Cultura Russa do Departamento de Línguas Orientais da Faculdade de Filosofia, Letras e Ciências Humanas da Universidade de São Paulo (DLO/FFLCH/USP). Estas constam do Caderno de Cultura e Literatura Russa, nº 1, São Paulo: Ateliê Editorial/FFLCH-USP, março de 2004. Tal regra é seguida pelas mais respeitadas editoras com tradição em publicar textos traduzidos diretamente do russo. Excluídos desta regra estão os nomes adotados pelos próprios russos quando fora do seu país, como é o caso de Lissitzky, Kandinsky etc.

desempenhos radicalmente distintos: de Nikolai II a Lênin, deste a Stalin e, por fim, a Khruschov. Acrescente-se a esse cenário, ainda, a violência de três guerras sangrentas e devastadoras. Todas essas passagens bruscas, de governos e de arbitrariedades, foram determinantes para que Esfir Chub vivesse transições radicais, tanto na vida pessoal quanto em sua profissão.

Tendo realizado a formação básica e universitária em instituições de ensino destinadas a mulheres e, portanto, convivido da infância à adolescência predominantemente com mulheres, tão logo concluiu os estudos universitários, lançou-se em um campo de trabalho majoritariamente masculino: o cinema. E, como se isso não bastasse, destacou-se, ao lado de Dziga Viértov, como a grande inovadora do gênero documentário. Esfir Chub demonstrou ser inigualável quanto à competência técnica e potencial criativo para realizar intervenções semânticas nas mais diversas narrativas cinematográficas. Figura proeminente do construtivismo russo, colaboradora diligente do Grupo LEF (Frente de esquerda das artes),[3] integrante do grupo *Oktiabr*[4] (*Outubro*) e relevante figura do cinema vanguardista soviético (na Rússia dos anos 1920), Chub realizou um trabalho tão original que, ao seu tempo, sequer foi compreendida como autora de seu trabalho, o que valeu que ninguém menos que Vladímir Maiakóvski a defendesse publicamente e de maneira enfática (LEYDA, 1983, p. 230). E a epígrafe acima, escrita em 1959 por um prestigiado crítico de cinema soviético e russo, professor, roteirista e editor, Ilia Vaisfeld, atesta o reconhecimento do meio cinematográfico soviético para com as conquistas de Esfir Chub, tanto no âmbito da linguagem quanto no da organização, recuperação e preservação de filmes. Sua biografia está enlaçada à história do cinema russo e soviético e à história do cinema mundial de forma absoluta.



3. O programa do grupo LEF se alinhava aos princípios do construtivismo e tinha a missão de discutir e promover a revolução nas artes por meio da publicação da revista LEF, editada por Vladímir Maiakóvski e Osip Brik e, posteriormente, também por Serguei Tretiakôv.

4. O grupo Oktiabr foi o último dos grupos independentes de artistas criados na Rússia, em 1928, do qual também participaram Aleksandr Rodtchenko, Varvara Stepânova, Lasar Lissitzky, Aleksei Gan, Serguei Eisenstein, dentre outros, no que se incluem profissionais não soviéticos como Diego Rivera e Hannes Meyer. As atividades do Oktiabr e de todos os outros grupos independentes cessaram em 1932, quando o governo stalinista proibiu a existência de qualquer agrupamento livre, determinando que as atividades de todos os artistas soviéticos ficavam, a partir de então, sob o controle do estado.

No que diz respeito à linguagem cinematográfica, o valor do trabalho de Chub é incalculável: sem a gramática fílmica por ela concebida e desenvolvida, não teríamos obras que inauguraram uma nova estética no cinema com autorias diversas: Alan Resnais, Chris Marker, Andrei Tarkóvski, Harun Farocki e Aleksandr Sokúrov, apenas para citar alguns dos que trabalharam com "filmes de arquivo", compilando-os, embasados nos procedimentos cinematográficos criados por Chub.

Seus filmes de maior destaque são: *A Queda da Dinastia Románov* (*Padienie dinasti Romanovikh*, 1927), *O Grande Caminho* (*Viéliki Put*, 1927), *A Rússia de Nikolai II e Liev Tolstói* (*Rossia Nikolaia II e Liev Tolstói*, 1928), *Hoje* (*Cegodnia*,1930) e *Espanha* (*Ispania*, 1939). Fragmentos deste último constam do filme *O Espelho* (*Zerkalo*, 1974), de Andrei Tarkóvski.

O caminho percorrido por Esfir Chub é inseparável, tanto do contexto histórico russo e soviético do período em que viveu, quanto dos conceitos de arte e cinema que nortearam a produção revolucionária que ela experienciou, registrou e teorizou. Em contrapartida, seu legado é pouco conhecido no Ocidente e ainda menos nos países de língua portuguesa, o que justifica minha opção de introduzir o tema partindo da relação entre a biografia de Chub e o processo de organização da jovem União Soviética, em particular no que diz respeito à história e teoria do cinema e alguns de seus conceitos bastante originais que nortearam sua práxis revolucionária. Adiante, apresentamos algumas notas sobre a participação de Chub nesta circunvolução de ideias e realizações das quais todos nós, inadvertidamente, somos herdeiros.

## Judia, mulher, revolucionária, cineasta

Esfir Ilínitchina Chub integrou a geração que muitos anos depois seria conhecida como vanguarda russa – ou soviética –, que, em conjunto, foi responsável pela mais contundente renovação da linguagem em todos os campos das artes e da comunicação; feito que, apesar de pouco conhecido, reverbera até os dias de hoje, em todo o planeta.

Nascida no Império Russo em 1894, mesmo ano em que nasceram Maria Tsvetáieva, Várvara Stepânova e Aleksandr Dovjenko, Chub compartilhou a década de nascimento com seus amigos Vladímir

Maiakóvski, Serguei Eisenstein, Liév Kuleshóv, Dziga Viértov, Vsevolod Pudóvkin e, ainda, Aleksandr Rodtchenko, que dela nos legou os mais luminosos retratos.

Como grande parte dos artistas e intelectuais russos do início do Século XX, Esfir Chub – originalmente Esfir Ilínitchna Rochal (o Chub veio do primeiro marido do qual quase nada se sabe) – teve formação privilegiada. O ensino superior no Império Russo era destinado à elite, preferencialmente aos homens, excluindo desses os judeus. Ainda assim, Esfir Ilínitchna Rochal (mulher e judia) foi educada em um ginásio destinado ao gênero feminino na região onde havia nascido, Tchérnigóvski, fronteira sempre disputada entre Rússia, Ucrânia e Bielorrússia. Após concluir com brilhantismo o curso secundário, por intercessão de seu pai, Illiel Meerovitch Rochal, a jovem Esfir ingressou no Instituto Superior Feminino de Moscou, onde concluiu seus estudos sobre literatura russa na Faculdade de Filologia.



No início da segunda década do Século XX, Moscou era uma cidade fervilhante, repleta de manifestações artísticas revolucionárias que movimentavam os teatros, museus, galerias de arte e cafés, frequentados por jovens irreverentes que testavam suas habilidades artísticas para darem o maior tapa que o gosto burguês haveria de receber.

Logo após a Revolução de 1917, os artistas de todos os campos teriam oportunidade de desenvolver suas ideias junto ao governo emergente que, em tese, tinha como prioridade investir no desenvolvimento das linguagens artísticas como apoio indispensável à construção de um novo mundo. Para tanto, foram constituídos os Comissariados do Povo, que equivaliam a órgãos ministeriais de Estado e se destinavam a reestruturar e reorganizar as mais diversas atividades consideradas prioritárias por Vladímir Lênin, líder da Revolução e do Governo Soviético até sua morte, em 1924.

A educação era um dos setores mais relevantes para o governo revolucionário e, assim, foi criado o Comissariado do Povo para a Educação, liderado por Anatoli Lunatchárski, e que abarcava, dentre outros departamentos, o de teatro, cujo chefe era Vsevolod Meierhold, um dos mais importantes encenadores do Século XX. De 1918 a 1921, Chub trabalhou diretamente com Meierhold como secretária desse departamento, quando participou intensamente das atividades da vanguarda teatral, inclusive sendo coautora, junto à poeta Nina Rukavíchnikova, de um texto para pantomima de massa encenada no circo de Moscou.

Em 1922, foi contratada pelo Goskino, acrônimo de Comitê do Estado Soviético para a Cinematografia, criado em fevereiro desse ano pelo Comissariado do Povo para a Educação, e que se constituiu na maior produtora estatal de filmes. Responsável e determinada, demonstrando competência para trabalhos em equipe, Chub rapidamente foi designada para coordenar a divisão de montagem, junto a Tatiana Levinton.

Permaneceu no Goskino até a criação do Sovkino, produtora cinematográfica soviética criada em junho de 1924, destinada a deter o monopólio da produção e distribuição de filmes na União Soviética. Nestes anos, Chub realizou ainda trabalhos autorais não creditados, dentre os quais o mais conhecido é o roteiro de *A greve* (*Statchka*, 1924), coautoria com Serguei Eisenstein.

O trabalho de Chub - montagem de filmes - era pautado pelas diretrizes do partido e requisitava atenção, pesquisa e criatividade, pois cabia a ela ajustar as narrativas de filmes estrangeiros para a ideologia bolchevique, reeditando-os. Filmes de grande repercussão, e hoje históricos, foram (re)montados por Chub neste período, tais como *Intolerância* (*Intolerance*, 1916), de D.W. Griffith, e *Dr. Mabuse* (*Dr. Mabuse, der Spieler*, 1922), de Fritz Lang. Para (re)montar esse último, teve como assistente o jovem Serguei Eisenstein, que era discípulo dileto de Meierhold e queria aprender a montar (IUTKÉVTCH, 1972, p. 9).

O empenho para analisar e reconfigurar narrativas de filmes possibilitou a Chub um grande aprofundamento técnico e teórico sobre montagem e ensejou sua aproximação dos experimentos de Liév Kulechóv, Dziga Viértov e Ielizaveta Svílova. E quando, em 1926, recebe autorização do Sovkino para realizar um filme celebrando os dez anos da Revolução de Fevereiro de 1917, começa intensa busca do paradeiro dos filmes realizados no período imperial. Tratando-se do início dos anos 1920, ainda não existiam arquivos organizados e Chub, mobilizada para trabalhar com filmes pré-revolucionários, foi a primeira a perceber a importância da conservação e criação de uma cinemateca (CHUB, 1972, p. 247).

Desse esforço resulta, além da descoberta de filmes até então tidos como perdidos, o exame, a seleção, a catalogação e o restauro de aproximadamente 5.200 metros de filmes, entre negativos e positivos (CHUB, 1972, p. 247), até o final de 1927, quando realiza *A Queda da Dinastia Románov* (*Padienie dinasti Romanovikh*) e, a seguir, *O Grande Caminho* (*Viéliki Put*, 1927), *A Rússia de Nikolai II e Liev Tolstói* (*Rossia Nikolaia II e Liev Tolstói*, 1928). Esses três filmes, conhecidos como Trilogia Silenciosa, foram fruto de sua aguda observação e interpretação inovadora do conjunto de cinejornais que registravam fatos que desenhavam o trágico fim do império russo e marcam o surgimento do filme de compilação.



Chub não pararia mais, realizando documentações sobre a eletrificação da Rússia, sobre a construção dos trens metropolitanos em Moscou, sobre a Turquia e, em 1939, o delicado e pungente Espanha (Ispania), uma elegia ao povo espanhol, atravessado pela dor da separação familiar, deflagrada pela guerra civil. Para esses filmes, passou a dirigir o trabalho de cinegrafistas soviéticos que viriam a ter renome internacional, como Roman Karmen.

Com sua grande expertise, não poderia ficar fora do ensino de jovens estudantes de cinema. Da década de 1930 até o final dos anos 1950, Chub coordenou os cursos de montagem, junto a Serguei Eisenstein, na VGIK, primeira faculdade de cinema do mundo, fundada em 1919.

Além das atividades de ensino e de direção, passou também a coordenar o Estúdio Central de Documentário em Moscou durante dez anos, de 1943 a 1953, e durante todo esse tempo escreveu e publicou em diversos periódicos. Nos últimos anos de sua vida preparou um livro autobiográfico no qual esclarece seu processo de trabalho e suas motivações. Esse livro teve duas edições, uma em 1959, ano de sua morte, e outra em 1972, revisado e com notas de sua única filha, Ana Konopliova. Seu legado traz ainda uma boa quantidade de textos literários, teóricos e epistolares, a maior parte inédito – inclusive na Rússia. Sua vida pessoal e muitos detalhes das atividades profissionais, vinculadas a um período altamente sinistro na União Soviética, permanece uma incógnita a ser pesquisada.

## A categoria de montajista no cinema revolucionário

As vanguardas artísticas russas, e depois soviéticas, nascem sob o signo da revolução, da industrialização e da primeira transformação intensa dos meios de comunicação. Tanto artistas quanto teóricos da arte exploraram o potencial simbólico de novas categorias provenientes destes movimentos. Na Rússia, conforme assinala Liev Kulechóv, diferente do que ocorria com artistas de outros países, os cineastas teorizavam sobre suas realizações "desde sempre" (BILBATUA, 1971, p. 40) e muitas vezes teóricos, como Viktor Chklóvski, também participavam da produção de filmes escrevendo roteiros e atuando. A efervescência intelectual retroalimentava o entusiasmo inventivo nos estúdios cinematográficos e seus realizadores eram pródigos em criar neologismos para nomear conceitos para os quais não encontravam palavras já dicionarizadas.

Chub não foi exceção. Também ela, ao mesmo tempo em que desenvolvia suas atividades no estúdio, refletia e escrevia, inclusive sobre a discriminação das mulheres sob a revolução, apesar dos ideais revolucionários buscarem a igualdade de gênero. Em 1927, preparou um artigo curto que trazia à luz uma atividade pouco discutida: a atividade de montar.

Sabe-se que os conceitos sobre a montagem há anos vinham sendo desenvolvidos e testados com desenvoltura, tanto por Kulechóv quanto por Eisenstein e, de forma também inaugural e brilhante, por Ielizaveta Svílova (exímia profissional da montagem e esposa de Dziga Viértov). Todavia, a atividade de montar enquanto profissão e parte do processo cinematográfico ainda não havia merecido qualquer destaque, nem mesmo uma linha.

Essa reflexão teria um porta-voz, ou melhor, uma porta-voz: Esfir Chub. Conforme textos que ela assinou e publicou, era frequente que Chub se manifestasse sobre os rumos do cinema soviético no tocante à particularidade de sua linguagem, inclusive por meio de uma participação ativa nas acaloradas discussões conceituais e ideológicas na LEF e no Grupo *Oktiabr*.[5]

Além de dirigir equipes de trabalho, Chub passava horas e horas examinando negativos e positivos fílmicos e sua iniciativa para escrever esse artigo parece ter sido motivada por uma aguda consciência de que a montagem era um "trabalho obscuro e discreto", conforme avaliação de Serguei Iutkévitch ao prefaciar a segunda edição do livro de Chub (IUTKÉVITCH, 1972, p. 8). Coube a ela afirmar que o trabalho de montagem se distingue "pela alta qualidade laboriosa de sua mão de obra especializada" (CHUB, 1927b). E, note-se, mão de obra especializada feminina. Conforme aponta Alla Gadassik:



> O artigo de Chub deveria coincidir com o Dia Internacional da Mulher, conhecido na União Soviética, neste período, como o Dia Internacional das Mulheres Trabalhadoras. O título específico do feriado comemorava o importante papel que as mulheres trabalhadoras desempenharam na Revolução de Fevereiro de 1917, que serviu como ponto de ruptura da monarquia russa e um catalisador da Guerra Civil que veio a seguir. Antes da revolução e da mudança do calendário juliano para o gregoriano, o Dia da Mulher foi celebrado na Rússia no final de fevereiro. As manifestações comemorativas de 1917 tomaram a forma de protestos em massa e greves de trabalhadores em São Petersburgo [naquela época denominada Petrogrado], muitas delas realizadas pelas mulheres que trabalhavam nas fábricas da cidade enquanto os homens fisicamente capazes lutavam na Primeira Guerra Mundial. A agitação civil se intensificou e levou à abdicação do tzar Nikolai II, desestabilizando o Império Russo e desenhando o cenário para a Revolução de Outubro (GADASSIK, 2018).

Protagonista e, ao mesmo tempo, testemunha da Revolução, Chub sabia avaliar o papel decisivo que as mulheres desempenha-

5. Tais reuniões foram registradas em atas, parte das quais se encontram nos fundos do Arquivo de Literatura e Artes do Estado Russo (RGALI); outros registros podem ser acessados no Museu de Cinema Russo (Muzei Kino), ambos em Moscou.

ram para a queda do antigo regime e sua luta para a transformação não apenas das condições de trabalho, mas de uma mudança radical da própria vida, tanto familiar como profissional. E continuava atenta ao papel determinante da mulher na realização de um filme, sabendo muito bem que Lênin afirmara que o cinema era, dentre as artes, a maior,[6] o que determinara, desde então, maior responsabilidade de toda a equipe envolvida na produção. O alto nível de profissionalismo e de conhecimento técnico e da linguagem do cinema devia nortear o trabalho responsável e altamente qualificado dessas profissionais. Tanto que Chub enfatiza:



> [...] as *montajistas*[7] não se distinguem apenas pela alta qualidade laboriosa de sua mão de obra especializada. Todas são, com raras exceções, altamente exigentes quanto à qualidade do filme como um todo. Na sala de projeção, quando a *montajista* de negativos revisa o corte de controle junto com o diretor, antes de iniciar a montagem dos negativos, sua avaliação de uma imagem é quase sempre infalível. Sua avaliação de um quadro é imediata e ao mesmo tempo profissional. Eu diria mesmo o seguinte: se as cortadoras de negativos gostam de uma imagem é porque ela foi, indubitavelmente, bem-feita (CHUB, 1927b).

E é comovente, também, a maneira pela qual conclui esse artigo, distinguindo as qualidades profissionais dessas mulheres e, ainda, as qualidades humanas: no último parágrafo ela ressalta, antes do ponto final: "mais uma coisa sobre as montajistas. Esse coletivo de mulheres trabalhadoras nos encanta com sua harmonia política, ativismo social e um senso de absoluta camaradagem uma com a outra" (CHUB, 1927b).



6. É Anatoli Lunatcharski quem afirma: "[...] Vladímir Ilich [Lênin] me disse com veemência (e eu não guardei segredo): a cinematografia é o mais importante de todos os tipos de obra de arte: você precisa cuidar disso em primeiro lugar" (LUNATCHARSKI, 1923, p.4).

7. Optei por traduzir a palavra russa *montajnitsi* como montajistas, emprestando do espanhol essa palavra não dicionarizada na língua portuguesa, mas que dela se aproxima, com o intuito de realçar a particularização que Chub faz da palavra no gênero feminino plural, destacando o papel da mulher nessa etapa determinante da produção de um filme.

O esforço de Chub para dar visibilidade e para distinguir e qualificar o trabalho de sua equipe devia-se, aparentemente, ao fato de que os órgãos da administração não atribuíam a devida importância a determinados profissionais, entre os quais ela própria, mesmo após ter realizado *A queda da Dinastia Románov* e *O grande caminho*. Sobre isso, Maiakóvski se expressou com veemência, em outubro de 1927:

> Falam do triunfo de Chub. A arte dela foi encontrar um princípio completamente inovador baseado nos materiais fílmicos que ela utiliza, o que a permitiu montar sequências reais sem refilmar. E o que Sovkino faz? Recusa-se a pagar pela autoria de Chub [como cineasta]. Dizem: "Você apenas seleciona planos – qualquer um pode fazer isso" (LEYDA, 1983, p. 230).



O que Maiakóvski aponta é que o filme de Chub se originou de um processo de descoberta, pois tal procedimento era, até então, inédito – ninguém se atrevera a tanto. E, para isso, ela tivera que dar passos norteados por sua inteligência criativa, competência técnica e audácia. No mínimo, teve que descobrir que o Tzar Nikolai II tinha seu próprio cinegrafista, pois isso se comprovou e Chub trabalhou com filmes desde a coroação de Nikolai, em 1896, portanto apenas um ano depois dos irmãos Lumière terem patenteado o "aparato cronofotográfico" – o cinema! Ocorre que tais cinejornais, conforme dito acima, estavam completamente perdidos e Chub teve que lutar para ter permissão – e, portanto, orçamento – para pesquisar o paradeiro desses filmes, vários dos quais nem na Rússia estavam mais. Teria, ainda, que ter admitido a possibilidade de resgatar esses filmes e com eles recompor uma narrativa, de 1896 a 1917. Por último, teria que ter acreditado que esses filmes, além de existirem, estariam em boas condições de uso, preservados ou passíveis de serem recuperados, mas não estavam! Atente-se que nesse período, ainda que existissem um depósito de filmes na Rússia Imperial, tinha havido uma Guerra Civil e, em consequência, bens e documentos foram desviados ou destruídos. Some-se a isso o fato de os filmes serem feitos de material orgânico (gelatina de prata) rapidamente perecível, e de não existirem técnicas de preservação.

Enfim, a iniciativa de Chub, além de promover uma inovação de linguagem até então impensável, teve que vencer inúmeros desafios para seguir adiante. O primeiro dos desafios foi convencer as autoridades do Sovkino que ela conseguiria realizar um filme celebrativo com fragmentos de filmes velhos, filmados em anos diferentes, cuja existência sequer era certa, e delas conseguir, além de permissão, o financiamento desse projeto um tanto obscuro. Parece que Chub foi suficientemente persistente e convincente, pois, ao cabo, o filme se concretizou.



## A *faktografia* e a compilação como procedimento cinematográfico

A *kinofabrika*, ou fábrica de cinema, era termo de uso corrente nos anos 1920 na União Soviética. Expressava não apenas uma nova forma de nomear o que seria "estúdio de cinema" ou "produtora de filmes". Também designava o lugar onde o cinema (kino) era fabricado, tal e qual uma fábrica, onde operários especializados se reuniam em linha de produção como em qualquer outra fábrica, sendo este o entendimento dos administradores da área cinematográfica, de cineastas e teóricos do cinema.

Os neologismos, como dito acima, surgiram em todas as esferas da vida e fizeram parte de procedimentos que buscavam dar um outro rumo à linguagem, fosse ela verbal, corporal, escultórica, cênica, pictórica ou cinematográfica, ao mesmo tempo que objetivaram, segundo a compreensão de Chklóvski sobre procedimentos utilizados na arte, desautomatizar a percepção diante do estranho e do singular (CHKLÓVSKI, 1976). O valor simbólico desses novos nomes, assim como dos novos meios de organização das formas no espaço e no tempo, aplicava-se ainda à nomeação do que, até então, fora conhecido como "arte". Pensar e buscar outros e diversos desígnios para as (novas) atividades e para os (novos) produtos delas resultantes era o que movia muitos dos teóricos e cineastas de esquerda, tais como Viktor Chklóvski, Dziga Viértov, Aleksei Gan e Esfir Chub. Almejar um novo mundo requer a formulação de novas categorias em substituição daquelas até então utilizadas para a organização do pensamento: requer, pois, uma nova linguagem.

Nomear o estúdio de cinema como "fábrica" era eliminar qualquer prenúncio de elitismo das atividades envolvidas na produção de filmes, que, a partir da Revolução, deveriam ser realizados para o povo e não para a elite, pois se pressupunha que esta deixaria de existir. Era, mais que isso, romper com um universo conceitual milenar que buscava oferecer ao artista e, no caso, ao cineasta, um *status* que seria cabível apenas à burguesia, classe social que a Revolução, inicialmente, buscou eliminar e, para tanto, substituir valores, a ética e a estética.

Na inquietação de pensar como oferecer novos parâmetros a corpos e mentes para gerar um novo comportamento, o termo "fábrica de filmes" buscava (re)valorar simbolicamente todas as equipes envolvidas na produção de um filme, equiparando cada membro a todo e qualquer trabalhador de uma fábrica, um esforço de achatar a pirâmide laboral, social e econômica: trazer o topo à base, eliminando a pirâmide.



A fábrica é o espaço da linha de montagem. Portanto, não é gratuito que a palavra montagem e seu respectivo conceito passa a ser uma palavra chave em várias das atividades artísticas: montar um poema, montar fotos, montar filmes, montar uma peça etc.

E o que deveria ser montado, em todas as áreas que envolvessem comunicação e o que até então se denominara arte? Fatos. Fatos enquanto documentos autênticos eram contrapostos, conceitualmente, à ficção, à encenação ou, em outros termos, à ilusão na arte (burguesa) e ao encadeamento de encenações ilusórias, no cinema (burguês). A noção de *faktografia* – outro neologismo –, guiava a criação e o desenvolvimento de uma nova forma discursiva e estava no centro da batalha pela transformação cultural, promovida e defendida com entusiasmo pelo grupo LEF.

Nomear o agrupamento de fatos como montagem no campo artístico não era prerrogativa dos cineastas soviéticos. Além de Chub, Viértov e Gan, na União Soviética, François Albera cita Hans Richter, Joris Ivens, Alberto Cavalcanti, Jean Vigo e Henri Storck, de países diferentes, como adeptos do "fato", do "não encenado", do "documento" (ALBERA, 2012, p. 147). Dawn Ades, ao estudar a história e os procedimentos relativos à fotomontagem, defende que os dadaístas alemães (George Grosz, John Heartfield, Hannah Höch e Johannes Baader), ao praticarem a *photomontage*, excluíam a hipótese de seus trabalhos serem classificados como *photocollage*; ao mesmo tempo, autonomeavam-se *monteure* (montadores) (ADES, 1976, p. 12-13). Com essa postura enfática, os dadaístas alemães também demonstravam repúdio ao sistema artístico burguês e à denominação "artista", e vinculavam suas atividades aos meios de produção industriais.

Chub, desde o principio, teve muito claro o direcionamento de suas atividades no cinema e quais os princípios que embasavam seu trabalho, bem como quais objetivos seus esforços buscavam alcançar. Essa clareza sustentou sua motivação para buscar arquivos de filmes desaparecidos, tidos como perdidos, e conferir-lhes uma materialidade restaurada, bem como nova e ampla visibilidade e significação diversa da narrativa original.

*A Queda da Dinastia Románov* e os outros dois filmes da Trilogia Silenciosa, foram filmes realizados com o propósito de demonstrar quais as condições que propiciaram a derrocada do império russo e as lutas empreendidas no período pré e pós-revolucionário. Chub adquirira experiência na prática de observar fotograma após fotograma até adquirir a sagacidade de cortá-lo no ponto exato e saber qual o significado que obteria com cada corte, com cada novo caminho que a montagem apontava. Este era o seu trabalho há anos. Aprendera a encarar um rolo de filme como um conjunto de frases que se encadeiam para dar sentido a um discurso. E, para ela, essas frases teriam que se conectar com a realidade, pois tratava-se de registros autênticos do que havia acontecido.

Foi assim que ela tomou o conjunto de cinejornais, de registros fílmicos realizados pelos cinegrafistas de Nikolai II, analisou um a um, selecionou e iniciou a montagem. O resultado obtido demonstrou os fatos: revelou as contradições internas por meio do contraponto de planos e conteúdo dos mesmos: a pompa da coroação, a ostentação dos ricos integrantes na Duma (assembleia legislativa), a preparação dos exércitos imperiais, o investimento massivo em armamento, a riqueza da igreja sempre ao lado do imperador em contraste com a miséria de seu povo trabalhando a terra, o contingente de jovens soldados enviados para a guerra, a morte de soldados em batalhas, e muitos outros acontecimentos (fatos), registrados pelos primeiros cinegrafistas na virada do século XIX para o século XX.

Este é o procedimento *faktográfico*. Em 1926, antes de realizar os dois primeiros filmes da Trilogia, Chub escreveu um texto curto intitulado "Fabricação de Fatos":

> Diferentes fatos devem chegar à fábrica.
>
> Esta última deve considerar isto, remover sua marca futurista e tornar-se apenas uma fábrica de cinematografia de não-ficção, onde seja montado um documentário, um filme histórico revolucionário, construído a partir de material cinematográfico documental, onde a produção de filmes seja feita cientificamente e uma cinematografia de cultura geral seja produzida em oposição à ficção, ao entretenimento. (CHUB, 1972, p. 244-245).



Dois anos depois retomou o tema, já com a segurança de ter testado exaustivamente o método por ela mesma teorizado e concluiu:

> Conectando fragmentos de sequências dos eventos históricos por meio da continuidade da montagem, *A queda da dinastia Románov* tornou-se um autêntico documento fílmico do passado recente.
>
> O objetivo não era apenas mostrar os fatos, mas também interpretá-los do ponto de vista da classe que venceu a batalha revolucionária. Isso fez com que o filme, montado principalmente com material contrarrevolucionário, fosse um filme revolucionário (CHUB, 1972, p. 252).

Além de salvar imagens históricas de serem destruídas, Chub compreendeu que as compilações originárias de arquivos de documentos fílmicos autênticos, quando traduzidas em montagem, possibilitam a interpretação histórica, exercício intelectual valioso para manter acesa a inteligência de um povo. E, tão logo finalizou seus filmes inaugurais, voltou-se, com coragem e determinação, à defesa da preservação dos filmes. Assim como objetivou que a Trilogia Silenciosa fosse uma espécie de coleção de *Livros Visuais de História* (PETRIC, 1978, p. 430-32), Chub buscou demonstrar que era necessário investir no conceito amplo de cinemateca e implantá-las com urgência. Os arquivos de filmes deveriam, em seu entendimento, ampliar as funções de depósito de filme para se equipararem ao conceito e funções de biblioteca, à qual se recorresse sempre para realizar novos documentários com a finalidade de manter a história viva e pulsante.

Como se vê, Maiakóvski, ao defender a atuação de Chub como cineasta, estava no caminho certo, pois ela não era apenas *montajista*. Em verdade, a atuação de Chub extrapolou, e muito, a profissão de cineasta. Definitivamente, não foi apenas cinema o que ela realizou.





## Referências Bibliográficas


ALBERA, François. *Modernidade e vanguarda do cinema*. Rio de Janeiro: Beco do Azougue, 2012.

ADES, Dawn. *Photomontage*. 2ª Edição. London: Thames and Hudson, 1986.

BILBATUA, Miguel. *Cine Sovietico de vanguardia*. Madrid: Alberto Corazon Editor, 1971.

CHKLÓVSKI, Viktor. "A arte como procedimento". In: TOLEDO, Dionísio de Oliveira (org.). *Teoria da Literatura*: Formalistas Russos. 3a edição. Porto Alegre: Editora Globo, 1976, p. 39-56.

CHUB, Esfir. *Jisn moiá - kinematógraf*. Moskva: Iskússtivo, 1972.

______ *Krupnim planom*, Moskva: Iskússtivo, 1959.

______ "Montajnitsi". Rascunho datilografado com correções manuscritas, RGALI, f. 3035, op. 1, ed. 44. 1927a.

______ 1927b. "Rabota Montajnitsi." Fotocópia do artigo publicado em 1928 na revista Sovetskii Ekran. RGALI, f. 3035, op. 1, ed. 44.

GADASSIK, Alla. 2018. "Ėsfir' Shub on Women in the Editing Room: 'The Work of Montazhnitsy'" (1927). *Women at the Editing Table*: Revising Soviet Film History of the 1920s and 1930s (ed. by Adelheid Heftberger and Karen Pearlman). Special Issue of Apparatus. Film, Media and Digital Cultures in Central and Eastern Europe 6. Disponível em: http://www.apparatusjournal.net/index.php/apparatus/article/view/125/304. Acessado em: 15 de maio de 2019.

IUTKEVITCH, Serguei. "Volchebnitsa montájnogo stola". Prefácio do livro: CHUB, Esfir. *Jisn moiá - kinematógraf*. Moskva: Iskússtivo, 1972.

KONOPLEV, Anna. B. "Aleksei Mikhailovitch Gan." *Kinovedcheskie zapiski*. n 49, 2000, c. 212-230. Moskva: Muzei Kino.

KULECHÓV, Liev. "Ekran Cegodnia". *Novi Lef*, n. 4, 1927, c. 31. Moskva.

LEYDA, Jay. *Kino*: A History of the Russian and Soviet Film. 3a edição. Princeton: Princeton University Press, 1983.

LUNATCHARSKI, Anatoli. *O kino voobsche i Goskino v tchastnosti*. Izvestia, 1923, 22 iulia, c. 4.

PETRIC, Vlada. "Esther Shub: Cinema is my life". *Quarterly Review of Film Studies*. Vol. 3, 1978, issue 4. p. 429-448.
VAISFELD, Ilia. "Esfir Chub - rejissior-dokumentalist". Prefácio do livro: *Chub, Esfir*. Krupnim planom, Moskva: Iskússtivo, 1959.

## Filmografia selecionada

*Padienie dinasti Romanovikh* (*A queda da Dinastia Románov*), 1927;
*Veliky put* (*O grande caminho*), 1927.
*Rossiya Nikolaya II i Lev Tolstoy* (*A Rússia de Nikolai II e Liev Tólstoi*), 1928.
*Segodnya* (*Hoje*), 1930.
*KShE* (*Komsomol – shef elektrofikatsii*), (*Komsomol – Chefe da Eletrificação*), 1932.
*Moskva stroit metro* (or *Metro Nochyu*), (*Moscou constroi o metrô*, or: *O metrô à noite*), 1934.
*Strana Sovetov* (*O país dos sovietes*), 1937.
*Ispaniya* (*Espanha*), 1939.
*20 let sovetskogo kino* (*20 anos do cinema soviético*), 1940.
*Fashizm budet razbit* (*O Fascismo será derrotado*), 1941.
*Strana rodnaya* (*A Pátria*), 1942.
*Sud v Smolenske* (*O julgamento em Smolienske*), 1946.
*Po tu storonu Araksa* (*Do outro lado do Rio Araks*), 1947.

# A CINEASTA DE HITLER: O CINEMA DE LENI RIEFENSTAHL

Wagner Pinheiro Pereira



"O Führer reconhece a importância do cinema. Onde mais a possibilidade de utilizar o cinema, com seus poderes de expressão para interpretar os acontecimentos do nosso tempo, haveria de ser plenamente reconhecida?

Adolf Hitler voltou a dar um exemplo maravilhoso de como convicções preciosas e profundamente sentidas podem ser realizadas em grande escala.

O Führer, dando tamanha importância ao cinema, revela a sua visão de reconhecer o poder inexplorado do filme como uma forma de arte. O mundo está familiarizado com documentários, encomendados por governos. Os partidos políticos pagam por filmes publicitários. Mas a revelação da experiência real do renascimento de uma nação através do cinema nasceu na Alemanha. O Führer dá ao cinema contemporâneo o seu espírito e propósito". Leni Riefenstahl. *Hinter den Kulissen des Reichsparteitag-Films*. Munique: Zentralverlag der NSDAP/Franz Eher Nachf., GmbH., 1935. p.15.

"Eu posso simplesmente dizer que me sinto espontaneamente atraída por tudo o que é belo. Sim: beleza, harmonia. E talvez esse cuidado com a composição, essa aspiração pela forma, seja efetivamente algo muito alemão. Mas não conheço tais coisas pessoalmente, de uma maneira exata. Elas vêm do inconsciente e não do meu conhecimento... O que quer que seja puramente realista, fatia de vida, que é média, cotidiana, não me interessa... Eu sou fascinada pelo que é belo, forte, saudável, o que é vivo. Eu procuro harmonia. Quando a harmonia é produzida, eu sou feliz".

Leni Riefenstahl, "Leni et le loup: entretien avec Leni Riefenstahl", par Michel Delahaye, *Cahiers du cinema*, nº 170, september, 1965, p.49.[1]

## As "cinco vidas" de Leni Riefenstahl: perfil de uma carreira alemã

A) ...Estrelando, Leni Riefenstahl!: atriz e diretora de "filmes de montanha"

Considerada a cineasta predileta – e oficial – de Adolf Hitler, Leni Riefenstahl foi, conforme sinalizou o título de sua autobiografia visual *Fünf Leben* (2000), uma mulher de "cinco vidas" – bailarina, atriz, cineasta, fotógrafa e mergulhadora –, cuja obra alcançou importante influência e repercussão na linguagem, estética e técnica cinematográficas, assim como em inúmeras outras manifestações artístico-culturais.



Nascida no dia 22 de agosto de 1902, em Berlim, Helene Bertha Amalie "Leni" Riefenstahl começou sua carreira artística estudando pintura, balé clássico e expressão corporal em casa. Em 1918, atuou em sua primeira apresentação de dança em Berlim, e no ano seguinte foi enviada a um pensionato na região de Harz, onde estudou, escondida do pai, dança, teatro e direção. Nos anos seguintes, buscou convencer os pais a aceitarem seu desejo de seguir carreira artística, passando a estudar dança com os grandes nomes da época. Em 1923, começou a trabalhar como dançarina na companhia do Teatro Alemão de Berlim (Deutsches Theater), dirigida por Max Reinhardt, apresentando-se, com êxito, em várias cidades da Alemanha e do exterior (RIEFENSTAHL, 2000, p. 296-298).

Em 1924, ao machucar seu joelho em uma performance de dança em Praga, foi forçada a parar de dançar por um tempo. Nesse momento, ocorreu uma importante mudança em sua vida, quando, a caminho de uma consulta médica, se deparou com um pôster de *A montanha do*

1. Todas as traduções foram feitas pelo autor.

*destino* (*Der Berg des Schicksals*, 1924), filme dirigido pelo cineasta Arnold Fanck. Fascinada por esse primeiro filme da história do cinema alemão a ter a trama de seu enredo ambientada nas montanhas, desistiu de ir à consulta médica e foi direto ao cinema. Algumas semanas depois, chegou, inclusive, a viajar para as Dolomitas para se encontrar com o protagonista do filme, o ator Luis Trenker, que encaminhou uma foto da jovem dançarina e suas críticas cinematográficas ao cineasta (RIEFENSTAHL, 2000, p. 298).

Pouco tempo depois, em Berlim, Leni Riefenstahl recebeu a visita de Arnold Fanck, criador e mais importante expoente dos chamados "filmes de montanha" (*bergfilme*), gênero de grande sucesso do cinema alemão das décadas de 1920 e 1930 e que se concentrava no montanhismo e na batalha do ser humano contra a natureza, retratando os protagonistas em paisagens de neve, rochedos e penhascos em altas atitudes. Além da aventura, seus protagonistas regressavam da montanha completamente transformados e, em geral, seguindo a clássica estrutura narrativa da "jornada do herói", tendo ganho sabedoria e iluminação. Dessa forma, o retrato lírico da paisagem dos alpes adequava-se a uma postura de reencontro com a natureza trazida pelo Romantismo alemão de fins do século XIX, e servia como cenário para a demonstração da força, da perseverança e da determinação do povo alemão, capaz de enfrentar e vencer as intempéries da natureza e da vida. Certamente, uma mensagem bastante sedutora para os alemães no cenário do pós Primeira Guerra Mundial (1914-1918).

Sob a direção de Arnold Fanck, Leni Riefenstahl atuou pela primeira vez como atriz de cinema, protagonizando o filme *A montanha sagrada* (*Der Heilige Berg*, 1926) – concebido pelo cineasta especialmente para ela –, em que interpretou Diotima, uma jovem dançarina apaixonada pelo ar livre das montanhas, que, ao ser cortejada por dois alpinistas, acaba envolvida num dramático triângulo amoroso que a conduzirá a uma aventura perigosa ao escalar os alpes gelados. Através dessa parceria com Arnold Fanck, Leni Riefenstahl – a única mulher de sua pequena companhia cinematográfica – aprendeu técnicas de iluminação, uso de lentes, filtros e todo o processo de revelação, cópia e edição de filmes, levando-a a abandonar definitivamente sua carreira de dançarina. Após *A montanha sagrada*, seguiram-se: *O grande salto* (*Der grobe Sprung*, 1927), em que interpretou Gita, uma pastora de cabras que ensina um hipocondríaco herdeiro de uma fortuna a esquiar; *O destino dos Habsburgo* (*Das Schicksal derer von Habsburg*, 1929), filme histórico ambientado na corte imperial austríaca do imperador Francisco José I e da imperatriz Elisabeth (mais popularmente conhecida como "Sissi"), em que Riefenstahl interpretou Marie Vetsera, companheira do príncipe herdeiro Rudolf; *O inferno branco de Piz Palü* (*Die Weisse H*ölle von Piz Palü, 1929/1935 – versão sonorizada), sobre um casal que auxilia um homem que perdeu sua esposa quando escalava as montanhas; *Tempestade sobre o Monte Branco/Avalanche* (*Stürme über dem Mont Blanc*, 1930), em que a personagem de Leni enfrenta os perigos da montanha para salvar seu namorado, preso no alto do Monte Branco; e *A chama branca* (*Der Weibe Rausch*, 1931), uma comédia em que Leni representou novamente uma jovem esportista que estava, em meio a atrapalhadas, aprendendo a esquiar.



Em 1931, a jovem atriz fundou a Leni Riefenstahl Studio-Film e começou a produzir seus próprios filmes, dirigindo e estrelando *A luz azul* (*Das Blaue Licht*, 1932). Em sua autobiografia, *Leni Riefenstahl:* memórias (*Leni Riefenstahl: Memorien*), a cineasta fez a seguinte consideração sobre o significado simbólico de *A luz azul* e os paralelos da trama desse filme com a sua vida:

> (...) Eu comecei a sonhar e os meus sonhos se transformaram em imagens de uma garota que vivia nas montanhas, uma criatura da natureza. Eu a vi escalar, a vi sob o luar; observei-a sendo perseguida e atacada a pedradas, e finalmente sonhei com essa garota, quando ela caiu de uma parede de rocha e mergulhou lentamente nas profundezas. (...) Como em um pressentimento, eu narrei, em *A luz azul*, meu destino posterior: Junta, a estranha garota da montanha, que vive em um mundo de sonho, é perseguida e rechaçada pela sociedade, morre porque os seus ideais são destruídos. No filme, esses ideais são simbolizados pelo brilho da montanha de cristais. Até o começo de 1932, eu também vivia em um mundo de sonhos, ignorando a dura realidade da época, e não havia percebido eventos como a Primeira Guerra Mundial e suas dramáticas consequências (RIEFENSTAHL, 1995, p. 89 e 100).

B) "O Show de Hitler": Leni Riefenstahl e a trilogia de filmes do congresso do Partido Nazista

A propaganda exerceu um papel fundamental no processo de ascensão e de consolidação política do Partido Nacional-Socialista dos Trabalhadores Alemães (Nationalsozialistische Deutsche Arbeiter Partei – NSDAP), mais conhecido como Partido Nazista, na Alemanha. Para Adolf Hitler, em sua obra autobiográfica *Minha luta* (*Mein Kampf*, 1925-1926), escrita na prisão após o fracassado Putsch de Munique (1923),

> (...) toda a propaganda deve ser popular e estabelecer o seu nível espiritual de acordo com a capacidade de compreensão do mais ignorante entre aqueles a quem ela pretende se dirigir. Assim, a sua elevação espiritual deverá ser mantida tanto mais baixa quanto for a massa humana que ela deverá abranger. Tratando-se, como no caso da propaganda da manutenção de uma guerra, de atrair ao seu círculo de atividade um povo inteiro, deve-se proceder com o máximo cuidado, a fim de evitar concepções intelectuais demasiadamente elevadas. Quanto mais modesto for seu lastro científico e quanto mais ele levar em consideração o sentimento da massa, tanto maior será o seu sucesso. (...) A capacidade de compreensão do povo é muito limitada, mas, em compensação, a capacidade de esquecer é grande. Assim sendo, a propaganda deve restringir-se a poucos pontos. E esses deverão ser valorizados pela ação de fórmulas estereotipadas até que o último dos ouvintes esteja em condições de assimilar a ideia (HITLER, 1983, p. 121).

No cenário das eleições presidenciais alemãs de 1932, marcado pelo aumento de desempenho eleitoral do Partido Nazista e pelo grande destaque político alcançado por Adolf Hitler em toda Alemanha, Leni Riefenstahl recorda que:

> Foi somente depois da estreia de *A luz azul*, quando viajei com o meu filme de cidade em cidade por toda a Alemanha, que entrei em contato com a população. Aqui eu ouvi pela primeira vez o nome Adolf Hitler. Quando alguém me perguntava o que eu esperava deste homem, eu só podia responder desconcertada: "Não tenho ideia".

> Cada vez com maior frequência me faziam essa pergunta. Comecei a interessar-me por esse homem. Onde quer que eu estivesse, em todas as partes se discutia passionalmente sobre Hitler. Muitas pessoas viam-no como o salvador da Alemanha, outras faziam graça dele. Mas eu era incapaz de formar uma opinião; politicamente eu era tão ignorante que nem sequer tinha certeza do que significavam os conceitos de "direita" e "esquerda". (...) Eu não gostei das fotografias e das litografias dos jornais que eu vi dele, e apenas pude imaginar que esse homem pudesse cumprir as esperanças que as pessoas depositavam nele (RIEFENSTAHL, 1995, p. 100-101).



Como o líder nazista despertou a curiosidade da jovem cineasta, não foi mera coincidência que, naquele mesmo ano, Leni Riefenstahl estivesse presente no comício de Adolf Hitler, realizado no Palácio dos Esportes de Berlim. Impressionada e impactada com a oratória do sedutor político de massas, ela decidiu escrever-lhe uma carta dizendo que gostaria muito de poder conhecê-lo pessoalmente. Mais rápido do que esperava, antes de sua partida para a Groelândia para a realização das filmagens de seu novo filme de montanha, *S.O.S. Eisberg* (1933), recebeu um telefonema de Wilhelm Brückner, chefe ajudante de Hitler, informando que o político a havia convidado para visitá-lo. Pouco tempo depois, ao conhecer pessoalmente o futuro Führer, conta que ele

> (...) se expressou com entusiasmo acerca de minha "dança à beira do mar" [no filme *A montanha sagrada*] e disse que havia visto todos os filmes em que eu atuava.
>
> "A impressão mais forte", disse, "foi a que me causou *A luz azul*, sobretudo, porque não é frequente que uma mulher jovem tenha podido triunfar sobre as resistências da indústria cinematográfica".
>
> Agora o gelo estava quebrado. Hitler fez muitas perguntas, com as quais compreendi que ele estava bem informado acerca dos novos filmes lançados. Ao começar a falar, ele ouviu pacientemente por um longo tempo, então de repente ele disse: "Assim que chegarmos ao poder, você deverá fazer meus filmes".

"Eu não posso", disse impulsivamente. Hitler olhou-me com calma, sem esboçar nenhuma reação. "Eu realmente não posso", eu disse, agora, quase que me desculpando. "Há apenas dois dias eu declinei uma oferta prestigiosa da Igreja Católica, pois eu nunca poderei fazer filmes por encomenda. Eu não tenho talento para isso. Eu preciso ter uma relação muito pessoal com o tema, de outra forma eu não posso ser criativa".

Hitler continuava guardando silêncio. Depois de uma pausa, tomei coragem e prossegui dizendo: "Por favor, não interprete a minha visita de forma equivocada. Eu não tenho qualquer interesse em política; eu não poderia nunca ser membro do seu partido".

Agora Hitler olhou-me surpreso. "Eu nunca forçaria alguém a se juntar ao meu partido", ele disse, "mas quando você for mais velha e mais madura, pode ser que você consiga entender as minhas ideias".

Hesitante, eu disse: "Além do mais, você tem preconceitos raciais. Se eu tivesse nascido como índia ou judia, você nem sequer estaria falando comigo, então como eu posso trabalhar para uma pessoa que faz tais distinções entre as pessoas?".

"Eu desejaria que os que me rodeiam respondessem com a mesma franqueza que você ", ele disse calmamente, e essa foi a conversa que tivemos (RIEFENSTAHL, 1995, p. 106).[2]

Designado chanceler do Reich, em 30 de janeiro de 1933, Adolf Hitler não escondia as suas ambições no campo da comunicação,

2. Em outro encontro, logo após sua ascensão ao poder, Hitler convidou Leni Riefenstahl para assumir um importante papel na configuração do novo cinema alemão sob o regime nazista: "Como você sabe, o dr. Goebbels, como o ministro da Propaganda, é responsável não apenas pela imprensa, mas também pelo teatro e pelo cinema. Mas, como ele não tem experiência na área cinematográfica, eu pensei em você. Você poderia trabalhar ao lado dele e se encarregar do aspecto artístico do cinema alemão" (RIEFENSTAHL, 1995, p. 137). Esse convite foi recusado pela cineasta, segundo ela, em virtude de querer manter sua liberdade de atuação e criatividade artística. De qualquer forma, é estranho esse convite se o confrontarmos com os relatos do cineasta Fritz Lang, que também disse ter sido chamado por Goebbels para se tornar o intendente da Câmara Nacional de Cinema, assim como no Ministério Nacional para Esclarecimento Público e Propaganda, a política centralizadora no controle da área cinematográfica, e com o fato de Goebbels ser notório cinéfilo e possuir profundo conhecimento sobre cinema. Por tudo isso, Leni Riefenstahl deixou mais um exemplo contraditório em sua tentativa de reconstruir a sua trajetória como uma artista independente e que não cooperou aos projetos do regime nazista.

tendo apresentado ao seu gabinete ministerial, em 11 de março de 1933, um projeto de lei para a criação de um órgão governamental responsável por dirigir e controlar a cultura, a mídia e as relações públicas no país. Apesar da desconfiança inicial de alguns ministros não-nazistas, Hitler conseguiu impor o seu projeto (BENZ, 2012, p. 525), levando o presidente Paul von Hindenburg a assinar, junto com ele, em 13 de março de 1933, o "Decreto sobre o estabelecimento do Ministério Nacional para Esclarecimento Público e Propaganda (Reichsministerium für Volksaufklärung und Propaganda)", órgão concebido "para fins de educação e propaganda entre a população sobre a política do governo do Reich e a reconstrução nacional da pátria alemã" (Reichsgesetzblatt 1933 I, p. 104).



O Ministério da Propaganda do Terceiro Reich ficou sob o comando do ministro Joseph Goebbels, o responsável pela "direção espiritual da nação", que passou a exercer um poder de enormes proporções, controlando não somente a propaganda do Estado, mas a forma com que todas as informações chegavam à população e todas as manifestações ligadas à vida cultural da Alemanha nazista eram realizadas. Isso acontecia através dos sete departamentos da Câmara Nacional de Cultura – cinema, literatura, teatro, música, artes plásticas, imprensa e rádio –, que eram chefiados por dirigentes de sua confiança e hierarquicamente submetidos a ele.[3]

Foi exatamente essa originalidade de orquestração do poder político como espetáculo de massas, difundido pelos meios de comunicação modernos – em especial o cinema –, que possibilitou ao nazismo seduzir e fascinar grande parcela da sociedade alemã da época, assim como ser o mecanismo responsável pela construção e divulgação da imagem monumental e triunfal do Terceiro Reich. Afinal, segundo o historiador francês Marc Ferro:

3. Em 25 de março de 1933, Joseph Goebbels explicou aos diretores das empresas de radiodifusão a futura função do Ministério da Propaganda, dizendo: "O ministério tem a tarefa de realizar uma mobilização mental na Alemanha. (...) a mobilização mental é tão necessária, talvez até mais necessária que a defesa material do povo" (apud SYWOTTEK, 1976, p. 23.). Essa declaração demonstrou como o Ministério da Propaganda estava sendo instrumentalizado por Goebbels para controlar psicologicamente a sociedade alemã e mobilizá-la para a guerra que já estava sendo arquitetada pelo projeto político-ideológico nazista.

> (...) Os soviéticos e os nazistas foram os primeiros a encarar o cinema em toda sua amplitude, analisando sua função, atribuindo-lhe um estatuto privilegiado no mundo do saber, da propaganda, da cultura. (...) O cinema não foi apenas um instrumento de propaganda para os nazistas. Ele também foi, por vezes, um meio de informação, dotando os nazistas de uma cultura paralela. (...) Os nazistas foram os únicos dirigentes do século XX cujo imaginário mergulhava, essencialmente, no mundo da imagem (FERRO, 1992, p. 72-73).



Em abril de 1933, um jornalista do *New York Times* registrou um depoimento do Führer: "Quero me servir do cinema como um instrumento de propaganda" (QUENIN, 2007, p. 30).[4] Pouco tempo depois, o Führer, cumprindo sua promessa, convidou Riefenstahl para dirigir o documentário oficial do V Congresso do Partido Nazista em Nuremberg, que ocorreria de 30 de agosto a 3 de setembro de 1933, o primeiro a ser realizado após a ascensão dos nazistas ao poder, intitulado *A vitória da fé* (*Sieg des glaubens*, 1933).

Leni Riefenstahl durante muitos anos procurou apagar esse filme de sua filmografia por alegar que sofreu boicote por parte de Joseph Goebbels, que, mesmo intimidado pelo Führer, teria conti-

---

4. Albert Speer, o arquiteto de Hitler, relata a seguinte experiência: "À noite, montava-se um primitivo projetor de filmes para a exibição do noticiário semanal e de uma ou duas fitas para distração. No princípio, os criados não sabiam manejar o aparelho. Às vezes, as figuras apareciam invertidas na tela, ou o filme rompia-se. Naquele tempo, Hitler suportava essas contrariedades mais tranquilo do que os seus acompanhantes. Hitler encarregava Goebbels de escolher os filmes, os quais, em geral, eram os que estavam sendo exibidos nos cinemas de Berlim. Hitler preferia filmes de amor comum, informativos ou frívolos. No entanto, tiveram que ser procuradas com pressa as fitas em que atuavam Jannings e Rühmann, com Henny Porten, Lil Dagover, Olga Tchekova, Zarah Leander ou Jenny Jugo. As películas em que apareciam pernas nuas eram acolhidas com aplausos. Frequentes vezes víamos fitas estrangeiras e aquelas que não eram projetadas para o público alemão. Pelo contrário, faltavam quase inteiramente películas sobre esportes, de paisagens montanhesas, nunca sendo exibidas as que mostravam animais e vistas do campo, como também as que davam informações sobre países estrangeiros. Hitler não se interessava por fitas cômicas, das quais eu gostava, em que eram atores Carlitos ou Buster Keaton" (SPEER, 1975, p. 43).

nuado a dificultar todos os seus futuros trabalhos.[5] Apesar de nunca ter sido filiada ao Partido Nazista e de ser mulher, situação complicada em uma sociedade predominantemente machista, sexista e misógina como a do Terceiro Reich, caiu nas graças de Hitler, que a tornou sua cineasta "oficial".[6]

Em *A vitória da fé*, seu primeiro documentário cinematográfico nazista, Leni Riefenstahl conseguiu captar a "estetização da política"



5. Susan Sontag contesta a versão de Leni Riefenstahl, apontando que: "Riefenstahl era amiga íntima e companheira de Hitler bem antes de 1932; era amiga de Goebbels também: nenhuma evidência sustenta a persistente alegação de Riefenstahl, desde os anos 1950, de que Goebbels a odiava, ou mesmo de que ele tinha poder para interferir em seu trabalho. Em virtude de seu ilimitado acesso pessoal a Hitler, Riefenstahl foi precisamente o único diretor alemão de cinema que não prestava contas à Câmara Nacional de Cinema (Reichsfilmkammer) do Ministério de Propaganda de Goebbels" (SONTAG, 1986, p. 65). Da mesma forma, o historiador alemão Peter Longerich, ao analisar os diários de Goebbels, aponta que o ministro da Propaganda gostava da atriz e cineasta alemã: "No início de 1927, Goebbels já tinha assistido com grande entusiasmo a uma apresentação de dança de Riefenstahl (TB – Tagebücher/Diários de Goebbels, 13 de janeiro de 1927: 'uma criatura encantadoramente vaporosa'). No dia 1° de dezembro de 1929, depois de ver o filme *Piz Palü*, escreveu que Riefenstahl era 'uma menina maravilhosa'. Tendo assistido a *Das blaue Licht* [*A luz azul*], anotou: 'A doce Riefenstahl' (TB, 1° de abril de 1932)" (LONGERICH, 2014, nota 65, p. 687). Além disso, conforme exposto no documentário *A deusa imperfeita: Leni Riefenstahl* (*Die Macht der Bilder: Leni Riefenstahl*, 1993), Goebbels fazia menções frequentes a Leni: "17 de maio de 1933: tarde, Leni Riefenstahl. Propus a ela fazer um filme sobre Hitler. Ela ficou entusiasmada"; "14 de julho de 1933: na casa de Hitler assisti ao filme de Hans Albers: espantoso fiasco. Leni Riefenstahl, Gerda Maurus e Maria Winkelstern. Três belas mulheres"; etc.

6. Sobre a condição feminina de Leni Riefenstahl frente à hierarquia nazista, Albert Speer faz o iluminador comentário: "Durante os preparativos dos congressos do partido, encontrei-me com uma mulher que já me tinha impressionado, quando eu era estudante: Leni Riefenstahl, estrela ou diretora de filmes relacionados com a montanha e o esqui. Essa mulher tinha sido encarregada por Hitler de filmar os congressos do partido. Sendo a única mulher com um cargo oficial nos quadros do partido, frequentemente criticava sua organização, o que quase desencadeava uma revolta contra ela. Segura de si mesma, ela constituía uma provocação aos chefes políticos de um movimento que, por tradição, era inimigo das mulheres, porquanto a mulher destemida governa, sem rodeios, o mundo masculino, tendo o olhar dirigido aos seus objetivos particulares. Urdiram-se intrigas, contaram a Hess casos infamantes a fim de provocar a queda daquela criatura. Mas os ataques cessaram depois do primeiro filme de um congresso do partido, o qual convenceu os corifeus de Hitler da capacidade de Leni Riefenstahl como diretora cinematográfica" (SPEER, 1975, p. 75).

nazista,[7] registrando imagens da política de massas do nazismo e dos discursos do Führer. O congresso de Nuremberg era um evento importante no calendário político nazista por construir o "Mito Hitler", responsável por apresentar a imagem pública do Führer como um líder forte e confiante, cujo discurso prometia uma nova, dinâmica e poderosa Alemanha. Em linhas gerais, segundo documentou Leni Riefenstahl em sua autobiografia visual *Cinco vidas* (*Fünf Leben*, 2000), o filme possuía a seguinte ordem de sequências:

> Imagens do ambiente geral durante a madrugada em Nuremberg e as estruturas da zona do congresso do partido; políticos e diplomatas estrangeiros a serem recebidos na estação ferroviária de Nuremberg e fora do Hotel Deutscher Holf; a aterrisagem de Adolf Hitler no aeroporto; a cerimônia de boas-vindas; a abertura do congresso; Hitler recebendo importantes líderes e membros do partido no Campo Zeppelin; colunas de porta-estandartes marcham por entre a multidão; a bandeira a ser arreada em honra dos nacional-socialistas mortos; o discurso a *Deutsche Arbeitsfront* (organização dos trabalhadores nazistas); inúmeras cenas de multidão efusiva; um zeppelin com uma cruz suástica sobrevoando a zona do congresso do partido; aparecimento de Hitler à Juventude Hitlerista; parada das tropas nazis pela cidade de Nuremberg; o discurso de Hitler sobre o 10° aniversário do movimento nazista; a canção de Horst Wessel (RIEFENSTAHL, 2000, p. 287).





7. O filósofo alemão Walter Benjamin descreve o processo de "estetização da política" empreendido pelos regimes nazifascistas para transformar os seus projetos político-ideológicos em espetáculos artísticos da seguinte forma: "A crescente proletarização dos homens de hoje e a crescente formação de massas são dois lados de um mesmo acontecimento. O fascismo procura organizar as massas proletarizadas recém-surgidas sem tocar nas relações de propriedade, por cuja eliminação elas pressionam. Ele vê sua salvação em deixar as massas alcançarem a sua expressão (de modo algum o seu direito). As massas possuem um direito à mudança das relações de propriedade; o fascismo busca dar-lhes uma expressão conservando essas relações. O fascismo resulta, consequentemente, em uma estetização da vida política. (...) Todos os esforços pela estetização da política culminam em um ponto. Esse ponto é a guerra. A guerra, e somente a guerra, torna possível dar um objetivo aos movimentos de grandíssima escala das massas, sem prejuízo às relações de propriedade tradicionais. (...) A humanidade, que outrora, em Homero, foi um objeto de espetáculo para os deuses olímpicos, tornou-se agora objeto de espetáculo para si mesma. Sua autoalienação atingiu um grau que lhe permite vivenciar sua própria destruição como um gozo estético de primeira ordem. Essa é a situação da estetização da política que o fascismo pratica" (BENJAMIN, 2012, p.117 e 123).

No documentário *A deusa imperfeita*, a cineasta recorda que o congresso de 1933 possuía uma organização estrutural ainda bastante amadorística, destacando que a marcha dos nazistas era indisciplinada, faltava ritmo na coreografia de massas e não havia ainda conseguido criar uma atmosfera de tensão crescente na composição do filme. Além disso, a cineasta ressalta que Ernest Röhm, o líder da SA (*Sturmabteilung*/Tropas de Assalto), possuindo ainda um papel de destaque na hierarquia do movimento nazista, aparecia ao lado de Adolf Hitler, pouco antes de ser assassinado na "Noite dos Longos Punhais", uma série de execuções políticas extrajudiciais perpetrada pela facção de Adolf Hitler dentro do Partido Nazista, ocorrida na noite do dia 30 de junho para 1° de julho de 1934, um fato incômodo politicamente e que precisaria, pouco tempo depois, cair no esquecimento público.



> Quando a fita – intitulada *Sieg des Glaubens [A vitória da fé]* – ficou pronta, verificou-se que, longe de se interessar por uma documentação convencional do evento de Nuremberg, a cineasta a concebera desde o início como estilização propagandística e idealização do espetáculo do congresso. De qualquer modo, o filme apresentava vários problemas técnicos e revelava em diversos trechos que a encenação de Nuremberg enfrentara muitas dificuldades.
>
> Mas, naquele mês, quando assistiram ao filme em uma exibição privada, Hitler e Goebbels não ficaram nada contrariados: "Fabulosa sinfonia da SA. Riefenstahl trabalhou bem. Ficou abaladíssima com o trabalho. Hitler comovido" [TB, 29 de novembro de 1933], e, segundo as anotações de Goebbels, a estreia no dia 1° de dezembro foi um "sucesso bombástico" [TB, 2 de dezembro de 1933] (LONGERICH, 2014, p. 243).

Ainda não plenamente satisfeito, Adolf Hitler voltou a encomendar a Riefenstahl a realização de um novo documentário, *O triunfo da vontade* (*Triumph des Willens*, 1935), sobre o VI Congresso do Partido Nazista em Nuremberg, que seria realizado de 4 a 10 de setembro de 1934, sob o *slogan* "Congresso da Unidade".[8] Dessa vez, no entanto, a jovem cineasta relutou em aceitar a incumbência, pois tivera problemas com Goebbels durante a produção de *A vitória da fé* e temia que tais atritos se repetissem. Então, abandonou o encargo, deixando Walter Ruttmann – considerado um dos melhores realizadores de documentários devido ao sucesso de seu filme *Berlim: sinfonia da metrópole* (*Berlin: Die Symphonie der Großstadt*, 1927) – dirigir as filmagens do congresso nazista. Hitler, zangado, chamou-a de volta e, ao retornar, Leni constatou que o método de trabalho de Ruttmann não coincidia com sua concepção artística planejada para o filme.[9] Mesmo assim, tentou ainda uma última vez abandonar a tarefa, mas o Führer insistiu enfaticamente em sua permanência na realização das filmagens, pois "Hitler não queria que seu filme fosse uma peça de propaganda, produzida por algum funcionário do ministério de Goebbels, mas sim uma obra de arte, realizada por um artista" (RIEFENSTAHL, 1995, p. 158). É difícil acreditar, no entanto, que ela estivesse tão relutante em aceitar a produção e que não tenha, como passou a afirmar após a Segun-

8. O congresso do Partido Nazista em Nuremberg de 1934 foi extremamente importante por marcar a consolidação do poder político total de Adolf Hitler e o início do processo de nazificação (Gleichschaltung) da Alemanha, que ocorreu após a morte do presidente Paul von Hindenburg, que governou a Alemanha entre 1925 e 1934, e a aliança entre o Führer e as Forças Armadas, selada no momento em que os militares deixaram de declarar obediência "à nação e à pátria" para prestar um juramento "por Deus" para "devolver incondicional obediência a Adolf Hitler, o Führer do Reich e do povo alemão, supremo comandante das Forças Armadas". Além disso, o congresso nazista de 1934 marcava também a o apaziguamento político nas relações do Partido Nazista com a SA (Tropa de Assalto), que, após o episódio da "Noite dos Longos Punhais" – expurgo responsável pela morte de Ernest Röhm e de outros líderes nazistas que ameaçavam o poder de Hitler –, havia sido reestruturada e encontrava-se, a partir de então, sob o comando de Viktor Lutze. Informações extraídas de: BACH, 2007, p.127-131.

9. Em suas memórias, a cineasta recorda: "Hess escrevia dizendo que lhe havia surpreendido que eu tivesse passado a Walter Ruttmann o filme do congresso do partido daquele ano, sendo que o Führer havia insistido que somente eu fizesse o filme. Hess pedia que eu entrasse em contato com ele tão logo fosse possível. (...) Aproveitei esse tempo para ver as filmagens de Walter Ruttmann, e recebi um novo choque. O que eu vi na tela era, para colocar da forma mais suave, imprestável. Era um amontoado de fotos de jornais que vibram ao longo de uma rua, em cujas primeiras páginas traçavam a ascensão do Partido Nazista. Eu não entendia como Ruttmann poderia apresentar esse trabalho. Eu fiquei muito infeliz. Eu não podia mostrar esse material a ninguém, e Ruttmann já havia gasto 100.000 marcos – um terço do meu orçamento – para aquelas cenas. Ele admitiu estar deprimido e também afirmou que não tinha percebido quão pouco material de noticiário houve durante os anos que antecederam a tomada de poder dos nazistas. Eu não conseguia ver-me assumindo a responsabilidade por esse trabalho, mas não consegui pensar em outra alternativa que não fosse a de descartar o material de Ruttmann e apenas filmar durante o congresso do partido em Nuremberg. Ruttmann finalmente concordou comigo" (RIEFENSTAHL, 1995, p. 157).

da Guerra Mundial (1939-1945), sentido orgulho do seu resultado. Afinal, como adverte Susan Sontag:

> Jogar Riefenstahl no rol dos artistas-individualistas, desafiando os burocratas filisteus e a censura do Estado-patrão ("a tentativa de Goebbels de sujeitar sua visualização às exigências estritamente propagandísticas"), deveria parecer como *nonsense* a qualquer um que viu *O triunfo da vontade* – um filme cuja própria concepção nega a possibilidade do autor do filme ter uma concepção estética independente da propaganda. Os fatos, negados por Riefenstahl desde a guerra, são que ela fez *O triunfo da vontade* com ilimitadas facilidades e irrestrita cooperação oficial (nunca houve nenhuma disputa entre a autora do filme e o ministro alemão da propaganda). Na realidade, Riefenstahl estava, como ela relata no pequeno livro sobre a elaboração de *O triunfo da vontade*, por dentro do planejamento do comício – que foi desde o início concebido como o cenário de um espetáculo cinematográfico (SONTAG, 1986, p. 63-64).



De qualquer forma, com plena "liberdade artística", orçamento ilimitado, os mais novos equipamentos e equipe técnica à sua disposição, Leni Riefenstahl assumiu a tarefa de realizar um documentário responsável por retratar, em estilo épico e monumental, o congresso do Partido Nazista em Nuremberg. Por sua vez, a cineasta nunca aceitou considerar que se tratava de um documentário de propaganda nazista, afirmando posteriormente em entrevistas que:

> Se virem o filme, hoje, podem facilmente verificar que não há uma única cena reconstruída. Tudo no filme é verdade. (...) É história. Um filme puramente histórico (...), um filme-verdade. Reflete a verdade de então, a verdade de 1934, a história. Por isso, é um documentário e não uma obra de propaganda. Sei muito bem o que é a propaganda. Consiste em recriar determinados acontecimentos para ilustrar uma tese ou para escamotear um aspecto acentuando outros. No meu caso, nada disso. Estive no coração das coisas, coisas que eram a realidade de um certo tempo e de

um certo espaço. O meu filme é composto pelo que recebi deles (RIEFENSTAHL, 1965, p. 49).

No livro *Nos bastidores do filme sobre o congresso do partido* (*Hinter den Kulissen des Reichsparteitag-Films*, 1935), de autoria de Leni Riefenstahl (com texto do *ghost writer* Ernst Jäger, editor-chefe do *Film-Kurier*), a cineasta, em meio a uma série de fotografias, faz revelações como: "planos para o Congresso Nacional do Partido andaram de mãos dadas com os planos para locações do filme", "O Führer inspeciona as preparações técnicas necessárias para o filme", "nossas câmeras estão localizadas em toda a cidade, ao longo de todo o percurso do desfile. Inúmeras consultas impedem surpresas" (RIEFENSTAHL, 1935, p. 31, 32 e 76). Para o historiador de cinema alemão Siegfried Kracauer, as declarações da cineasta revelam que "o congresso foi planejado não apenas como uma espetacular reunião de massa, mas também como um espetacular filme de propaganda" (KRACAUER, 1988, p. 342). Essa análise é compartilhada por Susan Sontag, que afirma:

> Apesar de *O triunfo da vontade* não ter uma voz narrativa, começa com um texto escrito que anuncia o comício como a culminação redentora da história da Alemanha. Porém, essa afirmação inicial é o menos original dos modos pelos quais o filme é tendencioso. Ele não tem nenhum comentário porque não precisa de nenhum. *O triunfo da vontade* representa uma já alcançada e radical transformação da realidade: a história torna-se um teatro. A maneira pela qual a convenção de 1934 do partido foi encenada fora parcialmente determinada pela decisão de produzir *O triunfo da vontade* – o evento histórico servindo como cenário de um filme que estava então para assumir o caráter de um autêntico documentário (SONTAG, 1986, p. 66).

Leni Riefenstahl costumava declarar que o "triunfo" apresentado no filme era o triunfo de uma Alemanha forte e unida em torno da vontade do Führer. Em linhas gerais, a narrativa fílmica consistiu centralmente nos discursos políticos proferidos por Hitler e na comunhão entre o Führer e o povo alemão. O retrato apresentado aos espectadores faz recordar algumas cenas de organização ornamental das massas presentes também no filme *Os Nibelungos* (*Die Niebelungen*, Fritz Lang, 1923). O estilo monumental de *O triunfo da vontade* pretendia apresentar Hitler, nas palavras de Erwin Leiser, "como o novo Siegfried e seus seguidores como personagens extras na colossal ópera de Wagner, uma massa anônima completamente sob sua influência" (LEISER, 1974, p. 25 e 27).

Nas primeiras sequências do filme, Hitler aparece como o enviado de Deus, o messias que vai levar a Alemanha a conquistar o mundo. Desde a mística abertura, em que, por entre nuvens celestiais, surge o avião trazendo o messias, de quem se espera apenas a imagem e a palavra, passando pelos impressionantes *close-ups* de soldados anônimos ou cidadãos "arianos", prontos para o sacrifício, até a geometria disciplinada e disciplinadora das tropas dispostas na arena dos discursos, tudo traz a marca da grandiosidade, da ordem e da perfeição, como se Deus tivesse vindo à Terra para revelar o povo escolhido e incumbi-lo da purificação do planeta, guiando os crentes para a salvação. Esse efeito de grandiosidade se deve, na opinião de Lotte Eisner, ao emprego frequente da filmagem em primeiro plano, que dá aos menores objetos proporções gigantescas, passando uma ideia de superioridade (EISNER, 1985, p. 231). Além disso, segundo Siegfried Kracauer:



> Através de uma composição muito impressionante de meras tomadas jornalísticas, o filme representa a completa transformação da realidade, sua completa absorção pela estrutura artificial do congresso do partido. Os nazistas haviam preparado meticulosamente o terreno para tal metamorfose: grandiosos arranjos arquitetônicos foram construídos para acompanhar os movimentos de massas e, sob a supervisão pessoal de Hitler, planos precisos de marchas e paradas foram projetados e ensaiados bem antes do evento. Assim, o congresso podia evoluir literalmente em um espaço e tempo próprios; graças à perfeita manipulação, se tornou não tanto uma demonstração espontânea, mas uma gigantesca extravagância sem lugar para nenhuma improvisação. Esse show encenado, que canalizou as energias psíquicas de milhares de pessoas, diferiu dos monstruosos espetáculos usuais apenas pelo fato de ter pretendido ser uma expressão da existência real do povo (KRACAUER, 1988, p. 341).

O filme *O triunfo da vontade* estreou no dia 28 de março de 1935 no Ufa-Palast am Zoo, em Berlim, tendo recebido, segundo a classificação da Lei do Cinema Nacional (*Reichslichtspielgesetz*), de 16 de fevereiro de 1934, as "distinções" (*prädikate*, espécies de menções de mérito) de "política e artisticamente de valor especial" e "didático" (RIEFENSTAHL, 2000, p. 289).

No Festival do Cinema Alemão de 1935, Joseph Goebbels, ao conceder o Prêmio Nacional do Filme para Leni Riefenstahl, destacou a importância do filme:

> O Prêmio Nacional de Cinema de 1934-1935 é conferido a Leni Riefenstahl, por seu filme do congresso do partido em Nuremberg, *Triumph des Willens*. Esse trabalho se destaca como uma grande realização no ano de seu lançamento. É especialmente importante por mostrar a nossa época. Ele apresenta, em imagens monumentais, jamais vistas antes, os emocionantes eventos de nossa vida política. É o grande sonho do Führer feito em filme, apresentando cenas de realismo jamais vistas. Ele eleva o ritmo potente de nossa grande época até o cume grandioso da realização artística. É um filme monumental, que se harmoniza de modo retumbante com a cadência das colunas em marcha, forjando no aço de sua própria concepção e flamejante paixão criadora. (apud Filmagem do discurso da cerimônia de entrega do Prêmio Nacional de Cinema, apresentada no documentário *A deusa imperfeita: Leni Riefenstahl*, Ray Müller, 1993).[10]





Leni Riefenstahl voltou ainda a filmar mais uma vez as cerimônias do congresso de Nuremberg, dessa vez a pedido do Alto Comando da Wehrmacht (exército alemão), para a produção do curta-metragem *Dia da liberdade: Nossas Forças Armadas* (*Tag der Freiheit: Unsere Wehrmacht*, 1935), um complemento de *O triunfo da vontade*, já que no filme anterior foi dedicada pouquíssima atenção às Forças Armadas, pois a cineasta não

10. Internacionalmente, o filme recebeu o mais prestigioso prêmio da época, no Festival do Filme de Veneza, em 1935: a Coppa dell'Istituto Nazionale LUCE; e também a medalha de ouro e o grande prêmio na Exposição Internacional de Paris, em 1937. O filme rendeu 200.000 Reichmarks, o que o tornou o sexto filme mais rentável de 1935-1936 (RIEFENSTAHL, 2000, p. 289).

quis incluir cenas dos exercícios militares por terem ficado com qualidade cinematográfica inferior, já que haviam sido filmadas em dia de mau tempo. Todavia, o general Walter von Reichenau insistiu muito na inclusão de imagens militares, tendo-se em vista que 1934 foi o primeiro ano em que o exército participava no congresso nazista. Esse fato levou a cineasta a assumir o compromisso de produzir um documentário curta-metragem específico sobre os exercícios militares apresentados nas cerimônias do VII Congresso do Partido Nazista em Nuremberg, realizado de 10 a 16 de setembro de 1935 (RIEFENSTAHL, 1995, p.162-163 e 175-176).

Neste documentário, a câmera acompanha a preparação matinal dos soldados, as paradas, as fanfarras militares e a apresentação das novas armas, tanques e aviões, até então proibidos pelo Tratado de Versalhes, perante Adolf Hitler e milhares de espectadores. Dessa forma, o objetivo principal do filme – excluído durante muitos anos pela cineasta de sua filmografia –[11] era documentar a reconstrução do Exército Alemão, a remilitarização da nação e o seu poderio bélico. O curta-metragem foi distribuído como pequeno "filme didático militar".



C) Super-heróis nazistas, avante!: Leni Riefenstahl e as filmagens dos Jogos Olímpicos de Berlim em 1936

A concepção da estetização da política nazista foi novamente desenvolvida por Leni Riefenstahl em *Olympia* (1938), um longo documentário dividido em duas partes – "Festival das nações" e "Festival da beleza" – consagrado aos XI Jogos Olímpicos, realizados em Berlim, em 1936, apenas alguns meses depois da incontestada remilitarização da Renânia. Considerando que a campanha propagandística do Saarland havia sido concebida com o propósito da expansão territorial alemã em busca de seu "espaço vital" (*lebensraum*), as Olímpiadas representavam uma oportunidade de mostrar internacionalmente o poder da "Nova Alemanha" de Hitler.

11. Susan Sontag recorda que não se tinha encontrado nenhuma menção desse filme durante os anos 1950 e 1960, quando Riefenstahl e todos os demais acreditavam que *O dia da liberdade* se perdera, levando-a a retirá-lo de sua filmografia e a se recusar a discuti-lo com entrevistadores (SONTAG, 1986, p. 63). Ainda que uma cópia do filme tenha sido encontrada em 1971, não houve qualquer menção ao curta-metragem em *A deusa imperfeita*.

Nesse aspecto, segundo Cooper Graham, as Olímpiadas de 1936 foram instrumentalizadas politicamente pelo regime nazista, tendo os seguintes objetivos:

> 1) Os alemães poderiam impressionar o mundo com a eficiência e grandeza dos jogos. Eles seriam os mais bem organizados, maiores e melhores Jogos Olímpicos que o mundo já vira; 2) Os alemães poderiam impressionar o mundo com os feitos de seus atletas; 3) Os nacional-socialistas poderiam mostrar que eles eram cheios de boas intenções para com o mundo inteiro e que desejavam apenas ser nação amiga (GRAHAM, 2001, p. 4).



O projeto de produção de *Olympia* começou a ser desenvolvido em 1935, quando Carl Diem, diretor do Comitê de Organização dos Jogos Olímpicos de Berlim, procurou a cineasta para a realização de um documentário oficial sobre esse grande evento esportivo (RIEFENSTAHL, 1995, p. 168-169). Ao contrário das afirmações posteriores da cineasta de que o documentário foi comissionado pelo Comitê Olímpico Internacional, produzido por sua própria companhia e feito sob os protestos de Goebbels, sabe-se que esse filme foi comissionado e inteiramente financiado pelo regime nazista – tendo sido fundada uma companhia "fantoche", sob o nome de Olympia Film G.m.b.H, porque pensava-se ser desaconselhável para o próprio governo aparecer como produtor. O projeto cinematográfico foi também supervisionado pelo Ministério da Propaganda em todos os estágios de produção (SONTAG, 1986, p. 64).[12]

*Olympia* retrataria, então, as Olimpíadas como a celebração esportiva de todas as nações do mundo, em plena Alemanha nazista, organizada, destemida, dedicada a cumprir seu único objetivo: tornar-se a nação mais importante do planeta. A conexão estabelecida no docu-



12. A análise de Susan Sontag é compartilhada por Erwin Leiser, que, ancorado em pesquisa aos documentos oficiais, afirma: "A Olympia-Film Co. Ltd. foi fundada a pedido do governo e com fundos governamentais. Em adição, os requisitos financeiros para a produção do filme estão a ser cumpridos inteiramente através do orçamento do Estado" (LEISER, 1974, p. 140). Mesmo tendo-se em vista os documentos oficiais de época, que comprovam a relação direta entre a produção cinematográfica e o Estado nazista, Leni Riefenstahl continuou afirmando ter sido a única responsável pelo controle artístico dos filmes (RIEFENSTAHL, 1995, p. 185).

mentário entre a Grécia Antiga e a Alemanha nazista, tão estimulada por Hitler e pelos ideólogos do Terceiro Reich, foi materializada em termos imagéticos no prólogo do filme, que dura aproximadamente vinte minutos, apresentando as ruínas da Acrópole como ponto de partida para a viagem da tocha olímpica do Monte Olimpo através – em termos espaciais e temporais – de diversas nações europeias até chegar a Berlim, cidade sede dos XI Jogos Olímpicos da Era Moderna.[13] Sobre esse efeito audiovisual, Leni conta:

> Em minha cabeça eu podia ver as antigas ruínas do local da clássica Olympia vagarosamente surgindo por trás da neblina e os templos e esculturas gregas à deriva: Aquiles e Afrodite, Medusa e Zeus, Apolo e Paris, e então o Discóbolo de Míron. Eu sonhei que essa estátua transformou-se em um homem de carne e osso, que gradualmente começou a lançar o disco em câmera lenta" (RIEFENSTAHL, 1995, p. 171).



Ao final do prólogo, agora no Estádio Olímpico de Berlim (Olympiastadion), vemos o Führer Adolf Hitler, a alta hierarquia nazista, os dirigentes do Comitê Olímpico Internacional e os espectadores de vários países acompanharem, com emoção e alegria, a entrada das delegações esportivas nacionais, culminando nos momentos apoteóticos da declaração de abertura dos Jogos Olímpicos de Berlim – proferida por Hitler – e no surgimento do atleta alemão que carrega a tocha, cuja "chama sagrada" acende a pira olímpica, ao som épico do Hino Olímpico, que é regido por Richard Strauss. Na sequência, depois de rápidos comentários de locutores de diversos países, as imagens dos jogos começam efetivamente. Os resultados iniciais já mostram a Alemanha sempre presente entre os três primeiros lugares, assim como o Japão e a Itália, seus futuros aliados na Segunda Guerra Mundial, em algumas ocasiões. A disputa entre "negros x brancos" também é evidente durante todo o filme e atinge seu clímax quando ouvimos o

13. A viagem da tocha olímpica, detentora do fogo sagrado, foi concebida por Carl Diem e se tornou um ritual cerimonial simbólico das Olimpíadas, passando a estar efetivamente presente em todos os Jogos Olímpicos a partir de 1936.

locutor chamar o atleta Jesse Owens, o grande campeão americano, de "*american negro*".[14]

Um aspecto importante a ser destacado é que Leni Riefenstahl, em lugar da filmagem cronológica dos jogos, optou por uma estrutura mais diversa, baseada em ritmos distintos: os atletas nus exaltavam a beleza física e a virilidade, aludindo à ascendência helênica da Alemanha nazista; a relação harmônica do homem com a natureza ao mostrar os exercícios preparatórios dos atletas; a camaradagem dos participantes pertencentes a distintas culturas e países; as provas olímpicas rodadas com doses de intriga; e o êxtase do triunfo plasmado com os símbolos olímpicos (tochas, bandeiras etc.). Há uma variedade notável no ritmo da montagem e nas relações gráficas entre os planos que, em geral, proporcionam um tempo adequado à ação. A trilha sonora se vale de uma *voice over*, que, em vez de informar, comenta com dramatismo as provas e reforça o suspense sobre o resultado, e de uma trilha musical variada, ao estilo wagneriano, de Herbert Windt.

> A estética masculinizante, a glorificação do corpo e da apresentação dos atletas como super-homens em coerência com a mitologia nazista de supremacia da raça ariana, o entusiasmo na representação dos desfiles e das massas unidas no espetáculo do esforço e da disciplina, a relação cósmica do homem com a natureza, a decoração grandiloquente, a música wagneriana apropriada pela cultura nazista, a proliferação da cenografia nazista nos estádios e a figura do Führer presidindo muitas das competições fazem deste documentário uma obra que mantém o estilo cinematográfico dos outros filmes dedicados ao congresso do Partido Nazista. A diferença está em que, neste caso, a propaganda é mais sutil; têm-se argumentado que este filme não é racista porque reflete com fidelidade

14. Leni Riefenstahl negou a possibilidade de qualquer conteúdo preconceituoso no filme, lembrando que: "Foi um sucesso, mas um sucesso inesperado: ninguém no governo tinha visto um metro de película antes da estreia. Eu tinha feito um filme independente. Eu me lembro de uma única ordem, que me foi dada por telefone e que vinha do Ministério da Propaganda: ela me fazia compreender que o dr. Goebbels não desejava ver muitas pessoas 'de cor' entre os heróis..." (apud COSTELLE, 1980, p. 83).

> o êxito de Jesse Owens, embora se omita o desplante de Hitler ao atleta afro-americano (PEREIRA, 2012, p. 321).

De qualquer forma, o documentário de Leni Riefenstahl conseguiu, mais uma vez, transcender o simples relato de reportagem jornalística e realística de um grande evento, apresentando os Jogos Olímpicos de 1936 como a "Olimpíada de Hitler", instrumentalizada como uma monumental exaltação da Alemanha nazista e dos preceitos ideológicos nazistas que preconizavam a beleza clássica, a perfeição física e a pureza racial do povo ariano.[15]



D) Do crepúsculo da "deusa imperfeita" a "Leni Riefenstahl é cult": guerra, ostracismo e renascimento da "cineasta de Hitler"

Com a eclosão da Segunda Guerra Mundial (1939-1945), Leni Riefenstahl acompanhou a invasão da Polônia pelas tropas alemãs, atuando como correspondente de guerra, com direito a dispor de sua própria equipe de filmagem. No entanto, segundo afirmaria mais tarde, depois de um massacre perpetrado pelos soldados da Wehrmacht à população judia do vilarejo de Konsky, teria ficado traumatizada e decidiu suspender essa experiência (QUENIN, 2007, p. 35). Contudo, seu trabalho foi bastante polêmico, sobretudo devido à denúncia de alguns jornais ingleses, que publicaram uma fotografia sua em trajes de montaria "inspecionando" os corpos de alguns poloneses mortos em um campo de concentração. Sua explicação para isso foi que ela apenas acompanhara as tropas alemãs e que, na época, protestara junto ao general comandante com a intenção de proteger os poloneses. Um inquérito, em 1952, inocentou-a de conluio no incidente, já que ela simplesmente testemunhara os fatos.

Logo depois, Leni fundou a produtora Leni Riefenstahl-Film G.m.b.H e dedicou-se, entre os anos 1940 e 1944, à produção de *Planície*

---

15. Olympia estreou em 1938, como parte das festividades do 49° aniversário do Führer, e recebeu os predicados de "artisticamente e politicamente significativo", "culturalmente significativo", "para educação popular", "filme educativo", além do Prêmio Nacional do Cinema 1937-1938, na Alemanha. Recebeu também vários prêmios internacionais, incluindo, entre outros, uma premiação no Festival Cinematográfico de Veneza de 1938: Coppa Mussolini (Melhor Filme); e, no ano seguinte, uma medalha de ouro e o diploma do Comitê Olímpico Internacional (RIEFENSTAHL, 2000, p. 290).

(*Tiefland*, 1944), filmado na Espanha e na Baviera alemã. Segundo a cineasta, a decisão de filmar *Planície,* um filme "apolítico", deveu-se, sobretudo, ao desejo de não ser obrigada a cooperar com o esforço de guerra, realizando filmes de propaganda (RIEFENSTAHL, 1995, p. 261). Ainda assim, é possível encontrar a presença da ideologia nazista no filme, já que ele assenta sua trama no contraste entre o mundo tradicional e "puro" da montanha versus o mundo corrupto e "impuro" da planície, onde a protagonista Martha (Riefenstahl) aparece como uma bela, misteriosa e incompreendida mulher, envolvida em um triângulo amoroso com dois homens que representam respectivamente esses dois mundos:



> Nas montanhas vive Pedro, pastor e servo do marquês Don Sebastián, um déspota que, na planície, reina implacavelmente sobre seus subordinados e especialmente sobre os camponeses. Pedro é uma espécie de Parsifal. Raramente é visto na planície, que, como diz o pastor Nando, é "má". Martha, bela filha adotiva de um pobre cigano, é amada por ambos. Os conflitos que dele se derivam constituem a ação dramática. Entre os rivais ocorre uma luta com facas. Pedro mata Don Sebastian, estrangula-o como o lobo que invadiu seu rebanho. Depois da morte de Sebastián, chega a chuva salvadora que põe fim à seca, os camponeses têm a água que esperavam, e Pedro e Martha deixam a planície e se dirigem para as montanhas (RIEFENSTAHL, 2000a, p. 250).

Décadas mais tarde, a associação de ciganos Rom acusou a cineasta de ter recrutado 120 ciganos vindos de campos de concentração para trabalhar como figurantes nesse filme. A associação afirmou que ela os teria enviado novamente aos campos de concentração, condenando-os à morte, após a conclusão das filmagens.

Em 1945, ao final da guerra, Leni foi presa pelos Aliados, pois seu trabalho foi considerado uma contribuição à propaganda nazista. Inquirições e aparições em juízo começaram em 1948, prosseguindo até 1952, quando ela foi finalmente "desnazificada", sendo classificada como "seguidora" (*Mitläufer*), a segunda categoria mais baixa na hierarquia estabelecida pelos americanos, e, na sequência, absolvida com o veredicto: "Nenhuma atividade política de apoio ao regime nazista que pudesse autorizar uma punição". Finalmente, pôde então lançar, em meio à indiferença geral, *Planície*, em 1954, depois de longos anos lutando para obter de volta os negativos do filme, confiscados pelas autoridades da ocupação francesa.

Depois da queda do Terceiro Reich, Leni Riefenstahl foi uma das poucas figuras da indústria cinematográfica alemã a sofrer ostracismo devido ao seu passado de glorificação ao nazismo, pois, segundo afirma Sontag:

> Riefenstahl é a única artista maior que se identificou por inteiro com a era nazista e cujo trabalho, não apenas durante o Terceiro Reich, mas trinta anos depois de sua queda, ilustra conscientemente muitos temas ligados à estética fascista (SONTAG, 1986, p. 72).



Tendo ficado estigmatizada como a cineasta oficial do nazismo, Riefenstahl não conseguiu mais retomar plenamente sua carreira após a Segunda Guerra Mundial, enquanto cineastas como, por exemplo, Veit Harlan – um dos mais atuantes do cinema de propaganda nazista e realizador do notório filme antissemita *O judeu Süss* (*Jud Süss*, 1940) –, continuaram atuando profissionalmente na Alemanha após o Terceiro Reich. Da mesma forma, outros tantos cineastas que serviram e continuaram ainda servindo por muito tempo aos projetos político-ideológicos de governos autoritários, de direita ou de esquerda, não sofreram o grau de cobrança do peso da "responsabilidade social do artista" com o qual Leni Riefenstahl teve de arcar. Indubitavelmente, o fato de ser mulher, a sua proximidade com o Führer, o destaque profissional recebido e a qualidade – técnica, estética e narrativa – dos seus filmes, que se tornaram modelos de referência para as gerações futuras de cineastas, estão entre as causas que transformaram Leni Riefenstahl em uma das figuras mais singulares e controversas na história do cinema mundial.

Para o historiador alemão Rainer Rother, a imagem pública de Leni Riefenstahl chegou a fazer parte do processo de estabilização ideológica da República Federal da Alemanha a partir de 1945, tendo, ao longo dos anos, dificuldade em ultrapassar as análises dualistas que, por um lado, destacavam o "gênio" artístico incompreendido e não valorizado da cineasta e, por outro, tomavam-na como uma mera propagandista de um regime genocida:

> É possível reconhecer pelo menos duas etapas bem distintas na imagem de Leni Riefenstahl. A primeira imagem é aquela da Leni de uma ingenuidade imperdoável, sobre a qual ela teria construído oportunisticamente sua carreira. A ausência de autorreflexão política que frequentemente foi atribuída, com justiça, encontrava sua contrapartida em uma sociedade que simbolicamente a incriminava como o mais perfeito dos bodes expiatórios, na exata medida em que essa mesma sociedade se eximia de trabalhar sua culpa, recalcando-a. A construção das imagens inimigas é parte constitutiva do consenso sobre o qual se alicerçava a República Federal da Alemanha e sua estabilização ideológica. Mas um dos motivos decisivos pelos quais ela se tornou essa figura simbólica da culpa era exatamente o fato de ser também mulher, uma artista que sempre se reconheceu movida por uma "vontade de aço", fazendo sua carreira no domínio masculino do cinema. Mas é importante mais uma vez destacar que na construção da imagem de inimiga pública esconde-se o apagamento da culpa coletiva dessa mesma sociedade. A partir dos anos 1970, o eixo dessa imagem começa a se deslocar na Alemanha e, depois da reunificação, nos anos 1990, sofre uma guinada maior na direção de uma visão cada vez mais positiva de seu trabalho, no sentido da valorização de sua qualidade estética até chegar finalmente na imagem *cult* que hoje observamos. Um dos capítulos mais eficientes nesse processo foi o documentário de Ray Müller (exibido no Brasil com o título de *A deusa imperfeita*), de 1993, que trazia Riefenstahl pela primeira vez como atriz de si mesma diante de milhões de pessoas. O filme evitava a laudação acrítica, mas contornava as questões difíceis, dando à sua estrela muito espaço, como convêm a uma lenda (ROTHER, 2001, p. 35).

O renascimento do "Mito Riefenstahl" começou a ocorrer na década de 1970, momento em que Leni voltou a aparecer na mídia, destacando-se por seu trabalho na cobertura dos Jogos Olímpicos de Munique, em 1972, para o *Sunday Times Magazine*, mesma publicação para a qual viria a fazer as fotos do cantor Mick Jagger, da banda The Rolling Stones, em 1974. É dessa época também o interesse público pelo trabalho fotográfico de Riefenstahl produzido, em especial, nas tribos dos Nuba, no Sudão, durante as várias expedições ao continente africano que realizou ao longo das décadas de 1960 e 1970. Esses trabalhos resultaram na publicação de três livros de fotografia: *Os Nuba* (*Die Nuba*,1973), *Os Nuba de Kau* (*Die Nuba von Kau*, 1976) e *Minha África* (*Mein Afrika*, 1982). Os fotógrafos a elogiaram pela notável riqueza estética e os críticos acusaram-na de promover o mesmo trabalho de glorificação do corpo humano, despertando a lembrança de suas "produções nazistas". Susan Sontag, no artigo "Fascinante fascismo" (1974), acusou Leni Riefenstahl de continuar produzindo uma "estética fascista":



> (...) Mas o impulso mais forte por trás da mudança de atitude em relação a Riefenstahl repousa nos novos e mais bem-sucedidos destinos da ideia de beleza. (...) É por isso que *Os últimos Nuba* é o último e necessário passo na reabilitação de Riefenstahl. É a reelaboração final do passado; ou, para os seus partidários, a confirmação definitiva de que ela foi sempre uma fanática pela beleza, ao invés de uma horrível propagandista. (...) Apesar de os Nuba serem negros, ao invés de arianos, o retrato que Riefenstahl faz deles evoca alguns dos maiores temas da ideologia nazista: o contraste entre o limpo e o impuro, o incorruptível e o corrompido, o físico e o mental, o satisfeito e o crítico. (...) Riefenstahl traz de volta fortemente a retórica racista quando celebra as maneiras pelas quais os Nuba são enaltecidos e unificados pelas provocações físicas de seus jogos de luta, nas quais os "possantes e enérgicos" homens Nuba, e seus "imensos músculos salientes", atiram um ao outro no chão – lutando, não por prêmios materiais, mas "pela renovação da vitalidade sagrada da tribo". (...) Riefenstahl dificilmente parece ter modificado as ideias de seus filmes nazistas (SONTAG, 1986, p. 70-71).

Desiludida com as críticas recebidas, Leni, aos 71 anos de idade, fez aulas de mergulho e decidiu aventurar-se no fundo do mar para fotografar a beleza exótica e os mistérios da vida submarina do oceano Índico, publicando, posteriormente, os livros *Jardins de coral* (*Korallengärten*, 1978) e *Maravilhas debaixo d'água* (*Wunder unter Wasser*, 1990) e lançando o filme *Impressões subaquáticas* (*Impressionen unter Wasser*, 2002).

A partir do final da década de 1980, com a queda do muro de Berlim (9 de novembro de 1989) e a posterior reunificação da Alemanha (3 de outubro de 1990), a imagem de Leni Riefenstahl sofreu uma guinada maior na direção de uma visão cada vez mais positiva de seu trabalho, no sentido da valorização de sua qualidade estética até chegar finalmente à imagem *cult* do final de sua vida. O ressurgimento do interesse pela "cineasta de Hitler" ocorreu devido à publicação de seu livro *Leni Riefenstahl: memórias* (*Memoiren*, 1987) e ao lançamento dos documentários *A deusa imperfeita: Leni Riefenstahl* (*Die Macht der Bilder: Leni Riefenstahl*, 1993) e *Leni Riefenstahl: um sonho de África* (*Leni Riefenstahl: Ein Traum von Afrika*, 2003), dirigidos por Ray Müller, em uma tentativa explícita de apresentar ao público mundial uma imagem de Leni Riefenstahl como artista "apolítica e genial", através de uma narrativa biográfica ancorada no modelo clássico de "ascensão e queda" e de "triunfo e penitência". Dessa forma, até falecer em 8 de setembro de 2003 aos 101 anos de idade, Leni Riefenstahl viveu um breve período de "reabilitação" ao ter reconhecido publicamente o seu talento artístico, ainda que, contudo, nunca tenha sido capaz de apagar da memória mundial a sua atuação como a "cineasta de Hitler" durante o Terceiro Reich.





## Referências Bibliográficas

BACH, Steven. *Leni: The Life and Work of Leni Riefenstahl*. Nova York: Vintage, 2007.

BENJAMIN, Walter. *A obra de arte na época de sua reprodutibilidade técnica*. Porto Alegre: Zook, 2012.

BENZ, Wolfgang (Ed.). *Handbuch des Antisemitismus*. Judenfeindschaft in Geschichte und Gegenwart. Band 5: Organisationen, Institutionen, Bewegungen. Berlim: De Gruyter, 2012.

COSTELLE, Daniel. *Histoire des Jeux Olympiques*. Paris: Larousse, 1980.

COUTARDE, François; CADARS, Pierre. *Histoire du cinéma nazi*. Paris: Losfeld, 1972.

EISNER, Lotte H. *A tela demoníaca*. Rio de Janeiro: Paz e Terra, 1985.

FERRO, Marc. *Cinema e História*. Rio de Janeiro: Paz e Terra, 1992.

GRAHAM, Cooper. *Leni Riefenstahl and Olympia*. Lanham: Scarecrow Press, 2001.

HITLER, Adolf. *Minha luta*. São Paulo: Moraes, 1983.

KRACAUER, Siegfried. *De Caligari a Hitler*. Rio de Janeiro: Jorge Zahar, 1988.

LEISER, Erwin. *Nazi cinema*. Nova York: Macmillan Publishing Co., 1974.

LONGERICH, Peter. *Joseph Goebbels*. Rio de Janeiro: Objetiva, 2014.

PEREIRA, Wagner Pinheiro. *O poder das imagens*. São Paulo: Alameda, 2012. 

QUENIN, François. Leni Riefenstahl: a obsessão pelo belo. *História Viva*. São Paulo, n° 49, p. 30-35. 2007.

*Reichsgesetzblatt Teil I – Jahrgang* 1933 – Herausgegeben vom Reichsministerium des Innern. Berlim: Reichsverlagsamt, 1933.

RIEFENSTAHL, Leni. *Hinter den Kulissen des Reichsparteitag-Films*. Munique: Zentralverlag der NSDAP/Franz Eher Nachf., GmbH., 1935.

______. Leni et le loup: entretien avec Leni Riefenstahl, par Michel Delahaye. *Cahiers du Cinéma*. Paris, n°.170, p. 42-63. September 1965.

______. *Leni Riefenstahl*: five lives. Londres: Taschen, 2000.

______. *Leni Riefenstahl*: a memoir. Nova York: St. Martin's Press, 1995.

______. *Leni Riefenstahl*: Memorias. Barcelona: Evergreen, 2000a).

ROTHER, Rainer. A simbologia da culpa. *Bravo!*, São Paulo, n° 44, p.35-37. 2001.

SONTAG, Susan. Fascinante fascismo. In: ______. *Sob o signo de saturno*. Porto Alegre: L&PM Editores, 1986.

SYWOTTEK, Jutta. *Mobilmachung für den totalen Krieg. Die propagandistische Vorbereitung der deutschen Bevölkerung auf den Zweiten Weltkrieg*. Opladen: Westdeutscher Verlag. 1976.

SPEER, Albert. *Por dentro do Terceiro Reich*. São Paulo: Círculo do Livro, 1975.

# MULHERES E DIREÇÃO CINEMATOGRÁFICA NA AMÉRICA LATINA: UMA VISÃO PANORÂMICA A PARTIR DAS PIONEIRAS

Marina Cavalcanti Tedesco



Em alguns países, como México e Argentina, as mulheres dirigem filmes, apesar das dificuldades, há mais de 100 anos. Em outros, como no caso da maioria dos centro-americanos, é possível comprovar a existência de realizadoras há apenas poucas décadas. Em pesquisa empreendida a partir de diversas referências, em especial *Realizadoras latinoamericanas/Latin American Women Filmmakers: cronología/chronology* (1917-1987) (TOLEDO, 1987), *La pantalla rota: cien años de cine en Centroamérica*" (CORTÉS, 2005) e do portal da *Fundación del Nuevo Cine Latinoamericano*, chegamos aos seguintes dados[1] de quando aparece a primeira cineasta em algum estado-nação latino-americano, os quais apresentamos organizados por decênios:

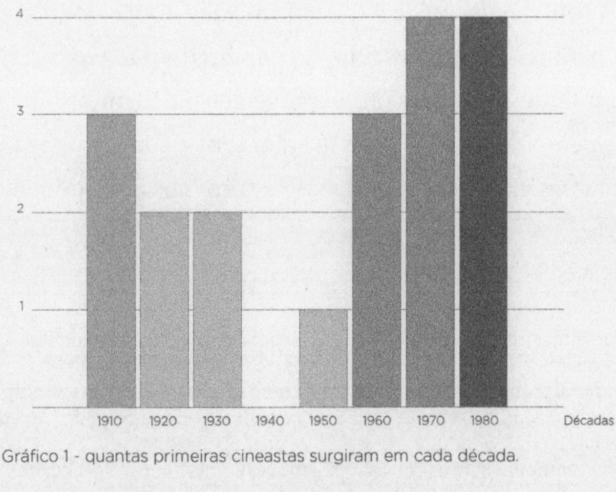


Gráfico 1 - quantas primeiras cineastas surgiram em cada década.

1. Dados que certamente irão apresentar imprecisões, posto haver uma enorme dificuldade para se obter informações sobre cineastas latino-americanas. Muitas pesquisas trazendo informações novas para o campo estão sendo desenvolvidas.

Elegemos tal gráfico como ponto de partida deste texto, que, em um momento inicial, sem pretender esgotar o tema, abordará entrelaçamentos entre dados e contextos que permitiram a chegada das mulheres latino-americanas à direção cinematográfica. A seguir, tomaremos a trajetória das pioneiras nacionais como fio condutor dessa história do cinema que engendramos, cujo princípio é 1917 – quando Emilia Saleny[2] (Argentina), Mimi Derba (México) e Gabriela von Bussenius Vega (Chile) inauguram a presença de mulheres cineastas na região –, e o fim, 1986 – surgimento nas telas de Zydnia Nazario, em Porto Rico.[3]

## Entrelaçamentos entre dados e contexto



Não é fácil apresentar elementos contextuais sobre mulheres na América Latina – do campo, da cidade ou (i)migrantes; com variados pertencimentos étnico-raciais e culturais; oriundas de diferentes classes sociais e de estados-nação com enormes desigualdades entre si. Não temos dúvida de que não há maneira de dar conta de tanta complexidade em poucas páginas. Ao mesmo tempo, é indiscutível a importância de determinados aspectos para a chegada das mulheres à direção cinematográfica no subcontinente. Trataremos de alguns deles neste tópico, cientes de seus limites.

Pelo menos desde a segunda metade do século XIX, encontramos movimentos de mulheres lutando por direitos em nossa região. Contudo, apesar dos esforços das primeiras gerações de feministas, mudanças no ordenamento de gênero só se fizeram sentir com um pouco mais de força, e para um grupo ainda bastante restrito, nos anos 1910. No México

2. Algumas pesquisas recentes apontam a possibilidade do primeiro filme dirigido por uma mulher na Argentina datar de 1915. No entanto, ainda que tal informação seja confirmada, a autoria à época foi assumida por um homem. Como interessa discutir neste capítulo, entre outros aspectos, a recepção das obras dirigidas por mulheres em suas épocas, optamos por nos focar em Emilia Saleny. Sobre esse eventual pioneirismo anterior, veja o capítulo "*¿El rey ha muerto?* Breve panorama sobre as cineastas argentinas e seus filmes", de Alcilene Cavalcante e Natalia C. Barrenha, aqui mesmo nesta coletânea.

3. A partir de meados da década de 1980, o vídeo se torna cada vez mais popular e menos mapeável. Por esta razão, iremos restringir nosso recorte à produção de mulheres realizada em película.

e no Uruguai, por exemplo, foram conquistadas alterações na legislação (possibilidade de divórcio e maior igualdade dentro da família, respectivamente). Na Argentina, as exigências das mulheres, com destaque para as proletárias, reverberavam em uma comunidade italiana em expansão e intimamente ligada ao cinema. Não por acaso, nos dois países de economia mais robusta entre os três que acabamos de elencar, surgiram, em 1917, as primeiras realizadoras latino-americanas, das quais trataremos.[4]

"Quando teve princípio a Segunda Guerra Mundial, apenas quatro países tinham promulgado leis que permitiam às mulheres votar em eleições nacionais (Equador, em 1929, Brasil, em 1932, Uruguai, em 1932, e Cuba, em 1934)" (MOLYNEUX, 2003, p. 77). A repetição do Uruguai na lista de países onde as mulheres conseguiram avanços, e o fato da América Latina ter conhecido apenas duas novas cineastas entre as décadas de 1920 e a de 1950 (a brasileira Cléo de Verberena, em 1931, e a italiana, radicada no Uruguai, Rina Massardi, em 1938) demonstram que era necessário, dentro de um modelo que tinha como ideal o cinema de estúdio hollywoodiano, ter uma produção minimamente estruturada - o que só era possível nas maiores nações - ou, pelo menos, ter muitos avanços em relação a direitos para que as mulheres tivessem alguma chance de estar à frente dos filmes.

As mudanças tecnológicas e a ascensão de novos modos de produção cinematográficos, somadas a uma espécie de "aceleração" pós-Segunda Guerra Mundial na intensidade das mudanças (fossem elas legais ou sociais) relativas a uma parcela maior de mulheres latinas, permitiram um aumento das condições para que surgissem primeiras diretoras em países onde as condições para a realização cinematográfica eram menos favoráveis, porém, de alguma maneira, existentes. Apesar disso, a venezuelana Margot Benacerraf é o único caso da década de 1950.

Nos anos 1960, os grandes centros urbanos do subcontinente viveram muitas e intensas transformações no que diz respeito às questões de gênero: a incorporação de um número significativo de mulheres

4. Como as pesquisas sobre Gabriela von Bussenius Vega ainda estão se consolidando, optamos por não nos aprofundarmos em sua trajetória.

às universidades, as primeiras manifestações da chamada segunda onda do feminismo, a chegada da pílula anticoncepcional, a radicalização política. Encontramos três cineastas debutando nesse decênio: Sara Gómez (Cuba), Monica Silva (Colômbia) e Nora de Izcue (Peru). Aqui, é preciso destacar a importância da Revolução Cubana para que a pequena ilha pudesse ter sua primeira realizadora ao lado de países com economias mais vigorosas. A despeito da relação conflituosa com o feminismo, visto então, grosso modo, como uma ideologia estadunidense, de mulheres brancas e de classe média e alta, e das cubanas nunca terem conseguido igualdade de fato em relação aos homens, "o socialismo cubano promoveu a igualdade legal, conseguiu uma maior incorporação das mulheres à esfera pública e foi o único estado latino-americano que garantiu seus direitos reprodutivos" (MOLINEUX, 2003, p. 101).



Entre 1970 e 1973, as forças conservadoras disferiram muitos golpes nos diferentes projetos progressistas e/ou revolucionários que pululavam pela região. Tais golpes, surpreendentemente, não impedem o que poderia ser a continuidade de um movimento ascendente de primeiras mulheres diretoras. "Uma dimensão pouco estudada dos anos 70 diz respeito ao tema do moralismo e, logo, da sexualidade" (MORAES, 2007, p. 344). Sob o velho argumento recentemente reciclado no Brasil de que "a sociedade estava podre e uma das razões principais era o fracasso dos valores e das instituições básicos" (MOLINEUX, 2003, p. 103), os militares prometiam criar uma "nova" sociedade, na qual, ainda segundo Molineux, se "restauraria a autoridade mediante o retorno a uma ordem patriarcal fundada sobre uma família retradicionalizada e privatizada". Diante de tal cenário, a declaração por parte da Organização das Nações Unidas (ONU), de 1975, como o Ano Internacional da Mulher, e o período 1975-1985 como a Década da Mulher, foram muito importantes para que países latino-americanos voltassem a ter suas primeiras cineastas: Olga Campang (Guatemala), María de los Ángeles Kitico Moreno (Costa Rica), Raquel Romero (Bolívia) e Sara Maldoror (Panamá).

Igualmente, é preciso destacar as rebeliões centro-americanas ocorridas no final da década de 1970 e o sandinismo como "a primeira força política de signo 'progressista' no continente latino-americano, que não apenas não condenava o feminismo de forma 'explícita', mas que incorpora a emancipação da mulher entre seus princípios" (PONCELA, 2000, p. 32). Nos anos 1980, conseguimos rastrear o surgimento de quatro realizadoras: María José Alvarez (Nicarágua), Helsie Haas (Haiti), Mónica Vásquez (Equador) e Zydnia Nazario (Porto Rico).

## Algumas pioneiras do cinema silencioso

Praticamente todas as estudiosas do cinema dirigido por mulheres na América Latina lidam com dificuldades diversas para seguir com suas investigações. Contudo, quando se trata das pioneiras do período mudo, o quadro chega a situações realmente dramáticas. Araújo aponta que na imprensa brasileira (fonte crucial diante da parca porcentagem de filmes que sobreviveu até os dias de hoje),





> são raras as referências a mulheres atuantes em outra função técnico-criativa que não a de atriz. Junte-se a isso, de forma geral, as informações muitas vezes esparsas, quando não desencontradas, em relação aos créditos dos filmes, e chegamos ao que se tem hoje: um panorama extremamente lacunar [...]. São fundamentais pesquisas mais sistemáticas *não só para garimpar novas informações como também para reconfigurar dados já disponíveis* (ARAÚJO, 2017, p. 17).

Em seu trabalho sobre Emilia Saleny, Moira Fradinger relata a experiência de perseguir "migalhas que o passar do tempo deixa nos bosques dos arquivos, nas lembranças dos vivos, em algum anúncio comercial, nos esforços de investigadores que nos precederam [...] no que tange aos dados mais simples: seu nome, sua cidade natal" (FRADINGER, 2014, p. 13).

É bastante impressionante que, mesmo mulheres que obtiveram certo êxito e visibilidade à sua época, com o passar dos anos tornam-se desconhecidas e mesmo contestadas. Tomemos o caso de Mimí Derba e Emilia Saleny, pertencentes à primeira geração de realizadoras latino-americanas.

Mimí Derba, nascida Herminia Pérez de León, muito jovem se estabelece como cantora e atriz de teatro, fazendo, posteriormente, uma passagem de sucesso para o cinema silencioso. Em 1917, funda com Enrique Rosas a Azteca Film Company, que neste mesmo ano produz o impressionante número de cinco longas-metragens de ficção: *En defensa propia*, *Alma de sacrificio*, *La tigresa*, *La soñadora* e *En la sombra*. Referindo-se a estes, Riera sustenta que "[Derba] não apenas participou da produção das cinco películas: foi atriz principal da primeira, segunda, quarta e quinta; escreveu os argumentos de *En defensa propia* e *En la sombra*; talvez tenha dirigido com Rosas *La tigresa*" (RIERA, 1998, p. 40).

Destaque-se que o autor coloca em dúvida a codireção de Derba sem, em momento algum, explicar a razão, o que causa certo estranhamento, posto que tal dúvida não paira sobre outros estudos, inclusive anteriores à obra de Riera. Pelo contrário, Miguel afirma que "embora não tenham sobrevivido cópias destes filmes [da Azteca Film Company], eles estão de certa maneira preservados através de fotografias e críticas publicadas na imprensa" (MIGUEL, 2013, s/p), e tal material serve de suporte para suas afirmações tanto sobre a proposta de representação nacional da Azteca Film quanto do texto estelar de Mimí Derba.



A situação historiográfica de Emilia Saleny, até onde Fradinger apurou, parece ser melhor. Em "apenas" um de seus filmes, *El pañuelo de Clarita*, de 1919 (ironicamente, o único que temos preservado nos dias de hoje), a argentina teve seu crédito de diretora omitido, e "só" nas sessões organizadas no interior da Argentina pelo roteirista, Bautista Amé. Tudo indica que Amé teve um imbróglio com o câmera Luis Scaglione, o qual acabou tendo implicações na cessão de direitos para que Amé pudesse explorar a película – o que, óbvio, não deveria, em hipótese alguma, significar o apagamento da cineasta.

No entanto, felizmente para nós e para essa portenha, cujo provável nome de nascimento foi Emilia Pieri Salani, a imprensa da comunidade italiana dava ampla cobertura ao seu trabalho como realizadora. Sobre o próprio *El pañuelo de Clarita*, o jornal *La Patria* de 2 de novembro de 1919 escreveu: "muitos admiraram e aplaudiram sinceramente a película [...] ainda que a fotografia deixe a desejar, a interpretação é efetiva e a direção perfeita" (apud FRADINGER, 2014, p. 19). A interpretação também era mérito de Saleny, que, em 1915, havia fundado a Academia de Artes

Cinematográficas, tornando-se a primeira professora de atores de cinema da América do Sul.

Outras matérias encontradas por Fradinger demonstram o quanto Saleny teve uma trajetória única no que tange ao suporte e reconhecimento recebidos. Já seu filme de estreia, *La niña del bosque* (1917), "podemos supor que foi um grande êxito, ao menos dentro da comunidade italiana: o anúncio da estreia em sessão privada aparece em *La Patria* não uma, mas quatro vezes". E nos dias 3, 4 e 5 de julho, no mesmo periódico, há "chamados a apoiar a iniciativa da senhora Saleny" (FRADINGER, 2014, p. 17).

Diante de tudo o que foi exposto, por que sua carreira foi interrompida? Se Emilia Saleny conseguia um bom comparecimento do público e críticas positivas entre seus patrícios, poderia ter sido alguma exigência dentro do matrimônio (ela se casa pela primeira vez em 1917)? Até o momento, não existe resposta para uma pergunta tão importante dentro da história das diretoras latino-americanas.

Afastando-nos da primeira geração, mas ainda dentro do recorte sobre as pioneiras do cinema silencioso na região, e voltando-nos para a trajetória de Cléo de Verberena, primeira realizadora brasileira, encontramos muito mais semelhanças entre ela e Mimi Derba do que com Saleny. Nascida Jacyra Martins Silveira, em 1909, a cinéfila e fã de Greta Garbo, Billie Dove, Erich von Stroheim e Fred Niblo (ARAÚJO, 2017, p.21), dirigiu um único filme: *O mistério do dominó preto* (1931). A empreitada foi produzida por seu marido César Melani, que, sob o pseudônimo de Laes Reni, protagonizou a película com Cléo.

O material encontrado na imprensa explicita a relação de Cléo com o cinema e demonstra que ela estava bastante sintonizada com o que era produzido em seu tempo. Ainda assim, o fantasma da não autoria ronda essa realizadora. Se não ela, quem teria dirigido o filme? O marido, sobre o qual não se sabe nada em relação a uma possível cinefilia ou a um consumo audiovisual recorrente, óbvio! "Há pelo menos um testemunho [...] de que o filme não teria sido dirigido por ela, e sim pelo marido Reni. É o que afirma Alice Gonzaga [...], que toma por base declarações que teria ouvido de seu pai, Adhemar Gonzaga" (ARAÚJO, 2017, p. 22).

De qualquer maneira, a estreia de uma mulher na direção cinematográfica foi divulgada em diferentes veículos de comunicação, bem antes da obra ser finalizada. Em geral pela chave do exotismo e do pitoresco, as matérias não questionavam a competência de uma mulher para desempenhar a função, pelo contrário. A única crítica encontrada por Araújo, no entanto, é implacável, diz que Cléo de Verberena poderia ter futuro na atuação, não na direção. Quantos homens, após fazerem apenas um filme, seriam sentenciados da mesma maneira? Fato é que Verberena afastou-se em definitivo do cinema (também como atriz) e o Brasil demorou anos para ter sua próxima cineasta.



## Uma pioneira solitária nos anos 1950

Margot Benacerraf compartilha diversas características com diretores da sua geração: a proposta estético-política de fazer um cinema fora dos estúdios e voltado para a realidade latino-americana, a formação universitária (graduada em Filosofia e Letras, pela Universidade Central da Venezuela, posteriormente cursa o Instituto de Altos Estudos Cinematográficos - IDHEC, em Paris - e a circulação pelos principais festivais europeus daquele momento.

Logo em seu primeiro filme, *Reverón* (1952), a realizadora se destaca. Premiado em seu país e selecionado para Berlim, Edimburgo, entre outros festivais, o média-metragem recebe uma crítica elogiosa de André Bazin, publicada no jornal *Le Monde* (GRIONI, 2007), assim como uma resenha positiva na então muito prestigiada revista *Cahiers du Cinéma* (CISNEROS, 1997).

A consagração definitiva viria com sua segunda e (paradoxalmente) última obra, *Araya* (1959). O longa-metragem, que reconstrói 24 horas na rotina de três famílias, e mostra a passagem da extração de sal artesanal para a mecânica na localidade venezuelana que intitula a película, estreia vencendo o Prêmio Internacional da Crítica (FIPRESCI) e o Prêmio da Comissão Superior Técnica do Cinema Francês, ambos no Festival de Cannes. "O Prêmio Internacional da Crítica foi dividido *ex aequo* com *Hiroshima mon amour*, e o assombro pelo triunfo não foi apenas por se tratar de uma cinematografia desconhecida, mas também porque a diretora era uma mulher, pequena e esperta" (GRIONI, 2007, p. 32). Depois de Cannes, muitos outros festivais se sucederam: Moscou, Locarno, Veneza, Edimburgo, São Francisco...

Diante de tantos êxitos, incomuns inclusive para os cineastas homens da região à época, duas perguntas são fundamentais. A primeira delas é como Margot Benacerraf tem tão pouco destaque nas histórias do cinema latino-americano (questionamento que pode ser desdobrado em outro, a saber, por quem e a partir de quais critérios tais histórias foram escritas). Já a segunda, diz respeito à falta de financiamento que impediu a realizadora de efetivar seus demais projetos. Mesmo com tantas credenciais, os produtores ou não respeitavam suas decisões artísticas, condicionando o financiamento a alterações de aspectos que, para ela, eram cruciais, ou não lhe confiavam orçamentos maiores. Seguramente, o mesmo não teria ocorrido (como de fato não ocorreu) com os diretores homens.





## *Nuevo Cine Latinoamericano*: e as mulheres?

Benacerraf poderia ter sido incluída, com destaque, na construção historiográfica dos antecedentes do *Nuevo Cine Latinoamericano* (NCL), principal movimento cinematográfico que nossa região já conheceu. Ao invés disso, o que se verifica é a constituição de um cânone exclusivamente masculino. À primeira vista, esse "panteão" pode dar a impressão de que não havia mulheres cineastas nas fileiras do NCL. Trata-se de um dos efeitos da invisibilidade: a produção de mais invisibilidades. Na verdade, as trajetórias de duas das três pioneiras da década de 1960 não podem ser pensadas de forma dissociada desse projeto cinematográfico subcontinental.

Sara Gómez, primeira realizadora cubana e primeira diretora negra da América Latina, teve sua carreira abruptamente interrompida pela morte precoce com pouco mais de 30 anos. Contudo, os 12 anos em que atuou nessa função foram suficientes para deixar sua marca na história do audiovisual da ilha e da América Latina. Já em uma obra inicial como *Historia de la piratería* (1962), são visíveis suas contribuições para o que ficou consagrado como a linguagem do documentário cubano pós-revolucionário, uma linguagem irônica e sarcástica e que se utilizava de fontes diversas para produzir um discurso militante homogêneo, cuja criação é associada basicamente a Santiago Álvarez. E *De cierta manera* (1974), sua produção mais estudada, é um marco ao trazer para o primeiro plano, através do casal Mario e Yolanda, o machismo, o racismo e a transformação de determinados setores da sociedade em "Homens Novos"[5] como problemas não resolvidos depois de uma década e meia de revolução socialista.

Ainda que sempre tenha tido a oportunidade de dirigir, o que incluiu realizar um longa-metragem, diferentes pesquisadoras apontam Gómez como uma "presença incômoda" (VILLAÇA, 2010, p. 243) no Instituto Cubano de Arte e Indústria Cinematográfica (ICAIC). De fato, as complexas e difíceis relações da esquerda daquele momento com as questões de gênero e raça, cada vez mais presentes em sua cinematografia, fizeram com que alguns de seus filmes não fossem aceitos ou não estreassem, e que ela não participasse das comitivas que representavam Cuba nos festivais internacionais. Ademais,



> enquanto viveu, Sara Gómez não foi suficientemente reconhecida pela crítica. Em *Cine Cubano*, durante sua vida ativa no ICAIC, há apenas referências a suas obras. Só se incluem alguns de seus documentários em listas onde se menciona a produção deste gênero em Cuba [...]. Tardou até 1989 [15 anos após sua morte] para que nas revistas *Bohemia* e *Romance* aparecessem trabalhos jornalísticos sobre a cineasta... Neste mesmo ano é que aparece o primeiro *dossier* sobre sua obra (YERO, 2017, p. 42-43).

Tudo isso não foi impedimento para a continuidade do trabalho da cubana, mas, sem dúvidas, impactou o modo como sua jornada se desenvolveu.

Se a vinculação de Sara Gómez ao *Nuevo Cine Latinoamericano* é praticamente automática pela importância de Cuba no forjar do

5. "Homem Novo" é um conceito que, embora não tenha sido inventado por Che Guevara, foi bastante difundido por ele em seus escritos e discursos durante a Revolução Cubana. Significava um "cidadão politicamente consciente de seus deveres, fraterno, corajoso, disposto a qualquer sacrifício para defender valores coletivos" (VILLAÇA, 2010, p. 126).

movimento, e pela produção da ilha ocorrer toda dentro do ICAIC, a peruana Nora de Izcue encontrou o NCL durante a exibição do seu terceiro filme, e dele não se separou mais. Tendo iniciado sua carreira com um curta-metragem bastante pessoal (*Encuentro*, 1967, protagonizado por uma mulher em busca de dar sentido para sua vida, como o fazia Izcue naquele momento, em que, recém-separada e mãe de cinco filhos pequenos, dava seus passos iniciais no cinema), foi com *Runan Caycu* (1973) que ela deu a grande "virada" (TEDESCO, 2014).

Nesse média-metragem, a realizadora conta, a partir de um narrador-personagem, a história das lutas que forçaram a realização da reforma agrária de 1969, no Peru. Como diz, "a película está estruturada em dois níveis, um conduzido pelo relato de Saturnino Huillca [líder indígena camponês], que nos apresenta as causas e nos leva aos efeitos, e o segundo é a apresentação cronológica que localiza o espectador" (IZCUE, 1975, p. 40).

A pós-produção de *Runan Caycu* em Cuba, viabilizada através de um convênio entre os dois governos, possibilitou à cineasta um primeiro contato com a produção engajada da região. E a circulação do documentário pelos festivais europeus e latinos (onde foi muito bem, tendo recebido a Paloma de Prata do Festival de Leipzig, entre outros prêmios), em especial no Congresso da Federación de Arquivos de Filmes (FIAF), no México, em 1976, fez com que Izcue fosse convidada a integrar o Comitê de Cineastas Latino-americanos (C-CAL) como delegada do Peru.

Desde então, Nora de Izcue participa ativamente do cinema da região: através dos muitos filmes que dirigiu, de sua luta pelo cinema peruano e das diversas funções que desempenhou nas instâncias do *Nuevo Cine Latinoamericano*. É muito importante destacar que, de todas as diretoras das quais tratamos até o momento, Izcue é a única que conseguiu ter uma carreira longeva. Hoje, com 85 anos, ela ainda está em plena atividade.

## Os setenta e os oitenta: tempos de cinema revolucionário e feminista

Se as questões de gênero geravam tensões quando pautadas dentro de produções filiadas (voluntariamente ou não) ao *Nuevo Cine Latinoamericano*, entre algumas pioneiras dos anos 1970 e 1980, feminismo e revolução andaram juntos, em especial na América Central. Como mencionamos anteriormente, o sandinismo, que tomou o poder na Nicarágua em 1979, dando ânimo a outros movimentos nacionalistas e revolucionários já existentes na região, não só não era antifeminista, como tinha a emancipação da mulher como uma de suas bandeiras centrais. Ademais, um cinema explicitamente feminista já era feito em alguns países da América Latina, como México, Colômbia e Venezuela.

Entre as várias primeiras cineastas desse período, detere-mo-nos nas trajetórias de duas delas, que parecem ser bem representativas desse grupo de realizadoras – e, como sinalizaremos, das que surgiram a seguir: Kitico Moreno e María José Álvarez. Álvarez, formada nos Estados Unidos, insere-se no que Cortés, a grande especialista na produção audiovisual centro-americana, identifica como "uma geração de mulheres interessadas em cinema que, diferente de muitos cineastas homens, autodidatas, formaram-se em universidades e escolas de cinema" (CORTÉS, 2005, p. 447).



Embora Cortés não problematize essa oposição entre mulheres com formação e homens autodidatas, parece óbvio que a elas não era acessível a possibilidade de aprender fazendo (e errando). E que a formação foi, grande parte das vezes, a única maneira de credenciá-las a participar de um mundo masculino (mesmo sendo um mundo masculino sem estudo especializado). María José Álvarez, por exemplo, cria o Instituto Nicaragüense de Cine (INCINE) junto com um "grupo de jovens [homens] comprometidos com o processo revolucionário", num contexto em que "alguns de seus fundadores tinham participado na guerra de insurreição como correspondentes de guerra e outros fizeram parte da brigada 'Leonel Rugama' [que filmou mais de 24 mil metros de película documentando a luta armada contra a ditadura somozista]" (FLORES, 2006, s/p).

Bastante inspirado no ICAIC, o INCINE teve, em um primeiro momento, documentários e *Noticieros* como seus carros-chefe. Sobre as produções do INCINE:

> Muitos destes filmes têm uma vigência maior, pois se partem de contextos específicos, as questões são universais. O caso dos *noticieros* que abordam as campanhas de alfabetização são um exemplo

> disso. Dirigidos por María José Álvares [...] contagiam pelo entusiasmo e alegria dos seres humanos diante de uma eterna necessidade: a aprendizagem (CORTÉS, 2006, s/p).

Depois de alguns anos no INCINE, no qual dirigiu documentários e *noticieros,* cujas datas de realização variam dependendo da fonte consultada (embora todas sejam unânimes em afirmar que Álvarez começou em 1980), María José funda a produtora Luna Films com a também cineasta Martha Clarissa Hernández. Em 1991, com *Lady Marshall*, dá início a uma sequência de filmes que abordam a situação de desigualdade, pobreza e vulnerabilidade das mulheres na Nicarágua e na região, somando-se a uma das grandes linhas de força do cinema centro-americano até hoje (PLA, 2013, p. 104). Em 2002, seu filme *Desde el barro al sur* (2002), sobre a imigração de nicaraguenses, em geral mulheres, para a Costa Rica, causou bastante impacto e exerceu significativa influência em obras posteriores.

Como María José, na Nicarágua, Kitico Moreno foi fundadora do Departamento de Cinema do Ministério da Cultura, Juventude e Esportes, mais tarde Centro Costarriquense de Produção Cinematográfica. Isso, porém, ocorreu em 1973, quase uma década antes da criação do INCINE. Diz Cortés sobre ela:

> Fazendo um curso de documentário em Buenos Aires [ela havia estudado também na BBC de Londres], patrocinado pela UNESCO, [Moreno] soube do projeto desta instituição de criar unidades de filmagem para produzir películas para o desenvolvimento dos países pobres, e voltou com a ideia para a Costa Rica" (CORTÉS, 2005, s/p).

Depois de dois anos de esforços, Kitico Moreno conseguiu que os equipamentos e consultores previstos no projeto chegassem. Tinha início, assim, a produção de um "cinema documental, inspirado nas correntes do *Nuevo Cine Latinoamericano*, do cinema cubano em particular, crítico aos problemas mais profundos da sociedade e em diálogo com as problemáticas da região" (CORTÉS, 2006, s/p). Nestes primeiros tempos, Kitico foi a força motriz da produção cinematográfica da Costa Rica. Até deixar a direção do Centro para se tornar vice-ministra da Cultura, "esteve à frente de quase 80 trabalhos em 16mm, dos quais 33 foram produção executiva sua" (CORTÉS, 2005, s/p). Com tantas atribuições, ela ainda dirigiu *A propósito de la mujer* (1975). Como o ano de lançamento sugere, a obra foi realizada para o Ano Internacional da Mulher da ONU. Baseada em testemunhos de seis mulheres diferentes entre si, e trazendo às telas sequências de ficção, aborda temas como miséria, sofrimento, ilusões e sonhos. Kitico Moreno, portanto, inaugura a anteriormente referida linha de força do cinema centro-americano que trata da situação das mulheres na região, embora nem sempre seja reconhecida por isso.

## Considerações finais



Em qualquer trabalho de poucas páginas que se proponha a abordar de forma panorâmica o cinema latino-americano dirigido por mulheres, inevitavelmente muitas ficarão de fora. Foi o que aconteceu neste capítulo, cujo recorte, primeiras cineastas, se preencheu algumas lacunas, não obstante manteve outras.

Escolhemos o verbo "manter" ao invés de "criar" (ou algum de seus sinônimos) porque ainda hoje as mulheres seguem fora da história do cinema – com raras exceções, e mesmo estas quase nunca pertencem à nossa região – tanto pelo tipo de pesquisa que muitas vezes é feita (quem faz?, onde?, a partir de quais critérios?, tendo por base que referencial teórico? etc.) quanto por serem minoria na direção cinematográfica em todos os países do subcontinente.

Ao mesmo tempo, a despeito de importantes diferenças contextuais, percebe-se uma intensa mobilização por oportunidades, reconhecimento e igualdade entre as mulheres trabalhadoras das muitas funções do audiovisual produzido na América Latina. Não é a primeira vez que elas se levantam, como demonstram diferentes autoras (SELEM, 2013; SARMET & TEDESCO, 2017). Esperamos que dessa vez suas lutas não desapareçam depois de certo tempo, pois só com engajamento constante há chances de haver igualdade de gênero real no cinema.

Beauvoir, citada por Monteil (2009), alerta que sempre é preciso lembrar que, em tempos de crise, seja econômica, política ou religiosa, os direitos das mulheres já conquistados voltarão a ser questionados. Tais direitos, portanto, não estão garantidos, não são permanentes, o que exige que estejamos constantemente vigilantes. A onda conservadora que de tempos em tempos assola a América Latina, e que nos impacta com tanta força neste momento, é prova disso. Mas as mulheres resistem, e seu cinema também.

## Referências Bibliográficas





ARAÚJO, Luciana Corrêa de. "Cléo de Verberena e o trabalho da mulher no cinema silencioso brasileiro". In: HOLANDA, Karla; TEDESCO, Marina. 1ª edição. *Feminino e plural*: mulheres no cinema brasileiro. Campinas: Papirus, 2017, p. 15-29.

CISNEROS, Luisa Carmen. "Tiempos de avance: 1959-1972". In: FUNDACIÓN CINEMATECA NACIONAL. *Panorama histórico del cine en Venezuela*. 1ª edição. Caracas: Fundación Cinemateca Nacional, 1997, p 129-148.

CORTÉS, María Lourdes. *Centroamérica en celuloide*. Mirada a un cine oculto. Revista Istmo, no 13, 2006, sem página. Disponível em: <http://istmo.denison.edu/n13/articulos/celuloide.html>. Acessado em: 15 maio 2019.

________. *La pantalla rota*: cien años de cine en Centroamérica. 1ª edição. Havana: Fondo Editorial Casa de las Américas, 2005.

________. *Centroamérica*: Imágenes y Mujeres. *Cuadernos Inter.c.a.mbio sobre Centroamérica y el Caribe*, v.2, nº 3, 2005, sem página.

Disponível em: < https://revistas.ucr.ac.cr/index.php/intercambio/issue/view/2824/363 >. Acessado em: 26 agosto 2019.

FLORES, Elizabeth Ugarte. "Un breve recorrido por la expresión audiovisual de Nicaragua". *Revista Istmo*, nº 13, 2006, sem página. Disponível em: <http://istmo.denison.edu/n13/articulos/celuloide.html>. Acessado em: 15 maio 2019.

FRADINGER, Moira. "Huellas de archivo al rescate de una pionera del cine sudamericano Josefina Emilia Saleny (1894-1974)". *Cinémas d'Amérique Latine*, nº 22, 2014, p. 12-23.

GRIONI, Luciana. *Cuadernos Cineastas Venezolanos*: Margot Benacerraf. 1ª edição. Caracas: Cineteca Nacional de Venezuela, 2009.

IZCUE, Nora de. "Creo que el cine nacional se dará cuando esta mayoría peruana se exprese y se vea reflejada en las pantallas, no nuestros cuatro o cinco cineastas". *Hablemos de Cine*, nº 67, 1975, p. 45-46.

MIGUEL, Angel. "Mimí Derba". In: GAINES, Jane et al. *Women Film Pioneers Project*: Center for Digital Research and Scholarship. New York: Columbia University Libraries, 2013. Disponível em: <https://wfpp.cdrs.columbia.edu/pioneer/ccp-mimi-derba/>. Acessado em: 15 maio 2019.

MOLYNEUX, Maxime. *Movimientos de mujeres en América Latina*: estudio teórico-comparado. 1ª edição. Madri: Ediciones Cátedra, 2013.

MONTEIL, Claudine. *Simone de Beauvoir*: Modernité et engagement. 1ª edição. Paris: Editions L'Harmattan, 2009.

MORAES, Maria Lygia Quartim de. "O Encontro Marxismo-Feminismo no Brasil". In: RIDENTI, Marcelo; REIS, Daniel. *História do Marxismo no Brasil*. 1ª edição. Campinas: Editora da Unicamp, 2007, p. 341-373.

PLA, Valeria Grinberg. "Mujeres cineastas de Centroamérica: continuidad y ruptura". *Mesoamérica*, nº 55, 2013, p. 103-112.

PONCELA, Anna M. Fernández. *Mujeres, revolución y cambio social*. 1ª edição. Barcelona: Anthropos Editorial; Cidade do México: UAM-Xochimilco, 2000.

RIERA, Emilio García. *Breve historia del cine mexicano II*: 1916 a 1920. 1ª edição. Jalisco: Ediciones Mapa SA de CV, 1998.

SARMET, Érica; TEDESCO, Marina Cavalcanti. "Articulações feministas no cinema brasileiro nas décadas de 1970 e 1980". In: HOLANDA, Karla; TEDESCO, Marina. *Feminino e plural*: mulheres no cinema brasileiro. 1ª edição. Campinas: Papirus, 2017, p. 115-129.

SELEM, Maria Célia Orlato. *Políticas e poéticas feministas*: imagens em movimento sob a ótica de mulheres latino-americanas. 2013. Tese (História). Instituto de Filosofia e Ciências Humanas, Universidade Estadual de Campinas, Campinas, 2013.

TEDESCO, Marina Cavalcanti. "Nora de Izcue, Josefina Jordán e o começo de uma história das diretoras do Nuevo Cine Latinoamericano". *Cinémas d'Amérique Latine*, nº 22, 2014, p. 38-47.

________. "Da esfera privada à realização cinematográfica: a história das diretoras de cinema latino-americanas à luz das lutas e conquistas das mulheres da região nos séculos XIX e XX". In: BRAGANÇA, Mauricio, TEDESCO, Marina. *Corpos em projeção*: gênero e sexualidade no cinema latino-americano. 1ª edição. Rio de Janeiro: 7Letras, 2013, p. 60-73.

TOLEDO, Teresa. *Realizadoras Latinoamericanas/Latin American Women Filmakers*: cronología/chronology (1917-1987). 1ª edição. Nova York: Círculo de Cultura Cubana, 1987.

VILLAÇA, Mariana. *Cinema cubano*: revolução e política cultural. 1ª edição. São Paulo: Alameda, 2010.

YERO, Olga María. *Sara Gómez*: un cine diferente. 1ª edição. Havana: Ediciones ICAIC, 2017.

# ¿*EL REY HA MUERTO*? BREVE PANORAMA SOBRE AS CINEASTAS ARGENTINAS E SEUS FILMES

Alcilene Cavalcante
Natalia Christofoletti Barrenha[1]



> *Eu tinha cerca de 15 anos quando estreou* Camila *(1984) [...]. Em qualquer programa de televisão que a gente colocava – porque* Camila *foi um sucesso que durou uns bons meses no cinema –, se via Lita Stantic e María Luisa Bemberg falando. E eu, que não estava muito atenta, descobri, pelo sucesso que foi esse filme, que no mundo do cinema argentino as pessoas mais bem-sucedidas eram María Luisa Bemberg e Lita, e achei sumamente natural que as mulheres liderassem. Depois, foi difícil para mim entender o forte cunho masculino. Foi difícil porque, de entrada, o que vi foi outra coisa. E eu acho que essa experiência errada, essa percepção equivocada, ou não, ou sumamente precisa, de como era a indústria do cinema, fez com que eu achasse que essa era uma atividade que nunca desafiaria minha condição de mulher. Acho que foi um mal-entendido meu*

1. Gostaríamos de agradecer a Julia Kratje e a Miriam Gárate pela leitura e considerações. E enfatizar a importância do livro *Tránsitos de la mirada. Mujeres que hacen cine* (2014), organizado por Paulina Bettendorff e Agustina Pérez Rial, material pioneiro e fundamental para estruturar este texto.

*e de toda uma geração, que não interpretamos bem essa situação e a história mudou.*

Lucrecia Martel.[2]

Os nomes de María Luisa Bemberg e de Lita Stantic são chave na história do cinema argentino. Por um lado, destaca-se a continuidade da obra que ambas construíram juntas durante a década de 1980 – com Bemberg ocupando o rol de roteirista e diretora e Stantic na produção –, quando, pela primeira vez, não apenas uma, mas duas mulheres assumiram postos de poder (tanto na criação artística quanto na lida com o orçamento) em uma série de filmes de perfil industrial na Argentina. Por outro lado, esses filmes apresentam conflitos a partir de perspectivas explicitamente feministas.



Neste texto, pretendemos traçar um breve panorama da participação das mulheres no cinema argentino, tendo como ponto de inflexão a irrupção da dupla Bemberg/Stantic. Em um primeiro momento, faremos um percurso mais histórico-cartográfico, elencando figuras importantes e momentos significativos, sem a pretensão de nos dedicarmos especificamente aos filmes citados. A direção terá um papel privilegiado nesse itinerário, já que, como afirma a atriz Marta Bianchi, é o cargo mais "esquivo" para a mulher – e é aí que "se tem o poder para decidir o que vai ser contado, como vai ser contado, e de onde vai ser contado" (BETTENDORFF, PÉREZ RIAL, 2014, p. 18).[3] Uma abordagem mais analítica se dará com a obra de Bemberg, seguida pela exploração do profuso ingresso de mulhe-

2. Tradução nossa. Cf. Bettendorff, Rial, 2014, p. 195. No original: *Yo tenía como 15 años cuando se estrenó* Camila *(1984) [...]. En cualquier programa de televisión que ponías – porque* Camila *fue un éxito que duró unos cuantos meses en el cine – veías a Lita Stantic y a María Luisa Bemberg hablando. Y yo, que no estaba muy atenta, descubrí, por el éxito que fue esa película, que en el mundo del cine argentino las personas más exitosas eran María Luisa Bemberg y Lita, y me pareció una cosa sumamente natural que las mujeres lideraran. Después, a mí me costó comprender la fuerte impronta masculina. Me costó porque de entrada lo que vi fue otra cosa. Y yo creo que esa experiencia errada, esa percepción errada de cómo era la industria del cine, o no, o sumamente precisa, hizo que nunca me pareciera una actividad que desafiara mi condición de mujer. Creo que yo y toda una generación hicimos un malentendido de esa situación, malinterpretamos eso y la historia cambió.*

3. Tradução nossa. No original: *se tiene el poder para decidir qué se va a contar, cómo se va a contar y desde dónde se va a contar.*

res nas mais diversas funções durante o denominado *nuevo cine argentino* a partir de meados dos anos 1990 – e a presença de Stantic como "ponte" entre gerações. Para finalizar, problematizamos a efetividade desse "boom" com base em algumas cifras.

* * *

Durante o período silencioso, várias mulheres aparecem, desaparecem e reaparecem entre os realizadores desse momento de produção prolífica, dispersa e diversa, em que se multiplicavam pequenos empreendimentos independentes. Entre muitas especulações – já que grande parte dos filmes das primeiras décadas do século XX está perdida em decorrência da ausência de políticas de preservação e de limitações técnicas e de armazenamento, além do fato de as mulheres não serem muitas vezes creditadas ou se utilizarem de pseudônimos devido a convenções sociais –, três nomes se repetem com segurança: Emilia Saleny, María B. de Celestini e Renée Oro.

Saleny começou como atriz e era uma espécie de celebridade entre a vibrante comunidade italiana de Buenos Aires. Em 1915, fundou uma escola de atuação voltada para o cinema, e realizou uma porção de filmes junto a seus alunos: *La niña del bosque* (1917, dedicado ao público infantil, tendo sido também pioneira nesse "gênero"), *Paseo trágico* (1917) e *El pañuelo de Clarita* (1919).[4] Celestini, que havia tido algumas experiências no teatro, dirigiu *Mi derecho* (1920), o qual, segundo Peña, representava "posturas protofeministas", reclamando a possibilidade de uma jovem solteira ser mãe apesar da censura social (2012, p. 22). Oro era documentarista e consta como realizadora de *La Argentina* (1922), entre outras produções ainda sob investigação.

Estudos recentes, como os de Fradinger (2013, 2014) e Mafud (2017), têm (re)mapeado a produção fílmica do período silencioso na

4. Especula-se sobre mais dois outros filmes desenvolvidos por Saleny e/ou por seus alunos: *Delfina* (1917) e *Luchas en la vida* (1919). Para mais informações sobre a trajetória de Saleny, cf. Fradinger (2014).

Argentina a partir de publicações da época e do exame das fichas técnicas dos filmes, confirmando a presença de mais mulheres no campo. Fradinger resgata, por exemplo, a diretora de escola Antonietta Capurro de Renauld, que realizou dois filmes com propósitos didáticos, ambos de 1917: *La caperucita blanca* e *La escuela de niños débiles del Parque Lezama*. Por sua vez, Mafud aponta como as associações filantrópicas – que desempenharam papel relevante na realização de obras destinadas tanto ao circuito comercial quanto alternativo (como festivais culturais de beneficência) – constituíram espaços em que as mulheres (da classe alta) ocuparam funções centrais na criação artística, como em *Un romance argentino* (1915), *El tímido o El candidato fracasado* (1915) e *Blanco y negro* (1919).[5] 

*Un romance argentino*, geralmente atribuído a Enrique García Velloso, teria sido (até a escrita deste texto) o primeiro filme da Argentina dirigido por uma mulher, Angélica García de García Mansilla. *El tímido o El candidato fracasado* traz roteiro de Rosa Cano de Vera Barros, que declinou de assinar a direção (alegando razões familiares), cedendo esse lugar a Miguel López. Além disso, ela procurou ocultar sua participação, sendo que um jornal divulgou que "a autora é uma conhecida dama, mantendo-se seu nome em resguardo" (*La Razón*, 1915 apud MAFUD, 2017, p. 63).[6]

> Esse ocultamento remete, possivelmente, a certo pudor por parte da mulher de elite a assumir a total autoria de um argumento para um novo meio como era o cinema, um espaço de criação que estava associado em geral aos homens, o que poderia acarretar certa exposição pública dentro de sua classe e o conhecido juízo de valor sobre sua obra. Ainda mais quando se tratava da primeira vez em que uma mulher ocupava o papel de roteirista em nosso país, e em um con-

5. Apesar da feitura amadora por parte dos integrantes das associações, os filmes contavam com a participação de importantes produtoras do período, como os estúdios de Max Glücksmann (MAFUD, 2017).

6. Tradução nossa. No original: *la autora es una conocida dama, manteniéndose en reserva su nombre.*

texto onde o argumentista cinematográfico disputava com o diretor a autoria de um filme (MAFUD, 2017, p. 63).[7]

Ambos os filmes tinham como finalidade arrecadar fundos: no primeiro caso, para um hospital em Buenos Aires; no segundo, para um orfanato em Rosario. Como comenta Mafud (2017, p. 57), ainda que, nestes casos, a mulher ocupe posições de destaque, ela o faz circunscrita em uma esfera aceita por seu estrato social: as atividades de beneficência. As mulheres de elite estavam à frente dessas associações, sendo a filantropia uma atividade que a sociedade patriarcal considerava como típica e naturalmente de mulheres.

Já *Blanco y negro* foi realizado no âmbito de uma associação vinculada à Liga Patriótica, de caráter conservador, que visava divulgar ideias contrárias aos anarquistas e aos sindicalistas, tendo a direção assinada por Elena Sansisena de Elizalde, Adelia Acevedo e Victoria Ocampo. Todas elas teriam ativo protagonismo cultural nos anos 1920 e 1930, desvelando como, pouco a pouco, as mulheres iam assumindo posições nos embates político-culturais argentinos.

Enquanto as novas pesquisas sobre o período silencioso trazem à tona nomes de mais e mais mulheres na direção, os estudos sobre o período clássico-industrial[8] reiteram a ausência delas nesse posto, ocupado exclusivamente por homens. As mulheres se dedicariam a funções consideradas de menor prestígio e remuneração, e que se tornaram comumente destinadas a elas – como, por exemplo, figurino, arte e corte de negativos (CONDE, 2009, p. 185).

A produção da primeira fase do sonoro já se constitui, então,

7. Tradução nossa. No original: *Ese ocultamiento posiblemente dé cuenta de cierto pudor por parte de la mujer de la élite a asumir la total autoría de un argumento para un nuevo medio como es el cine, un espacio de creación que estaba asociado en general a los hombres, la cual le podría acarrear una cierta exposición pública dentro de su clase y el consabido juicio de valor sobre su obra. Más aún cuando se trataba de la primera vez que una mujer ocupaba el rol de guionista en nuestro país, y en un contexto donde el argumentista cinematográfico le disputaba la autoría de un film al director.*

8. Na Argentina, o cinema clássico-industrial estendeu-se de 1933 (momento em que irrompe a sonorização óptica dos filmes) até meados da década de 1950, contexto no qual se materializa a desarticulação do sistema de estúdios e se reformulam as práticas de produção e exibição.

uma *tarea de varones*, como mostra Conde (2009, p. 185). Os filmes realizados desenvolveram o "eixo organizador dos sentidos" a partir de certas concepções sobre o feminino: destacaram-se as personagens dona de casa, noiva, esposa, mãe e a mulher trabalhadora. Ademais, os filmes estruturavam-se a partir das consideradas "contrafiguras negativas", como a prostituta, as mulheres de cabaré, a atriz, a cantora. Assim, as produções do período estabeleceram e reiteraram, a partir da representação, determinada visão sobre o lugar social das mulheres, voltando-se para o prazer masculino – conforme Mulvey esquadrinhou no início dos anos 1970, quando analisou filmes hollywoodianos (1983). Esse dado sobre o cinema argentino ratifica apontamentos de Perrot segundo os quais a representação das mulheres tem sido historicamente realizada quase exclusivamente por homens, ou seja, as mulheres seriam mais "imaginadas" (pelos homens) que "descritas" (2005, p. 11).



Seguindo Conde (2009), algumas mulheres conseguiram conquistar outras posições, como Lina C. de Machinandiarena, produtora de grandes sucessos como *Los isleros* (Lucas Demare, 1951) e *Las aguas bajan turbias* (Hugo Del Carril, 1952), desenvolvidos nos Estudios San Miguel, de propriedade de seu marido Miguel Machinandiarena. Outras conseguiram assinar adaptações e roteiros, como a atriz Niní Marshall, que transportou seus famosos personagens do rádio ao cinema, como em *Cándida* (Luis Bayón Herrera, 1939), e escreveu diálogos para inúmeros longas e séries até os anos 1980. Olga Casares Pearson era mais uma atriz e personalidade do rádio que trabalhou com roteiros, como os de *Surcos en el mar* (Kurt Land, 1956) e *Continente blanco* (Bernard Roland, 1957). Por sua vez, Nené Cascallar escreveu *Fuego sagrado* (Ricardo Núñez, 1950) a partir de sua obra homônima, originalmente um rádio-teatro. Vale a pena mencionar, ainda, María Teresa León, que adaptou diversos textos literários com seu marido, Rafael Alberdi, como *La dama duende* (Luis Saslavsky, 1944) e *El gran amor de Bécquer* (Alberto de Zavalía, 1946).[9]

Dessa fase, destacamos ainda os nomes de Alicia Míguez Sa-

9. Sobre mais roteiristas do período, cf. Conde (2009) e Bettendorff, Pérez Rial (2014).

avedra e de Vlasta Lah. A primeira fez assistência de direção em *Turbión* (Antonio Momplet Guerra, 1938) e em *El honorable inquilino* (Carlos Schlieper, 1951), ao passo que a segunda ocupou essa função em cerca de uma dezena de filmes, de vários diretores (entre eles seu marido Catrano Catrani), durante as décadas de 1940 e 1950. Também trabalhou em publicidade e deu aulas de cinema no Ateneo Cultural Eva Perón. Nascida na Itália e tendo estudado no Centro Sperimentale di Cinematografia di Roma e na Accademia Nazionale d'Arte Drammatica, Lah realizaria aquele que é considerado o primeiro filme sonoro da Argentina dirigido por uma mulher, *Las furias* (1960), seguido por *Las modelos* (1962).



Ambos os longas-metragens trazem protagonistas femininas (vividas por importantes atrizes da época, em um caso, e por não atrizes, no outro) e ficaram conhecidos pelas péssimas críticas que colheram – nas quais se destaca, por exemplo, o interesse (no sentido pejorativo) que poderiam suscitar no público feminino, como acontecera nas apreciações das obras dirigidas por mulheres no período silencioso. Após décadas de uma circulação limitada, pelo menos *Las furias* vem sendo recuperado como uma obra de culto, marcando presença em diversos ciclos especiais. O filme é uma transposição da obra dramática de Enrique Suárez de Deza e, através de planos originais que o distanciam do teatro, aborda a (má) relação entre cinco mulheres a partir de seus vínculos com um homem cujo rosto nunca se vê (seriam sua mãe, irmã, esposa, filha e amante). *Las modelos*, conforme descrevem Bettendorff e Pérez Rial a partir de jornais da época, é uma comédia dramática que gira em torno de duas modelos de alta costura e suas aventuras sentimentais (2014, p. 22).



* * *

Na década de 1960, por ocasião da emergência do cinema independente, realizado à margem de uma indústria que se encontrava em crise, com novos paradigmas de produção e de exibição, além da explosão do cineclubismo e do aparecimento de escolas de cinema, o quadro cinematográfico argentino começou a apresentar sinais expressivos de mudança em relação à presença de mulheres.

Entre as várias "correntes" que se disseminaram no momento,

estão as cineastas ligadas ao movimento cineclubista, que se dedicavam a atividades de crítica e de difusão, participavam de seminários e oficinas, e viram no curta-metragem uma possibilidade de adentrar o mundo da realização. Entre elas, podemos citar Paulina Fernández Jurado,[10] Irena Dodal, Mabel Itzcovich e María Esther Palant. Lita Stantic fazia parte desse grupo e dirigiu, com seu companheiro Pablo Szir, os curtas *El bombero está triste y llora* (1965) e *Un día...* (1966), ambos voltados ao universo infantil.[11] Outro nome significativo é o de Eva Landeck, diretora dos curtas *Horas extras* (1968) e *El empleo* (1972), aos quais se seguiriam os longas *Gente en Buenos Aires* (1974) e *Ese loco amor loco* (1979).[12]



Nesse contexto, também se destaca a emergência de um novo tipo de roteirista, que se perfila como um colaborador ativo da nova figura do diretor-autor: "Em meados dos anos 1950, escritores que estão se consolidando no campo literário participam, ademais, de uma renovação da narrativa cinematográfica. Entre os nomes de Marco Denevi, Augusto Roas Bastos e David Viñas, se encontra o de Beatriz Guido" (BETTENDORFF; PÉREZ RIAL, 2014, p. 24).[13] Autora de diversos *best sellers*, Guido estabeleceu uma sólida parceria com Leopoldo Torre Nilsson, que vai de *La casa del ángel* (1957) a *Piedra libre* (1975), somando 17 filmes – sejam baseados em romances seus, sejam roteiros originais, sejam inspirados em relatos alheios –, além de trabalhar com outros realizadores, em uma carreira prolífica que adentra os anos 1980.

Na mesma linha, poderíamos citar Aída Bortnik, que chega ao cinema através do teatro e do jornalismo, estreando com *La tregua* (Sergio Renan, 1974). Assinou mais de uma vintena de roteiros até meados de 2000, dentre os quais sublinhamos o vencedor do Oscar de Melhor Filme

---

10. Única diretora que aparece entre os 38 nomes do "Diccionario de la nueva generación argentina", divulgado no número 9 revista *Tiempo de Cine* (uma publicação do lendário Cine Club Nucleo), em 1962, conforme nos contam Bettendorff e Pérez Rial (2014, p. 22).

11. Em um contexto de institucionalização do ensino de cinema (também importante para a inserção feminina no campo), Stantic fez parte, em 1962, da primeira turma do curso da Asociación de Cine Experimental. Em depoimento a Máximo Eseverri e Fernando Martín Peña, ela conta que, na classe de 60 alunos, havia quatro mulheres (2013).

12. Sobre Landeck, cf. Trelles Plazaola, 1991; Hardouin, Landeck, 2014; Losada, 2016.

13. Tradução nossa.

Estrangeiro *La historia oficial* (Luis Puenzo, 1985) e a cooperação frequente com Marcelo Piñeyro, que resultou em algumas das maiores bilheterias da década de 1990. Ainda que nosso texto privilegie as diretoras, os nomes de Guido e Bortnik são incontornáveis em um panorama sobre a atuação das mulheres na história do cinema argentino.

Já Dolly Pussi foi uma figura fundamental para o documentário social argentino (projeto impulsionado por Fernando Birri) e, consequentemente, para o *Nuevo Cine Latinoamericano*. Estudou na Escuela Documental de Santa Fe, onde foi professora e responsável pelo Centro Experimental, e trabalhou em diversas produções junto ao marido Edgardo Pallero (não constando nos créditos de várias). Dirigiu os curtas *El hambre oculta* (1965), *Pescadores* (1968) e *Operativo Estanislao López* (1973). Como nos conta Beskow (2018), Pussi contribuiu enormemente para a articulação de uma rede de cineastas da América Latina, atividade que iniciou em 1963, quando viajou ao Brasil com colegas da Escuela, integrando o projeto Brasil Verdade (posteriormente conhecido como Caravana Farkas), e foi uma das organizadoras do I Encuentro de Cineastas Latinoamericanos, realizado no Festival de Cine de Viña del Mar em 1967.[14] Nos anos 1980, participou das discussões para a criação da Escuela Internacional de Cine y Televisión de San Antonio de los Baños, da qual foi posteriormente diretora, e desde 2007 coordena o bacharelado em documentário da Universidad Nacional de San Martín, além de ter trabalhado em diversos filmes como produtora.

Na vertente experimental, temos as imigrantes alemãs Narcisa Hirsch e Marie Louise Alemann, integrantes do que ficou conhecido como Grupo Cine Experimental Argentino ou Grupo Goethe, em atividade entre 1960 e 1980 (Hirsch continua produzindo até hoje). Influenciadas pelas vanguardas norte-americanas, filmavam especial-

14. Seu nome tampouco é creditado na obra de Aldo Francia sobre o evento, como comenta Beskow (2018). Em entrevista também à Beskow, Pussi fala da rara presença de mulheres em espaços de projeção no *Nuevo Cine Latinoamericano*, como na direção dos filmes ou, durante os eventos, nas mesas de debate, mas sublinha a constante atuação de mulheres nos bastidores ou em posições mais invisibilizadas.

mente em Super-8, e se interessavam pela manipulação do material fílmico e pelos cruzamentos com outros campos artísticos, especialmente a performance.[15]

Mabel Prelorán (que construiu uma extensa obra ao lado de seu marido Jorge Prelorán) e Ana Montes aparecem como pioneiras do cinema etnográfico nos anos 1970. Nessa década, María Herminia Avellaneda (que em 1955 havia começado a carreira na televisão) fez o longa *Juguemos en el mundo* (1971), com roteiro de María Elena Walsh. Em 1980, adaptou para o cinema a telenovela *Rosa... de lejos*. Já *Buenos Aires, la terceira fundación*, de Clara Zappettini, foi realizado no mesmo ano, dando início à vigorosa obra que a documentarista iria desenvolver na televisão. As trajetórias dessas cineastas permanecem *poco y nada* exploradas, assim como as de outras artistas que despontaram nesse momento – primeiramente efusivo por conta da redemocratização, em 1983, até murchar devido à grave crise econômica na virada para os anos 1990 –, como Jeanine Meerapfel, María Victoria Menis, Gabriela David, Silvia Chanvillard e Laura Bua,[16] para citar apenas algumas. Carmem Guarini e Ana Poliak são contemporâneas que lograram maior projeção.

Em 1986, com Marcelo Céspedes, Guarini fundou a produtora Cine Ojo e dirigiu inúmeros documentários, dedicados especialmente a preocupações ligadas aos direitos humanos, bem como apoiou projetos de jovens documentaristas. Desde 2000, empreende carreira solo. Poliak, com apenas três longas – *¡Qué vivan los crotos!* (1990), *La fe del volcán* (2001) e *Parapalos* (2004) –, construiu um itinerário singular e marcante em que se nota o interesse pela experimentação formal



15. Nos últimos anos, após décadas de esquecimento, a história do cinema experimental argentino vem sendo recuperada em uma porção de publicações, mostras, cinebiografias e restauração/digitalização de cópias. Cf. Torres, 2010; Torres, Garavelli, 2015; Windhausen, 2015. Cf. também o website de Hirsch, um excelente trabalho de compilação: http://www.narcisahirsch.com.ar/.

16. Chanvillard e Bua foram fundadoras, em 1982, do coletivo *Cine Testimonio Mujer*, um desdobramento do grupo *Cine Testimonio*, que buscava outorgar legitimidade e visibilidade ao cinema documental, estimulando sua inserção no circuito comercial, objetivo ao qual se somava um enfoque a problemáticas de gênero. Cf. Margulis, 2014.

e pelo tema da marginalidade social. É considerada, ao lado de Martín Rejtman e Raúl Perrone, precursora do *nuevo cine*.[17]

***

É nessa conjuntura que desponta Bemberg: primeiramente, colaborando nos roteiros de *Crónica de una señora* (Raúl de la Torre, 1971) e *Triángulo de cuatro* (Fernando Ayala, 1975), além de dirigir os curtas-metragens *El mundo de la mujer* (1972) e *Juguetes* (1978), que desde então chancelaram a marca feminista predominante em sua obra, que elege protagonistas femininas e apresenta variações, inclusive antecipando tendências (TREBISACCE; VEIGA, 2017). Nos anos 1960, Bemberg já se autodenominava publicamente feminista, tendo colaborado na década seguinte na fundação da Unión Feminista Argentina (PEDRO, 2008, p. 74). Nascida no âmbito de uma família tradicional de elite, não recebeu educação formal (de acordo com os ditames da época para as meninas), casou-se muito jovem e teve quatro filhos, passando a se dedicar ao cinema quando já passava dos 50 anos.

Suas ideias críticas à desigualdade de gênero e à opressão às mulheres perpassaram sua cinematografia (TREBISACCE; VEIGA, 2017, p. 1414): em *Momentos* (1981), retrata o dilema ético de uma mulher que abandona o marido ao se apaixonar por outro homem. Apesar de o adultério, em suas infinitas variações, fazer parte desde sempre do repertório temático convencional da ficção cinematográfica, no filme de Bemberg tendem a se esfumar os julgamentos morais sobre a protagonista. *Señora de nadie* (1982) continua com a crítica ao regime patriarcal ao redor do casamento, enquanto *Camila* (1984), sua produção mais popular – indicado ao Oscar de Melhor Filme Estrangeiro, sendo o sétimo filme mais visto de toda a história do cinema argentino, atingindo cerca de 2,5 milhões de

17. Sobre ambas as cineastas, cf. Rangil, 2005. Sobre Poliak, cf. Aprea, 2014. Guarini também é antropóloga e pesquisadora ligada à Universidad de Buenos Aires, tendo uma extensa obra reflexiva publicada em revistas disponíveis on-line.

espectadores[18] – , marca uma passagem a uma radiografia global do contexto que encobre a opressão de gênero (tanto no espaço privado como no público). Baseado na lendária história sobre Camila O'Gorman, que remete ao passado rosista do século XIX, o filme suscita a problematização da arbitrariedade e da dupla moral de regimes autoritários, permitindo relacioná-lo ao contexto no qual fora realizado.[19]

Essa preocupação se firmaria em dois filmes posteriores: *Miss Mary* (1986), que Bemberg reconhece como um filme mais pessoal, no qual sua vivência serve para construir um olhar sobre a classe dominante e seus métodos opressivos; e *Yo, la peor de todas* (1990), que evoca a trajetória de Sor Juana Inés de la Cruz. Seu último filme, *De eso no se habl*a (1993),[20] vale-se do humor negro e do absurdo para expressar o descontentamento e a desobediência ante a monotonia que os costumes da rotina impõem (KRATJE; BARRENHA, 2018). Para a cineasta, a condição das mulheres na sociedade e a desigualdade de gênero não se restringiam a determinadas circunstâncias ou a certas famílias ou cidades. Ela via politicamente a situação histórica de inferiorização e discriminação das mulheres e compreendia o potencial do cinema como objeto cultural passível de suscitar reflexão sobre questões desse tipo (CAVALCANTE, 2018).



Stantic, uma mulher de classe média baixa que, em sua juventude, desafiou os mandatos familiares e sociais da época, foi a responsável por criar as estruturas necessárias para que o projeto de Bem-

18. *Camila* atingiu 2,1 milhões de espectadores durante o período em que esteve em cartaz (número que consta nas estatísticas do INCAA), e mais 400 mil quando voltou ao circuito devido à indicação ao Oscar (ESEVERRI; PEÑA, 2013, p. 58).

19. O próprio cartaz de divulgação do filme, por exemplo, trazia a imagem da cena de fuzilamento dos protagonistas Camila e Ladislao, contendo acima a frase "Nunca más" – referência, naqueles anos de transição à democracia, à comissão que procurava apurar as violações aos direitos humanos durante a última ditadura (1976-1983) (KING, 2000 apud CAVALCANTE, 2014, p. 67).

20. Este é o único longa em que Bemberg não conta com Stantic, que no mesmo momento se dedicava à realização de *Un muro de silencio* (1993). Bemberg deixou ainda um projeto inacabado, *El impostor*, inspirado na prosa de Silvina Ocampo, que terminou estreando em 1997 sob a direção de Alejandro Maci. Toda a obra de Bemberg pode ser vista nesse website, outro trabalho impressionante de compilação que, além dos filmes, reúne roteiros, fotos e informações biográficas: http://www.marialuisabemberg.com/.

berg tivesse lugar. A produtora já era parte do universo cinematográfico argentino desde o início dos anos 1960, e seu primeiro longa-metragem foi *Mosaico* (Néstor Paternostro, 1968), uma ousada obra independente na qual ocupou o cargo de assistente de direção. Atuando em diversas funções, fez publicidade, cinema por encomenda e cinema militante – colaborou com a distribuição clandestina de *La hora de los hornos* (Fernando Solanas e Octavio Getino, 1968), e empreendeu a realização de *Los Velázquez,* com Pablo Szir.[21] Em produções de diversas escalas, trabalhou com cineastas como Lautaro Murúa, Raúl de la Torre e Adolfo Aristarain. Em 1978, fundou sua primeira empresa ao lado de Alejandro Doria – parceria que acaba quando Stantic se reúne com Bemberg. Em 1993, realiza seu único longa-metragem como diretora, *Un muro de silencio*, que, como descrevem Eseverri e Peña:



> "[...] toma como ponto de partida a experiência autobiográfica de perder um ser querido pelas mãos da repressão do Estado, e lhe agrega a dificuldade de representar as travas emocionais que os sobreviventes tiveram e têm para processar esse passado, atravessado por uma dor inarrável. O filme continua sendo uma das mais rigorosas abordagens sobre o tema [...]" (ESEVERRI; PEÑA, 2013, p. 11).[22]

Bemberg e Stantic foram, ainda, cofundadoras[23] do agrupamento La Mujer y el Cine – uma associação cultural que se propôs a estimular as mulheres a exercer papéis de liderança no mundo cinematográfico argentino, e a colaborar com a divulgação e legitimação do trabalho



21. Desaparecido em 1976, assim como Roberto Carri (pai da cineasta Albertina Carri), que é autor do livro em que se baseia o filme: *Isidro Velázquez, formas prerrevolucionarias de la violencia* (1968). O material filmado foi apreendido e é considerado perdido.

22. Tradução nossa. No original: [...] *toma como punto de partida la experiencia autobiográfica de perder a un ser querido a manos de la represión de Estado y le agrega la dificultad de representar las trabas emocionales que los sobrevivientes tuvieron y tienen para procesar ese pasado, atravesado por un dolor inenarrable. El film sigue sosteniéndose como uno de los más complejos abordajes del tema* [...].

23. Ao lado de outras personalidades do mundo da arte e do espetáculo como Marta Bianchi, Susana López Merino, Sara Facio, Beatriz Villalba Welsh e Gabriela Massuh.

de diretoras. Em atividade desde 1988, a associação organizou, até 1993, um festival internacional de cinema realizado por mulheres e, de 1996 a 2006, contou com uma seção especial no Festival Internacional de Cine de Mar del Plata. Impulsionou, e ainda impulsiona, espaços alternativos de exibição[24] e mecanismos de fomento junto ao Instituto Nacional de Cine y Artes Audiovisuales – INCAA, constituindo-se como porta de entrada e suporte para jovens cineastas locais.

* * *



A consolidação e visibilidade da dupla Bemberg/Stantic e o labor de La Mujer y el Cine foram fundamentais ao pavimentar o caminho para a "mudança da história" a que se refere Lucrecia Martel na epígrafe deste texto, quando há uma entrada massiva de mulheres no mundo do cinema nacional a partir de meados da década de 1990, no contexto do que ficou conhecido como *nuevo cine argentino* – a retomada, após um período de crise, da produção cinematográfica local, impulsionada e (retro)alimentada por uma série de fatores como a criação de leis de incentivo e de financiamento, a reativação da cota de tela, a facilidade de aquisição de material técnico devido à convertibilidade cambiária, a abertura e a reabertura de escolas de cinema, a recuperação do Festival de Mar del Plata e o nascimento do Buenos Aires Festival Internacional de Cine Independiente – BAFICI. Uma nova geração – da qual Martel faz parte – entrou em cena, trazendo novas sensibilidades estéticas e propondo novas maneiras de fazer cinema.

Mais uma vez, Stantic terá um papel fundamental, sendo uma das pouquíssimas personalidades já estabelecidas no universo cinematográfico argentino que se atentou para a renovação impulsionada pelos realizadores

24. Essas iniciativas abriram inúmeros caminhos e instâncias de exposição especialmente voltadas para o destaque de questões de gênero, como o Mujeres en Foco – Festival Internacional de Cine por la Equidad de Género (que contou com sete edições entre 2010 e 2017, e atualmente se encontra suspenso) e o Asterisco – Festival Internacional de Cine LGBTIQ (realizado anualmente desde 2014). Sobre festivais de cinema realizado por mulheres e/ou ligados à temática de gênero na América Latina, cf. Selem, 2013.

jovens desse momento, estimulando-a e contribuindo com ela. Produziu filmes de figuras-chave como Martel, Pablo Trapero, Adrián Caetano, Diego Lerman e Lucía Cedrón. Dessa maneira, durante mais de meio século, Stantic foi testemunha ou protagonista dos principais acontecimentos do cinema argentino, constituindo um dos poucos elos entre distintas etapas da cinematografia nacional (ESEVERRI; PEÑA, 2013, p. 12).[25]

Seria impossível listar, com o mínimo de justiça, no escopo deste artigo, os nomes das diretoras que vêm se dedicando ao metiê desde então. Faremos, assim, uma enumeração concisa e arbitrária, elencando aquelas cineastas que lograram projeção nacional e/ou internacional, continuidade e, mais importante que isso, mantêm suas obras em movimento, propondo a cada lançamento novos desdobramentos poéticos e temáticos que animam a crítica e a academia e ressoam no campo artístico argentino.

Martel é, sem dúvida, o *big name* desse conjunto. Seu primeiro longa, *La ciénaga* (2001), constituiu-se como um divisor de águas por inúmeros motivos, como o constante tensionamento do realismo, o estímulo da sensorialidade através da trilha sonora e o poder dos detalhes cotidianos para revelar estruturas de poder – buscas que se aprofundam e se requintam nos filmes posteriores. Albertina Carri vem logo em seguida, compondo com audácia uma obra plural que se reinventa a cada passo: da reflexão sobre o documentário clássico e sobre a lida com a memória em *Los rubios* (2003) até o pornô lésbico *Las hijas del fuego* (2018), passando pela exploração crua da violência em *La rabia* (2008) e pela instalação audiovisual *Operación fracaso y el sonido recobrado* (2015).

Ana Katz, também dramaturga e atriz, é uma das poucas criadoras que trabalham na chave do humor dentro do cinema argentino contemporâneo. A frase "uma comédia preocupante", estampada no cartaz de seu quarto longa, *Mi amiga del parque* (2015), resume de maneira exemplar o tom de seus filmes, cuja escritura afiada e atenta a gestos sutis mira os

25. Cf. Eseverri; Peña, 2013, livro que traz, junto aos textos críticos dos organizadores, extensos e impressionantes depoimentos de Stantic, através dos quais podemos conhecer os bastidores de grande parte da história do cinema argentino – e descobrir mais mulheres que fizeram parte dela, como Marta Parga, Sabina Sigler e Margarita Jusid.

vínculos familiares e amorosos e suas complexidades.[26] Anahí Berneri, Celina Murga, Inés de Oliveira Cézar, Julia Solomonoff, Lorena Muñoz, Lucía Puenzo, Natalia Smirnoff, Paula De Luque, Paula Hernández, Sabrina Farji, Sandra Gugliotta, Tamae Garateguy, Vanessa Ragone, Verónica Chen e Virna Molina poderiam expandir este inventário. Felizmente, já existe uma vasta fortuna crítica sobre suas realizações.

Mais recentemente, em uma nova fase que teria tido início em 2008 e foi chamada muitas vezes de *post nuevo cine* – com características como o questionamento dos modelos de apoio estatal, a busca por formas distintas de cinema independente, a instauração de novos circuitos de exibição, o diálogo com outras artes, um afastamento do minimalismo, o retorno da demanda política mais direta –, as mulheres continuam ocupando cada vez mais espaços. Milagros Mumenthaler (com abordagens renovadas sobre o tema da memória), Laura Citarella (integrante da produtora El Pampero, fundamental nos debates e proposições sobre esse *post nuevo cine*) e Nele Wohlatz[27] (grande revelação no desenvolvimento de estéticas mais arrojadas sintonizadas com o circuito de festivais internacionais, como o apagamento das fronteiras entre documentário e ficção) são algumas realizadoras que se sobressaem, às quais poderíamos somar Andrea Testa, Inés María Barrionuevo, María Alché, Natalia Garagiola e Natural Arpajou.

* * *



26. É interessante notar como, nas obras dessas três cineastas, é possível detectar um uso estratégico do som, o que, para Ana Forcinito (2013, p. 2018), poderia aludir aos mundos geralmente invisibilizados da experiência feminina. Para a autora, esse aspecto teria em Bemberg uma pioneira na busca de novas estratégias de representação, em particular na sua tentativa de repensar novas formas de olhar e de ouvir. A elaboração de sua proposta de registro acústico deslocado, ainda que (por vezes) sob uma lógica masculina e heteronormativa, poderia ser considerada um antecedente relevante do cinema mais recente. Sobre o som na obra dessas realizadoras, além de Forcinito, cf. Cunha, 2013; Barrenha, 2014; Martin, 2016; Kratje, 2018.

27. Wohlatz é alemã e viaja a Buenos Aires para estudar cinema, onde se instala após a conclusão do curso, o que vai acontecer com vários realizadores estrangeiros, como Verena Kuri (também alemã) e Sofía Brockenshire (canadense). Há, ainda, a emergência de uma produção realizada pela primeira geração nascida na Argentina de ascendência chinesa e sul-coreana, sendo esse o caso de Cecilia Kang.

Embora a participação das mulheres tenha se ampliado nos últimos anos, os números nos mostram que há, ainda, um desequilíbrio muito grande. Segundo Paulo Pécora (2009), em 2005, por exemplo, dos 64 filmes nacionais lançados, 13 foram realizados por mulheres, equivalendo apenas a 20% do conjunto. É uma cifra significativa se comparada às décadas anteriores (8% nos anos 1990, 4% nos anos 1980, menos de 1% nos anos 1970), mas que desvela certo abismo em relação à equidade de gênero no setor cinematográfico, o que será confirmado por Clara Kriger (2014), ao analisar dados sobre as posições ocupadas por mulheres nessa indústria.

A pesquisadora sustenta que parte da ampliação da presença de mulheres em tal mercado pode ser relacionada à oferta de cursos de audiovisual no país, especialmente em Buenos Aires: entre 2002 e 2012, na Universidade del Cine - FUC (privada), 49,2% das matriculadas eram mulheres; já na Escuela Nacional de Experimentación y Realización Cinematográfica - ENERC (pública, vinculada ao INCAA), totalizaram 46%. Porém, entre 2003 e 2012, elas ocuparam apenas 31,25% dos postos na área, um índice reduzido quando consideramos o quesito formação. Além disso, Kriger acrescenta que, desse percentual, metade desenvolve funções tipicamente exercidas pelas mulheres, como arte e figurino, indicando a persistência de uma distribuição tradicional do trabalho no fazer audiovisual.

Os números reiteram que a direção, cargo de maior prestígio, ainda é um ofício expressivamente masculino: entre 2000 e 2012, apenas 17,69% dos longas-metragens foram dirigidos por mulheres (KRIGER, 2014). Soriano e Calcagno (2017) recuperaram e atualizaram as cifras de Kriger, tomando como referência o período entre 2007 e 2017, no qual 13,49% dos lançamentos contaram com direção feminina. As autoras também chamam a atenção para o fato de que nenhum dos dez filmes argentinos mais vistos na década tenha sido realizado por uma mulher - sendo *Gilda, no me arrepiento de este amor* (Lorena Muñoz, 2016) o que chega mais perto, na 13ª posição. E sublinham como o INCAA, que em anos recentes teve duas mulheres em sua presidência - Liliana Mazure (2008 a 2013) e Lucrecia Cardoso (2014 a 2015) -, nunca implementou políticas ou estudos concernentes à igualdade de gênero no setor.

* * *

Em uma conferência proferida durante a mostra *Histórias extraordinárias: cinema argentino contemporâneo*, em 2018, o pesquisador Gonzalo Aguilar propôs a noção de um "cinema de mulheres" para discutir a cinematografia argentina mais recente. Ele parte de *Pizza, birra, faso* (Adrián Caetano e Bruno Stagnaro, 1997), considerado inaugurador do *nuevo cine*, filme atravessado por uma celebração do mundo masculino lúmpen, seus códigos e modos de vida. A única personagem feminina, Sandra, toma o ferry para o Uruguai, grávida, com o dinheiro roubado por seu companheiro e seus amigos, que terminam mortos ou presos. Esse final anuncia, para o autor, um mundo pós-patriarcal, ainda que este fique fora de campo, já que a câmera continua fitando o porto, o cadáver, os carros de polícia.



Pouco tempo antes, na coletânea *Historias breves I*, um dos curtas, *Rey muerto* (Lucrecia Martel, 1995), estabelecia outro olhar sobre o mesmo mundo masculino lúmpen – desta vez, entretanto, do ponto de vista de uma mulher. Nesse desfecho, ainda com restos patriarcais, a protagonista, Juana, dispara (de maneira sugestiva) nos olhos do marido agressor, "destronando-o" pela violência. A filha de Juana pergunta, a respeito do pai machucado/cegado: "Estará morto? E se ele volta?". Ao que a mulher responde: "Que volte, se quiser". Esta cena anuncia o que será o cinema argentino pouco mais de 20 anos depois: se voltar, terá de ver de outra forma.

## Referências Bibliográficas

AGUILAR, Gonzalo. Conferência apresentada durante a mostra *Histórias extraordinárias: cinema argentino contemporâneo*, realizada de 17 a 24 de abril de 2018 na CAIXA Cultural Curitiba. Material inédito, gentilmente cedido pelo autor.

APREA, Gustavo. "Ana Poliak: un cine desde los márgenes". In: BETTENDORFF, Paulina; PÉREZ RIAL, Agustina (Org.). *Tránsitos de la mirada. Mujeres que hacen cine*. Buenos Aires: Libraria, 2014, p. 115-130.

115

BARRENHA, Natalia Christofoletti. *A experiência do cinema de Lucrecia Martel*: resíduos do tempo e sons à beira da piscina. São Paulo: Alameda Editorial e Fapesp, 2014.

BESKOW, Cristina Alvares. "Dolly Pussi e o Nuevo Cine Latinoamericano". Trabalho apresentado no VI COCAAL – Colóquio de Cinema e Arte na América Latina e II COCAF – Colóquio Cinema de Autoria Feminina, realizados de 03 a 06 de setembro de 2018 na Universidade Federal Fluminense, Niterói. Material inédito, gentilmente cedido pela autora.

BETTENDORFF, Paulina; PÉREZ RIAL, Agustina. "Cartografiando miradas. Mujeres que hacen cine en Argentina". In: BETTENDORFF, Paulina; PÉREZ RIAL, Agustina (Org.). *Tránsitos de la mirada. Mujeres que hacen cine*. Buenos Aires: Libraria, 2014, p. 15-40.

________. "Artilugios de pensamento: Lucrecia Martel". In: BETTENDORFF, Paulina; PÉREZ RIAL, Agustina (Org.). *Tránsitos de la mirada. Mujeres que hacen cine*. Buenos Aires: Libraria, 2014, p. 179-196.

CAVALCANTE, Alcilene. "A representação do passado nas telas: os discursos históricos em filmes de Bemberg e Yamasaki". In: AMANCIO, Tunico (Org.). *Argentina-Brasil no cinema – diálogos*. Niterói: EdUFF, 2014, p. 57-76.

________. "Cultura política feminista nas telas: aproximações e distanciamentos entre Bemberg e Yamasaki". In: SECRETO, Verónica; VENANCIO, Giselle; VIANA, Larissa (Org.). *Sujeitos na História*: perspectivas e abordagens. Niterói: EdUFF, 2018, p. 385-406.

CONDE, Mariana Inés. *Martes, día de damas. Mujeres y cine en la Argentina, 1933-1955*. 2009. Tese (Ciências Sociais) – Facultad de Ciencias Sociales, Universidad de Buenos Aires, Buenos Aires, 2009. Disponível em: <http://lanic.utexas.edu/project/laoap/iigg/tesis7.pdf>. Acessado em: 14 abr. 2019.

CUNHA, Damyler. *O som e suas dimensões concretas e subjetivas nos filmes de Lucrecia Martel*. 2013. Dissertação (Meios e Processos Audiovisuais) – Escola de Comunicações de Artes, Universidade de São Paulo, São Paulo, 2013. Disponível em: <http://www.teses.usp.br/teses/disponiveis/27/27161/tde-12092013-154104/pt-br.php>. Acessado em: 30 maio 2019.

ESEVERRI, Máximo; PEÑA, Fernando Martín. *Lita Stantic. El cine es automóvil y poema*. Buenos Aires: Eudeba, 2013.

FORCINITO, Ana. "Lo invisible y lo invivible: el nuevo cine argentino de mujeres y sus huellas acústicas". *Chasqui. Revista de Literatura Latinoamericana*, vol. 42, nº 01, maio 2013, p. 37-53. Disponível em: <https://www.jstor.org/stable/43589510>. Acessado em: 25 abr. 2019.

________. *Óyeme con los ojos. Cine, mujeres, visiones y voces*. La Habana: Fondo Editorial Casa de las Américas, 2018.

FRADINGER, Moira. "Huellas de archivo al rescate de una pionera del cine sudamericano. Josefina Emilia Saleny (1894-1978)". *Cinémas d'Amérique Latine*, no 22, 2014. Disponível em: <https://journals.openedition.org/cinelatino/731>. Acessado em: 18 abr. 2019.

________. "Women in Argentine Silent Cinema". In: GANES, Jane; VATSAL, Radha; DALL'ASTA, Monica (Org.). *Women Film Pioneers Project*. Center for Digital Research and Scholarship. Nova York: Columbia University Libraries, 2013. Disponível em: <https://wfpp.cdrs.columbia.edu/essay/writing-the-history-of-latin-american-women-working-in-the-silent-film-industry/women-in-argentine-silent-cinema/>. Acessado em: 18 abr. 2019.

HARDOUIN, Élodie; LANDECK, Eva. "Eva, la atrevida". *Cinémas d'Amérique Latine*, nº 22, 2014. Disponível em: <https://journals.openedition.org/cinelatino/716>. Acessado em: 19 abr. 2019.

KRATJE, Julia. "O gênero da comédia. Sismologia e iconoclastia no cinema de Ana Katz". In: BARRENHA, Natalia Christofoletti (Org.). *Histórias extraordinárias*: cinema argentino contemporâneo. Catálogo da mostra homônima realizada de 17 a 24 de abril de 2018 na CAIXA Cultural Curitiba. São Paulo: Buena Onda Produções, 2018, p. 114-123. Disponível em: <http://buenaondaproducoes.com.br/pdfs/CATALOGO_HISTORIASEXTRAORDINARIAS_CURITIBA.pdf>. Acessado em: 30 maio 2019.

______; BARRENHA, Natalia Christofoletti. *Passado/Presente: María Luisa Bemberg nas constelações do cinema argentino*. Projeto de mostra de cinema apresentado ao Edital de Ocupação dos Espaços da CAIXA Cultural 2019. Material inédito, gentilmente cedido pelas autoras.

KRIGER, Clara. "¿Cuántas somos en la producción de imágenes y sonido?". *Cinémas d'Amérique Latine*, nº 22, 2014. Disponível em: <http://journals.openedition.org/cinelatino/756>. Acessado em: 18 abr. 2019.



LOSADA, Matt. "Before Bemberg: Eva Landeck, Gente en Buenos Aires and the Gendered Division of Labor in Argentine Cinema". *Revista de Estudios Hispánicos*, vol. 50, nº 3, out. 2016, p. 711-728. Disponível em: <https://www.academia.edu/29959149/Before_Bemberg_Eva_Landeck_Gente_en_Buenos_Aires_and_the_Gendered_Division_of_Labor_in_Argentine_Cinema>. Acessado em: 04 maio 2019.

MAFUD, Lucio. "Mujeres cineastas en el período mudo argentino: los films de las sociedades de beneficencia (1915-1919)". *Imagofagia. Revista de la Asociación Argentina de Estudios sobre Cine y Audiovisual* (AsAECA), nº 16, out. 2017, p. 51-76. Disponível em: <http://asaeca.org/imagofagia/index.php/imagofagia/article/view/1383/1185>. Acessado em: 16 abr. 2019.

MARGULIS, Paola. "Mujeres en el espacio documental. Una apuesta por un campo en vías de conformación". In: BETTENDORFF, Paulina; PÉREZ RIAL, Agustina (Org.). *Tránsitos de la mirada. Mujeres que hacen cine*. Buenos Aires: Libraria, 2014, p. 95-114.

MARTIN, Deborah. *The Cinema of Lucrecia Martel*. Manchester: Manchester University Press, 2016.

MULVEY, Laura. "Prazer visual e cinema narrativo". In: XAVIER, Ismail (Org.). *A experiência do cinema*. Rio de Janeiro: Edições Graal & Embrafilme, 1983, p. 437-453.

PÉCORA, Paulo. "Un asunto de mujeres. El rol protagónico de la mujer en el cine argentino". *Cinémas d'Amérique Latine*, no 17, 2009. Disponível em: <http://journals.openedition.org/cinelatino/1614>. Acessado em: 17 abr. 2019.

PEDRO, Joana Maria. "Os feminismos e os muros de 1968 no Cone Sul". Clio. *Revista de Pesquisa Histórica*, no 26.1, jan./jun. 2008, p. 59-82. Disponível em: <https://periodicos.ufpe.br/revistas/revistaclio/article/view/24194/19633>. Acessado em: 28 mar. 2019.

PEÑA, Fernando Martín. *Cien años de cine argentino*. Buenos Aires: Biblos & Fundación OSDE, 2012.

PERROT, Michelle. *As mulheres e os silêncios da história*. Bauru: EdUSC, 2005.

RANGIL, Viviana. *Otro punto de vista. Mujer y cine en Argentina*. Rosario: Beatriz Viterbo, 2005.

SELEM, Maria Célia Orlato. *Políticas e poéticas feministas. Imagens em movimento sob a ótica de mulheres latino-americanas*. 2013. Tese (História) – Instituto de Filosofia e Ciências Humanas, Universidade Estadual de Campinas, Campinas, 2013. Disponível em: <http://repositorio.unicamp.br/jspui/bitstream/REPOSIP/280586/1/Selem_MariaCeliaOrlato_D.pdf>. Acessado em: 30 maio 2019.

SORIANO, Griselda & CALCAGNO, Luciana. "La cifra impar (Sobre mujeres directoras en el cine de argentino)". *Otros Cines*. 03 out. 2017. Disponível em: <https://www.otroscines.com/nota?idnota=12591>. Acessado em: 16 abr. 2019.

STITES MOR, Jessica. "Transgresión y responsabilidad: desplazamiento de los discursos feministas en cineastas argentinas desde María Luisa Bemberg hasta Lucrecia Martel". In: RANGIL, Viviana (Org.). *El cine argentino de hoy, entre el arte y la política*. Buenos Aires: Biblos, 2007.

TORRES, Alejandra (Org.). *Narcisa Hirsch*. Catálogo. Buenos Aires: Casa del Bicentenario, 2010. Disponível em: <https://issuu.com/janinalejo/docs/narcisa_hirsch_catalogo_definitivo>. Acessado em 05 maio 2019.

TORRES, Alejandra; GARAVELLI, Clara (Org.). *Poéticas del movimiento. Aproximaciones al cine y video experimental argentino*. Buenos Aires: Libraria, 2015.

TREBISACCE, Catalina; VEIGA, Ana Maria. "Variaciones en la trasgresión desde el ojo protésico de María Luisa Bemberg". *Revista Estudos Feministas*, volume 25, nº 03, set./dez. 2017, p. 1405-1417. Disponível em: <https://periodicos.ufsc.br/index.php/ref/article/view/49075/35184>. Acessado em: 29 mar. 2018.

TRELLES PLAZAOLA, Luis. *Cine y mujer en América Latina. Directoras de largometrajes de ficción*. Río Piedras: Universidad de Puerto Rico, 1991.

WINDHAUSEN, Federico. "Passages. Introducing Narcisa Hirsch and Marie Louise Alemann". Lux. 15 set. 2015. Disponível em: <https://lux.org.uk/writing/passages-introducing-narcisa-hirsch-marie-louise-alemann>. Acessado em: 05 maio 2019.

# REVISITANDO TRADIÇÕES DO CINEMA MEXICANO: *LOLA* (1989) E A TRAJETÓRIA DE MARÍA NOVARO

Maurício de Bragança



Logo no início de *Lola*, filme dirigido por María Novaro (México, 1989), há uma cena em que uma jovem mãe toma sua filha pela mão e caminha à noite pelas ruas. O cenário é a capital do México devastada pelo terremoto que destruiu parte da cidade em 1985, deixando escombros e ruínas, além de mais de 10 mil mortos contabilizados. Na caminhada, em meio aos ruídos daquela atmosfera urbana noturna - buzinas e freadas de automóvel, sirenes de ambulância e de carro de polícia, o som do metrô –, a câmera descreve as montanhas de destroços e entulho que restaram de vários prédios, desocupados pelo desabamento de parte de suas estruturas, esqueletos de uma cidade destruída, onde se pode ler, em pichações de paredes, em letreiros luminosos ou em cartazes afixados em muros, mensagens irônicas como "México continua em pé", "A Fênix", ou ainda "Papai Noel é viado", uma vez que o filme começa com uma frustrada ceia de Natal, na qual mãe e filha aguardam a chegada do pai que não aparece para a festa.

Em outro momento, veremos novamente a mãe sair em caminhada pelas ruas, agora com o dia amanhecendo, tendo a filha ao colo, dormindo.[1] O cenário é o mesmo, os edifícios destruídos, escombros e ruínas que chamam a atenção da câmera. No muro de tijolos, uma frase

1. María Novaro revela que essa cena é uma pequena alusão e homenagem à *Alemanha, mãe pálida*, de Helma Sanders-Brahms: no filme alemão, há um momento em que, em pleno nazismo, a protagonista luta para tirar sua filha daquela situação de total desestruturação física e psicológica, ao passar a fronteira carregando a criança sobre a neve, com mochilas e casacos. Da mesma forma, Lola tenta salvar sua filha, deixando-a com a avó (HERNÁNDEZ; OSORIO, 1992, p. 147).

escrita em spray: "Morra o PRI".[2] Em meio a pessoas caminhando rumo ao trabalho, estudantes em direção à escola, kombis de lotação e ônibus circulando pelas ruas, a mãe leva sua filha à casa da avó. A música extradiegética que acompanha a cena, misturada aos ruídos da cidade em volume mais baixo, é Stabat Mater, de Vivaldi. A melancolia e o intimismo da música que se enquadra no contexto da Paixão de Cristo, ao exprimir as dores de Maria junto à cruz, contemplando a agonia de seu filho, reforçam o desalento de Lola (Leticia Huijara), que, desamparada, abandonada pelo pai de sua filha, constata que não consegue dar conta das atribuições de uma mãe zelosa no cuidado da criança. Ela deixa, então, a pequena Ana (Alejandra Vargas) com a avó.



*Lola* é um filme que narra a história dessas duas personagens, mãe e filha, em meio a uma cidade destruída. É nessa situação de abandono e de dificuldades financeiras que elas se encontram, personagens que dialogam com uma tradição do cinema mexicano. No entanto, não se trata mais da mãezinha abnegada e sacrificada que povoou as telas e o imaginário do país durante muitas décadas. O que se vê no longa-metragem de estreia de María Novaro é uma ruptura com esse desenho que de forma tão categórica consolidou a mãe como um ideal de mulher na cultura e na sociedade mexicanas. Lola é o lado obscuro da maternidade, uma mãe trabalhadora que não consegue cumprir com os requisitos de seu papel social e que, em parte, fracassa nas funções de cuidado e dedicação à sua filha, imersa numa depressão e num desgaste psicológico que a impedem de atingir plenamente a satisfação que a maternidade indicava, mesmo no sofrimento, na vasta filmografia mexicana. Novaro é clara quanto a isso, em entrevista a Alejandro Medrano Platas (2007, p. 243):

> Para mim, o que me interessava era um tema, bem, eu não sei, a idade de ouro do cinema mexicano, muito mitificado com as cabeças brancas, as mães que sofrem ou as prostitutas que são mães, que sofrem sacrifícios pelos filhos, para mim, o que eu não gostava, era que

2. O Partido Revolucionário Institucional é um dos principais partidos políticos do México e teve a hegemonia da Presidência da República da década de 1920 até 2000.

tudo era tratado em termos altamente mitificados e, finalmente, de forma muito pouco incisiva e real, eu queria falar sobre algo muito menos dramático e espetacular, menos heroico, mas mais real e, portanto, mais comovente.[3]

Na fala da diretora, repercutem os modelos de representação sobre os quais o cinema mexicano erigiu a figura da mãe: a mulher abnegada, que ouve todas as queixas e reclamações da família, que faz a mediação entre pai e filhos, sempre doce, emotiva e paciente, completamente inserida no ambiente doméstico e radicalmente afastada do espaço público e do mundo do trabalho fora do lar. Este arquétipo foi construído em filmes clássicos do cinema mexicano, como *Madre adorada*, de René Cardona (1940), *Mi madrecita*, de Francisco Elias (1940), *Cuando los hijos se van*, de Juan Bustillo Oro (1941), ou *Mamá Inés*, de Fernando Soler (1945).

O outro arquétipo maternal reside na "prostituta de bom coração", que acabou decaída no mundo do vício pela crueldade inapelável do destino. Apesar de "moralmente perdida", todo o seu esforço e sacrifício se direcionam para uma boa educação para seu filho e, não raras vezes, ela deve afastar-se da criação do rebento como forma de lhe preservar um futuro ditoso. Desta estirpe são as mães de *Las Abandonadas* (1944) e *Salón México* (1948), de Emilio Fernández, *Mujeres sacrificadas*, de Alberto Gout (1948), e *Carne de Cabaret*, de Alfonso Patiño Gómez (1939), dentre vários outros.

A mãe representa, nos melodramas domésticos, a confirmação da família burguesa, aquela que garante a perpetuação do núcleo familiar como afirmação do próprio sistema capitalista e que tem na casa – a propriedade privada por excelência – seu fundamento. Assim, operando os valores que asseguram a permanência e solidez desse projeto,

3. No original: As traduções deste capítulo são de responsabilidade do autor. *A mí, lo que me interesaba es un tema, bueno no sé, la época de oro del cine mexicano, muy mitificado con las cabecitas blancas, las madres que sufren o las prostitutas que son madres, que sufren sacrificios por los hijos, a mí, lo que no me gustaba, es que todo estaba tratado en términos muy mitificados, y finalmente, muy poco incisivos y reales, yo queria hablar de algo mucho menos dramático y espectacular, menos heroico, pero más real y por lo mismo, más desgarrador.*

ela ajuda também a constituir os padrões do feminino que se vinculam aos modelos de gênero naquela sociedade. Ela, melhor que qualquer personagem, garante a continuidade da família pequeno-burguesa.

> A família como uma instituição sagrada é protegida de todos os ataques do mundo exterior. É o universo limpo e honesto: separado. A família mexicana, monogâmica, católica e numerosa, se move em situações ternamente anacrônicas. Não importa que todo o entorno mude e que esta evolução desqualifique o passado. A família no cinema mexicano tem um tempo exclusivo, à margem da história (BLANCO, 1979, p. 49-50).[4]



É contra esse modelo que Novaro apresenta *Lola*, em finais dos anos 1980, como forma de contestar um papel feminino constituído no seio da sociedade patriarcal e que tanto contribuiu para constranger e violentar as várias experiências de maternidade possíveis. María Novaro é uma diretora de cinema que se contrapõe a uma tradição fortemente masculina, e cujos valores são forjados ao longo de mais de um século de atividade feita quase exclusivamente por homens. Sua luta é pela desconstrução dos modelos assimétricos de relação entre gêneros, nos quais os papéis sociais da mulher narrados pelo cinema estão a serviço do patriarcado mexicano. Muito dos preceitos que desenharam as personagens femininas de seus filmes – *Lola* aqui tomado como estudo de caso paradigmático que veio perturbar, pelas suas estratégias narrativas e pelos procedimentos de linguagem, a tradição dos melodramas mexicanos – tiveram origem na própria experiência de Novaro junto ao *Colectivo Cine-Mujeres*. Novaro fez parte de uma segunda geração de mulheres que atuaram junto a esse grupo de cineastas feministas que estavam preocupadas com as questões relacionadas à situação social das mulheres no México.

4. No original: *La familia como sagrada institución está ahí salvaguardada de todos los embates del mundo exterior. Es el universo limpio y honesto: aparte. La família mexicana, monogâmica, católica y numerosa, se mueve en situaciones tiernamente anacrónicas. Poco importa que todo cambie alrededor y esa evolución descalifique al pasado. La família en el cine mexicano tiene un tiempo exclusivo, al margen histórico.*

Depois de uma tentativa frustrada de entrar no curso de cinema do Centro Universitario de Estudios Cinematográficos (CUEC)[5] da Universidad Nacional Autónoma de México (UNAM), María Novaro decide estudar Sociologia na mesma universidade em 1971. Era um momento de crescimento do movimento feminista no país, que se fortaleceu numa segunda onda, no bojo dos protestos estudantis mexicanos de 1968. A década de 1970 viu surgir várias organizações feministas e de defesa das mulheres: *Mujeres en Acción Solidaria* (MAS, 1971), *Movimiento Nacional de Mujeres* (MNM, 1973), *Movimiento de Liberación de la Mujer* (MLM, 1974), *Colectivo La Revuelta* (1975), *Movimiento Feminista Mexicano* (MFM, 1976), *Colectivo de Mujeres* (1976) e *Lucha Feminista* (1978). Estas associações se formaram, de certa forma, à parte das ações políticas da esquerda tradicional, gerando suas próprias estratégias e ações de militância, acolhendo frentes que passavam por vários aspectos das lutas sociais das mulheres: o apoio à mulher das classes trabalhadoras, a educação sexual e a luta pela descriminalização do aborto, as demandas pela igualdade salarial e oportunidade de trabalho entre homens e mulheres, a crítica à construção da mulher como objeto sexual, dentre outras agendas daquele momento (MILLÁN, 1999, p. 114).

Na sociologia, Novaro pode desenvolver um trabalho junto às questões sociais do país, no que ela define como uma atividade de militância política, sobretudo relacionada às mulheres camponesas e de bairros da periferia. Foi assistente da feminista guatemalteca Alaíde Foppa,[6] que criou o curso de Sociologia da Mulher, na UNAM. Nessa for-

5. Primeira escola de cinema da América Latina, fundada em 1963 em um contexto de grandes mudanças sociais, a CUEC é fruto do anseio de uma geração que propõe um novo projeto de cinema para o país, ainda muito marcado pelo antigo sucesso da Época de Ouro e muito instigado com relação ao desenvolvimento de uma cultura nacional. Trata-se de uma geração formada por ensaístas e escritores de revistas literárias e suplementos culturais, formada pelo cinema de vanguarda europeu e militantes de grupos e organizações de esquerda.

6. Alaíde Foppa foi uma militante feminista guatemalteca exilada no México logo após o golpe de Estado que derrubou o governo de Jacobo Arbenz Guzmán, em 1954, e que instalou a ditadura militar no país com o apoio da CIA. Seus filhos permaneceram na Guatemala e acabaram se envolvendo nas lutas armadas contra o regime de exceção, que se acirrou na década de 1970. Foppa viveu no México até dezembro de 1980, quando, ao retornar a Guatemala para visitar sua mãe, que estava doente, desapareceu em meio às lutas na capital. Seu desaparecimento foi creditado à ação do grupo G-2, com ligações com o governo e responsável pelo sumiço de vários opositores.

mação, desenvolveu seu interesse em investigar a realidade social já com a intenção de conciliar os estudos de sociologia com os de cinema: "as duas coisas para mim estavam definidas para fazer a revolução. Ambas eram uma simples ferramenta para o ativismo político"[7] (HERNÁNDEZ, OSORIO, 1992, p. 144).

Dentre as organizações feministas que surgiram durante a década de 1970, foi criado em 1975 o *Colectivo Cine-Mujer*, ligado ao CUEC, que agrupou, inicialmente, estudantes de cinema em torno de três mulheres: a mexicana Rosa Martha Fernández, a brasileira Beatriz Mira e a francesa Odile Herrenschimdt, ingressas na escola em 1974, mas todas já com alguma experiência prévia em cinema. Nesse coletivo, a militância feminista se desenvolvia em conjunto com a prática do documentário (que não raras vezes se misturava a encenações ficcionais), numa forma de experimentar novas maneiras de interceder na sociedade sem os modelos tradicionais do ativismo das esquerdas mexicanas. O cinema era visto como uma ferramenta importante de denúncia das situações de opressão e desigualdade de gênero e de conscientização das mulheres.



Em uma primeira etapa do *Colectivo Cine-Mujer*, os filmes foram produzidos a partir de projetos coletivos e dirigidos pelas integrantes do grupo: *Cosas de mujer*, de Rosa Martha Fernández (1975-1978) é um documentário de média-metragem que aborda o tema do aborto; Beatriz Mira dirigiu *Vicios en la cocina* (1977), documentário que tratava do trabalho doméstico e da vida cotidiana de uma dona de casa; Guadalupe Sánchez produziu uma animação intitulada *¿Y si eres mujer?* em 1979, que trazia uma discussão sobre publicidade e consumo dirigidos às mulheres; o tema do estupro seria abordado no documentário *Rompiendo el silencio*, dirigido por Rosa Martha Fernández em 1979 (MILLÁN, 1999).[8]

Numa segunda etapa do *Colectivo*, ingressariam novas colaboradoras, dentre elas María Novaro, que passa a integrar o grupo em 1980 para ajudar na realização de *Es por primera vez*:

---

7. No original: *Las dos cosas para mí estaban definidas para hacer la revolución. Ambas eran una simple herramienta para el activismo político*.

8. Muitos dos filmes do *Colectivo Cine-Mujer* viriam a ganhar prêmios em festivais no México e no exterior. Em 1978, *Vicios en la cocina* ganharia o maior prêmio da produção cinematográfica mexicana, o Ariel de melhor documentário curta-metragem.

> Voltei com a ideia de fazer cinema quando me pediram ajuda para realizar uns documentários sobre o trabalho das mulheres nos bairros populares com um grupo de mulheres feministas que formavam o "Colectivo-Mujer". O filme que fizemos se chamou *Es por primera vez* e tratou de um encontro de mulheres operárias e camponesas, organizações com as quais eu trabalhava. Logo depois participei de *Vida de ángel*, dirigida por Ángeles Necochea. Depois dessa experiência entrei no CUEC; não tinha muito claro se queria dirigir mas sabia que queria contar histórias e dar meu ponto de vista das coisas. Sempre quis fazer histórias inventadas por mim, nunca me ocorreu uma adaptação ou seguir o que os outros tivessem feito (HERNÁNDEZ; OSORIO, 1992, p. 145).[9]



Como relata a diretora, o convite a participar do *Coletivo* se deu por sua atuação junto às mulheres operárias e camponesas, no trabalho de militância político-social. *Es por primera vez* é um documentário que também se utiliza da animação, algo que esteve presente nessa segunda fase do *Colectivo*. O filme se converteu numa experiência de trabalho no qual todas as integrantes exerciam todas as atividades. O filme registrou o encontro nacional de organizações de mulheres na Cidade do México em 1981, e que ajudou no reconhecimento do próprio *Colectivo* como parte desse conjunto de mais de cinquenta organizações sociais de mulheres de todo o país. As discussões desse encontro, traduzidas em testemunhos de várias mulheres que participam do filme, abarcaram temas como o trabalho doméstico não remunerado, a dupla jornada, a família, a maternidade, a sexualidade, a participação política da mulher, entre outros (CAMACHO, 2018, p. 171-172).

Tudo isso que o *Colectivo Cine-Mujer* representava era algo que ainda não havia sido visto no cinema mexicano, tanto no aspecto da abor-

9. No original: *Volví con la idea de hacer cine cuando me pidieron ayuda para realizar unos documentales sobre el trabajo de la mujer en colonias populares con un grupo de mujeres feministas que formaban 'El Colectivo-Mujer'. La película que hicimos se llamó* Es por primera vez *y se trató de un encuentro de mujeres obreras y campesinas, organizaciones con las que trabajaba. Luego participé en* Vida de ángel *dirigida por Ángeles Necochea. Después de esa experiencia entré al CUEC; no tenía mucho claro si quería dirigir pero sabía que quería contar historias y dar mi punto de vista de las cosas. Siempre quise hacer historias inventadas por mí, nunca se me ocurrió una adpatación o seguir lo que hiciera la gente.*

dagem de temas considerados impróprios – como aborto e abuso sexual – como a intenção de proporcionar uma estratégia de conscientização das mulheres sobre uma série de situações de opressão e violência engendradas no âmago da sociedade patriarcal. Era um momento historicamente propício ao registro destas experiências, uma vez que havia um desenvolvimento internacional do cinema feminista que também proporcionou formas de financiamento destes filmes durante esse período. Além de tudo isso, essa produção postulava um outro sentido para o fazer cinematográfico, criando novos circuitos de exibição – escolas, hospitais, bairros operários, fábricas – e outras experiências de recepção (MILLÁN, 1999, p. 119-120).



> Além de se colocar como um cinema militante, contrainformativo, propagandista, surgia também a intenção de se criar um cinema popular e do popular, que refletisse as condições das maiorias, mas que também incidisse na transformação destas. Intenção comprometida através da política, e não através da arte ou da estética puras, na desestruturação da função monolítica e dominante do cinema no capitalismo, de seu caráter de espetáculo para o entretenimento, encerrado no circuito comercial (MILLÁN, 1999, p. 120)[10].

O desejo de unir ativismo político e cinema já perseguia María Novaro desde que havia tentado entrar no CUEC anteriormente, o que ela lograria em 1981, já com quase 30 anos e mãe de dois filhos.[11] Curiosamente, depois que entrou no CUEC e começou a estudar cinema, seu impulso pela militância política e pelo trabalho documental arrefeceu, dando origem a um desejo de criar outras narrativas, mais próximas da

10. No original: *Además de plantearse como un cine militante, contrainformativo, propagandizador, florecía también la intencionalidad de crear un cine popular y de lo popular, que reflejara las condiciones de las mayorías, pero que también incidiera en la transformación de éstas. Intención comprometida desde la política, y no desde el arte o la estética puras, en la desestructuración de la función monolítica y dominante del cine en el capitalismo, de su carácter de espectáculo para el entretenimiento, encerrado en el circuito comercial.*

11. Sobre a entrevista que fazia parte do processo de admissão no CUEC, ela iria enfatizar seu espanto com uma questão muito comum na vida profissional das mulheres cineastas, presente desde a seleção do curso da UNAM: "*En ésta me preguntaron con insistencia qué iba hacer con mis hijos mientras estudiaba cine, pues requería de casi todo el tiempo. Me molestó que eso fuera cuestión de discusión para entrar a estudiar*" (HERNÁNDEZ; OSORIO, 1992, p. 144).

ficção e mais afastadas da militância política. Junto com Marie Cristine Camus, que também integrava o *Cine-Mujer*, e com a colombiana Silvia Otero, criou o grupo *Las ninfas del celuloide*.

> Eu já havia participado dos coletivos durante muitos anos, além das Ninfas terem um trabalho mais coletivo que elas [Cine-Mujer], no qual sempre respeitamos as ideias da diretora, ninguém me colocava que a câmera ia aqui. Eu havia me instalado no documentário da vida real muitos anos, agora queria fazer outras coisas, tinha muitas ideias[12] (MILLÁN, 1999, p. 140).



No CUEC, Novaro pode exercitar a direção de filmes num momento em que começava a ficar "desencantada da política da esquerda"[13] e percebeu que "começar a fazer cinema e renunciar à militância política ocorreram em paralelo"[14] (ARREDONDO, 2001, p. 127). O fato de ter chegado à escola de cinema mais tarde que os demais estudantes, e já afastada do cinema militante, fez com que buscasse caminhos mais pessoais, sem deixar, no entanto, de enfrentar as questões sociais que marcaram sua formação e forjaram sua personalidade e seu caráter.

Nos filmes curtas-metragens que dirigiu no CUEC, todos ficcionais, Novaro começou a desenvolver uma narrativa própria, distante dos aspectos dramáticos que constituíam a tradição do cinema mexicano, mas, ao mesmo tempo, interessada em pensar de forma particular algumas questões nacionais:[15] de fato, o México lhe importava, e era algo que estaria presente em toda a sua filmografia de forma bastante

12. No original: *Ya había yo pertenecido a los colectivos durante muchos años, además Las Ninfas tenían un trabajo más colectivo que ellas [Cine Mujer], siempre respetamos las ideas de la diretora, nadie me discutía que la cámara iba aquí. Yo había vivido instalada en el documental de la vida real por muchos años, ahora quería hacer otras cosas, tenía muchas ideas.*

13. No original: *desencantada de la política de izquierda.*

14. No original: *Empezar a hacer cine fue paralelo a renunciar a la militancia política.*

15. Nos quase cinco anos que passou no CUEC, María Novaro fez três curtas em Super-8 (*Lavaderos, Sobre las olas* e *De encaje y azúcar*) e quatro curtas em 16mm (*Conmigo lo pasarás muy bien, Querida Carmen, 7 a.m.* e *Una isla rodeada de agua*). Antes de lançar seu primeiro longa, *Lola*, em 1989, ela dirigira ainda, já fora do CUEC, seu primeiro curta em 35mm, *Azul Celeste* (1987), filme financiado pela UNAM e que fazia parte de um longa-metragem intitulado *Historias de una ciudad* (ARREDONDO, 2001, p. 118).

contundente sem, no entanto, os traços nacionalistas que marcaram a Época de Ouro. Também teve a oportunidade de fazer experimentações estéticas, ao pensar não mais o cinema como uma ferramenta de mobilização política, mas como uma expressão artística. Seus filmes no CUEC são momentos de evidente experimentação no que concerne à linguagem cinematográfica, às possibilidades de encenação, à construção de enquadramentos e, sobretudo, ao impulso de pensar narrativas numa outra temporalidade, sem os procedimentos de ritmo instituídos pelos manuais de roteiro convencionais. Estava muito interessada também em refletir sobre a questão do ponto de vista no cinema, sobretudo em como desconstruir as formas de identificação entre o olhar masculino e a câmera cinematográfica.[16]



Todo esse processo de estudo e reflexão sobre as tradições narrativas do cinema e a forma de fazer filmes impactou no seu primeiro longa-metragem, *Lola*, lançado em 1989. O filme teve seu roteiro escrito em parceria com sua irmã Beatriz Novaro e trabalhado em duas oficinas, uma na Escola de Cinema em San Antonio de los Baños, em Cuba, e outra no Sundance Institute, nos Estados Unidos. *Lola* custou 300.000 dólares e foi uma coprodução entre o Instituto Mexicano de Cinematografía (IMCINE) e a Televisión Española através do programa Quinto Centenario.

Retomamos aqui as imagens citadas no início deste artigo, em que vemos as três personagens principais do filme, a jovem Lola, sua filha Ana e a Cidade do México: "me interessa, através de *Lola*, fazer uma reflexão muito profunda sobre as mulheres, a maternidade e a Cidade do México"[17] (ARREDONDO, 2001, p. 129). O filme narra a história de uma jovem que trabalha como camelô na rua da cidade, onde tem uma banca informal de venda de roupa. Ela mora com sua

16. Em 1991, ela lançaria *Danzón*, seu maior êxito comercial e de crítica. O filme representa um exercício interessante de desconstrução da relação entre o narrador cinematográfico e o ponto de vista masculino. Há uma forte solidariedade entre a câmera e o ponto de vista da personagem principal, Julia (María Rojo), em cenas nas quais o aparato cinematográfico se recusa deliberadamente a fornecer a prerrogativa do olhar a personagens masculinos.

17. No original: *Me interesa, a través de Lola, hacer una reflexión muy profunda sobre las mujeres, la maternidad y la ciudad de México.*

filha, Ana, de seis anos, e passa por uma crise de depressão depois que o pai de Ana parte para os Estados Unidos para uma turnê de um ano com sua banda de rock.

Neste capítulo, interessa-nos pensar de que maneira esse primeiro longa-metragem dirigido por María Novaro coloca em xeque uma tradição do cinema mexicano ao tensionar seus aspectos narrativos, suas personagens emblemáticas e a maneira de perceber dimensões do nacional a partir da experiência de um filme dirigido por uma mulher. Para isso, reforçaremos algumas questões que surgiram através da recepção crítica da obra à época de seu lançamento, cotejando esse debate com as reflexões da própria María Novaro ao diagnosticar os desafios propostos pelo filme quando indica deslocamentos e rupturas com determinadas tradições do cinema mexicano. Em crítica intitulada Neorrealismos, publicada na coluna semanal Cinegrafía da revista *La Jornada Semanal* em 10 de março de 1991, Espinasa é categórico:

> *Lola* será na história recente do cinema mexicano uma pedra de toque. A problemática cinematográfica que propõe é enorme. A tradição implica no filme (nos vários sentidos e usos da palavra) uma maquiagem, e aqui María Novaro assume a total ausência de cosméticos, não somente no tratamento dos personagens, especialmente o de Lola, mas no entorno e na ação (esta última é muito importante, porque no plano estilístico será o que mais importa). Poucas vezes o cinema mexicano se mostra tão "desglamourizado", tão na epiderme (ESPINASA, 1991).[18]

Uma observação esteve presente em quase todas as críticas que comentavam o filme à época de seu lançamento: "*Lola*, primeiro longa-metragem de María Novaro, rompe com a tradição que deu de

18. No original: *Lola será en la historia reciente del cine mexicano una piedra de toque. La problemática cinematográfica que plantea es enorme. La tradición implica en la película (en los varios sentidos y usos de la palavra) un maquillaje, y aquí María Novaro asume la total ausencia de cosméticos, no sólo en el tratamiento de los personajes, en especial el de Lola, sino en el entorno y la acción (esto último es muy importante, porque a nivel estilístico será lo que más cuente). Pocas veces el cine mexicano se acepta tan 'desglamurizado', tan a piel directa.*

comer por tanto tempo a atrizes como Marga López.[19] O personagem principal é uma mãe que não se havia visto no cinema mexicano, com características muito mais próximas à realidade" (TSAO, 1991).[20] De fato, Lola é uma jovem mãe de pouco mais de 20 anos que cria com dificuldade sua filha, Ana. Elas moram sozinhas numa casa constantemente desarrumada, uma vez que a mãe não dá conta dos afazeres domésticos. Lola não tem pudor em fazer pequenos roubos num supermercado diante da filha, não mantém a menina devidamente asseada ao levá-la para a escola (segundo os padrões ditados pela professora), oferece pequenos goles de cerveja à criança, faz os exercícios da escola pela filha, deixa-a sozinha em casa exposta a riscos enquanto sai para ter um encontro sexual, não sabe cozinhar, mas, apesar disso tudo, tem uma profunda e íntima relação com Ana. Sente-se frustrada e deprimida com as responsabilidades creditadas a uma mãe. Não tem o apoio de Omar (Mauricio Rivera), pai da criança, que viaja para os Estados Unidos e por um ano se afasta, deixando-as sozinhas. Lola já não contava muito com sua ajuda, cuidando da filha como uma mãe solteira. Em meio a tudo isso, ela se deprime, deixa a filha com a avó (Martha Navarro) e parte com os colegas camelôs para um fim de semana na praia, onde mudará sua perspectiva sobre a vida.



O tema da maternidade está presente em quase toda a obra de María Novaro, que sempre foge dos estereótipos que o cinema mexicano construiu, como nos relata a própria diretora em entrevista a Patricia Vega publicada no *La Jornada*, de 11 de janeiro de 1989, poucos dias depois de estreado o filme.

> Quero desmitificar a maternidade, falar dela francamente, tal como é, com tudo o que tem de confuso, de amoroso, de difícil... Ser mãe

19. Marga López foi uma atriz argentina que trabalhou na Época de Ouro do cinema mexicano. Dos muitos papéis que interpretou, é emblemática sua personagem Mercedes, de *Salón México* (Emilio Fernández, 1949), uma prostituta que trabalha para pagar as despesas de sua irmã mais nova num internato, com quem tinha uma relação maternal. Ao longo de sua carreira, interpretou várias "prostitutas de bom coração" e "mãezinhas abnegadas".

20. No original: *Lola, primer largometraje de María Novaro, rompe la tradición que dio de comer por tanto tiempo a actrices como Marga López. El personaje titular es una madre que no se había visto en el cine mexicano, por tanto su trazo es mucho más cercano a la realidad.*

é uma mistura terrível, um coquetel molotov. Quero falar da relação mãe-filha sem glamour, sem esse dever ser. Tomara que *Lola* nos ajude a viver mais relaxadamente, porque o peso da maternidade é algo muito foda para qualquer mulher.[21]

Essa crueza na abordagem da maternidade e da solidão com que as mulheres enfrentam esses desafios foi vista como um aspecto relacionado à experiência de ser uma mulher a dirigir essa história, considerado por Gómez (1999, p. 24) como "o primeiro filme pós-feminista do cinema industrial mexicano: dessa vez, a mulher não vai em busca do falo perdido".[22]



Os conflitos de Lola, sua depressão e seus medos com relação à maternidade, tratados numa narrativa desdramatizada e anticonvencional, também tiveram uma recepção na qual a questão de gênero foi fundamental. O filme foi frequentemente considerado lento, no qual nada ocorre, uma história sem ação, o que denota a distância de um público masculino frente a uma questão tão importante para as mulheres e à cotidianidade com que o tema foi tratado. Este fato foi diagnosticado na crítica de Tsao para o Nacional, em 7 de fevereiro de 1991:

> Talvez o público feminino tenha mais elementos de identificação e, por isso, não perca o interesse; mas um, como espectador masculino, pode chegar a questionar porque o drama se centrou em um personagem que, por sua marcada abulia, resulta tão pouco atraente[23] (TSAO, 1991).



---

21. No original: *Quiero desmitificar a la maternidad, hablar de ella descarnadamente, tal como es, con todo lo que tiene de confuso, de amoroso, de chinga... Ser madre es una mescolanza tremenda, un coctel molotov. Quiero hablar de la relación madre-hija sin glamour, sin ese deber ser. Ojalá Lola nos ayude a vivir más relajadamente, porque el peso de la maternidade es algo muy cabrón para cualquier mujer.*

22. No original: *Lola es la primera película postfeminista del cine industrial mexicano: por una vez, la mujer no va en busca del falo perdido.*

23. No original: *Quizá el público femenino tenga más elementos de identificación y, por ello, no pierde el interés; pero uno, como espectador masculino, puede llegar a cuestionar por que el drama se ha centrado en un personaje que, por su marcada abulia, resulta tan poco atractivo.*

Novaro também observa uma clara distinção entre a recepção das mulheres e a dos homens, enfatizada sobretudo pela relação com a personagem. Para ela, a sensação de que "nada acontece no filme" se dá pela falta de empatia de um público masculino com a angústia da personagem. Não percebiam essa depressão de Lola como algo de interesse para um filme:

> Eu sinto que de imediato foi muito bem recebido pelo público feminino [...] Acho que muitas mulheres viram o filme e sentiram uma espécie de catarse, me falavam: é que eu passei o mesmo, eu me senti igual. [...] Houve outra parte do público, muito machinho, que em alguma sessão (gosto de entrar nas salas de cinema e ver as reações), saíam dois homens pelo corredor comentando: outro filme escroto de mulheres. Era o extremo e eu me dizia, a esse homem o irrita, talvez lhe desperte culpa, e era como uma irritação com o filme, para ele era um filme escroto, não era chato ou ruim, mas escroto(PLATAS, 2007, p. 248-249).[24]



Outro aspecto importante era como o filme construía um vínculo entre a angústia que se estabelece na relação entre mãe e filha e a própria ruína da cidade, no cenário já descrito de destruição pelo terremoto de 1985. A filmografia de Novaro revela seu desejo de pensar o país numa outra chave, diferente do nacionalismo presente nos filmes da Época de Ouro, mas a partir dos conflitos internos das personagens:

> Desde que estava na escola tinha muita vontade de fazer filmes muito mexicanos, mas que não fossem de *magueyes*[25] nem com as

---

24. No original: *Yo siento que de inmediato, fue muy bien aceptada por el público femenino (...) Creo que muchas mujeres, vieron la película y sintieron una especie de catarsis, me decían: es que a mí me ha pasado, es que yo me he sentido igual. (...) Hubo otra parte del público, muy machín, que en alguna función (me gusta meterme a las salas de cine y ver las respuestas), salían dos señores por el pasillo comentando: otra pinche película de viejas. Era el extremo y yo me decía, a ese señor le irrita, a lo mejor le despierta culpabilidad y es que era un enojo con la película, era una película pinche, no era aburrida o mala, sino pinche.*

25. *Maguey* é uma planta muito abundante em grande parte do território mexicano e tomado como uma espécie de símbolo nacional, muito utilizado numa iconografia construída pelo cinema clássico mexicano que pautou um certo imaginário de nação.

> nuvens de Figueroa, porque – com todo respeito – já chega, esse México já não existe. Em *Lola* desenvolvi uma construção dramática baseada nas emoções (HERNÁNDEZ; OSORIO, 1992, p. 149).[26]

Esse era um dado novo que surgia com o filme: a cidade está sempre presente, não apenas como cenário, mas como parte constituinte do processo de decadência e sofrimento por que passa a personagem em sua relação com a filha, na convivência com os outros camelôs colegas de trabalho, no uso dos espaços públicos, nos momentos de lazer ao ar livre, na fuga dos fiscais quando estes vêm apreender mercadorias irregulares. A cidade se constrói em paralelo com as personagens. Em *La Cultura en México*, suplemento de Siempre, publicado no dia 13 de março de 1991, o crítico Óscar L. Cuéllar aponta:

> María Novaro [...] converteu seu filme numa obra visual encaminhada a decantar uma estética da destruição urbana. Até hoje pelo menos, *Lola* é o filme sobre o terremoto de 1985. Suas mulheres transitam por uma cidade em ruínas, devastada, cheia de edifícios semidestruídos, povoada de parquinhos sem grama, semeada de brinquedos infantis enferrujados, segmentada por paredes que se descascaram e muros com legendas de pompa oficial ("México continua em pé") (CUÉLLAR, 1991).[27]

É nessa perspectiva, na qual a cidade destruída, caótica e problemática é narrada em paralelo à ruína da própria personagem, que percebemos o que a diretora afirma quando diz que ao pensar o país, "desenvolve uma construção dramática baseada nas emoções". Lola e a Cidade

26. No original: *Desde que estaba en la escuela tenía muchas ganas de hacer películas muy mexicanas, pero que no fueran de magueyes ni con las nubes de Figueroa, porque – con todo respeto – ya basta, ese México ya no existe. En Lola desarrollé una construcción dramática basada en emociones*".

27. No original: *María Novaro (...) ha convertido su cinta en una opera visual encaminada a decantar una estética de la destrucción urbana. Hasta hoy al menos, Lola es la película sobre el sismo de 1985. Sus mujeres transitan por una urbe en ruinas, devastada, llena de edificios a medio caer, poblada de parquecillos sin pasto, sembrada de juegos infantiles herrumbrosos, segmentada por paredes que se descascaran y muros con leyendas de pompa oficial ('México sigue en pie')*".

do México interagem de uma forma íntima. Kantaris (2004, p. 62) enfatiza o modo como os espaços são representados a partir da construção de um imaginário urbano feminino. Muitos dos lugares exteriores são frequentados por mulheres: os pátios das escolas, os parquinhos públicos infantis, as fábricas de roupa. Lola caminha todo o tempo pela cidade e surge, inclusive, em espaços onde sua presença não é permitida: numa cena em que ela vai até uma academia de ginástica à procura de um homem que a assediava, pode-se ler, fixado numa parede, um cartaz que diz: "não se admitem mulheres".

Kantaris (2004, p. 63) chama a atenção para um aspecto interessante na película: a maneira como a fotografia enquadra os espaços interiores e exteriores ou, podemos dizer ainda, espaços privados e públicos. Em algumas cenas, o parquinho infantil onde Lola leva Ana para brincar no balanço enferrujado é fotografado em planos fechados, como se fosse um quarto ou um espaço privado, construindo uma sensação de confinamento da personagem naquela cidade. O painel de parede da casa de Lola, por sua vez, que traz a imagem de uma praia paradisíaca, é enquadrado como se de fato o espaço fosse o mar e não a parede da sala. Isso promove um curioso embaralhamento dos registros entre o público e o privado, o exterior e o interior, fazendo tensionar, no âmbito da linguagem cinematográfica, as emoções da personagem e os espaços da casa e da cidade.



Toda essa discussão está de acordo com aquilo que María Novaro propõe como projeto estético e narrativo para o filme, no qual as questões que lhe são caras e que foram apontadas neste texto (as personagens femininas, um fluxo narrativo menos dramatizado, um franco diálogo com o público feminino, as perspectivas políticas das questões nacionais) apresentam novos direcionamentos para o cinema mexicano, conforme observa a própria diretora ao revelar suas filiações:

> Uma das leituras que para mim foram fundamentais é *Esculpir o tempo*, de Andrei Tarkovsky, onde precisamente este grande cineasta propõe que a estrutura dramática tradicional não reflete a vida; que existem outras maneiras, como o raciocínio poético, mais próximas à vida. *Lola* não parte de uma estrutura dramática tradicional,

> é uma proposta emocional que narra o fluxo e o ciclo de uma depressão... (NOVARO apud GÓMEZ, 1999, p. 23).[28]

Percebemos que essa forma de narrar a história de Lola e Ana está profundamente ligada às experiências da própria cineasta. Sua trajetória de vida inclui uma profunda reflexão sobre o papel que seus filmes desempenham na construção de narrativas que desafiam modelos hegemônicos estruturados no interior de uma sociedade patriarcal. Os filmes de María Novaro compõem um poderoso manifesto em prol da diversidade narrativa que o cinema pode produzir a partir do momento em que enfrenta modelos engessados das diversas maneiras de ser mulher na sociedade mexicana. Que Lola possa viver suas crises, sem precisar lutar o tempo todo pelo direito de existir.

## Referências Bibliográficas


ARREDONDO, Isabel. *Palabra de mujer*: historia oral de las directoras de cine mexicanas (1988-1994). Aguascalientes: Universidad Autónoma de Aguascalientes, 2001.

BLANCO, Jorge Ayala. *La aventura del cine mexicano*. México: Ediciones ERA, 1979.

CAMACHO, Isabel Jiménez. *De cines y feminismos en AL – el Colectivo Cine Mujer en México (1975-1986)*. 2018. Tese (Tesis de Licenciatura de Estudios Latinoamericanos). Facultad de Filosofía y Letras. Universidade Nacional Autónoma de México, Cidade do México, 2018.

CUÉLLAR, Óscar L. "Lola: retrato de mujeres con paisaje". *La Cultura en México*, ed. 1968, 13 mar. 1991.

ESPINASA, José María. "Neorrealismos", *La Jornada Semanal*, 10 mar. 1991.

GÓMEZ, Gabriela Yanes. *Una mirada al espejo*: el cine de las Hermanas Novaro. Puebla: Universidad Autónoma de Puebla, 1999.

HERNÁNDEZ, María Teresa Solís; OSORIO, Eduardo Javier Collis. *Cuatro testimonios de cineastas mexicanas*. 1992. Tese (Tesis de Licenciatura en Ciencias de la Comunicación). Facultad de Ciencias Políticas y Sociales, Universidade Nacional Autónoma de México, Cidade do México, 1991.


28. No original: *Una de las lecturas que para mí han sido fundamentales es Esculpiendo en el tiempo de Andrei Tarkovsky, donde precisamente este gran cineasta plantea que la estructura dramática tradicional no refleja la vida; que existen otras maneras, como el razonamiento poético, más cercanas a la vida. Lola no parte de una estructura dramática tradicional, es una propuesta emocional que narra el flujo y el ciclo de una depresión...*

KANTARIS, Geoffrey. "Lola/Lolo: género y violencia en películas de la Ciudad de México". *Guaraguao: Revista de cultura latino-americana*. Año 8, nº 18, Verano 2004, p. 57-78.

MILLÁN, Márgara. *Derivas de un cine en femenino*. Ciudad de México: UNAM, 1999.

PLATAS, Alejandro Medrano. *Quince diretores del cine mexicano*. Ciudad de México: Plaza y Valdés, 2007.

# O OUTRO LADO DA LUA NO CINEMA BRASILEIRO

Karla Holanda



A inspiração para o título deste capítulo vem de uma expressão usada por Fernão Ramos na contracapa de *Feminino e plural: mulheres no cinema brasileiro*, quando diz que o livro revela

> uma face oculta, o outro lado da lua no cinema brasileiro, uma história que, por décadas, foi contada na mão única do recorte dominante, deixando de lado a questão de gênero e, particularmente, a dimensão da participação feminina. (...) sua invisibilidade é escandalosa (RAMOS, 2017).

Neste capítulo, vou delinear um panorama, inevitavelmente incompleto, desse cinema escandalosamente invisibilizado pela história, buscando iluminar certa face do cinema brasileiro dirigido por mulheres. Darei ênfase a três momentos. O primeiro vai dos primórdios à época em que surgiram o Cinema Novo e o Cinema Marginal,[1] quando o Brasil recebeu reconhecimento internacional, sem que houvesse alguma cineasta associada a esses "movimentos", embora elas estivessem produzindo: que filmes eram esses? O segundo momento se refere ao período da Retomada, quando, renascendo do apagão da era Collor, após a extinção dos mecanismos de fomento à produção nacional, o cinema fez emergir talentos femininos inventivos. Ainda aqui, discuto obras de duas cineastas que produziram durante esse período: uma estreante, Tata Amaral, e outra

1. Cinema Marginal não é um termo bem aceito pelos que o fizeram. Alguns preferem chamar de Cinema de Invenção, termo proposto por Jairo Ferreira.

veterana, Helena Solberg. E, por fim, o período atual, em que recrudescem políticas identitárias, com grupos sociais reivindicando representatividade e recusando, enfaticamente, imagens viciadas que subalternizam grupos tradicionalmente perseguidos, destacadamente populações negras e indígenas.

## Dos primórdios ao moderno

Tem-se pouco conhecimento sobre a atuação das mulheres, em especial na direção, desde o cinema silencioso brasileiro. Dois levantamentos publicados na década de 1980 contribuem para que esse desconhecimento não seja ainda maior. A primeira dessas publicações é de Elice Munerato e Maria Helena Darcy de Oliveira, *As musas da matinê*, de 1982, provavelmente a primeira pesquisa sobre a participação feminina na direção de filmes no Brasil. Nesse livro, as autoras discutem a representação das personagens femininas no cinema brasileiro. Elas partem da constatação de que, ao longo da história do cinema, as mulheres assumiram pouco a direção, e o resultado disso é que na tela quase sempre eram vistas como apêndices dos homens, suas funções dramáticas eram dependentes deles. Além disso, as personagens eram subjugadas por meio de estereótipos que as aprisionavam ao lugar de mães e donas de casa, valorizadas pela habilidade de sedução, beleza e juventude que, claro, deveriam ser eternas. Segundo as autoras, as personagens que fugiam desse quadro, como as solteiras, as intelectuais e as que tinham alguma profissão, "ou são feias e/ou más, ou abandonam suas convicções em troca do amor de um homem" (MUNERATO; OLIVEIRA, 1982, p. 23).



O trabalho de Munerato e Oliveira mapeou as diretoras brasileiras de longas-metragens de ficção até 1980, chegando ao número de 15 cineastas e 21 filmes. O primeiro desses filmes é *O mistério do dominó preto*, de Cléo de Verberena, lançado em 1931. Ao avançar investigação sobre esse filme, que não foi preservado, Luciana Corrêa de Araújo sugere a possibilidade de outras mulheres terem exercido, anteriormente, a função de diretora sem que tenham sido creditadas, como demonstram evidências em torno de Eva Nill, por exemplo. A publicidade e os comentários de jornais e revistas que precederam *O mistério do dominó preto*, como revela Araújo, exploravam a extravagância de uma mulher diretora, com anúncios e matérias que, por exemplo, perguntam ao leitor se ele "se submeteria à direção de uma senhora" ou propondo um voto de confiança, como "por que não tentar essa originalidade?". Após o lançamento, Verberena, que atuou também como atriz em seu filme, recebeu algum reconhecimento, "não se saiu má de toda. O dirigir um filme e interpretar o papel feminino é de responsabilidade ímpar. Não é tarefa para qualquer pessoa". Mas logo vêm a crítica e a advertência, "embora notássemos erros na direção de cena, não nos cabe condená-la (...). Ao mesmo tempo, aconselhamo-la a não repetir a façanha (...). Como artista, poderá alçar grandes êxitos. Como diretora, não" (ARAÚJO, 2017, p. 21). Ou seja, em sua estreia como diretora não parece ter recebido exatamente estímulo para continuar. Esse foi, sem surpresa, seu único filme.

Há outras pioneiras com longas de ficção realizados até a década de 1960, como: Gilda de Abreu (*O ébrio*, 1946; *Pinguinho de gente*, 1947), Carmen Santos (*Inconfidência mineira*, 1948), Maria Basaglia (*Macumba na alta*, 1958; *O pão que o diabo amassou*, 1958), Carla Civelli (*É um caso de polícia*, 1959) e Zélia Costa (*As testemunhas não condenam*, 1962). Importante destacar o fato de que só há registro de um longa-metragem com direção feminina na década de 1960 – *As testemunhas não condenam* nunca foi encontrado e quase nada se sabe sobre ele ou mesmo sobre a diretora –, e é justamente o auge do Cinema Novo, constituído exclusivamente por diretores homens, que alcançou fama e prestígio internacionais, tornando-se, em certa medida, rentável.

A segunda publicação a que me refiro foi organizada por Heloísa Buarque de Hollanda, em 1989. Em *Quase catálogo 1: realizadoras de cinema no Brasil (1930-1988)* é feito um inventário de todos os filmes dirigidos por mulheres no país até 1988, independentemente da duração, ou de ser ficção, documentário ou experimental. O resultado trouxe 195 diretoras e cerca de 500 filmes dirigidos por elas no período abordado.

As coordenadoras da pesquisa, Ana Pessoa e Ana Rita Mendonça, escrevem a introdução do livro, onde fazem significativa contextualização do período abordado. Nos anos 1960, cineclubes, revistas especializadas, festivais de amadores e os primeiros cursos de cinema na UFF,

UnB e USP estimularam a produção de curtas-metragens e possibilitaram a estreia de algumas diretoras. Na década de 1970, há mais registros de filmes dirigidos por mulheres, provavelmente em consequência da decisão da ONU de promover a Conferência do Ano Internacional da Mulher, realizada no México, em 1975. Esse fato incentivou a discussão das pautas feministas nos países do Terceiro Mundo – no Brasil, foram organizados seminários e debates que discutiam as preocupações das mulheres, o que refletiu também no cinema. Foi criado nesse ano o Centro da Mulher Brasileira, cujos estudos e pesquisas sobre a condição da mulher alimentavam publicações em jornais e revistas. E ainda em 1975, um grupo de mulheres cineastas organizou na Cinemateca do Museu de Arte Moderna do Rio de Janeiro o seminário "Mulher no cinema brasileiro – de personagem a cineasta", com uma série de debates e uma mostra retrospectiva. De acordo com Pessoa e Mendonça, a década de 1980 foi marcada pela disseminação do vídeo, já que "econômica e tecnicamente mais acessível do que o cinema, o novo suporte abriu um amplo campo de atuação para inúmeras realizadoras". A cineasta Rose Lacreta coordenou a seção "Olhar feminino", inaugurada em 1984 dentro do FestRio. Por conta da Conferência Mundial de Encerramento da Década da Mulher, na ONU, foi feita uma seleção de curtas com direção feminina no Brasil, dando origem ao Coletivo de Mulheres de Cinema e Vídeo do Rio de Janeiro. Em 1986, o Coletivo inaugurou um fórum anual de debates sobre as questões da mulher no cinema e no vídeo, no Festival de Cinema Brasileiro de Gramado (PESSOA; MENDONÇA; 1989, p. 7-12).



Ações como essas foram essenciais para estimular a participação das mulheres na direção, ainda que a presença delas continue sendo significativamente inferior em relação à masculina. E, cada vez mais, vemos surgir pesquisas que trazem sentidos revigorados acerca desses filmes e dessas cineastas, propondo uma nova história do cinema brasileiro.

Podemos nos ater a uma parte da produção feita por mulheres nos anos 1960 até a primeira metade dos anos 1970, entre curtas e longas. Enquanto se consolidava o cânone exclusivamente masculino do Cinema Novo, e também do Cinema Marginal, havia nesse mesmo período uma produção feminina, mesmo que tenha ficado pouco para a história, a despeito do vigor e da ousadia de suas obras.

O primeiro desses filmes, que poderia ser considerado fundante do cinema moderno de autoria feminina, em especial do cinema documentário, é *A entrevista* (1966), de Helena Solberg. O curta-metragem de 19 minutos é estruturado a partir de entrevistas de dezenas de moças de classe média alta, entre 19 e 27 anos de idade, que falam anonimamente sobre assuntos que seriam bandeiras da segunda onda do feminismo, como papel das mulheres no casamento, "vocação" para a maternidade, criação dos filhos, sexo, virgindade, estudo superior, carreira profissional e independência financeira. Para além da precocidade da abordagem desses temas no cinema, *A entrevista* apresenta outros aspectos historicamente precursores. O filme se distancia de um discurso uníssono; é, por vezes, contraditório entre as opiniões de um e outro depoimento; não afirma uma verdade ou um saber definitivo; muitas vozes são inseguras, hesitantes, nada assertivas, e em nenhum momento Solberg tenta realinhar o discurso, conduzindo-o a um lugar já sabido. Ela mesma não tem respostas absolutas; aqueles dilemas tratados pela voz *over* das entrevistadas são dela também, que tem a mesma idade. Além disso, esse é o primeiro documentário brasileiro a abordar a classe média (classe média alta, no caso).

Isso é profundamente relevante no contexto dos estudos do documentário desse período, que, aliás, ignoram completamente o filme de Solberg. De maneira geral, os documentários realizados nessa década eram influenciados pelos modos verdade/direto da França e dos Estados Unidos, em uma adaptação à brasileira na qual, utilizando equipamentos portáteis ao abordar uma população comum (quase sempre pessoas pobres), predominava uma tentativa de diagnosticar os problemas do país – miséria, fome, analfabetismo, messianismo, entre outros. Mesmo dando voz ao "povo", era comum que os diretores buscassem "traduzir" essas falas e ações por meio de uma voz *off* que limpava qualquer possibilidade de ambiguidade do discurso. E é justamente essa ambiguidade que Solberg incorpora em seu filme, tornando-o um marco especialmente significativo do cinema feito por mulheres no Brasil (HOLANDA, 2015; 2017).

Ainda no universo do documentário, vale colocar Ana Carolina ao lado de Solberg nessa década. Em 1968, ela codirigiu com Paulo Rufino *Lavra-dor,* e em 1969, *Indústria*. Em ambos os filmes, prevalece uma discussão conceitual do próprio cinema; o que estava à frente era a vontade de experimentação da linguagem. Assim como em *A entrevista*, não se vê nesses curtas nenhuma intenção de afirmar verdades (HOLANDA, 2015; 2017).

Para se falar em longas-metragens de ficção que marcam o cinema de mulheres nos anos 1970, é obrigatório incluir, pelo menos, *Os homens que eu tive* (Tereza Trautman, 1973), *Feminino plural* (Vera de Figueiredo, 1976) e *Mar de rosas* (Ana Carolina, 1977).

Em seu filme, Trautman apresenta uma protagonista que é casada e, em consenso com o marido, tem outros namorados e relações sexuais com desconhecidos; o casal se separa, mas mantém amizade; ela engravida de um novo namorado, que aceita que a criança receba o nome do marido. Mesmo sem cenas fortes de sexo no filme, e com o apogeu da pornochanchada no período, *Os homens que eu tive* sofreu rigorosa censura moral do regime militar da época, que o interditou por sete anos por não aceitar uma personagem feminina com tamanha liberdade. Essa interdição exagerada cerceou a carreira do filme e de Trautman, que teve dificuldade para viabilizar outros projetos como diretora.



A cena inicial de *Feminino plural* é desconcertante no símbolo que carrega e na surpresa que a forma documental propicia: trata-se de um parto natural filmado sem foco em que ouvimos o médico orientar a mãe, que grita as dores das contrações. Ao nascer, a criança é pendurada de ponta cabeça e a lente ajusta o foco no sexo do recém-nascido: o médico diz "é menino", como se essa informação já selasse o destino da criança. Corte seco para sete mulheres em uma rodovia pilotando suas motos – símbolo de liberdade e ousadia: essas mulheres vão escrever suas histórias, sem permitir que determinações biológicas decidam por elas. Alegórico e onírico, o filme trata da subjugação da mulher na sociedade e de sua resistência. Ainda que tenha sido exibido em importantes festivais e mostras internacionais, poucas pessoas viram o filme no Brasil.

*Mar de rosas* é o primeiro filme da trilogia de Ana Carolina sobre, pode-se dizer, a condição da mulher. Beirando o surrealismo e apostando no efeito de estranhamento, que não aceita psicologização nas ações das personagens, o filme é permeado por ironia, como se pode ver a partir das ações histéricas caricaturais das personagens – histeria tão comumente associada a qualquer rebeldia da mulher na sociedade patriarcal. Outra ironia é a permanência na tela, durante todo o filme, da atriz símbolo sexual do Brasil, Norma Bengell, sem maquiagem e com um só figurino, sujo e rasgado.

Verifica-se o alinhamento desses filmes à proposta inicialmente feita, em 1973, por Claire Johnston, por um contra cinema, que seria uma resposta feminista ao cinema tradicional. Essas obras e diretoras foram analisadas com maior profundidade por alguns pesquisadores nos últimos anos, como Veiga (2013, 2017), Cavalcante (2017), Silva (2012) e Holanda (2017).



Ainda que filmes tenham sido dirigidos por mulheres no período do Cinema Novo, com características estéticas, ideológicas, temáticas e de produção similares, assim como do Cinema Marginal, caso de Luna Alkalay, com *Cristais de sangue* (1974), não acho razoável que, passados cerca de cinquenta anos, queiram considerá-las como integrantes desses momentos. Esses filmes não usufruíram da visibilidade e do prestígio que foram concedidos às obras dos cineastas e, portanto, é mais honesto abraçar as idiossincrasias da história e expor as lacunas e a vista grossa que foi lançada à maioria das produções femininas.

## Retomada, inventividade, ditadura e *mea-culpa* de classe

Em 1990, o recém-empossado Governo Collor extinguiu diversas instituições ligadas à cultura e revogou mecanismos de incentivo ao setor, mas foi sobretudo com o fim da Embrafilme – empresa então responsável pela maior parte do fomento à produção e à distribuição dos filmes brasileiros –, que a produção cinematográfica no país chegou a uma quase completa paralisação. O governo durou apenas dois anos – o presidente foi deposto por *impeachment* em 1992 – e logo surgiram novos mecanismos de incentivo à produção, como a Lei do Audiovisual (Lei 8.685, de 1993) e a Lei Rouanet (Lei 8.313, de 1991), baseadas em transferência de parte do imposto devido por empresas interessadas em patrocinar projetos culturais. Importante também foi o Prêmio Resgate do Cinema Brasileiro, que promoveu três seleções entre 1993 e 1994, a partir do rateio dos recursos da Embrafilme. Essas medidas, que geraram um aumento na produção de filmes nos anos seguintes, fizeram com que a mídia chamasse esse momento de Retomada – só o Prêmio Resgate contemplou um total de 90 projetos, entre eles 56 longas-metragens (NAGIB, 2002, p. 13). Embora alguns entendam que esse período possa se estender até o início dos anos 2000, Nagib considera que o ápice e o início de seu fim seja 1998, com *Central do Brasil* (Walter Salles) (NAGIB, 2012).

O filme emblemático da Retomada é *Carlota Joaquina* (Carla Camurati, 1995), que fez mais de um milhão de espectadores em seu lançamento. Além de Camurati, estrearam na direção de longas nesse período, até o início dos anos 2000, cineastas como: Tata Amaral (*Um céu de estrelas*, 1995), Sandra Werneck (*Pequeno dicionário amoroso*, 1997), Eliane Caffé (*Kenoma*, 1998), Laís Bodansky (*Bicho de sete cabeças*, 2001), Rosane  Svartman (*Como ser solteiro*, 1998), Daniela Thomas (*Terra estrangeira*, 1995, codireção de Walter Salles), Bia Lessa (*Crede-mi*, 1997, codireção de Dany Roland), Suzana Moraes (*Mil e uma*, 1995) e Mara Mourão (*Alô?!*, 1998; *Avassaladoras*, 2002). Se estendermos às veteranas, podemos mencionar Suzana Amaral (*Uma vida em segredo*, 2001), Ana Carolina (*Amélia*, 2000), Helena Solberg (*Carmen Miranda: bananas is my business*, 1995), Tizuka Yamasaki (*Fica comigo*, 1996; *O noviço rebelde*, 1997), Lúcia Murat (*Doces poderes*, 1996) e Monique Gardenberg (*Jenipapo*, 1996).

Nesse período, cerca de 20% dos longas produzidos tiveram direção feminina, percentual que se mantém semelhante ao de hoje. Lúcia Nagib diz que nos anos pré-Collor, as mulheres cineastas estavam presentes em menos de 4% dos filmes e que a ascensão delas à direção nesse curto espaço da Retomada se deve mais ao "*boom* criativo inicial" (NAGIB, 2012, p. 19).

As propostas estéticas eram muito diferentes entre si, havia uma especial ebulição na mídia, a crítica se interessava pelo vigor desse cinema de jovens talentos e isso tornava esse momento promissor, como diz Tata Amaral, que lembra que nos anos seguintes "não aconteceu essa mesma riqueza e efervescência". A estratégia de lançamento de *Um céu de estrelas*, por exemplo, era, nas palavras da própria diretora, "discutir cinema, discutir dramaturgia, não simplesmente mostrar o filme, e acho que a crítica respondeu a isso tecendo reflexões interessantes" (apud NAGIB, 2002, p. 46-7). Vou me ater um pouco a essa cineasta que brotou na Retomada com seu longa de estreia, e que continua a desenvolver uma obra que explora um nevrálgico fio condutor entre o passado e o presente do Brasil, como veremos em seus filmes mais recentes.

Tata Amaral está na linha de frente entre as cineastas que despontaram em longas-metragens durante a Retomada, com um cinema inventivo e pulsante.[2] Se *Um céu de estrelas* trata da relação de um casal em crise, com as ações sempre despertadas pela parte masculina, o protagonismo do olhar é totalmente de Dalva, a cabeleireira que quer iniciar uma nova vida e é impedida pelo ex-noivo, agressivo e desequilibrado. Os passos de Dalva são determinados pelas ações de Vítor: é ele que a humilha, prende sua mãe, conversa com a vizinha, liga a TV e decide não negociar com a polícia. No entanto, é de Dalva o ponto de vista que acompanhamos. Vítor é movido pelo poder que sua força física lhe confere, mas as intenções de Dalva (ou a falta delas) nos intrigam, são complexas, nada óbvias, em uma interpretação contida, nada psicologizante. De onde vêm suas motivações, seja para a obediência passiva, seja para o desejo, seja para a morte? Como diz Tata, Dalva "atua mais por reação, por impulso, por pulsão, porque ela não tem projeto" (apud NAGIB, 2002, p. 45). Há uma cena-síntese, logo no início do filme, em que ela abre a torneira do filtro, que goteja lentamente na função de encher o copo de água que Vítor lhe pedira: enquanto aguarda o copo encher até quase transbordar, ela vai para a área de serviço, em um raro espaço arejado, olha o mundo lá fora, busca ar. Um prenúncio da paciência que precisará ter? Aparentemente sempre passiva, é ela que determina o desfecho do filme.

De maneira oposta, em *Trago comigo* (2016) o olhar é da personagem masculina, mas todas as ações são motivadas por uma personagem feminina. Esse penúltimo longa de Tata Amaral aborda a história de um diretor de teatro, Telmo, que recupera sua memória traumática, vivida sob as torturas da ditadura civil-militar, ao montar uma peça autobiográfica. Lia é a namorada morta pelos militares quarenta anos antes,

2. Parte do que falo aqui sobre Tata Amaral integra texto que escrevi para o catálogo Mulheres em cena, organizado por Andrea Armentano, Natalia Barrenha e Sofía Torre. Disponível em: http://buenaondaproducoes.com.br/pdfs/CATALOGO_MULHERESEMCENA.pdf. Acesso em: 2 de agosto de 2019.

quando ele, preso e sob tortura, teria sido o informante de seu paradeiro. A fragmentária recuperação da memória lhe consome em culpa. Ausente, Lia é a memória que ilumina os princípios de Telmo, que reconecta o passado e o presente através da relação com os jovens e alienados atores que viverão a história que não compreendem. Intercalando depoimentos de vítimas da ditadura com a história ficcional, *Trago comigo* inicia com a ficcionalização do depoimento de Telmo. Antes de iniciar a entrevista, o diretor do suposto documentário lhe informa, como se informasse também a nós: "Telmo, como eu estava lhe falando, a gente está atrás da memória. O Brasil é um país que não preserva a memória (...). A intenção aqui é falar do período da ditadura militar e resgatar a memória dos desaparecidos".



Em *Hoje* (2013), a protagonista é Vera, que, ao se mudar para o apartamento recém-comprado com o dinheiro da indenização recebida pelo desaparecimento de seu companheiro durante a ditadura, contracena com o espectro dele – revelações de delações, como em *Trago comigo*, estão na medula do filme. Como em *Um céu de estrelas*, o filme se passa em locações reduzidas; tem um só figurino; trabalha com poucos personagens e com a exploração de micronarrativas que não levam exatamente a algum lugar na dramaturgia. Ao construir detalhadamente seus personagens, Tata prioriza a matéria-prima que muito valoriza: a consciência humana.

Com a recorrência do tema da ditadura civil-militar no Brasil em seus filmes recentes, Tata Amaral demonstra sintonia com o tempo presente, ao afirmar que não, essa página de nossa história ainda não virou, e é preciso exumar esse passado para que o presente cometa menos erros. Nesses filmes, passado e presente se encontram no mesmo espaço diegético para uma conversa inevitável... ainda que tardia.

Para estabelecer outra conexão entre tempos históricos distintos, destaco certa discussão de classe trazida por um filme da Retomada, *Carmen Miranda: bananas is my business* (1994), provavelmente o filme mais conhecido de Helena Solberg. Pertencente à classe alta do país, Solberg, desde *A nova mulher* (*The emerging woman*, 1974), demonstra estar atenta às diferenças sociais, e isso continuou com os filmes que fez posteriormente, quando morou nos Estados Unidos.

*Carmen Miranda* aborda a vida da cantora-mito e Solberg explora o artifício da primeira pessoa, mesmo que esse só tenha se tornado mais usual no Brasil a partir dos anos 2000, como se verifica em filmes como *Um passaporte h*úngaro (Sandra Kogut, 2003), *33* (Kiko Goifman, 2004), *Diário de uma busca* (Flávia Castro, 2010), *Marighella* (Isa Grinspum Ferraz, 2012), *Uma longa viagem* (Lúcia Murat, 2013), *Elena* (Petra Costa, 2013) e *Os dias com ele* (Maria Clara Escobar, 2013).

Com a utilização de enorme material de arquivo – imagens do enterro da artista no Rio de Janeiro, filmes da família de Solberg, shows de Carmen no Brasil e nos Estados Unidos, entrevistas anteriores, inúmeras fotos etc. –, o filme ainda dramatiza algumas cenas com atores, faz novas entrevistas e, acima de tudo, é todo pontuado pela voz *off* da diretora, que insere enfáticos elementos autobiográficos.

Em uma cena que se inicia com imagens antigas de pessoas ricamente vestidas, ouvimos a voz *off* de Solberg: "Encontrei esse filme feito por um tio meu, feito nos anos 20: uma tarde no Jóquei Clube". Em seguida, uma foto de Carmen Miranda, sucedida pelas imagens em movimento, sob a voz *off* da diretora:

> Carmen era uma menina crescendo no Rio nessa época. A família dos Miranda e esses frequentadores do Jóquei conviviam na mesma época, mas eram de mundos que raramente se encontravam. Essa é uma classe que tem os olhos voltados para a Europa, onde compram suas roupas e de onde vem também a maior parte de suas opiniões (Trecho de *Carmen Miranda*).

*Carmen Miranda* se inicia com manchetes de jornais dos Estados Unidos que noticiam a morte da cantora, seguidas de imagens em movimento do cortejo de seu enterro no Brasil, acompanhado por uma multidão a perder de vista. Ouvimos a voz de Solberg:

> Quando a Carmen morreu, eu era uma adolescente, mas eu me lembro da multidão e da confusão nas ruas do Rio de Janeiro quando seu corpo chegou. Meus pais não me deixaram ir vê-la. Pessoas como meus pais sempre acham que quando o povo sai às ruas, seja

qual for o motivo, é melhor ficar em casa. Foi assim que eu perdi minha única chance de ver a Carmen (Trecho de *Carmen Miranda*).

Helena Solberg faz um *mea-culpa* de classe ao reconhecer o desprezo da elite brasileira sobre a população pobre. Ao falar sobre seus antepassados, como em "é uma classe que tem os olhos voltados para a Europa, onde compram suas roupas e de onde vem também a maior parte de suas opiniões"; e "pessoas como meus pais sempre acham que quando o povo sai às ruas, é melhor ficar em casa", a cineasta revela, em 1994, uma contundente crítica à sua origem economicamente privilegiada, assim como João Moreira Salles faria em 2007, com *Santiago*; Consuelo Lins, em 2010, com *Babás*; e Petra Costa, em 2019, com *Democracia em vertigem*.



O peso histórico da desigualdade acumulado ao longo dos tempos, expresso na diferença abissal entre pobres e ricos no Brasil, será a tônica de certo cinema dos anos 2010, como veremos no tópico a seguir.

## Política identitária no cinema

Adélia Sampaio, ao realizar *Amor maldito* (1984), se tornou a primeira mulher negra a dirigir um longa no Brasil. Poderia se imaginar que a partir daí as portas se abririam para que outras mulheres negras se fizessem presentes na direção. Mas não foi o que se viu. A própria Adélia caiu em esquecimento histórico por décadas, retornando só nos últimos anos. E somente em 2017, um segundo longa, um documentário dirigido por uma mulher negra foi lançado comercialmente: *O caso do homem errado*, de Camila de Moraes. No ano seguinte, Glenda Nicácio, em codireção com Ary Rosa, realiza *Café com canela* (2018), tornando-se a segunda diretora negra de longas-metragens de ficção no país.

A despeito do fato de que desde 2016, de acordo com o IBGE, mais da metade da população brasileira se autodeclara negra (preta ou parda), essa representatividade nunca esteve, nem de longe, visível no cinema brasileiro. Provável razão disso é a pouca participação das pessoas negras em funções criativas centrais no cinema, como confirma pesquisa realizada pela Ancine (Agência Nacional do Cinema), a partir dos 142 longas-metragens brasileiros lançados comercialmente em 2016.[3] Desses filmes, sem considerar direção compartilhada entre gêneros, apenas 19,7% foram dirigidos por mulheres. No recorte racial, a discrepância é muito maior: 2,1% foram dirigidos por homens negros e nenhuma mulher negra assinou sozinha a direção de um longa-metragem. O resultado dessa participação escassa de cineastas negros se traduz na ocupação periférica da população negra nas tramas, assim como no predomínio de personagens sem subjetividades.

Na verdade, só a partir de meados dos anos 1950 personagens negros começaram a ocupar com certa centralidade as telas dos filmes brasileiros. Contudo, em geral, eles estavam mais a serviço da representação do povo pobre e sofrido; estavam ali para retratar a dura realidade brasileira, recém-descoberta pelo Cinema Novo. Dessa forma, como diz Janaína Oliveira, "a população negra, ao aparecer no cinema, permanecia, em última instância, marcada por estereótipos que a mantinha atrelada a narrativas de subalternidade" (OLIVEIRA, 2016, p. 176).

Esse modelo, segundo Oliveira, começou a mudar com os filmes dos primeiros cineastas negros dos anos 1970, em especial Zózimo Bulbul, que enfatizou a condição negra em seus filmes. Por seus trabalhos e pela militância em prol do cinema negro no Brasil, o diretor/ator influenciou a produção de jovens cineastas, como veremos logo mais. Para fortalecer esse cinema, Oliveira destaca duas iniciativas criadas: o Dogma Feijoada, de 1999, movimento formado por jovens cineastas negros de São Paulo e que fez importante burburinho em todo o país; e o Manifesto de Recife, de 2001, que reivindicou, pela primeira vez na história do cinema negro, políticas públicas de ação afirmativa para o audiovisual (OLIVEIRA, 2016, p. 176-185).

Em ambos os casos, a participação feminina foi reduzida. Lílian Solá Santiago é a única diretora vinculada ao Dogma, embora tenha dirigido seu primeiro filme somente em 2005, *Família Alcântara*, em par-

3. Levantamento *Diversidade de gênero e raça nos lançamentos brasileiros de 2016*. Disponível em: https://www.ancine.gov.br/sites/default/files/apresentacoes/Apresentra%C3%A7%C3%A3o%20Diversidade%20FINAL%20EM%2025-01-18%20HOJE.pdf. Acesso em: 15 de maio de 2019.

ceria com seu irmão Daniel Santiago, cocriador do movimento. No caso do Manifesto de Recife, não havia diretoras entre os participantes, mas atrizes – Maria Ceiça, Ruth de Souza e Thalma de Freitas. Essas iniciativas tiveram a importante função de criticar maneiras estereotipadas de retratar pessoas negras e de reforçar sua cultura, assim como de ampliar o mercado de trabalho no cinema para profissionais negros e estimular a criação de fundos para incentivar uma "produção multirracial". Ou seja, são ações que buscam combater a invisibilidade da pessoa negra na tela ou sua presença marginalizada, entendendo que é um caminho inevitável garantir sua atuação em funções-chave, como direção, roteiro e direção de fotografia.



Ainda de acordo com Janaína Oliveira, outra iniciativa que deixou marcas fortes nesse caminho foi a criação, por Zózimo Bulbul, do Centro Afro Carioca de Cinema, em 2007. Nesse espaço, localizado na Lapa, no Rio de Janeiro, foram realizados os Encontros de Cinema Negro Brasil, África e Caribe, inspirado no FESPACO (Festival Pan-africano de Cinema e Televisão), maior festival de cinema da África, criado em 1969 e realizado bienalmente na cidade de Ouagadougou, capital de Burkina Faso. Nesses encontros promovidos por Bulbul, pretendia-se "divulgar e desmistificar a importância da influência da cultura africana na formação do povo brasileiro", formando "uma plateia que possa identificar e se espelhar com ela mesma através da realidade do seu povo de origem", como se lê no material de divulgação da primeira edição (apud OLIVEIRA, 2016, p. 186). A partir de 2013, influenciada pelo trabalho de Bulbul como criador do Encontros, Janaína Oliveira idealiza o FICINE (Fórum Itinerante do Cinema Negro), com o objetivo de refletir sobre a produção audiovisual que tem pessoas negras como realizadoras e culturas negras como tema principal (OLIVEIRA, 2016, p. 185-8).

Oliveira é enfática ao reconhecer Bulbul como influenciador de jovens cineastas negros que iniciaram suas produções a partir de 2010. É uma geração que "se forma ainda no âmbito universitário ou dos cursos livres de cinema e que reconhecem no realizador carioca uma referência fundamental para suas obras e ações" (OLIVEIRA, 2016, p. 189). A cineasta Viviane Ferreira sintetiza o que representou Bulbul em sua formação:

> Fui estudar cinema e, assim, conheci o trabalho de Zózimo Bulbul, o pai do cinema negro no Brasil. [Ele] mostrou, pela primeira vez, conteúdos negros do país pra uma audiência e chocou. A linguagem audiovisual é uma forma de construir poder, discurso político. O audiovisual constrói personagens com quem as pessoas vão se identificar, [em quem vão] se projetar (apud FERREIRA; SOUZA, 2017, p. 179).

Além de Viviane Ferreira (*O dia de Jerusa*, 2014), vale destacar, entre muitas outras cineastas emergentes, Larissa Fulana de Tal (*Cinzas*, 2015), Renata Martins (*Aquém das nuvens*, 2010), Yasmin Thayná (*Kbela*, 2015) e Sabrina Fidalgo (*Black Berlim*, 2009).



Levando em conta essa produção exclusivamente de curtas-metragens, Ceiça Ferreira e Edileuza de Souza propõem outros parâmetros de análise para a atuação das mulheres negras no cinema brasileiro, buscando

> enxergar a relevância do cinema de curta-metragem, no qual o conceito de cinema negro no feminino toma a forma de diferenciadas, múltiplas e complexas estratégias de produção e representação audiovisual (...). Esse fazer fílmico que constitui o cinema negro no feminino é tão caro às realizadoras negras, pois significa a oportunidade de construir um cinema de subversão e combate às visões preestabelecidas e, sobretudo, consolidar uma produção focada na pluralidade, na consciência dos múltiplos eixos de opressão e no exercício de afirmação identitária que seus filmes instigam (FERREIRA; SOUZA, 2017, p. 178).

Pois é ao assumir a feitura dos filmes que as mulheres negras vão ocupar a posição de sujeito nas narrativas audiovisuais.[4]

O mesmo vale para as populações indígenas. Foram realizados muitos filmes retratando os povos originários do Brasil, desde os de Thomaz Reis, ainda nos anos 1910, a registros de indigenistas e ficções de



4. Como reforço dessa visão e exemplo da construção de protagonismo das mulheres negras, veja o capítulo de Ana Paula Alves Ribeiro, aqui mesmo nesta coletânea, "Mulheres negras no Rio de Janeiro: cidades generificadas e racializadas".

cineastas do Cinema Novo. Todavia, os próprios indígenas só passaram a filmar a partir da segunda metade dos anos 1980, com a criação, em 1986, por Vincent Carelli e Dominique Valadão, do Vídeo nas Aldeias, que tinha, desde o início, o objetivo de desenvolver produções audiovisuais compartilhadas com os povos indígenas.[5] Essa produção aumentou com o estímulo de programas de incentivo desenvolvidos pelo governo federal da era Lula e por alguns governos estaduais e, com isso, passou a ter também maior visibilidade no país e no exterior.

O que se vê na recente produção indígena, em geral, tem marcas particulares, e está dentro de um pensamento cosmogônico que norteia suas vidas, seu modo de entender o funcionamento do universo, que é levado para o fazer fílmico, quando afirmam seus corpos, línguas, crenças, espiritualidade e tradições. São realizadores que, embora tenham participado de oficinas muitas vezes ministradas por não-indígenas, incorporam seus próprios modelos. Não tomam como referência o padrão hegemônico de fazer cinema, nem costumam usar a aura do "cineasta-artista", que, correntemente, está presente no meio profissional. Nesse cinema é comum a direção coletiva. Fala Ailton Krenak:



> Cinema de índio, uma novidade das últimas décadas para narradores da oralidade que viram na câmera um aparato capaz de ampliar de maneira mágica a força e o alcance das suas histórias (...). Uma marca dessa cinematografia é a autoimagem coletiva, pois se apoia na memória de povos e comunidades que viveram à margem e fora da sociedade do espetáculo, e mesmo a sua apropriação das mídias digitais busca manter bem claro quem é a máquina, e as limitações que se impõem nessa relação (KRENAK, 2019a, p. 153).

Quando os brancos europeus saíram colonizando o resto do mundo, acreditando que integravam uma humanidade esclarecida, que precisavam levar luz à humanidade obscurecida, como diz Ailton Krenak, isso se justificou pela noção de que existe um jeito certo de estar no mundo,

5. Os objetivos do Vídeo nas Aldeias são expressos em sua apresentação no site. Disponível em: http://www.videonasaldeias.org.br. Acesso em: 20 de maio de 2019.

uma determinada verdade (KRENAK, 2019b, posição 33). Esse "jeito certo" perpetrou o mais contínuo genocídio no país, assassinando, direta e indiretamente, os povos da floresta; apossando-se de seus territórios; arrancando-os de seus lugares de origem; e jogando-os nas beiras de estradas e periferias das cidades. E, nas palavras de Krenak, se essas pessoas "não tiverem vínculos profundos com sua memória ancestral, com as referências que dão sustentação a uma identidade, vão ficar loucas neste mundo maluco que compartilhamos" (KRENAK, 2019b, posição 52).

Nesse sentido, o cinema tem se ajustado com perfeição no intuito de registrar a memória ancestral e discutir costumes dentro das próprias aldeias. Em alguns casos, reaviva e traz de volta práticas que já estavam em desuso. Esse cinema, que é tão novo, tem desestabilizado certo modo de produção e mostrado personalidade ao trazer para o primeiro plano questões da luta pela sobrevivência, que é a luta de todos os povos indígenas no Brasil há mais de quinhentos anos. Esses são os aspectos que mais saltam ao se olhar para essa produção, em geral, militante. No entanto, como em todos os cinemas, o indígena também pode tomar a feição que quiser: pode ser plural em suas formas, temas e particularidades das tantas etnias que o compõe.

A presença das mulheres indígenas na direção é bastante reduzida, mas, como nos apresenta Sophia Pinheiro (2017), há importantes projetos e associações que vêm dando especial atenção à participação delas. Um exemplo é o Instituto Catitu, dirigido por Mari Corrêa. Em conversa com Sophia (2017, p. 69-71), Mari diz que havia percebido um grande desequilíbrio de oportunidades entre homens e mulheres e que as mulheres não davam continuidade às oficinas audiovisuais realizadas na aldeia (no caso, no Xingu). Foi aí que ela decidiu fazer uma oficina só para mulheres e elas, de fato, ficaram mais à vontade, dando continuidade aos trabalhos. Diz a própria Mari Corrêa:

> A partir disso, as mulheres continuaram as oficinas, essa estratégia e metodologia do trabalho foram extremamente positivas, pois só há espaço se elas estiverem em um universo em que elas se sintam bem (...). Historicamente, proveniente do contato, foi o homem que se relacionou com "o mundo exterior", mas há um desejo das mulheres

> de serem protagonistas de suas participações, rompendo com a assimetria de oportunidades existentes (apud PINHEIRO, 2017, p. 70).

Patrícia Ferreira[6] é, segundo Pinheiro (2017, p. 46), a mulher indígena mais atuante no cinema brasileiro, "seja por ter uma obra audiovisual pulsante, seja por sua presença em diversos festivais de cinema (...), seja pelos prêmios que já ganhou". Ainda assim, é muito comum ver seu nome suprimido como diretora dos materiais vinculados aos documentários que dirigiu com seu parceiro Ariel Ortega (PINHEIRO, 2017, p. 58). *Bicicletas de Nhanderu* é um bom exemplo de filme do qual foi codiretora e nem sempre foi lembrada como tal. 

Em depoimento dado ao Encontros de Cinema, promovido pelo Itaú Cultural em 2016, Patrícia Ferreira fala de como iniciou no audiovisual. Em 2008, em uma oficina dada pelo Vídeo nas Aldeias, foi designada a fazer som direto, mas não gostou porque queria mesmo era "pegar na câmera e filmar":

> Eu peguei na câmera e gostei. Acho que foi necessário assim porque eu vi que nos grupos eram todos meninos e filmavam uma cena e faltava aquele negócio do olhar feminino porque, às vezes, na cultura Guarani, têm coisas de mulheres, e têm coisas que são para os homens (...). Outros filmes eu tive a participação como diretora, com outros meninos. Nesses filmes sempre tentamos enfatizar nossa caminhada, tentando explicar porque é importante a caminhada para nosso povo, e a demarcação das terras, tentando falar um pouco em meio a outros temas.[7]

Além de cineasta, Patrícia é professora em sua comunidade, e romper com noções redutoras sobre o universo indígena está entre os motivos de querer filmar. Ela diz que é cineasta

---

6. Patrícia Ferreira é chamada por seu nome indígena, Para Yxapy, por Clarisse Alvarenga, no capítulo "O caminho do retorno: o cinema feito pelas cineastas ameríndias", nesta coletânea.

7. Disponível em: https://www.youtube.com/watch?v=bEf931cDX7s. Acesso em: 25 de maio de 2019.

para pensar e refletir sobre a nossa própria história. E assim, quebrar um pouco aquelas coisas ruins que a gente escuta por aí, das pessoas ignorantes, que falam com seus comentários ou críticas preconceituosas quando a questão é indígena. Uma ideia que a maioria dos não-indígenas tem sobre nós é que o índio é uma coisa só, compartilhando a mesma cultura, as mesmas crenças, a mesma língua (...). O "índio autêntico" é o índio de papel da carta do Caminha. Essa imagem foi congelada na cabeça dessas pessoas e, quando o índio não se enquadra nessa imagem, quando aquele índio que está hoje no meio das cidades seja para estudar, trabalhar, reivindicar os direitos ou simplesmente sair da aldeia para comprar as suas necessidades, provoca estranhamento (apud PINHEIRO, 2017, p. 52).



A preocupação com as questões coletivas e a urgência da luta pela manutenção da vida e de algum direito ao seu povo é forte e, evidentemente, está sempre à frente. No entanto, em *Pará Reté*, seu filme ainda não concluído, Patrícia reduz a escala e fala de si, ao ter a mãe e a filha como personagens principais: "eu tento falar um pouco do cotidiano mesmo, do papel da mulher e a caminhada...".

Graciela Guarani é outra importante cineasta indígena, além de fotógrafa e oficineira de audiovisual. Ela diz, também em depoimento dado ao Encontros de Cinema, promovido pelo Itaú Cultural em 2018, que na adolescência trabalhava em uma ONG que, mais tarde, introduziu recursos multimídia, e que esse foi seu primeiro contato com uma câmera: "E pá! Foi o bichinho que me mordeu, eu tomei gosto pela coisa. Eu gostei de manusear a câmera, de fazer vídeos". Assim como Patrícia, Graciela busca desmistificar a visão folclórica que generaliza seu povo: "Eu costumo dizer que a gente não canta 24 horas, a gente não reza as 24 horas do dia, que é o que muitas vezes a gente vê no cinema, que é a imagem para o branco ver".[8]



8. Disponível em: https://www.youtube.com/watch?v=uNAKQAuu3Do. Acesso em: 25 de maio de 2019.

O cinema indígena brasileiro feito por mulheres é novo e reduzido em relação ao masculino, mas não tão curto quanto o que expus, já que a intenção aqui foi muito mais a de demarcar sua importância e potencialidade, reservando a ele um lugar na história do cinema nacional, do que a pretensão de ser abrangente.

* * *

Para este terceiro tópico, as possibilidades de recorte se multiplicariam, porque é contemporâneo, nada está historicamente consolidado. No entanto, não vejo nada mais vibrante, vivo e instigante nesse presente que o paradoxal embate que esses filmes, cineastas e suas lutas identitárias promovem ao se chocar com a confusa, turbulenta e distópica realidade política e social brasileira do momento inusitado de nossa história atual.



No Cinema Novo, os homens brancos de classe média e alta buscaram diagnosticar e discutir a origem dos problemas socioeconômicos do país – fome, analfabetismo, misticismo, entre outros. O que vemos hoje com muita força, sobretudo a partir da década de 2010, são cineastas de variadas cores, com consciência de classe ou de privilégios. Muitos são os próprios famintos e analfabetos de ontem, alguns são os primeiros universitários da família, e eles reafirmam (ou não) suas tradições afro e indígena e apontam a origem dos problemas do país, segundo seu diagnóstico: racismo, preconceitos de classe e sexualidade, convívio pacificado com o secular genocídio étnico e racial, destruição do meio ambiente, contaminação da terra, ignorância da elite acerca da cultura dos que foram por ela subalternizados e excessiva concentração de renda.

E, claro, entre esses novos cineastas, destacam-se as mulheres, que, embora minoria em número, têm vozes de potência amplificada, uma vez que somam a essas "origens" dos problemas do Brasil o onipresente machismo, que não falta em nenhuma cultura. Tudo isso misturado se funde no cinema brasileiro visto em 2019, que tem todas as portas abertas, mas indefinidas, nesse trajeto para um acerto de contas histórico do país com algumas de suas feridas não cicatrizadas, com destaque para bandeiras feministas, na interseção de raça, classe e também sexualidade.

## Referências Bibliográficas

ARAÚJO, Luciana Corrêa de. "Cléo de Verberena e o trabalho da mulher no cinema silencioso brasileiro". In: HOLANDA, Karla; TEDESCO, Marina Cavalcanti. (Org.). *Feminino e plural:* mulheres no cinema brasileiro. Campinas: Papirus, 2017. p. 15-29.

CAVALCANTE, Alcilene. "Cineastas brasileiras (feministas) durante a ditadura civil-militar". In: HOLANDA, Karla; TEDESCO, Marina Cavalcanti. (Org.). *Feminino e plural:* mulheres no cinema brasileiro. Campinas: Papirus, 2017. p. 59-76.

FERREIRA, Ceiça; SOUZA, Edileuza Penha de. "Formas de visibilidade e (re)existência no cinema de mulheres negras". In: HOLANDA, Karla; TEDESCO, Marina Cavalcanti. (Org.). *Feminino e plural:* mulheres no cinema brasileiro. Campinas: Papirus, 2017. p. 175-186.

HOLANDA, Karla. "Cinema brasileiro (moderno) de autoria brasileira". In: HOLANDA, Karla; TEDESCO, Marina Cavalcanti. (Org.). *Feminino e plural:* mulheres no cinema brasileiro. Campinas: Papirus, 2017. p. 43-58.

HOLANDA, Karla. "Documentaristas brasileiras e as vozes feminina e masculina". In: *Revista Significação*. Universidade de São Paulo, v. 42, n. 44, 2015. p. 339-358.

HOLLANDA, Heloísa Buarque de. (Org.). *Quase catálogo 1:* realizadoras de cinema no Brasil (1930-1988). Rio de Janeiro: CIEC/UFRJ; MIS/Secretaria do Estado de Cultura; FUNARJ, 1989.

KRENAK, Ailton. "Cinema de índio: demarcando um lugar na tela". In: *Ameríndias performances do cinema indígena no Brasil.* Lisboa: Sistema Solar, 2019a. p. 153-4.

______, Ailton. *Ideias para adiar o fim do mundo.* E-book. São Paulo: Companhia das Letras, 2019b.

MUNERATO, Elice; OLIVEIRA, Maria Helena Darcy de. *As musas da matinê.* Rio de Janeiro: Edições RioArte, 1982.

NAGIB, Lúcia. *O cinema da retomada*: depoimentos de 90 cineastas nos anos 90. São Paulo: Editora 34, 2002.

______, Lúcia. "Além da diferença: a mulher no Cinema da Retomada". In: *Devires – cinema e humanidade.* Minas Gerais: Universidade Federal de Minas Gerais (Fafich), v.9, n. 1, 2012. p. 14-29.

OLIVEIRA, Janaína. "Kbela e Cinzas: o cinema negro no feminino do Dogma Feijoada aos dias de hoje". In: *Avanca Cinema International Conference 2016.* Avanca: Cine-Clube de Avanca, 2016. p. 646-654.

PESSOA, Ana; MENDONÇA, Ana Rita. "Por trás das câmeras". In: HOLLANDA, Heloísa Buarque de. (Org.). *Quase catálogo 1*: realizadoras de cinema no Brasil (1930-1988). Rio de Janeiro: CIEC/UFRJ; MIS/Secretaria do Estado de Cultura; FUNARJ, 1989. p. 7-12.

PINHEIRO, Sophia. *A imagem como arma:* a trajetória da cineasta indígena Patrícia Ferreira *Pará Yxapy*. 2017. 284 f. Dissertação (Mestrado em Antropologia Social) – Faculdade de Ciências Sociais, Universidade Federal de Goiás, Goiânia, 2017.

RAMOS, Fernão. In: HOLANDA, Karla; TEDESCO. Marina. *Feminino e plural:* mulheres no cinema brasileiro. Campinas: Papirus, 2017. Contracapa.

SILVA, Alberto da. "Quando as mulheres filmam: história e gênero nos anos da ditadura". *Revista Esboços*. v. 19, n. 27, 2012.

VEIGA, Ana Maria. *Cineastas brasileiras em tempos de ditadura:* cruzamentos, fugas, especificidades. 2013. 397 f. Tese (Doutorado em História Cultural) – Centro de Filosofia e Ciências Humanas, Universidade Federal de Santa Catarina, Florianópolis, 2013.

VEIGA, Ana Maria. "Estéticas e políticas de resistência no cinema de mulheres brasileiro (anos 1970-1980)". In: HOLANDA, Karla; TEDESCO, Marina Cavalcanti. (Org.). *Feminino e plural:* mulheres no cinema brasileiro. Campinas: Papirus, 2017. p. 77-88.

# MULHERES NEGRAS NO RIO DE JANEIRO: CIDADES GENERIFICADAS E RACIALIZADAS

Ana Paula Alves Ribeiro



## Introdução

Este capítulo tem dois inícios: o primeiro é uma pesquisa desenvolvida desde 2012 sobre a cidade do Rio de Janeiro, suas possíveis representações e a constituição de um conjunto de imagens politicamente engajadas. E o segundo vem da emergência de curtas-metragens que, ao retratarem a cidade, nos possibilitam observar múltiplos movimentos: as transformações urbanas (e de sua paisagem) pelas quais a cidade passou a partir dos anos 2010; os tensionamentos frente à política audiovisual municipal e estadual; a emergência de filmes nos quais a cidade configurava como personagem; a maior visibilidade da produção/realização cinematográfica feita por mulheres; a emergência de narrativas visuais negras; e uma filmografia realizada na Pequena África, espaço simbólico compreendido pelo centro da cidade, do qual Gamboa, Praça Mauá e Zona Portuária também fazem parte.

Ao analisar os filmes sobre as cidades brasileiras - tais como Recife, Belo Horizonte e, principalmente, o próprio Rio de Janeiro - em uma perspectiva teórico-metodológica que alinha cinema, cidade e antropologia, passo a perceber que ainda são poucas as reflexões de como se dá a cidade para as mulheres, inclusive pelas mulheres (MELLO, 2018), pensando especificamente na generificação e racialização dos espaços. De maneira aproximada, via a mesma questão: mulheres exercendo menos a direção cinematográfica; mulheres acessando mais editais de curtas que de longas-metragens; mulheres negras acessando ainda menos esses editais (CANDIDO, 2014). Trazendo a questão do território, colocando em diálogo mulheres, cidades e cinema – ou melhor, mulheres que se debruçam a filmar cidades, principalmente na ficção, sejam longas, médias ou curtas-metragens –, estas ainda são poucas.

Foi neste contexto de articulação de uma pesquisa sobre as múltiplas imagens das cidades, inicialmente refletindo sobre suas representações e, posteriormente, analisando o potencial político dessas imagens, que chego à etnografia de um festival-jogo, o 72 horas Rio Festival de Filmes, com espaço delimitado na Zona Portuária do Rio de Janeiro, que estimulava o trabalho em equipe na produção de um curta-metragem inédito, a ser realizado em três dias.

Neste texto, pretendo refletir sobre a circulação de dois curtas metragens, *Elekô* (Mulheres de Pedra) e *Quijaua* (Produção Coletiva Mulheres de Pedra/Ponto de Cultura Encontro de Cinema Negro), a partir da etnografia sobre a exibição dos mesmos em dois festivais: 72 Horas Rio Festival de Filmes e Encontro de Cinema Negro Zózimo Bulbul Brasil, África e Caribe. Produções nas quais as Mulheres de Pedra e da Pedra de Guaratiba (zona oeste da cidade) têm participação ativa, ambos foram realizados por mulheres negras e exibidos (no caso do 72 Horas Rio, também produzidas) pela primeira vez nesses festivais. Escolho partir justamente desse espaço de interseção: o das mulheres negras que se filmam, que pensam um cinema negro no feminino (SOUZA, 2017), na sua cidade, e refletem sobre espaços dos quais foram afastadas historicamente pelo racismo, pelo machismo e pela dinâmica desigual da estrutura da cidade.



É a partir da exibição e da circulação não apenas dos filmes, mas das pessoas, que procuro entender sobre a forma como a cidade se torna um palco para a ação dessas mulheres e suas equipes de produção, sendo esses festivais janelas de exibição importantes e seus filmes um convite para a circulação dessas e de outras mulheres na cidade. Paralelamente, me interessa como a inscrição em festivais e mostras, bem como seleções para determinadas programações e exibições em cineclubes e espaços acadêmicos têm possibilitado discutir sobre corpo-performance, corpo-cidade, ativismo negro, feminismo negro, gênero, mobilidade, produção das mulheres negras no cinema, além de promover o encontro nas ruas (do Centro) do Rio e em equipamentos culturais, estabelecendo parcerias profissionais e redes de afeto.

Pensar nos diálogos entre cinemas, cidades e mulheres nos proporciona alguns debates e contextos que estão em processo nos últimos anos. Esses debates podem, potencialmente, ser interdisciplinares. Aqui partimos de alguns deles.

Em primeiro lugar, no reconhecimento da presença e importância das mulheres e seu pioneirismo em diversos campos. No cinema, a existência e a obra de Alice Guy Blaché e de Adélia Sampaio nos demonstram esse caminho. Aquela como expoente do cinema mundial, apagada da genealogia cinematográfica e dos cursos de cinema; esta, a primeira mulher negra a lançar um longa metragem no Brasil, criando diálogos com outros campos e movimentos dentro do próprio cinema. A partir de 2014, as pesquisas realizadas pelo Grupo de Estudos Multidisciplinar da Ação Afirmativa (GEMAA/IESP/UERJ) e ações empreendidas pelos funcionários da Agência Nacional de Cinema – Ancine, aprofundam debates a partir de dados sobre as desigualdades raciais e de gênero na produção cinematográfica (OLIVEIRA, 2017; SARMET, TEDESCO, 2018), o que outras pesquisas acadêmicas da década anterior já sinalizavam (ARAÚJO, 2006; ALVES, 2011).

O que os anos 2010 trazem de novo é um aguçamento do debate e das possibilidades de ações contínuas e em rede. Ampliando as produções e sua própria visibilidade, assim como as janelas específicas para circulação de filmes, temos a emergência de festivais e mostras de cinema, assim como cineclubes sendo criados em todo território nacional com foco na produção das mulheres.[1]

Com relação aos cineclubes, pensando especificamente no Rio de Janeiro, a partir de 2015/2016 encontramos iniciativas localizadas na região metropolitana do estado. Para citar alguns exemplos, o Cineclube Delas (inicialmente baseado no bairro de Botafogo, no Rio),

1. Sediado no Rio de Janeiro, produzido pelo Instituto Femina e coordenado por Paula Alves e Eduardo Cerveira, o Festival Internacional de Cinema Feminino - Femina - é criado em 2004 e se constitui como espaço pioneiro para exibição e reflexões sobre o cinema produzido por mulheres.

a produção da Facção Feminista Cineclube (da cidade de Duque de Caxias) e do Xuxu com Xis (do bairro Austin, da cidade de Nova Iguaçu) e o cineclube Quase Catálogo (Niterói) são exemplos de projetos/iniciativas localizados em diferentes lugares e espaços e com olhares curatoriais distintos, surgidos de contextos também distintos, mas igualmente mobilizando redes de mulheres com reflexões interseccionais – raça, gênero, sexualidades, classe social, território. O caso da Facção Feminista Cineclube, com sessões temáticas e itinerantes entre o Rio de Janeiro e os municípios da Baixada Fluminense, é um exemplo de mulheres ocupando as cidades para produção e exibição dos filmes. 

Na mesma direção, percebemos a emergência e as ações de alguns grupos, como o YVY Mulheres da Imagem, o Fotógrafas Brasileiras, o Fotógrafas Pretas, o Coletivo das Diretoras de Fotografia do Brasil – DAFB, o Elviras – Coletivos de Mulheres Críticas de Cinema, que se fizeram presentes no cenário nacional. Como aponta hooks, o conceito de "mulher" apaga a diferença entre mulheres em contextos sócio-históricos específicos (hooks, 2019, p. 229). Percebemos também uma consciência cada vez mais aguda nos anos 2010, pelo qual pensar "mulheres" não se esgota em uma experiência única.

Nestes movimentos apontados, em alguns casos, as intersecções ser mulher e ser negra, ou ser mulher e ser negra e estar nas periferias, ou ser mulher e estar nas periferias e não ser negra, ou ser bissexual ou lésbica ou trans, todas fazem-se presentes, e muitas vezes não sem tensão. Da mesma forma, esses tensionamentos, as múltiplas trajetórias e inserções profissionais dessas mulheres que têm colocado seus corpos em movimentos e em um debate público sobre as imagens das mulheres, nos ajudam a refletir sobre tais movimentos, suas ações e suas diversas agendas e trabalhos produzidos nestes contextos.

Também podemos apontar, nessas ações em rede, trânsitos e interlocuções com diversos grupos e coletivos, sem necessariamente que as agendas ou propostas se limitem, mas com o objetivo de ampliação do debate.

Um segundo debate diz respeito à circulação de mulheres por mostras e festivais não apenas dedicados a filmes realizados por mulheres.

Mulheres negras, muitas reconhecidas em suas atuações nos movimentos negros ou em debates sobre a racialidade de seus corpos, também circulam por espaços não exclusivos ou com foco em mulheres no cinema contemporâneo. Essas mulheres fazem parte de associações como a Associação dxs Profissionais do Audiovisual Negro – APAN; participam de mostras e festivais no Brasil e no exterior (aliás, caberia uma pesquisa especificamente sobre curadoria nestes contextos); e estão ou estiveram em algum momento no Encontro de Cinema Negro Zózimo Bulbul Brasil, África e Caribe.

Um terceiro debate implica refletir sobre a presença e possíveis protagonismos das mulheres em filmes nos quais as grandes cidades (metrópoles) estejam em evidência, o que passou a ser uma questão nas pesquisas empreendidas nos últimos anos. Desde a emergência do cinema, a modernidade, o urbano ou as metrópoles e as possibilidades de *flâneurie* estão presentes em vários filmes. Uma vez que flanar constituiu-se como conceito e atividade masculina, praticamente não foi possível às mulheres o direito de serem errantes e *flanêuses* nas cidades, e caso o fossem, narrar as cidades, assim como a direção de filmes por mulheres, não se constituiu como usual. Nesse sentido, pelo menos duas perguntas começaram a se insinuar: ao filmar suas cidades, quais apropriações as mulheres fazem delas? É possível uma atividade *flanêuse* – isto é, usando um conceito europeu – para pensar a diversidade de mulheres, sua presença, atuação e performance em filmes sobre as cidades?

Não há hegemonia no que se refere à presença das mulheres no meio urbano. Cada sociedade trouxe questões e inserções para as mulheres de diferentes raças, classes e orientações sexuais no que diz respeito à sua presença nas cidades. Também as cidades e as sociedades reagiram de maneiras distintas à ocupação das mulheres nos espaços e à forma como foram pensadas (ou a ausência dessa reflexão) no que tange às suas existências.

Na pesquisa sobre as múltiplas imagens das cidades e suas possíveis representações, ao me debruçar sobre as cidades filmadas pelas mulheres ou em cujo espaço urbano as mulheres tivessem protagonismo e circulação, encontrei filmes muito diferentes entre si e díspares se pensados enquanto conjunto. Para citar alguns filmes que encontrei na pesquisa, *Mate-me, por favor* (Anita Rocha da Silveira, 2017), *Com o ter-*

*ceiro olho na terra da profanação* (Catu Rizo, 2016), *Estado itinerante* (Ana Carolina Soares, 2016), *A cidade onde envelheço* (Marília Rocha, 2016), *A Alegria* (Marina Meliande e Felipe Bragança, 2011), *Mormaço* (Marina Meliande, 2019). Filmados não apenas por mulheres, penso em características antissexistas no modo de filmar, como em *Temporada* (André Novais Oliveira, 2017), protagonizado por Grace Passô.

Um outro ponto a ser pensado é a presença de mulheres negras nas cidades e as imagens produzidas por elas e sobre elas no meio urbano. As produções de *Elekô* (2015) e *Quijaua* (2016), em uma perspectiva dos olhares das mulheres negras, em relações intergeracionais, filmando e se fazendo circular nas cidades, alinham-se nessa questão. Em tais filmes, nos quais a cidade pensada pela população negra também é protagonista da herança africana e da ancestralidade, faz-se necessário entender a construção colonial da cidade e das imagens. De forma não essencialista, tento pontuar aqui alguns movimentos que nos trazem ao debate em que se faz presente a interseção raça/gênero/território.



## Maio de 2015: A alegria ocupa a cena ou A Pequena África das muitas mulheres

Ao se anunciar o melhor curta no Festival 72 Horas Rio Festival de Filmes daquele ano,[2] um grupo de mulheres se levanta e começa a cantar e dançar, feliz, no tapete do Galpão da Ação da Cidadania. Eram as Mulheres de Pedra, grupo/coletivo de mulheres da Pedra de Guaratiba, zona oeste do Rio de Janeiro, distante cerca de uma hora e meia de ônibus do centro da cidade.

2. Em 2014, a *Providence*, produtora sediada no Rio de Janeiro, em diálogo com a Rio Filmes, lança o 72 Horas Rio Festival de Filmes. A proposta é que nesse Festival/Gincana fosse produzido um filme inédito em 72 horas, cujo espaço delimitado para filmagem/paisagem escolhida seria a Zona Portuária do Rio de Janeiro. Em 3 dias, equipes se encontram nesses espaços para fazer seus filmes com duração de até 6 minutos. Tais filmes, quando entregues no horário delimitado, passam em renomados equipamentos culturais. O que sai do 72 Horas? Filmes produzidos por coletivos negros e coletivos de mulheres, formando um novo cinema negro, trazendo como questão a descolonização do olhar e, principalmente, ressignificando a Zona Portuária e trazendo a Pequena África como um lugar de narrativas, histórias e memórias negras. Por sua vez, tais filmes consolidam-se em diversos circuitos e são programados em outros festivais e mostras, como o Visões Periféricas e o Encontro de Cinema Negro Zózimo Bulbul Brasil, África e Caribe.

Nem todas as mulheres foram criadas ou moravam em Pedra de Guaratiba, nem todas eram mulheres negras, mesmo que a maioria o fosse. Mulheres jovens e mais velhas se organizaram para filmar em três dias um curta metragem de aproximadamente 6 minutos, com roteiro inédito, na Praça Mauá, zona portuária da cidade. O filme era *Elekô*, que naquele mesmo dia ganhou mais dois prêmios e passou a fazer carreira em outros festivais e mostras, em cineclubes e em interlocuções com escolas e universidades.

Entre dançar no tapete da premiação e acompanhar a circulação de seu outro filme no mesmo 72 Horas Rio Festival de Filmes no ano seguinte (*Quijaua*, 2016), foram quase dois anos testemunhando as Mulheres de Pedra em ação, em mostras e festivais. O 72 Horas propiciou que um conjunto significativo de curtas fossem realizados, acompanhando as transformações da paisagem urbana da Zona Portuária e arredores, locais escolhidos como espaço fílmico, além de significar alguns movimentos que podem ser citados aqui:

1. Organização coletiva para formação de equipes de filmagens;
2. Articulação de mulheres e negros em coletivos, criando um diálogo entre uma intensificação de ações e movimentos feministas: convergência com movimentos e ações como o *Black Lives Matter* e um maior movimento de inserção de referências negras em cursos universitários, além de um maior interesse das editoras em publicar clássicos escritos por pesquisadoras(es) negras e negros, articulando assim vários coletivos em perspectivas antirracistas e antissexistas.

Nesse movimento, pode perceber duas questões que me perseguiriam nos anos seguintes de pesquisa: a presença de uma equipe de cinema composta em grande parte por mulheres negras, filmando intensamente durante vários horários do dia e marcando, com seus corpos e câmeras, espaços tão caros da cidade para a população negra como a Pequena África. E, de muitas maneiras, a segunda questão foi pensar em como aquelas mulheres, interpretando e filmando, ressignificaram espaços marcados pelo racismo e pelo machismo, não apenas no cinema, mas também na cidade do Rio. Também esses filmes fazem-me pensar nos múltiplos modos de ocupar as ruas das cidades.

Aqui se percebe a presença das Mulheres de Pedra dialogando com algumas perspectivas: o território e as percepções sobre as cidades, autoria, raça e gênero – pensando assim no que Edileuza Penha de Souza passa a apontar como um cinema negro no feminino.

> No reduto do cinema negro feminino, as diretoras negras trazem para seus filmes os ensinamentos ancestrais, demonstram que a territorialidade do fazer cinema é demarcada pelo respeito às experiências de vida da comunidade onde estão inseridas (SOUZA, 2017, p. 13).



No caso das Mulheres de Pedra, seus primeiros filmes apontam para ancestralidade e territorialidade na Pedra de Guratiba e o Centro do Rio e sua Pequena África, este último território em disputa da memória afro-diaspórica. Nesse sentido, chegamos a 2015 analisando os movimentos que compõem a construção de *Elekô* e a própria análise do filme.

Sobre a escolha de locação, há um significado político de se tomar o centro da cidade do Rio como paisagem/cenário. É onde a cidade nasce. Embora seja redundante apontar esse aspecto, o apontamento é central, uma vez que o Centro é acessível a meios de transporte público e a todos os coletivos e produtores espalhados pela cidade. Uma outra questão é o que representa o circuito da herança africana e a Pequena África. Um e outro não se constroem sem a disputa do espaço como território racial. Podemos pensar também na questão das remoções urbanas recentes e a transformação da paisagem urbana por conta dos megaeventos: a retirada da Perimetral, as construções do Boulevard Olímpico, do Museu do Amanhã, do Museu de Arte do Rio, as obras inacabadas. A cidade segue desigual em termos de ocupação e acesso aos equipamentos.

Mesmo que o 72 Horas Rio Festival de Filmes circunscrevesse como espaço a ser filmado a região da zona portuária, é das Mulheres de Pedra a opção por construir um roteiro que filmasse no Cais do Valongo, em potente performance poética que nos remete aos lamentos das travessias forçadas transatlânticas. É no Cais do Valongo que nossos ancestrais desembarcavam, é nas proximidades daquele território negro que os povos trazidos do continente africano tinham seus corpos comercializados. Apropriar-se, primeiro desse espaço, e depois de locais, nos arredores, que compõem o circuito da herança africana é também se apropriar do lugar de criação imagética hegemônica e ressignificar esses locais, criando imagens potentes que – se não nos deixam esquecer a dor – ao mesmo tempo estas mulheres pisam naquele mesmo chão, saudando quem veio antes.

No caso analisado, como bem nos lembra hooks, "ao olharmos e nos vermos, nós, mulheres negras, nos envolvemos em um processo por meio da contramemória, usando-a como forma de conhecer o presente e inventar o futuro" (hooks, 2019, p. 229). O próprio processo fílmico demonstra isso – mulheres em diversas funções em uma equipe de cinema, com diferentes formações, experiências e perspectivas, compartilhando o set entre si e com outras equipes. Mulheres negras sempre ocuparam aquele espaço da cidade com suas histórias, sociabilidades, memórias, resistências, trabalho, circulando por aqueles e outros lugares e construindo sua história na cidade do Rio de Janeiro e agora, ao se apropriarem do espaço nas filmagens, desenvolvem esta contramemória, tão cara e necessária.





## *Elekô*, *Quijaua* e as mulheres ocupando a Pequena África

*Elekô* (2015) é o primeiro filme produzido pelas Mulheres de Pedra, mas várias de suas integrantes e colaboradoras estão envolvidas no processo de produção audiovisual, principalmente da cidade do Rio de Janeiro, já há alguns anos. Como elas mesmo se apresentam,

> Mulheres de Pedra é um coletivo germinado em um quintal-afeto, territorializado em Pedra de Guaratiba, Zona Oeste do Rio de Janeiro. Lá mulheres se reúnem há 17 anos em torno do encontro de si e do outro. Saraus poéticos, oficinas artísticas, rodas de conversa, feiras, festivais, encontros, mostras de cinema, exposições e vivências coletivas de cuidado, são práticas, entre outras, comuns do cotidiano do espaço. Tendo a ação comunitária como base, o grupo vai se constituído de forma horizontal, em busca da experimentação do

existir enquanto ser mulher e ser mulher negra em coletivo (Mulheres de Pedra, 2018, p. 31).

Nos anos seguintes, em produções coletivas, lançam *Quijaua* (2016), também realizado no contexto do 72 Horas Rio Festival de Filmes, e *Fé Menina* (2017), concebido em conjunto com outras realizadoras, em sua maioria negras, no contexto dos cursos de formação do Centro Afrocarioca de Cinema Zózimo Bulbul. Esse último, escrito para ser o início de uma série, abre o Encontro de Cinema Negro Zózimo Bulbul Brasil, África e Caribe no ano de 2017. Participam, em 2018, do curta *Mar de Elas*, reação-homenagem ao assassinato brutal da vereadora Marielle Franco, em 14 de março de 2018. Sua produção está, portanto, ligada ao fazer coletivo, ao diálogo com mulheres de diversas origens sociais e econômicas, com forte presença do corpo feminino inserido nas paisagens urbanas – seja a zona portuária ou a região da Pequena África, seja a Pedra de Guaratiba, circunscrevendo seus filmes-performances entre o documental e o experimental, mas, principalmente, inserindo seus corpos em um diálogo com um Rio que nem sempre se encontra em cartões postais ou é leve com mulheres negras.



*Elekô* é um filme cuja circulação se deu em diversos espaços e muitas vezes fomentou alguns debates a partir dele. Representatividade, presença de negras e negros no espaço urbano, corporeidade negra, performance, feminismo negro apresentam-se como possíveis chaves de leitura que se dão a partir de sua circulação. Cada vez que *Elekô* é exibido publicamente, um conjunto de mulheres se movimenta em circulação pela cidade – aqui falando explicitamente do Rio de Janeiro – para assisti-lo e debatê-lo. Movimento semelhante de ocupação de mulheres negras em salas de cinema percebi também com *Kbela* (Yasmin Thayná, 2015).

Assisti *Elekô* pela primeira vez em formato de *teaser* (com 6') no Encontro de Cinema Negro Zózimo Bulbul Brasil, África e Caribe, de 2015. Já naquele momento, criou-se um movimento para vê-lo e uma expectativa para seu lançamento. Sua estreia no Odeon, em setembro do mesmo ano, mobilizou representatividade no processo de construção de identidade racial e estética. Exibido localmente antes de ganhar outros espaços em mostras e festivais internacionais, sua estreia, assim como sua exibição no programa Curta Rio, da Mostra do Filme Livre, de 2016, mobilizou grupos de mulheres negras, que se moveram pela cidade para prestigiar uma obra, não apenas construída coletivamente, como também concebida e realizada por uma jovem mulher negra. Entender a cidade um espaço de trabalho e de pertencimento, tornando seus dos espaços e equipamentos culturais, driblando a própria cidade, seus processos de exclusão, de mobilidade e de circulação. Segundo Ferreira e Souza,



> um cinema negro no feminino "designa uma concepção de cinema que floresce da territorialidade e dos princípios de coletividade e de comunalidade, redimensiona o fazer cinema e possibilita às diretoras negras recriar os espaços-territórios silenciados pelo racismo e pela hetenormatividade, por meio de ensinamentos ancestrais e do respeito às experiências de vida da comunidade onde estão inseridas, edificando, assim, formas plurais de abordar a diversidade. Por isso constitui-se símbolo de empoderamento negro feminino (FERREIRA, SOUZA, 2017, p. 176).

É a sinopse de *Elekô* que dá o tom à história:

> Um fio de poesia vermelha conduzindo a experiência audiovisual de fazer-se e afirmar-se na loucura das condições de ser negra e mulher. Olhando a história a partir do porto, reconhecer e afirmar as potências e a beleza. Parir do próprio sofrimento um horizonte de liberdade, apoio e colaboração. Encontrar na presença de outras mulheres a força do feminino e o sagrado sentido de ser, até poder celebrar a vida, em fêmea comunhão e sociedade (MULHERES DE PEDRA, 2018, p.75).

*Elekô* se inicia com um som de mar, de guizos e de lamentos. É a primeira performance que vemos na tela – denominada *Nau* –, na qual percebemos a dor no rosto e na corporalidade das mulheres. Emerge desta performance outra, sob a poesia Loucura Sã. Tudo faz sentido até agora. É com essa frase, repetidamente, que vemos em cena uma mulher ocupando a tela e colocando suas anotações em um caderno, andando em frente a uma casa. Percorrendo o Morro da Conceição, a via em obras onde seria posteriormente o Boulevard Olímpico, outras mulheres tecem, passado e presente, possibilidades da sua existência. Como um ciclo, ao mar e aos lamentos se incorporam os pés descalços no chão, marcando a dança alegre e festiva que marcava o fim dos ciclos de trabalho e a sociabilidade em fazendas de café. O jongo, ritmo também urbano, mostra-nos a confraternização e a irmandade ou, como Heitor Augusto escreve:



> A chegada traumática do negro africano escravizado orienta também *Elekô* (2015). O Coletivo Mulheres de Pedra utiliza o encontro de mulheres negras como instância de cura e ressignificação do espaço do porto no Rio de Janeiro: aquilo que era prisão, hoje pode ser liberdade (AUGUSTO, 2018).

Realizado em 2016, a produção de *Quijaua* se deu coletivamente, a partir da união do Coletivo Audiovisual Elekô, formado pelas Mulheres de Pedra, com outros coletivos e cineastas negras, em diálogo no ponto de cultura do Centro Afro Carioca de Cinema.

As performances-rituais em *Quijaua* são o que possibilitam a cura. As ervas têm um papel fundamental nas religiosidades afro-brasileiras e na promoção do equilíbrio. Cuidar do espaço urbano e promover o autocuidado e o cuidado mútuo por meio das ervas, em uma cidade que insiste em nos apagar, de diversas maneiras. De forma mais evidente, a cidade e seu centro, com suas diferenças arquitetônicas, apresenta-nos parte do circuito da herança africana e dos locais no entorno do quilombo urbano da Pedra do Sal. Tudo é compartilhado pelas mãos das mulheres: adornos, ervas, alimentos. Imagens de cura, de partilha e oportunidade de renovação no cinema são possibilidades nesse movimento. Como nos diz sua sinopse:

> Na nação Angola, *quijaua* significa banho, ritual de ervas maceradas. Cura e fortalecimento feminino, construído coletivamente. O

> banho com ervas vem para renovar as energias da nossa existência. A renovação faz parte de um processo cíclico que nos acompanha desde o ventre de nossas mães e a água segue sempre percorrendo tudo levando pureza para alma (2018, p. 89).

Algo que também une os dois curtas é a sonoridade, tocada ou produzida pelas mulheres dos coletivos de mulheres que estão presentes no filme. Se em *Elekô* há o canto-lamento, tendo o Cais do Valongo como referência, em *Quijaua*, a música e a percussão são elementos que estão presentes: os rituais de cura passam por lugares que desterraram ou removeram populações negras e classes subalternas e finalizam seus cuidados frente à arquitetura globalizada de Santiago Calatrava e seu Museu do Amanhã. Ali, em frente ao museu, como as atrizes falam, "finalmente o coração sopra palavras de cura, e fica leve".





## Possíveis Conclusões ou Com o que *Elekô* e *Quijaua* subvertem?

> Sentimos que esse fazer é um entrelace de várias propostas subversivas práticas que vão na contramão de uma dinâmica racista, patriarcalista, hierárquica, opressiva. E que nossas marcas históricas trazem o desafio de lidar com tantas violências acumuladas em nossa pele, marcadas em nossos corpos. O ritual audiovisual tem sido para nós um meio para saudar e festejar o potencial, a força, o sagrado, a conexão (MULHERES DE PEDRA, 2018, p. 35).

Em "O olhar opositor: mulheres negras espectadoras" (2019), hooks, ao narrar os motivos que a levaram a escrever sobre filmes, ajuda-nos a refletir sobre a produção e a crítica cinematográficas realizadas por homens, brancos e negros, e por mulheres brancas, trazendo a questão do silêncio com relação a temas negros, mas também de como mulheres negras vivem de forma complexa "a experiência, como espectadora, de identidade e da representação femininas". Sobre esta experiência, ela se percebe muitas vezes como a única mulher negra em uma sala de cinema. E se pergunta quantas mulheres negras terão assistido ao mesmo filme que ela, de maneira solitária. É para romper a solidão trazida por esta “dinâmica racista, patriarcalista, hierárquica e opressiva” que se filma e se fazem ser vistas e ouvidas.

Ao fazer *Elekô*, as Mulheres de Pedra criam não apenas a possibilidade de se fazer cinema com outras mulheres negras (todo um cinema negro no feminino também aponta essas possibilidades, a exemplo de *Kbela* e outras produções), mas também a experiência de estar nas ruas, na produção coletiva, o encontro nas ruas, no processo de circulação, e ter outras mulheres negras nas salas de cinema, por conta de um movimento coletivo. Tudo isso é algo muito poderoso para se apreender e acompanhar. 

Sobre a circulação desses filmes, o papel de uma curadoria tem sido fundamental, como nos coloca Diane Lima em seu artigo “Não me aguarde na retina”. Sobre a importância da prática curatorial na perspectiva decolonial das mulheres negras, ela diz:

> É importante destacar que a curadoria na perspectiva decolonial das mulheres negras não hierarquiza opressões. Ampliando o olhar, coloca-se interseccionalmente, considerando outros lugares de fala. Destitui, desorganiza e transcende a autorização discursiva branca, masculina, cis, heteronormativa e falocêntrica, vislumbrando com suas ruínas a desestruturação do seu sistema de opressão, subalternização e poder normativamente singularizado na figura do homem branco curador (LIMA, 2018, p. 248).

Percebemos a importância da curadoria no processo de circulação e legitimação destes filmes. Seus trabalhos estão em mostras e festivais e programas curatoriais sobre cinema negro e sobre diretoras negras no cinema, como também estabelecem um diálogo em mostras sobre territórios e periferias – compondo as diversas cidades que encontramos em uma única mostra ou festival. Também se fazem presentes em mostras de filmes realizados por mulheres. Estes outros lugares de fala, trazendo possíveis interseccionalidades, como bem coloca Diane Lima. É nesse processo de destituir e abalar as estruturas que excluem mulheres negras – mulheres e negras, em cidades muito desiguais que também trazem inseguranças às mulheres – que esses filmes tentam trazer possibilidades: ser negra, fazer cinema, pensar a si mesma e sua própria cidade.

## Referências Bibliográficas

72 HORAS RIO FESTIVAL DE FILMES. Disponível em: <http://www.72horasrio.orghttp://www.72horasrio.org>. Acesso em: 10 maio 2019.

AFROFLIX. Disponível em: <http://www.afroflix.com.br/>. Acesso em: 10 maio 2019.

ALVES, Paula. *O Cinema Brasileiro de 1961 a 2010 pela Perspectiva de Gênero*. Dissertação (Estudos Populacionais e Pesquisas Sociais). 2011. Fundação Instituto Brasileiro de Geografia e Estatística, Rio de Janeiro, 2011.

ANDRADE, Lucas; LESSA, Pedro; VITERBO, Tomaz (Org.). Catálogo da Mostra "Periferia da Imagem - Desarmar a guerra contra nossa imaginação". Rio de Janeiro: abril de 2018. Disponível em: <https://issuu.com/tj70/docs/catalogo_cinema_periferia_da_imagem>. Acesso em: 10 maio 2019.

ARAÚJO, Joel Zito. "A força de um desejo – a persistência da branquitude como padrão estético audiovisual". *Revista USP*, São Paulo, nº 69, mar./maio 2006, p. 72-79.

AUGUSTO, Heitor. *Miltons de cinema negro*. 31 jul. 2018. Disponível em: <https://ursodelata.com/2018/07/31/cinema-negro-capitulos-de-uma-historia-fragmentada-apresentacao>. Acesso em: 03 maio 2019.

CANDIDO, Marcia Rangel; MORATELLI, Gabriella; DAFLON, Verônica Toste; FERES JÚNIOR, João. "'A Cara do Cinema Nacional': gênero e cor dos atores, diretores e roteiristas dos filmes brasileiros (2002-2012)". Rio de Janeiro: IESP/UERJ (textos para discussão do GEMAA), no 6, 2014. Disponível em: <http://gemaa.iesp.uerj.br/wp-content/uploads/2014/10/images_publicacoes_TpD_TpD6_Gemaa.pdf>. Acesso em: 10 maio 2019.

CÉSAR, Amaranta. "O tempo é luta". Entrevista com a curadora Amaranta César,por Chico Ludemir. *Revista Cardamomo*, 9 set. 2017. Disponível em: <http://www.revistacardamomo.com/o-tempo-e-luta-entrevista-com-a-curadora-amaranta-cesar>. Acesso em: 10 maio 2019.

FERREIRA, Ceiça; SOUZA, Edileuza Penha de. "Formas de visibilidade e (Re)existência no cinema de mulheres negras". In: HOLANDA, Karla; TEDESCO, Marina Cavalcanti (Org.). *Feminino e Plural*: Mulheres no cinema brasileiro. Campinas: Papirus, 2017.

hooks, bell. Olhares Negros: raça e representação. Tradução: Stephanie Borges. São Paulo: Editora Elefante, 2019.

LIMA, Diane. "'Não me aguarde na retina' - A importância da prática curatorial na perspectiva decolonial das mulheres negras". SUR - *Revista Internacional de Direitos Humanos*. Vol. 15, no 28, p. 245-57, 2018. Disponível em: <https://sur.conectas.org/nao-me-aguarde-na-retina>. Acesso em: 07 maio 2019.

MELLO, Luísa Antonitsch Mansilha. *Mulheres, práticas de resistência cultural e ocupação simbólica: as flâneuses da Baixada*. 2018. Dissertação (Mestrado em Educação, Cultura e Comunicação) – Faculdade de Educação da Baixada Fluminense/Universidade do Estado do Rio de Janeiro, Rio de Janeiro, 2018.

MULHERES DE PEDRA. "Do ritual à performance fílmica, o fazer criativo coletivo sobre as bênçãos do cuidado". In: ANDRADE, Lucas; LESSA, Pedro; VITERBO, Tomaz (Org.). *Catálogo da Mostra 'Periferia da Imagem* – Desarmar a guerra contra nossa imaginação'. Rio de Janeiro: abril de 2018. Disponível em: <https://issuu.com/tj70/docs/catalogo_cinema_periferia_da_imagem>. Acesso em: 10 maio 2019.

OLIVEIRA, Janaína. "'Kbela' e 'cinzas': o cinema negro no femiino do "Dogma Feijoada" aos dias de hoje". In: SOUZA, Edileuza Penha de et al. *Avanca cinema Internacional Conference 2016*. Avanca: Cine-Clube de Avanca, p. 646-54, 2016.

OLIVEIRA, Janaína. "Cinema negro contemporâneo e o protagonismo feminino". In: FREITAS, Kênia; ALMEIDA, Paulo Ricardo Gonçalves de. *Catálogo da Mostra Diretoras Negras no Cinema Brasileiro*. Rio de Janeiro: Caixa Cultural; Voa!, 2017. Disponível em: <https://issuu.com/tj70/docs/catalogo_cinema_diretorasnegrasnoci>. Acesso em: 07 maio 2019.

SARMET, Érica; TEDESCO, Marina Cavalcanti. "No Cinema". In: HOLLANDA, Heloísa Buarque de. *Explosão Feminista*: Arte, Cultura, Política e Universidade. São Paulo: Companhia das Letras, 2018.

SOUZA, Edileuza Penha de. "Diretoras Negras – construindo um cinema de identidade e afeto". In: FREITAS, Kênia; ALMEIDA, Paulo Ricardo Gonçalves de. *Catálogo da Mostra Diretoras Negras no Cinema Brasileiro*. Rio de Janeiro: Caixa Cultural; Voa!, 2017. Disponível em: <https://issuu.com/tj70/docs/catalogo_cinema_diretorasnegrasnoci>. Acesso em: 07 maio 2019.



## Filmografia

*Elekô*: Brasil, 2015, 6', Mulheres de Pedra. Disponível em: <https://www.youtube.com/watch?v=gyGOrl3KIbw>. Acesso em: 03 fev. 2019.

*Kbela*: Brasil, 2015, 23', Yasmin Thayná. Disponível em: <http://kbela.org/ >. Acesso em: 03 fev. 2019.

*Quijaua*: Brasil, 2015, 6', Mulheres de Pedra. Disponível em: <https://www.youtube.com/watch?v=nobFX4njssA>. Acesso em: 07 maio 2019.

# O CAMINHO DO RETORNO: O CINEMA FEITO PELAS CINEASTAS AMERÍNDIAS[1]

Clarisse Maria Castro de Alvarenga



> *Mais importante do que calçar os primeiros sapatos para transitar entre o chão da aldeia e o chão do mundo é reaprender a regressar e se descalçar. Ao regressar é necessário deixar os pés tocar o chão, que reconecta com nosso lugar de pertença, pois certamente naqueles sapatos que você usou para percorrer o mundo já não caberão os pés coletivos, e só no chão do território caberão todos os pés e os corpos com seu movimentar.*
>
> Célia Xakriabá

Inventado na França, o cinema se tornou público em 1895 e, logo em seguida, foi levado não apenas a Nova York e Londres, mas também a Buenos Aires, Cidade do México e Xangai (SHOHAT, STAM, 2006, p. 60). Nas Américas, o cinema figurou parte dos centenas de povos nativos que resistem há pelo menos cinco séculos ao processo – histórico e atual – de colonização, assim como ao próprio contato.

Nas últimas décadas, por meio de processos formativos envolvendo oficinas de audiovisual, os homens e as mulheres indígenas

1. Este capítulo resulta de pesquisa de pós-doutorado desenvolvida no Programa de pós-graduação em antropologia social – PPGAS, do Museu Nacional (UFRJ), sob supervisão de Luisa Elvira Belaunde.

deixaram de ser apenas objeto do olhar e passaram a se apropriar do aparato cinematográfico, indigenizando-o, assim como fizeram com a escola (CORREA, 2018) e com as demais instituições trazidas pelos colonizadores. A variedade de formas de incluir o cinema dentro do convívio das aldeias é reveladora do quanto o cinema indígena está distante de uma experiência universal (GINSBURG, 2018)[2] e o quanto se aproxima da invenção de formas cinematográficas, da possibilidade de devolver os arquivos de imagens, ressignificá-los, retomar as imagens, refazer os filmes, entendendo que eles tomam parte em processos sociais e subjetivos mais amplos, que os atravessam. Nesse contexto, a agência das mulheres como realizadoras propõe questões ao cinema por meio de seus corpos, territórios, saberes, modos de fazer, dizer e ver. 

Neste capítulo, proponho dois movimentos complementares. O primeiro deles não deixa de ser um *retorno*: com o objetivo de levantar indícios sobre a presença histórica das mulheres no cinema indigenista, ou seja, o cinema feito por cineastas não-indígenas engajados(as) na causa indígena, refaço o caminho em direção aos *filmes de contato* (ALVARENGA, 2017). Entendo por filmes de contato aqueles trabalhos que se dedicam a filmar não apenas a situação circunscrita do "primeiro contato" com grupos indígenas em isolamento voluntário, mas também a história que esses grupos tinham antes e o futuro que passam a ter após os inúmeros contatos que estabelecem com diversos grupos. Se retorno a essa filmografia é com o intuito específico de compreender como as mulheres indígenas tomam parte nesses trabalhos.

Em seguida, pretendo me concentrar na atuação das mulheres ameríndias como realizadoras de seus próprios filmes, enfatizando o gesto de *retorno* que elas produzem ao território, às práticas, aos saberes e modos de ver femininos por meio do cinema. Nesse sentido, não

2. Em entrevista a André Brasil e Marco Antônio Gonçalves, Ginsburg afirma: "Temos a ilusão de que a câmera é transparente, disponível para qualquer um, portando sempre a mesma função ideológica e ontológica. Do mesmo modo que um pesquisador que avalia a TV dos aborígenes australianos imaginando que a câmera estivesse embebida, ela mesma, na ontologia do Ocidente e que, por isso, produziria efeitos universais. Isso não é absolutamente verdadeiro, uma vez que cada grupo vai usar a câmera e as imagens de um modo específico, vinculado a sua experiência cultural" (GINSBURG, 2018).

se trata de maneira alguma de um retorno conclusivo que assegure a chegada a um ponto originário ao qual se pretende regressar, mas certamente de um gesto produtivo (próximo ao gesto de "descalçar-se", na imagem criada por Célia Xakriabá e que serve de epígrafe a este capítulo), que não coincide com alguma expectativa prévia sobre o sentido desse regresso, que cada uma delas experimenta ao seu modo. Para discutir essa produção, irei abordar três filmes realizados em tempos e espaços distintos: *Navajo talking picture* (Arlene Bowman, 1986), *Ayani por Ayani* (Ayani Huni Kuin, 2010) e *Para Reté* (Para Yxapy, 2015).



## O cinema indigenista e a agência das mulheres

Mesmo não sendo um objetivo manifesto dos *filmes de contato* narrar o ponto de vista das mulheres sobre o contato, esses trabalhos acabam por registrar como as mulheres foram vitimadas e como sobreviveram; assim, suas histórias e suas experiências fornecem legibilidade para a situação do contato. A experiência do contato levou muitas delas a sofrer violência física, com inúmeros casos de abuso sexual e morte; e violência psíquica, com ocorrências de sequestro, rapto, desagregação familiar, perda ou separação dos filhos e filhas.

É o que vemos, por exemplo, nos dois filmes que o cineasta Adrian Cowell realizou envolvendo os Uru-Eu-WauWau[3] e que tematizam, respectivamente, a destruição da Amazônia e a situação do contato. Associados, os dois trabalhos sinalizam a dificuldade de se ter acesso às histórias transcorridas com as mulheres durante o contato. A passagem de *Na trilha dos Uru-Eu-Wau-Wau* (1990), primeiro filme de Cowell realizado em parceria com Vicente Rios, para *O destino dos Uru-Eu-Wau-Wau* (1999), seu segundo trabalho, envolve um intervalo de quase uma década ao longo do qual novas descobertas reconfiguram o sentido das imagens que ele havia filmado. A necessidade de

3. Atualmente, os Kagwahiva ocupam uma área de pouco mais de 1,8 milhões de hectares no centro de Rondônia. A população indígena hoje contatada envolve 250 pessoas, sendo que entre eles há grupos Uru-Eu-Wau-Wau, Juma e Amondowa. Os Uru-Eu-Wau-Wau, especificamente, estão distribuídos em sete localidades, espalhadas dentro da terra indígena, havendo fortes indícios de grupos ainda hoje isolados na área (FRANÇA, 2012, p. 33).

Cowell de realizar um segundo filme toca nessa questão: reparar algo que não fora percebido no passado. O dado novo e fundamental diz respeito à Maria, uma mulher Uru-Eu-Wau-Wau, e sua experiência na situação do contato.

Quando do primeiro filme, Cowell pretende localizar os Uru-Eu-Wau-Wau, então acusados de matar dois filhos e sequestrar um terceiro, chamado Fábio Prestes, do casal de seringueiros Chico e Raimunda. Ainda nesse primeiro momento, ele filma, em entrevista, o seringueiro Alfredo a fim de entender o conflito que se estabelecia entre seringueiros e indígenas na região. Alfredo assume ter sequestrado duas mulheres Uru-Eu-Wau-Wau: mãe e filha. A filha, que na época tinha seis anos de idade (a mesma idade de Fábio Prestes quando fora sequestrado), ele fez dela sua esposa, Maria. A mãe de Maria morrera logo em seguida de pneumonia. O cineasta não se dera conta de que Maria era justamente a irmã de Tarí, o líder Uru-Eu-Wau-Wau responsável pelo sequestro e morte do filho menor de Chico Prestes, fato que será retomado a partir do segundo filme.



O segundo filme de Cowell está, portanto, centrado na possibilidade de evidenciar a contraparte por detrás do ocorrido ao menino Fábio Prestes e sua família: o sofrimento que acometeu anteriormente a família de Maria após o sequestro dela e o sequestro e morte de sua mãe, o que torna possível entender o ato de Tarí, como uma reação. Além de chamar a atenção para a invisibilidade das experiências das mulheres antes, durante e após o contato, esse fato indica ainda como suas experiências afetam outras mulheres, os homens, os filmes e as próprias sociedades de um modo geral.

Entre as informações que acessamos por meio da entrevista ao seringueiro Alfredo, usadas no primeiro filme e retomadas no segundo, estão a descrição do modo como Maria e sua mãe foram tratadas. No início, ambas eram mantidas acorrentadas para que não fugissem. Alfredo conta que logo que Maria foi sequestrada, foi colocado nela um vestido, emprestado de outra mulher, chamada Dona Laura. Alfredo relembra que a primeira reação de Maria foi rasgar o vestido.

A iniciativa de "trajar" os povos indígenas está relacionada com uma concepção "ultrajante", de acordo com Célia Xakriabá

(2018). Vestir com roupa é impor uma aparência e uma determinada representação, que não leva em conta os corpos e tampouco a relação desses corpos com os territórios. Ou seja, sem o acesso aos corpos, as mulheres perdem também seus territórios e suas histórias, sendo, com isso, totalmente expropriadas. De modo geral, para as mulheres indígenas o corpo é parte do território, assim como as narrativas. Essa perspectiva difere daquela não-indígena capitalista em que um sujeito detém o território como propriedade.[4] O corpo pintado com jenipapo, além de fazer parte do território, está trajado com história. Isso é o que Célia chama de *trajes-história* (2018), reconhecendo seu pertencimento à terra.



Desse ponto de vista, agir sobre os corpos é, portanto, também agir sobre o território, já que os corpos estão ligados ao território. No conhecido filme *Ao redor do Brasil*[5] (Major Thomaz Reis, 1932), cujo objetivo era mostrar a política de "integração" empreendida pela expedição de Marechal Rondon no Brasil, os povos indígenas são vestidos para se evidenciar a ação realizada sobre eles e elas (o que é igualmente uma ação efetuada sobre o território) e valorizar os agentes dessa ação (os militares).

No início da sequência que demonstra os procedimentos do contato, foi incluída uma cartela: "Logo que viram os expedicionários os índios conservaram-se ocultos em suas palhoças, as mulheres quase todas receavam aparecer".

4. Recentemente, Sônia Guajajara, liderança da Articulação dos Povos Indígenas do Brasil, ao discutir com a senadora Soraya Thronicke (PSL-MS) no Senado Federal brasileiro, sublinhou uma série de equívocos que cercam a maneira como a sociedade não-indígena entende a relação dos povos indígenas com a terra. "A visão que você tem de terra é muito diferente da visão que a gente tem. Não dá pra você olhar para nós, povos indígenas, e pensar que a gente tem o mesmo entendimento de território como o seu, que é de exploração, destruição, pensando em lucro, pensando em dinheiro. Para nós, o território é sagrado e nós precisamos dele para poder existir. Vocês olham para a terra indígena e chamam de terra improdutiva. Nós chamamos isso de vida [...]. A terra está gritando, a terra está pedindo socorro e vocês não estão escutando, vocês não estão vendo os sinais [...]. Vocês têm que acabar com essa alienação de vocês de olhar a terra só como preço, como um valor mensurável por dinheiro e entender que a terra, o meio ambiente, é o que garante a vida de todo mundo [...]. O Brasil não pode adotar um padrão único de vida" (GUAJAJARA, 2019). Disponível em: < https://www.youtube.com/watch?v=IL9z5k24xl8&t=64s >. Acessado em 15 de maio de 2019.

5. Disponível em: < https://www.youtube.com/watch?v=k1jo6pYHmiw&t=1326s >. Acessado em 15 de maio 2019.

Entre os procedimentos fundamentais da expedição, constam avançar sobre o território, medir os corpos, vesti-los e fotografá-los. Por outro lado, é inevitável que essas ações gerem algum tipo de resistência. Se são vestidos(as), há de se entender que essa vestimenta não lhes cabe sem que seja feito muito esforço para colocar-lhes essa roupa. A visível dificuldade para vestir a roupa é um sinal da não adequação daqueles corpos ao outro lugar que lhes estava reservado na sociedade não-indígena – longe de seus corpos, de seus territórios e de suas histórias –, mesmo que ao final a roupa seja vestida e os índios e índias fotografados em pose, formando um casal.

Por meio da inserção de duas cartelas, o filme silencioso parece querer explicar, ao menos em parte, a inadequação que as imagens explicitam: "as mulheres também foram vestidas com roupas para homens", "embora muito justas, elas ficaram contentes com essas roupas". Para completar, sobre a imagem do casal vestido, o filme insere o comentário: "há aqui índios das diversas tribos do Curisevu. Hoje eles já estão em contato com o posto de Simões Lopes e em breve teremos mais esses trabalhadores no convívio de nossa sociedade". Na figura do casal vestido fica explicitado o interesse do Estado na integração do casal e não apenas do homem indígena como trabalhador.



Toda essa figuração – histórica e atual – relacionada à colonização nas Américas produz uma reação vinda das mulheres indígenas. Elas se incomodam quando seus saberes, práticas, formas de ver e viver não são vistos e escutados nas relações que estabelecem com o território e com suas histórias.

O fato delas terem se tornado cineastas – além de terem ingressado em instituições políticas e de ensino – possibilitou que suas práticas, seus fazeres, saberes e suas vozes ganhassem visibilidade e fossem escutadas. O gesto de retorno das mulheres não é coincidente e não permite a conclusão de um processo de busca, mas certamente constitui uma tentativa de fazer uso do cinema para reintroduzir a relação delas próprias com o território e delas umas com as outras, aspectos que estão sempre em ameaça diante do contato e da colonização.

## *Navajo Talking Pictures*[6] (1986): desentendimento

O território Navajo foi de fundamental importância na constituição do imaginário mítico do oeste norte-americano. Nos filmes de faroeste, a terra é colocada em cena desvinculada daqueles que pertencem a ela originariamente – os povos indígenas. Assim, a terra vazia e virgem cede lugar para as ações expansionistas (SHOHAT & STAM, 2006, p. 170). Por outro lado, o território Navajo deu lugar também a um dos principais projetos de mídia indígena, ainda nos anos 1960, o Navajo Film Themselves, cuja proposta inicial era "ver com os olhos Navajo", na conhecida formulação de Sol Worth e John Adair, seus proponentes, e também "devolver o olhar" para aqueles que lhes dirigiram historicamente o olhar (LEWIS, 2015, p. 120).

Movida pelo desejo de refazer sua relação com a avó, Ann Ruth Biah, e também de retornar ao território (BRASIL, 2015, p. 128), a cineasta Navajo Arlene Bowman, então estudante de graduação em artes na Universidade da California (UCLA), decide revisitá-la. É no contexto de sua formação que o filme se insere. Na narrativa do filme, é para lá que Arlene vai depois de visitar pela segunda vez a avó.

Foram incluídas na montagem alguns planos filmados na universidade: a visionagem do material bruto, as discussões sobre os dilemas da cineasta por um grupo pertencente ao American Indian Studies Center, cenas de uma aula de dança moderna, cenas de negociações sobre bolsas de estudos e de Arlene trabalhando na montagem do filme na moviola do laboratório, onde o projeto foi abrigado. Quando sai a campo para filmar a avó, Arlene está trajada com um agasalho de moletom com as iniciais da Universidade.

Entretanto, *Navajo Talking Pictures* se inicia com planos do território Navajo. A cineasta nos introduz na sua relação com a avó por meio de uma narração falada em inglês e inserida em *voz over* sobre planos que registram a imensidão de terras áridas, árvores secas e ovelhas. Ao longo de sua infância, Arlene perdeu contato com

6. Disponível em: <https://www.folkstreams.net/film-detail.php?id=211>. Acessado em 15 maio 2019.

a avó, que ela diz admirar por considerá-la uma mulher forte e independente.

Ao chegar na casa da avó, percebemos que a cineasta e seu projeto de filme não são bem recebidos. A matriarca recusa deliberadamente tomar parte no filme da neta. Como Arlene percebe – e nós, espectadores(as), também –, sua avó vai ficando cada vez menos cooperativa com o filme. Nunca fala para a câmera; não se direciona a ela e permanece realizando suas atividades cotidianas, na cozinha, ao redor do fogão.

Ao que parece, Arlene traça um caminho em direção à avó, mas esta aponta para uma outra via de acesso. O caminho projetado por Arlene envolve o cinema e a possibilidade de realizar um retrato da avó, documentando seu conhecimento tradicional. No entanto, a avó parece dizer que, para se aproximar, Arlene precisa se inserir nas práticas cotidianas, que envolvem pegar as ovelhas, fiar, tecer e cozinhar. A resposta da avó à busca da neta por obter uma aproximação por meio do cinema é assertiva: pegue a ovelha!



Na primeira investida, Arlene colhe apenas o incômodo da avó. Já na segunda vez que se dirige ao território para filmá-la, numa viagem posterior, ela colhe os afazeres cotidianos de Ann e chega a filmar uma reunião de seus parentes numa cidade vizinha. No entanto, mesmo na situação supostamente mais descontraída, a avó vira as costas e chega a estender o dedo contra a lente, na tentativa de impedir a filmagem.

Após a segunda viagem a campo, a cineasta volta a Los Angeles e, em cena, diz que ficou desapontada ao assistir as imagens filmadas. Conversa com alguns colegas na Faculdade e decide voltar pela terceira vez, mesmo tendo sua tia Cecília escrito para ela recomendando que não gastasse dinheiro nem gasolina indo até lá. Antes de visitar a avó de novo, Arlene recorre à mãe, que concorda que a dificuldade de comunicação entre elas decorre do fato de Arlene não compreender a língua nativa dos Navajo, na qual a avó se comunica. O convite a Emerson para atuar como intérprete é encarado desde então como uma saída a fim de, finalmente, alcançar o diálogo com a avó.

No terceiro momento do filme, quando retoma as gravações em campo, Arlene está em cena, tendo delegado a câmera a James Mulryan. A avó se nega ao filme mais uma vez. A aposta na tradução ou mesmo em uma maior proximidade com a avó, quando a cineasta entra em cena, não produzem o efeito desejado de aproximação. A avó sai de cena e, na maior parte das vezes, é Arlene que permanece de fato no centro do quadro, sendo enquadrada de frente para a câmera. Ao final, Arlene não consegue estabelecer um contato com sua avó, seja por meio de estratégias linguísticas (via tradução) ou fílmicas (por meio de sua presença na cena).

Em cena, a cineasta explica para a avó que o filme não fará mal a ela no futuro. Ela afirma que apenas as pessoas que não conhecem o cinema acreditam que ele possa fazer mal. Diz que não pretende explorar ninguém, que o filme não vai gerar dinheiro para a própria cineasta, que se diz disposta inclusive a pagar pela participação tanto da avó quanto do intérprete, o que ela de fato faz em cena.



A avó, em resposta, diz que ela não quer se olhar. Por isso não verá o filme pronto e diz ainda que quando era jovem, seus avós lhe contavam histórias das quais ela ainda se lembrava. Novamente, ela parece sinalizar uma outra forma de acesso. Após essa fala da avó, é posta uma cena em que Arlene está no quintal, tentando pegar a ovelha, tal como a avó a havia instruído no início. Ao conseguir pegar a ovelha, depois de algumas tentativas, ela a solta, devolvendo-a novamente ao pasto.

Arlene passa o filme andando em círculos, como ela mesma reconhece ainda na estrada, no caminho de volta. O filme, ao final, é o registro das tentativas reiteradas e continuamente fracassadas de aproximação.

## *Ayani por Ayani*[7]: aprendizado

Ayani tinha 26 anos em janeiro de 2010 quando decidiu fazer um filme sobre o trabalho das mulheres Huni Kuin com algodão. Sua mãe seria a protagonista do filme. No entanto, ficamos sabendo por meio de uma narração em *voz over*, traduzida para o português por meio de legenda, que ela não estava disponível para participar das filmagens, posto

7. Disponível em: <https://vimeo.com/72744722>. Acessado em: 15 maio 2019.

que assumira a tarefa de cozinhar para os integrantes da oficina de vídeo ministrada pelo Vídeo nas Aldeias, por Ana Carvalho, Carolina Canguçu e Louise Botkay, no Centro de Memória São Joaquim, no Acre.

Por isso, a própria mãe sugere que ela volte seu olhar para a avó – ambas têm o mesmo nome. O título do filme *Ayani por Ayani* sugere se tratar de um autoretrato ou autobiografia, até ficarmos sabendo que o filme versa sobre a busca da neta por compor um retrato da avó.

Quando Ayani retorna à casa da avó, ela a recebe com naturalidade em meio a atividades cotidianas. É como se o filme não a interrompesse e a avó também não interrompesse o fluxo do filme. Ayani simplesmente toma lugar nas práticas com sua câmera, assim como deve ter ingressado em inúmeras outras atividades na casa da avó, cotidianamente.



A avó está cozinhando bananas para o almoço dos netos, dos quais ela cuida. "Para quantos você está cozinhando?", pergunta a neta detrás da câmera. "Para todos os que estão aqui", responde a avó. A neta, com sua câmera, parece ser tratada como mais uma que chegou para o almoço.

A câmera baixa acompanha a postura da avó, que permanece agachada por longo período próxima ao caldeirão que repousa sobre o fogo ali ao lado. Ela descasca as bananas e, assim como Ayani e sua câmera, as demais netas também a acompanham na atividade: "Veja, minha netinha, é assim que cozinha a banana", diz ela, numa demonstração da intenção de ensinar algo que se faz presente no corpo e também na fala da avó. As atividades da avó de Ayani transcorrem lentamente e o filme não tem pressa: observa seus gestos e escuta suas palavras, como se colocasse a aprender.

Após serem cozidas, as bananas são amassadas com o uso de uma tábua de madeira e assim se faz o mingau. Ela serve às crianças e após o almoço junta as panelas para lavar no rio. Ao cumprir com a tarefa, ela surge mergulhada nas águas do rio, onde aproveita para tomar seu banho.

Em seguida, a avó aparece de costas para a câmera e deitada no chão. Quando a câmera a enquadra de frente, vemos que seu rosto está pintado. Em princípio, acreditamos estar escutando-a cantar, mas logo ela nos ensina que seu povo tira o canto do choro e explica que estava chorando porque ficou sabendo que a filha de uma neta morrera em Novo Segredo. Ela levanta do chão e explica para a câmera que nesse choro de luto se costuma cantar tudo o que a pessoa fez em vida.

No depoimento do avô de Ayani, que naquele momento estava no fundo da cena, ficamos sabendo que havia entre os Huni Kuin a prática de comer o corpo dos parentes que morriam. Depois do contato, passaram a enterrar os parentes e adotaram o costume de chorar a morte, como os não-indígenas. Ele então aproveita para sugerir que se cante, ou chore, pensando no futuro.



Surge a figura da tia (que a avó nos apresenta como uma não-indígena que aprendera a língua e os costumes Huni Kuin e por isso fora aceita pelo grupo). Ela está no chão, primeiramente, descascando mandiocas, e depois trabalhando na confecção de uma tecelagem de palha. Ayani se aproxima e ajuda a nora, limpando as mandiocas.

A avó conta que não aprendeu a fazer o Kene (grafismo), apenas aprendeu a fazer rede porque não teve mãe para lhe ensinar, apenas pôde contar com a irmã mais velha. Ela atribui a falta da mãe à ausência do aprendizado do desenho. Apesar de dizer que não sabe, a avó de Ayani chega a fazer uma pintura corporal, ponderando o limite de seu conhecimento, mas sem se furtar a transmitir aquilo que sabe. As netas pedem: "mostra pra gente?". E ela responde: "eu vou mostrar para você".

O filme se encerra com a avó tecendo com linha e agulha. Ela menciona novamente que não sabe muito, só sabe tecer rede porque a prima lhe ensinou. Sua nora pergunta: "você sabe ensinar as pessoas a fazer rede?". Ela responde: "Sei. Ainda dá", retomando novamente a afirmação de que não conseguiu aprender o Kene.

Em *Ayani por Ayani*, as cenas estão direcionadas para algumas das práticas femininas Huni Kuin: cozinhar, varrer, cuidar das crianças, lavar a louça, tomar banho de rio, tecer e pintar. Ayani parece filmar como quem pretende aprender com a avó e o filme se abre a temporalidade desse aprendizado que se dá pelo corpo e pela relação do corpo com o espaço, seja da casa, da aldeia, do rio ou do território. Nesse filme, há uma associação entre o interesse da avó e da neta de engajar o cinema tanto no ensino quanto no aprendizado das práticas das mulheres.

Tendo participado da realização de cinco filmes junto ao coletivo Mbya de Cinema, Para Yxapy realiza seu primeiro filme, atualmente em processo, *Para Reté*. Esse trabalho, que foi preparado para ser exibido em 2015 na Mostra Olhar: um ato de resistência,[8] apresenta-se como uma espécie de ritual de iniciação realizado por meio da experiência do cinema. Para Yxapy nos introduz em seu processo de iniciação num conhecimento que ela acessa pelo olhar, pela escuta, pela presença, pelo vínculo com as pessoas que filma e também agora pela câmera que ela tem em mãos. A observação de Para Yxapy é uma observação atenta, ativa, presente (ela interage com a mãe, entra em cena, canta com ela enquanto a filma), meditativa, e parte da necessidade de escutar a mãe desde seu silêncio.



Nesse filme, é como se a fala surgisse de um adensamento do silêncio e ao silêncio retornasse. Não é um filme em que a fala é montada a partir de seu conteúdo ou mesmo dos gestos que dão sustentação ao seu conteúdo. É um filme em que a atenção para a sonoridade do silêncio é notável. Tão importante quanto aquilo que acontece é a espera por aquilo que acontecerá, aquilo que está por vir e é no silêncio que reside essa espera.

O filme se inicia ao redor da fogueira, onde Para Yxapy e a mãe, cujo nome é justamente Para Reté, tomam chimarrão. Nesse plano, que dura mais de 10 minutos, aparentemente nada acontece, não há uma ação, e sim a partilha de um tempo juntas: muita coisa está sendo compartilhada entre elas e delas com as espectadoras. Ao final, quando a mãe diz terminar o que havia para dizer, a cineasta afirma que está ficando velha e deveria tentar compreender melhor as coisas. Ao lançar um olhar para sua mãe, para sua filha e para a avó, é como se Para Yxapy se interrogasse sobre seu papel, como está dando prosseguimento, atualizando, dando andamento para sua cultura, para os conhecimentos ancestrais das mulheres Mbya Guarani.

8. A mostra "Olhar: um ato de resistência" aconteceu em 2015, em Belo Horizonte, paralelamente ao Forum.doc.BH, tendo sido realizada por meio de uma parceria entre Andrea Tonacci e a Associação Filmes de Quintal.

Na cena em que Para Yxapy deixa a aldeia Koenju, onde vive, e vai com a mãe e a filha visitar a avó na Argentina, elas atravessam a fronteira de barco. A fronteira traz muitos problemas para os Guarani, que para se deslocar por um território por onde sempre circularam passam a ter que apresentar documentos de identificação que muitas vezes não têm. Retoma-se o problema das fronteiras, das propriedades privadas, algo que os demais filmes Mbya Guarani problematizam. De todo modo, a maneira como esse conhecimento é acessado é distinta porque envolve essa atenção ao silêncio e às palavras que o silêncio proporciona, bem como às relações das mulheres entre elas e com o território.



A reverberação surge entre as mulheres da família de Para Yxapy não apenas dentro de um mesmo plano, como na situação do primeiro plano mostrado ou do plano da travessia de barco, mas também na montagem. Quando vai visitar a avó, após atravessar a fronteira com a Argentina, a avó fala de uma maneira semelhante, mas não de todo igual àquilo que a mãe havia dito no início: "espero que vocês continuem tendo palavras e sorriso com todas as pessoas, apesar de tudo. Devemos sempre nos levantar com essa intenção." Trata-se de uma fala semelhante, que reverbera aquilo que sua mãe havia dito para ela ao redor da fogueira no início do filme.

Nesse filme o inacabamento parece prolongar cada um dos encontros entre as quatro gerações de mulheres devido ao fato dos planos serem longos, se iniciarem com o silêncio e para ele retornarem. Na montagem, pelo fato de estar inconclusa, também parece se abrir um espaço de silêncio onde cada uma delas e cada um dos seus encontros e saberes possam reverberar.

## Mulheres, corpos, territórios e filmes

Antes da conquista, as mulheres americanas, embora assumissem atribuições diferentes dos homens, tinham suas esferas de atividades reconhecidas socialmente e, portanto, eram consideradas complementares aos homens em função de sua contribuição para a sociedade. Entretanto, com a colonização, a situação das mulheres modificou-se.

> Com a chegada dos espanhóis, ao mesmo tempo que as uniões poligâmicas eram dissolvidas, nenhuma mulher indígena se encontrava a salvo do estupro ou do rapto. [...] Na fantasia europeia, a América em si era uma mulher nua, sensualmente reclinada em sua rede, que convidava o estrangeiro branco a se aproximar (FEDERICI, 2017, p. 402).

O contexto que antecede a colonização nas Américas pode ser aproximado ao contexto vivido pelas mulheres na Europa antes do advento da economia monetária. Até então, na sociedade medieval, as atividades domésticas das mulheres europeias também eram reconhecidas e não supunham relações sociais diferentes das dos homens, como passa a ocorrer a partir do surgimento do capitalismo (FEDERICI, 2017, p. 53). A caça às bruxas[9] na Europa e todas as iniciativas contra a visão mágica do mundo[10] apagaram um extenso universo de práticas, saberes e relações coletivas que cercavam as mulheres na Europa pré-capitalista, com o objetivo de impedir sua resistência contra o feudalismo (FEDERICI, 2017, p. 205). Federici demonstra, a título de exemplo, que, no Peru, assim como nas demais sociedades nas Américas, as mulheres eram especialistas em conhecimentos médicos de cura, pois estavam familiarizadas com as propriedades de ervas e plantas e também eram adivinhas, algo que a experiência da colonização buscou apagar.



9. De acordo com Federici, "a bruxa era o sujeito social mais perigoso, uma vez que (na visão dos inquisidores) era menos controlável; era ela que podia dar dor ou prazer, curar ou machucar, misturar os elementos e acorrentar a vontade dos homens; podia até mesmo causar dano com seu olhar, um *maloc-chio* (mau-olhado) que, supostamente, podia matar" (FEDERICI, 2017, p. 355).

10. Ainda de acordo com Federici, "a batalha contra a magia sempre acompanhou o desenvolvimento do capitalismo, até os dias de hoje. [...] Ao tentar controlar a natureza, a organização capitalista do trabalho devia rejeitar o imprevisível que está implícito na prática da magia, assim como a possibilidade de se estabelecer uma relação privilegiada com os elementos naturais e a crença na existência de poderes a que somente alguns indivíduos tinham acesso, não sendo, portanto, facilmente generalizáveis e exploráveis. A magia constituía também um obstáculo para a racionalização do processo de trabalho e uma ameaça para o estabelecimento do princípio da responsabilidade individual. Sobretudo, a magia parecia uma forma de rejeição do trabalho, de insubordinação, e um instrumento de resistência de base ao poder. O mundo devia ser 'desencantado' para poder ser dominado" (FEDERICI, 2017, p. 312-313).

Acredito que, em conjunto, os dois movimentos propostos nesse capítulo permitem identificar a passagem que as mulheres ameríndias efetuam de objeto do olhar para sujeito do olhar por meio do cinema. Nesse sentido, parece claro que, ao ato de retirar o corpo do território e vesti-lo (ou mesmo violentá-lo), haja diversos tipos de reações, dentre as quais há tentativas de associar novamente o corpo ao território e o direcionamento do olhar para as práticas e saberes femininos, algo que os filmes analisados propõem em diferentes termos.

Procurei mostrar que em todos os três filmes está em jogo um gesto de retorno das cineastas a seus territórios de origem. É preciso lembrar que não se trata de tentar estabelecer uma aproximação ao território distante ou ao outro, como fez o cinema ao se aproximar dos povos indígenas, mas tentativas de reaprender a restabelecer uma ligação com o território e com o conhecimento tradicional das mulheres por meio do cinema, algo que se torna imprescindível nos dias de hoje para a sobrevivência das mulheres indígenas, de seus povos e territórios.

No entanto, encontrar o caminho do retorno é inevitavelmente uma experiência singular e requer a produção de um novo conhecimento. No caso de Arlene Bowman, transparece a necessidade de lidar com o fato da avó indicar um caminho (as práticas e narrativas tradicionais) e a neta optar por outro (o cinema), que não se encontram. No caso de Ayani, está em jogo o encontro entre a neta e a avó que usam da experiência do filme para aprender e ensinar. Finalmente, no filme da cineasta Para Yxapy, a percepção da reverberação entre os corpos das quatro gerações de mulheres da família no movimento pelo território abre espaço para que o silêncio que permeia as relações entre elas se expresse.

Em todos os três filmes, guardadas suas singularidades, parece claro que as mulheres desejam fazer um uso do cinema no sentido de direcioná-lo para o retorno, buscando encontrar um caminho para colocar seus corpos e suas câmeras em relação com o território. Por isso, em todos os casos, as câmeras estão presentes em cena, intimamente associadas ao próprio corpo das cineastas e ao que elas filmam.

Não se trata de produzir uma única representação das mulheres indígenas ou do cinema indígena no feminino, tampouco uma única imagem do retorno, mas de usar o cinema para refazer conexões entre as mulheres e delas com o território. Com o cinema, as mulheres indígenas dão um testemunho sobre a necessidade de tentar refazer essas ligações, retornar a elas.

## Referências Bibliográficas

ALVARENGA, Clarisse. *Da cena do contato ao inacabamento da história*: Os últimos isolados (1967-1999), Corumbiara (1986-2009) e Os Arara (1980-). Brasília: Compós; Salvador: Edufba, 2017.

BRASIL, André. "Paisagens estriada, ovelhas e sombras: notas sobre Navajo Talking Picture". In: VALE, Glaura Cardoso; ITALIANO, Carla; e TORRES, Júnia (orgs.) *Catálogo da Mostra Olhar*: um ato de resistência. Belo Horizonte: Associação Filmes de Quintal, 2015, p. 125-133.

CORREA XAKRIABÁ, Célia Nunes. *O Barro, o Genipapo e o Giz no fazer epistemológico de Autoria Xakriabá*: reativação da memória por uma educação territorializada. 2018. Dissertação (Mestrado Profissional em Sustentabilidade junto a Povos e Terras Tradicionais (MESPT)). Centro de Desenvolvimento Sustentável, Universidade de Brasília, Brasília, 2018.

FEDERICI, Silvia. *Calibã e a bruxa*: mulheres, corpo e acumulação primitiva. Tradução: coletivo Sycorax. São Paulo: Elefante, 2017.

FRANÇA, Luciana. *Caminhos cruzados*: parentesco, diferença e movimento entre os Kagwahiva. 2012. Tese (Antropologia Social). Museu Nacional, Universidade Federal do Rio de Janeiro, Rio de Janeiro, 2012.

GINSBURG, Faye. "Cinema e mídias indígenas: construir pontes, recusá-las". Entrevista a André Brasil e Marco Antônio Gonçalves. In: *Sociologia Antropologia*, Rio de Janeiro, vol. 6, no 3, dez. 2016, p. 559-579. Disponível em: <http://www.scielo.br/scielo.php?pid=S2238-38752016000300559&script=sci_abstract&tlng=pt>. Acesso: 17 jan. 2018.

LEWIS, Randolph. "Navajo Talking Picture: cinema em solo indígena". Tradução Luísa Lanna e Roberto Romero. In: VALE, Glaura Cardoso; ITALIANO, Carla; e TORRES, Júnia (orgs.) *Catálogo da Mostra Olhar*: um ato de resistência. Belo Horizonte: Associação Filmes de Quintal, 2015, p. 111-123.

SHOHAT, Ella; STAM, Robert. *Crítica da imagem eurocêntrica*. Tradução Marcos Soares. São Paulo: Cosac Naify, 2006.



## Filmografia

*Ao redor do Brasil*: Brasil, 1932, 79', Luiz Thomaz Reis
*Ayani por Ayani*: Brasil, 2010, 20', Ayani Huni Kuin
*Na trilha dos Uru Eu Wau Wau*: Brasil, 1990, 52', Adrian Cowell e Vicente Rios
*Navajo Talking Pictures*: EUA, 1986, 40', Arlene Bowman
*Para Reté*: Brasil, 2015, 40', Para Yxapy
*O Destino dos Uru Eu Wau Wau*: Brasil, 1999, 52', Adrian Cowell

# MULHERES DE IMAGEM: REFLEXÕES SOBRE O CINEMA AFRICANO NO FEMININO

Janaína Oliveira



Em 2008, a cineasta camaronesa Pascale Obolo lança *A mulher invisível* (*La femme invisible*), um filme-ensaio de seis minutos no qual vemos uma mulher negra andar pelas ruas de Paris enquanto ouvimos seus pensamentos. "Eu sou uma mulher invisível feita das minorias visíveis", diz a personagem, interpretada pela atriz Dalande Gomis, em sua primeira aparição. Enquanto vagueia pela cidade na busca de imagens que a representem em cartazes de filmes afixados em propagandas de ônibus, muros e *outdoors*, escutamos suas inquietações narradas em *off*, ao mesmo tempo em que somos confrontadas com sua invisibilidade, sua fragmentação, em sequências que dissolvem seu rosto em outras imagens, ou em enquadramentos que seccionam seu corpo e nos impedem quase o tempo todo de vê-la por inteiro.

*A mulher invisível* é, nas palavras da própria diretora, um "conto filosófico-visual",[1] um trabalho estético e reflexivo, que busca pensar sobre a participação das mulheres africanas na sociedade de um modo geral e no cinema particularmente. Em uma perspectiva ampliada, o filme se traduz em uma espécie de manifesto, uma forma de denúncia acerca da invisibilidade que, historicamente, atravessa as mulheres africanas no ocidente – mulheres que são absorvidas, dissolvidas nas paisagens, sejam concretas, sejam reflexivas do mundo ocidental, submetidas a uma dupla opressão (patriarcal e colonial).

1. Entrevista de Pascale Obolo durante na 32ª edição do Festival Internacional de Cinema de Mulheres (FEMIMAGE). Disponível em: <https://africanwomenincinema.blogspot.com/2010/07>. Acessado em: 18 maio 2019.

Obolo nos apresenta esse processo logo nas primeiras sequências do filme, onde simultaneamente vemos a protagonista em uma cabine telefônica e, no reflexo do vidro, as árvores e a rua, enquanto no fundo vemos um prédio.[2] Na sobreposição de imagens, a figura da protagonista se perde no quadro, revelando visualmente a perspectiva da realizadora sobre a invisibilidade das minorias visíveis, ao mesmo tempo em que a ouvimos refletir: "Quando era uma criança, lembro de um filme americano, *O homem invisível*, na televisão. Amava aquele personagem, porque eu poderia me transformar em qualquer ser humano. Quando tomei o lugar de uma outra pessoa, foi tão maravilhoso."

Still de *La Femme invisible* (2008), Pascale Obolo.

A referência ao filme assistido na televisão, corroborado pelo fato de a história se desenrolar pelas ruas de Paris, fornece a possibilidade de pensarmos a representação das mulheres negras em uma dimensão que transborde as fronteiras do continente africano, incluindo aí também a diáspora. A menção, portanto, remete-nos a outras analogias que também questionam a visibilidade e o lugar das pessoas negras nas sociedades ocidentais,[3] tal como afirma Frieda Ekotto, escritora e crítica literária também originária do Camarões, em um breve ensaio sobre o filme no

2. Os *frames* do filme utilizados neste capítulo foram gentilmente cedidos pela autora – *La femme invisible*: *copyright* Obolo, Pascale.

3. Ekotto lembra ainda que, além de no livro de Ellison, paralelos possíveis sobre a invisibilidade podem ser encontrados também nas obras de W. B. du Bois (*Dusk if Dawb*, 1940), Richard Wrigth (*The man who killed a shadow*, 1961), James Balwin (*Nobody know my name*, 1961) e, ainda, no pensamento de Frantz Fanon (*Pele negra, máscaras brancas*, 1952).

qual estabelece um paralelo entre a personagem do curta de Obolo e o narrador do famoso livro de Ralph Ellison, *The invisible man* (EKOTTO, 2012). Publicada pela primeira vez em 1952, a obra de Ellison é uma espécie de autobiografia de um homem negro que, cotidianamente, percebe sua não visibilidade para a sociedade em que vive.

> Eu sou um homem invisível. Não, eu não sou um fantasma como aqueles que assombrou Edgar Allan Poe; nem sou um de seus ectoplasmas nos filmes de Hollywood. Eu sou um homem de substância, de carne e osso, fibras e líquidos – e poderia até mesmo dizer que possuo uma mente. Eu sou invisível, compreenda, simplesmente porque as pessoas se recusam a me ver. Como as cabeças sem corpo que você vê às vezes no circo, é como se eu tivesse sido rodeado por espelhos de vidros distorcidos. Quando eles se aproximam, enxergam apenas o que está nos meus arredores, eles próprios, ou fruto da sua imaginação – na verdade, tudo e qualquer coisa, menos eu (ELLISON, 1947, p. 3).



Segundo Ekotto, a personagem de Ellison vive em um vazio, uma caverna emocional resultante de sua busca vã por encontrar sua imagem na sociedade estadunidense. “Seu sonho de existir se torna um pesadelo que o faz imergir”, diz a escritora. A invisibilidade imposta pelo Ocidente o conduz para uma jornada dentro de si mesmo, “o que eu fiz para ser tão negro e triste?”, diz ele citando uma famosa música de Louis Armstrong.

Porém, nesse ponto, apesar da gama de similitudes que os aproximam, há na indivisibilidade anunciada pela protagonista do filme de Obolo uma força que a exterioriza e a afasta do processo de subjetivação do narrador do livro de Ellison. Ela é visível, ainda que os outros não a enxerguem. E a tomada de consciência da sua condição na busca por imagens com as quais possa se identificar leva-a a questionar o próprio cinema africano.



> Eu estava longe de imaginar que um dia, eu mesma me tornaria invisível na sociedade ocidental. E que o sonho de criança se tornaria

> um pesadelo quando eu me tornasse uma mulher. Hoje eu simplesmente não existo mais. Nem na realidade, nem nos filmes. Nenhuma imagem da África. [...] Talvez o cinema africano ainda não exista e caiba a nós, realizadoras, tomar essa responsabilidade de inventá-lo" (OBOLO, 2008).

A ironia ao colocar em xeque a existência do cinema africano faz com que possamos compreender esse "conto filosófico-visual" também como uma provocação, um desafio ao cânone do assim chamado cinema africano.[4] Indo além do questionamento mais geral sobre a invisibilidade das mulheres negras, o curta-metragem aponta para a ausência das mulheres africanas no contexto do cinema feito no continente, tal como acontece em outras partes do mundo. "A África não é uma exceção quando se trata da relativa ausência de presença feminina nos postos mais glamorosos e importantes da indústria", lembra-nos a programadora e pesquisadora sul-africana Lindiwe Dovey (DOVEY, 2012, p. 20).



Há muito se reconhece que falar em cinema africano no singular é uma idealização, ou um "mito", para usar as palavras do crítico francês de cinema Olivier Barlet (BARLET, 2011, p. 47). Desde os primeiros tempos, a produção de filmes no continente é marcada pela diversidade. No entanto, como sempre defendo em minhas aulas e cursos sobre a temática, compreendo que é possível traçar alguns pontos comuns, principalmente nas primeiras três décadas de existência, isto é, de meados dos 1950 a meados dos anos 1980, que nos permitem falar (ou

4. Pascale Obolo é uma cineasta feminista e bastante militante. Lembro de quando assisti a esse filme pela primeira vez: a dimensão desafiadora era explícita. Foi em 2013, durante o colóquio que o Codesria (Conselho para Desenvolvimento das Ciências Sociais em África) e a Guilda dos Realizadores Africanos organizam durante o FESPACO (Festival Panafricano de Cinema e Televisão de Ouagadougou). Obolo exibiu o filme e realizou o debate para um público majoritariamente masculino de acadêmicos e cineastas africanos que representam, por assim dizer, o *status quo* e também a história do cinema africano. A tensão no ar era indisfarçável.

analisar) no singular das cinematografias do continente.[5] Isso porque, como parte central nos processos de descolonização, há encaminhamentos políticos nos modos de fazer filmes, coadunando em temáticas, perspectivas e políticas de financiamento, distribuição e circulação.

Basta pensar, por exemplo, nas iniciativas que resultaram na criação dos primeiros festivais de cinema – a Jornada Cinematográfica de Cartago (JCC), na Tunísia, em 1966, e o Festival Pan-africano de Cinema e Televisão de Ouagadougou (Fespaco), em Burkina Faso, em 1969 – e na organização dos cineastas na FEPACI (Federação Pan-africana de Cineastas). Manthia Diawara, acadêmico e cineasta malinês, usa em certo sentido dessa perspectiva para construir as análises que faz em *African Cinema*, livro de 1992 que é referência quase que unânime para quem se dedica a estudar as cinematografias africanas. Digo isso porque compreendo que um dos pontos em comum, que podem servir como chave de leitura para reflexão, diz respeito exatamente à representação das mulheres africanas.

"É um consenso chamar o conjunto das obras genericamente denominado de 'Cinema Africano' de profundamente feminista" (DOVEY, 2012, p. 18). O emprego do termo feminista aqui se dá em dois sentidos. O primeiro resulta do fato de que, nos filmes feitos por cineastas africanos desde os anos 1960 até o momento, há um número consistente de filmes que têm como personagens centrais mulheres fortes, por vezes em culturas matriarcais, e via de regra com uma postura ou mensagem crítica aos valores patriarcais, sejam esses coloniais ou pós-coloniais.

5. De um modo geral, considera-se o surgimento do cinema africano em sincronia com os processos de independência política do continente. O marco é na produção do filme *Afrique sur Seine* (1955), dirigido por Paulin Vieyra, Robert Caristan, Jacques Kane e Mamadou Sarr. Ressalto, no entanto, que o cinema esteve presente na África desde o final do século XIX, logo depois de sua invenção, como uma ferramenta da dominação colonial europeia. E ao longo da primeira metade do século XX havia países como o Egito e o Marrocos, por exemplo, onde se estabeleceram produções regulares e circuitos comerciais de exibição. O recorte é, como se pode perceber, político, mas também pode ser considerado estético-narrativo, pois só com o final da dominação que foi possível o surgimento de um cinema feito por africanos, com temas africanos, para um público africano. Como diz Roy Armes, "o cinema africano é fundamentalmente uma atividade e uma experiência pós-colonial" (apud MELEIRO, 2007, p. 143), ou Mohamed Bamba: "Há cinquenta anos, o cinema africano nascia e se afirmava como um cinema engajado comprometido social e ideologicamente com as lutas de emancipação de toda África nos períodos de descolonização" (apud MELEIRO, 2007, p. 79). Nesse mesmo sentido, cf. também DIAWARA, 1992.

Isso ocorre, por exemplo, em alguns filmes de Ousmane Sembène, considerado o pai do cinema africano, como em *La Noire de...* (1966), *Emitai* (1971), *Ceddo* (1976), *Faat Kiné* (2000) e *Moolaadé* (2004). Ou em *Taafe Fanga* (1997), de Adama Drabo, ou o épico *Sarrounia* (1986), dirigido pelo cineasta da Mauritânia falecido em março de 2019, Med Hondo. Ou ainda no premiado *Felicité* (2017), do cineasta senegalês Alain Gomis, que ganhou o Urso de Prata no Festival de Berlim e o Étalon de Yennenga, prêmio principal do Fespaco.

A visão de um viés feminista ou empoderador da mulher nas produções africanas é tamanha que, com frequência, encontramos análises centradas nas questões de gênero que elegem filmes feitos exclusivamente por diretores. É o caso do trabalho de Domenica Diop, *Gender Terrains in African Cinema*, livro publicado em 2014. Nele Diop, que é professora de literatura e cinema na Universidade de Kampala, afirma que a "questão central é a representação das mulheres e o discurso de gênero no cinema" (DIOP, 2014, p. XI), e que, em razão disso, elegeu filmes que foram dirigidos por homens entre as décadas de 1970 e 2000. A justificativa do porquê de sua opção por um recorte que não inclui filmes feitos por mulheres, considerando que no período já existem filmes realizados por diretoras, reside, sobretudo, no quesito da circulação internacional dos filmes em festivais. Diz a autora:



> A escassez de um corpo de filmes em circulação dirigidos por mulheres, me levou a limitar minha pesquisa inicial a diretores que fossem *verdadeiramente* representativos do cinema africano. Meu foco neles não é por desconsideração às diretoras, mas para analisar como a tradição masculina dominante conceitualiza as questões de gênero e posiciona as mulheres no contexto da descolonização das estórias e imagens africanas (DIOP, 2014. p. 17, grifo meu).

Ainda que na introdução Diop faça apontamentos sobre uma literatura que questiona a construção do cânone do cinema africano em paralelo à não representatividade feminina na condução de filmes, a aceitação disto como dado corrobora a perspectiva consolidada de que a presença de mulheres fortes nas histórias mostradas nas telas constitui, nesse contexto, uma abordagem que pode ser considerada feminista.

O outro sentido de uma perspectiva "feminista" presente em filmes dirigidos majoritariamente por homens tem base na comparação com o que ocorre em outras regiões do globo. Nesse sentido, Dovey comenta que é "importante reconhecer o quanto raro é, na história do cinema, que cineastas de uma região em particular tenham *coletivamente* dado tanta atenção em apoiar o valor das mulheres e na crítica ao patriarcado" (DOVEY, 2012, p. 19). Ela menciona a postura de diretores franceses como Jean Luc-Godard, que certa vez comentou que "o cinema gira em torno de dois imaginários atávicos: a guerra e a beleza das mulheres". Segundo a autora, ainda que a beleza das mulheres seja explorada em algumas obras, o tipo de "prazer voyeurístico que guia o olhar masculino identificado por Laura Mulvey" em 1975[6] e usado como ferramenta para análises críticas por incontáveis estudos feministas simplesmente não estaria presente na maioria dos filmes africanos.

Em seu comentário, no entanto, Dovey não considera o fato de a interpretação de Mulvey não contemplar mulheres negras, tal como pontua bell hooks,[7] sejam africanas, sejam diaspóricas. E ainda que a ideia aqui não seja aprofundar esse debate, pois o eixo é menos a racialidade do que os modos patriarcais de representação, é preciso frisar que mesmo que as mulheres ocupem historicamente papeis de protagonistas em filmes fundamentais da história do cinema africano, ainda assim, em muitas narrativas, elas são objetificadas – não da mesma forma que ocorre nas

6. Em *Visual Pleasure and Narrative Cinema*.

7. Diz hooks: "A teoria feminista do cinema baseada numa moldura psicanalítica a-histórica que privilegia a diferença sexual suprime ativamente o reconhecimento da raça, reencenado e espalhando o apagamento da feminilidade negra realizado pelos filmes, silenciando qualquer discussão sobre a diferença racial – a diferença sexual racial" (hooks, 2019, p. 227).

representações femininas dos cinemas hegemônicos do ocidente,[8] mas ao sofrer o tipo algo próximo da "violência epistêmica" apontada por Gayatri Spivak em *Pode o subalterno falar* quando fala dos danos de se estar sujeito às determinações empregadas por outros. Algumas autoras afirmam que o paralelo africano da concepção de Mulvey de objeto de desejo masculino reside na idealização da mulher como mãe (DIOP, 2015, p. 22). Assim, é preciso relativizar a alcunha de "feminista" dada ao cinema africano de autoria masculina, da mesma forma que é necessário reconhecer que, em muitos filmes, a representação das mulheres ocorre de um modo positivo, empoderado.

É preciso, sobretudo, relativizar, pois há uma gama de outros filmes nos quais as mulheres africanas são subrepresentadas. É o que afirma Sawadogo, em seu estudo sobre as cinematografias produzidas nos países do oeste africano entre 1990 e 2005. "A mulher foi objeto de diversas representações no cinema", diz Sawadogo, e uma categoria de representação é aquela em que a mulher atua em papéis secundários ou de figurantes nos filmes. "A ausência de profundidade" é o que marca tal categoria. E, segundo o autor, esse tipo de representação é muito perceptível na grande maioria dos filmes dessa região através da temática da "vitimização da mulher". "Representada em papéis secundários ou como vítimas do sistema patriarcal, a mulher africana do Oeste apresenta uma imagem de alguém marginalizado" (SAWADOGO, 2013, p. 169), diz Sawadorgo percebendo os filmes de Sembène mencionados anteriormente como exceção e não como regra. Para o escritor burkinabé, a abordagem



8. Em Nollywood, cinema popular produzido na Nigéria, cada vez mais as narrativas se aproximam dos moldes hollywoodianos, por vezes misturando as perspectivas patriarcais e os estereótipos negativos das mulheres nigerianas. Mas é fato também que em muitas produções, apesar da exploração do corpo feminino sexualizado, em filmes estrelado por atrizes como Omotola Jalade e Genevieve Nnaji, por exemplo, as protagonistas são mulheres fortes que desafiam o sistema patriarcal, como, por exemplo, em *Lionheart*, primeira produção de Nollywood produzida pela plataforma de streaming Netflix. No filme, que estreou em janeiro de 2019 e foi roteirizado e coproduzido por Genevieve Nnaji, vemos a atriz lutar pela sobrevivência da empresa de transporte da família, enfrentando os preconceitos por ser mulher. Contudo, ainda que seja esse o plot na condução do roteiro, ainda persistem muito dos traços da dominação masculina. Escrevemos mais detidamente sobre a produção contemporânea de Nollywood em parceria com Alessandra Meleiro no artigo "Nollyworld: reflexões sobre políticas culturais, narrativas e estética na indústria cinematográfica nigeriana", a ser publicado na *Revista Perspectiva Histórica*, janeiro/junho de 2019, Nº13. Disponível em http://perspectivahistorica.com.br/revistas/1565438573.pdf.

de Sembène do universo feminino serviu de inspiração para cineastas, tanto homens como mulheres que, a partir da década de 1990, tomaram o combate a essa vitimização como tema em seus filmes.

> Nesse prisma, encontramos um caminho para compreender como pode ser possível então um cinema no qual, ainda que feito por autores masculinos e reconhecidamente visto como "profundamente feminista", seja alvo da provocação do curta-metragem de Obolo. Farida Ayari, jornalista tunisiana, diz: É válido notar que nove entre dez vezes, as personagens femininas nos filmes africanos têm um final infeliz. Sem dúvida, os cineastas acham que elas têm uma missão pedagógica e moral, as telas apresentam personagens que não podem vencer. Não há praticamente heroínas positivas. Cineastas são rápidos em mostrar exemplos de que devem ser seguidos, mas raramente nos mostram mulheres com todas as suas qualidades assim como seus defeitos, sem julgá-las. E, sim, claro, existem exceções (Farida Ayari, in BAKARI, 1996, p. 183).



Fato é que tal como podemos observar em outros contextos da produção cinematográfica, os modos de representação só se transformam quando outras perspectivas passam a ocupar os postos centrais na indústria, como a produção, direção e elaboração de roteiros. Ou seja, quando o debate sai do eixo da representação e vai para o da representatividade. Com as mulheres africanas, assim como com as mulheres da diáspora, a entrada no mercado acontece posteriormente aos homens. "O cinema na África no período pós-colonial foi dominado por homens, poucas diretoras surgiram, sobretudo, no contexto dos longas metragens de ficção, até recentemente" (DOVEY, 2013, p.22).

Paulin Soumanou Vieyra, além de pioneiro na realização de filmes, foi um dos primeiros a se preocupar com o registro da história do cinema africano em uma perspectiva africana. Em 1975, ele lança o primeiro levantamento da produção do continente "das origens até 1973". Ao final do compêndio de quase 500 páginas, preocupado em nomear e quantificar, Vieyra tabula os nomes e números por países. Revisando a listagem, identifiquei 17 mulheres, entre diretoras de cinema e televisão, montadoras, técnicas e roteiristas, dentre elas Sarah Maldoror (Guadalupe-Angola), Thérese Sita-Bella (Camarões), Efua Sutherland (Gana) e Safi Faye (Senegal). Ausentes, na lista estão figuras importantes que, apesar de não fazerem filmes, foram fundamentais para o desenvolvimento do cinema africano, dentre as quais a senegalesa Annette Mbaye d'Erneville, primeira mulher africana a se formar jornalista, fundou a primeira revista de crítica cinematográfica especializada em filmes africanos. E também Alimata Salembére que, em Ouagadougou, Burkina Faso, participou ativamente da construção do Fespaco, tendo sido, inclusive, diretora do Festival.[9]

O argumento da dominação masculina no ambiente cinematográfico fica explícito quando percebemos que Faye, conhecida como a primeira cineasta africana, quando do lançamento do docudrama *Kadu Beykat* ("Palavras Camponesas", tradução correta segundo a realizadora), em 1975,10 realizou apenas um longa-metragem de ficção: *Mossane*, lançado em 1996, seis anos após o fim das filmagens, devido a uma imensa briga com o produtor, que tomou da diretora os direitos do filme por cinco anos. Até o momento, trata-se do último filme feito pela diretora. Em realidade, ao compararmos as produções de homens e mulheres entre os anos 1970 e 1990, percebemos que as poucas cineastas que surgiram como Sarah Maldoror, Fanta Regina Nacro e Anne Mungai fizeram poucos filmes em relação aos contemporâneos do sexo masculino.



E ainda que nas últimas duas décadas a participação das mulheres tenha aumentado, ainda é grande a lacuna, inclusive histórica, a ser preenchida. Digo isso porque projetos importantes para a memória do cinema africano, como o do restauro dos filmes começados pela World Cinema Foundation – iniciativa do cineasta estadunidense Martin Scorsese, que agora segue em parceria com a Cinemateca de Bologna e a FEPACI –, ainda não contemplou nenhum filme feito por uma cineasta africana. Até onde se tem notícia, *Sambizanga* (1972), filme crucial de Maldoror, passado na guerra de libertação de Angola, tem apenas uma

9. Nomes como Moufida Tlati (Tunísia), Izza Gemini (Marrocos), Ascia Djambar (Marrocos), Zalika Souley (Niger) também poderiam estar no rol das pioneiras.

10. Pois apesar de ter dirigido *Sambizanga*, em 1972, e tantos outros filmes no continente africano, Sarah Maldoror nasceu no Caribe, em Guadalupe. Contudo, ela foi a primeira mulher a fazer um longa-metragem de ficção no continente.

cópia em película. Em 2018, *Fad'jal* (1977), segundo filme de Safi Faye, foi restaurado pelo festival de Cannes, juntamente com dois de seus curtas, *Selbé e tantas outras* (1982) e *Tesito* (1989). Ainda há necessidade de pesquisas e análises sobre as dificuldades enfrentadas por cineastas da relevância de Faye e Maldoror em fazer filmes, para melhor compreensão da história do cinema africano.

Até mesmo a organização institucional das cineastas levou mais tempo para acontecer. Somente em 1991, durante a 12ª edição do Fespaco, as profissionais da indústria cinematográfica participaram de um workshop organizado pelo Festival, em parceria com a FEPACI (Federação Pan-africana de Cineastas), com o objetivo de discutir a participação da mulher africana no campo do cinema e do audiovisual no continente. Como resultado dos debates realizados, as participantes apontaram como principais dilemas a serem enfrentados as seguintes questões: a constatação da presença reduzida de mulheres nas indústrias de filmes e vídeos; a ausência de formação profissional em todos os meios da criação e da produção audiovisuais; as dificuldades de acesso à informação e à circulação, em termos de formação e financiamento.

Ainda como resultado das reflexões no workshop, foi assinalada também a necessidade da busca de parcerias que incentivem e possibilitem, financeiramente, a presença de mulheres profissionais de imagem em festivais. Em 2010, vinte anos após esse workshop, a direção geral do Fespaco criou as Jornadas Cinematográficas da Mulher Africana da Imagem (JCFA), com objetivo de ampliar a participação feminina em todas as esferas das produções audiovisuais, sejam elas para cinema ou televisão. As JCFA representam um marco importante no contexto do cinema da África do Oeste, pois não só destacam o protagonismo feminino em todas as esferas da produção audiovisual do continente, mas o faz de forma a buscar uma conexão entre realizadoras, roteiristas, atrizes e técnicas de diversas partes do continente. Criadas em 2010, as Jornadas seguem a tendência pan-africana do Fespaco, passando a contar também com participações internacionais.

Contudo, apesar da abordagem pan-africana contemporânea na articulação feminina das cineastas, na ocasião do workshop de 1991, um constrangimento entre as que estavam presentes na reunião apontou para uma equação delicada que ainda necessita de maiores estudos, a saber, aquela da relação delicada das diferentes experiências das mulheres africanas e das mulheres diaspóricas no mundo do cinema. Pois, como afirma Ellerson, ainda que a reunião das mulheres africanas no Fespaco "seja saudada como um momento histórico para o discurso continental", também foi um instante "frágil nas relações afro-diaspóricas entre mulheres do cinema", isto porque as participantes da diáspora foram convidadas a se retirar da sala, juntamente com os homens e as mulheres brancas; "dentre elas, estava Sarah Maldoror, uma pioneira em fazer filmes na África", conta Ellerson (ELLERSON, 2012, p. 49).

Confrontada com o desapontamento das mulheres da diáspora a esse respeito, Aminata Ouedraogo, que na época era a secretária geral da União Pan-africana das Mulheres de Imagem, organização que surgiu a partir do workshop, afirmou que: 

> Mulheres da Diáspora e da África não vivem a mesma realidade. Nossos problemas são similares, mas não estão colocados da mesma forma... Nós pedimos que as mulheres da diáspora africana nos deixassem conversar entre nós antes de nos reunirmos com elas. Como [os dois grupos] não falam a mesma língua em termos de experiências, e como nós não falamos das mesmas coisas, nós não podíamos entender umas às outras... Acredito que, se nós queiramos mesmo trabalhar juntas, temos que ir além desses mal-entendidos. Nós temos um ditado que fala que "na boca, a língua e os dentes se misturam, mas às vezes, os dentes mordem a língua." Portanto, na vida, podemos andar juntas, mas um desentendimento pode acontecer. Contudo, deve haver um diálogo para resolver esse desentendimento (ELLERSON, 2012, p. 50).

Busquei apontar neste breve panorama que são muitos ainda os campos a serem explorados e desenvolvidos no que diz respeito à presença das mulheres africanas no cinema. Para além da representação nas telas, temática que historicamente tem sido amplamente abordada em múltiplos aspectos, faz-se necessário aprofundar as reflexões que analisem criticamente a representatividade dessas mulheres no setor cinematográfico. A presença por detrás das telas é o elemento fundamental para transformações nas estruturas hegemônicas da indústria. Só quando essas transformações acontecerem, será possível deixar para trás os discursos que falam da presença na ausência, ou ainda o destaque frequente do pioneirismo de mulheres africanas em fazer alguma coisa, narrativa que, infelizmente, aplica-se também às mulheres negras da diáspora.[11]

Tais estruturas são, por definição, resistentes à mudança. Um exemplo: ainda que haja uma nova geração de realizadoras dinamizando os mercados nacionais e internacionais com filmes feitos com mulheres,[12] isto é, com mulheres nas telas e por trás delas, os grandes lugares de excelência do cinema africano seguem ainda blindados à presença feminina, para não dizer permeados de misoginia. Nesse sentido, o maior festival do continente seja, talvez, um bom exemplo. Com cinco décadas de existência completas em 2019, até hoje nenhum filme dirigido por uma realizadora ganhou seu prêmio principal, cujo nome e o troféu, aliás, levam o nome de Yennenga, lendária princesa do reino Mossi, que teria sido responsável pela fundação de Burkina Faso, país sede do Festival.

Um episódio ocorrido em 2019, na edição comemorativa do cinquentenário do Festival, lançou luz de forma mais contundente sobre as dificuldades ainda enfrentadas por mulheres africanas no cinema. Durante a realização de uma mesa redonda, cujo tema era "o lugar das mulhe-





11. O comentário aqui se deve ao fato de uma rotina onde mulheres negras e/ou africanas ganham destaque por serem a primeira em um determinado campo ou setor. Primeiras e por vezes únicas, em décadas da história do cinema como, por exemplo, Mati Diop, a primeira mulher negra a ter um filme oficial em Cannes, festival que foi criado em 1946. Pensando no caso brasileiro, por exemplo, Adélia Sampaio foi a primeira mulher negra a realizar um longa metragem de ficção em 1984 e que, até o presente momento, segue sendo a única a assinar a direção sozinha – Viviane Ferreira deverá lançar seu primeiro longa-metragem ainda neste ano. Via de regra, Adélia destaca-se pelo pioneirismo Via de regra, destaca-se pelo pioneirismo, que considero ser uma presença na ausência das representações e da representatividade.

12. Apropriando-me aqui da mudança no conectivo proposto pela pesquisadora e curadora Carla Maia em sua tese de doutorado: Um "cinema *com* mulheres em lugar *de* mulheres: ao focar na dimensão relacional das obras, tanto no que diz respeito a sujeitos que filmam e que são filmados, tanto no que concerne a relações entre filmes e espectadores, o que buscamos é indicar menos a busca de categorizações do que atentar para espaços de partilha criados por cada obra", diz Maia no resumo de sua pesquisa (MAIA, 2015, p. X).

res na indústria cinematográfica na África e na diáspora" – proposta pelo Coletivo de Cineastas Não-Alinhadas,[13] grupo formado em 2016 por iniciativa da cineasta argelina Rahma Benhamou El Madan a partir de diversas denúncias de abusos e violências sofridas pelas participantes (da mesa e da plateia) –, ao debater sobre as dificuldades encontradas no mercado audiovisual, foi lançado o movimento #MêmePasPeur, que pode ser traduzido livremente por "nada a temer", correspondente africano ao #Metoo, iniciado em 2017 pela atriz estadunidense Alyssa Milano, que convocou outras mulheres a usarem a hashtag para denunciar os assédios morais e sexuais em Hollywood.

O ponto crítico da mesa-redonda, que culminou no #MêmePasPeur, aconteceu quando a renomada atriz malinesa Aissa Maïga relembrou uma agressão sofrida em 2017 por Azata Koro, cineasta e atriz burkinabé. Koro era a segunda assistente de direção de um filme que estava sendo rodado no país, quando, após uma discussão, o diretor Thairou Ouedradogo a agrediu com uma garrafa de cerveja, mutilando seu rosto. Maïga comentou que, mesmo após a agressão, o filme em questão fez parte da seleção oficial do Fespaco e que, na edição de 2019, o realizador possuía uma série de televisão em competição (série, aliás, que foi feita com financiamento da TV5). Para a comoção de todas (os, es) presentes, Azata Koro estava na plateia e, após a menção de Maïga, tomou parte no debate, relatando todas as outras violências sofridas após a agressão. Pois, depois de dois meses de prisão, nada mais aconteceu com o agressor que, inclusive, afirmou a ela que nada, além disto, aconteceria. Até o momento, infelizmente, ele parece ter razão, pois mesmo depois do debate e da



13. No site, o coletivo se define como "uma rede de cineastas que se reúnem regularmente para assessorar, compartilhar recursos, colaborar em projetos e construir uma comunidade de solidariedade para fazer seus filmes. Todos os meses, cineastas WE se reúnem para conversar sobre nossos projetos atuais, organizar eventos para a realização e promoção de nossos filmes e discutir temas em torno do cinema. Em uma indústria em que menos de 5% dos filmes de bilheteria são feitos por mulheres, a CINÉASTES NÃO-ALINHADAS oferece às cineastas uma estrutura que lhes permite apoiar uns aos outros, compartilhar recursos e ajudar que seus filmes sejam feitos e vistos. Além das reuniões mensais, os cineastas não alinhados apoiam muitas outras iniciativas colaborativas, como mesas redondas, reuniões com outros profissionais do cinema, workshops." Disponível em: <http://cineastesnonalignees.com/>. Acessado em: 5 maio 2019.

ampla divulgação nacional e internacional[14] do ocorrido, o Fespaco não se pronunciou a respeito e a série do diretor seguiu presente no Festival.

Still de *La Femme invisible* (2008), Pascale Obolo.

Onze anos depois do lançamento de *La Femme Invisible*, Obolo estava entre as mulheres que estavam na mesa redonda que compõe o "Coletivo não alinhado". Torço para que a provocação presente nas cenas finais de seu curta-metragem não seja, de fato, uma previsão. Quero acreditar que, muito antes de 2055, data em que a protagonista, enfim, encontraria sua imagem em um cartaz de filme na rua, as mulheres de imagem africanas estejam em cartaz nos cinemas mundo afora, de forma plena, na frente e por detrás das telas.

Still de *La Femme invisible* (2008), Pascale Obolo.

14. Após a mesa-redonda, a notícia foi publicada em diversos meios de comunicação em Burkina Faso e no exterior. Cf. <https://www.france24.com/fr/20190301-afrique-cinema-fespaco-metoo-memepaspeur>.

# Referências Bibliográficas


BARLET, Olivier. *Les Cinémas d'Afrique noire*: le regard en question. Paris: L'Harmattan, 1996.

________. *Les cinémas d'Afrique des années 2000*. Perspectives Critiques. Paris: L'Harmattan 2011.

________."Femmes et Hommes dans lê cinema d'Afrique Noir". Disponível em: <http://www.africultures.com/php/index.php?nav=article&no=1738>. Acessado em: 10 out. 2013.

BAKARI, Imruh; CHAM, Mbye. *African Experiences of Cinema*. Londres: Black Film Insitut, 1996.

DIAWARA, Manthia. *African Cinema*: politics and culture. Bloominigton: Indiana University Press, 1992.

DIOP, Domenica. *Gender Terrains in African Cinema*. Pretoria: University of South Africa Press, 2014.

DOVEY, Lindiwe. "New Looks: The Rise of African Women Filmmakers". *Feminist Africa – African Feminist Engagements with films*, nº 16, 2012, p. 19-35.

EKOTO, Frieda. "*Invisible Man* de Ralph Ellison et *La femme invisible* de Pascale Obolo: deux ouvre analogiques qui questionnent la visibilité de l'individu noir et sa place dans les sociétés occidentales". *Afrikadaaa. Afro Desing & Contemporary Arts*, nº 3, 2012. p. 7-9.

ELLERSON, Beti. "Reflections on Cinema Criticism and African Woman". *Feminist Africa – African Feminist Engagements with films*, nº 16, 2012, p. 37-52.

________. "Keynote: 40 years of cinema by women". Disponível em: <http://www.africanwomenincinema.org/AFWC/Colloquy_keynote.html>. Acessado em 25 abr. 2019.

________. "Gendered Sensibilities and Female Representation in African Cinema". Disponível em: <http://africanwomenincinema.blogspot.com/2009/04/gendered-sensibilities-and-female.html>. Acessado em: 25 abr. 2019.

ELLISON, Ralph. *The Invisible Man*. Nova York: Random House, 1952.

hooks, bell. *Olhares Negros*. Raça e Representação. São Paulo: Elefante, 2019.

MELEIRO, Alessandra (org.) *Cinema no Mundo*: indústria, política e mercado. Volume 1: África. São Paulo: Escrituras Editora, 2007.

SAWADOGO, Boukary. *Les Cinémas Francophones Ouest-Africans (1990-2005)*. Paris: L'Harmattan, 2013.

# A METADE DO CÉU: MULHERES E O CINEMA DA CHINA CONTINENTAL[1]

Cecília Mello



Há mais de uma centena de cineastas chinesas que dirigiram centenas de filmes. No entanto, até hoje pouco se fala sobre elas e pouco se pensou sobre sua genealogia e suas especificidades. Abordar a história do cinema a partir de um prisma feminino é tarefa urgente e, ao mesmo tempo, desafiadora. O que seria um cinema de mulheres ou como tratar isoladamente as mulheres do cinema? A noção é ampla e de difícil definição. Alison Butler (2002, p. 1) sugere que um cinema de mulheres seria aquele composto por filmes realizados por, dirigidos a ou que se ocupam de mulheres, ou os três ao mesmo tempo. Do mesmo modo, falar de "cinema chinês" representa um desafio geográfico, político e histórico. Costuma-se tratar do tema no plural, ou seja, dos "cinemas chineses", da China continental, de Hong Kong, de Taiwan e das diásporas. A combinação das duas noções em jogo potencializa as abordagens e os caminhos a serem percorridos em busca das múltiplas trajetórias das mulheres nos cinemas chineses. Diante do desafio, este capítulo optará por escolhas que, se por um lado são limitantes, por outro procuram combinar especificidade e historicidade, adensando o debate em torno desse cinema chinês de mulheres.

1. O sistema *pinyin* de transliteração do chinês foi utilizado em todo o capítulo, à exceção dos nomes Sun Yat-sen (romanização do cantonês em uso no início do século XX e adotada na assinatura do nome em documentos estrangeiros pelo próprio Sun Yat-sen) e Chiang Kai-shek (tradicionalmente grafado no sistema Wade-Giles). Os títulos dos filmes mencionados foram traduzidos para o português a partir do título original em chinês. Optou-se por não utilizar os títulos dos filmes em inglês.

Minha intenção é traçar um panorama histórico da atuação de mulheres cineastas no universo cinematográfico da China continental. Parto da premissa de que esse histórico está intimamente ligado aos eventos que moldaram a República da China (1911-1949) e posteriormente a República Popular da China (RPC, 1949-) nos últimos cem anos. Isso significa que a discussão passa, necessariamente, pela política da igualdade de gênero de cunho marxista-maoísta, que emerge com força como ideia a partir da década de 1930, prevalecendo na prática nos primeiros dois períodos da RPC até o final da Revolução Cultural. Ao mesmo tempo, contempla o papel histórico e atual da censura no cinema chinês, que empurra para a clandestinidade temas considerados não apropriados para o debate, como a homossexualidade feminina e a liberdade sexual.



O capítulo será dividido em cinco partes, assumindo o risco da simplificação que, necessariamente, ocorrerá na tentativa de condensar, em um breve panorama, mais de 100 anos de história. A primeira parte será dedicada às mulheres pioneiras e à sua relação com o movimento esquerdista pré-revolucionário, em ascensão nos anos 1930. A segunda parte do capítulo tratará dos primeiros 17 anos da RPC, entre 1949 e 1966, com destaque para as principais diretoras mulheres da época e para a importância da política de gênero marxista-maoísta. Os anos da Revolução Cultural, ocorrida entre 1966 e 1976, serão o objeto da terceira parte do capítulo, que enfocará a figura controversa de Jiang Qing, quarta esposa de Mao Zedong e idealizadora das chamadas óperas-modelo. A quarta parte traz um panorama da atuação de diretoras mulheres pertencentes às chamadas Quarta, Quinta e Sexta gerações do cinema da China continental. O capítulo se encerra com um breve comentário sobre o cinema independente feminista e gay na China contemporânea.

## Mulheres pioneiras e o movimento esquerdista pré-revolucionário

A China se tornou uma república em 1911, deixando para trás séculos de império e sucessivas dinastias. Os novos ventos foram embalados por um desejo de modernização, entendido aqui de modo amplo e, em grande medida, como uma abertura para o estrangeiro, em direção oposta ao isolamento autoinfligido pelos governos imperiais das dinastias Ming (1368-1644) e Qing (1644-1911). Nos anos 1920, a produção cinematográfica, concentrada na cidade de Shanghai – que desde o século XIX vivia uma situação semicolonial com forte presença britânica, francesa e americana –, organizou-se a partir de modos de produção similares aos hollywoodianos, com direito a um *star system* e a filmes que buscavam a expressão dessa modernidade recém-descoberta. A *nova mulher* apareceu como um signo dessa nova era e ocupou o imaginário comercial e cinematográfico dos anos 1920 e 1930 (Zhang, 2004, p. 82).



Dois eventos marcantes e representativos desse período de modernização e internacionalização da China republicana foram o Movimento Quatro de Maio, ocorrido em 1919, e a fundação do Partido Comunista Chinês, em 1921. O primeiro pode ser descrito como a expressão intelectual e literária da crise política e social que caracterizava a primeira década da República da China, culminando com um protesto estudantil contra a crescente dominação japonesa na China, as injustiças do Tratado de Versalhes (1919) e a favor de um pensamento moderno e emancipado, que deveria, necessariamente, passar por uma reforma linguística de modo a democratizar o chinês clássico, cuja forma escrita era completamente distante da linguagem vernácula. Dois anos após os protestos, e na esteira de novas obras literárias e cinematográficas que apareciam como resultado do Movimento Quatro de Maio, foi de suma importância a fundação, em 1921, na cidade de Shanghai, do Partido Comunista Chinês (PCC), sob forte influência soviética, e que viria a se tornar a principal força opositora ao Partido Nacionalista (KMT) de Sun Yat-sen e Chiang Kai-shek.



É nesse ambiente que aparecem na China as mulheres pioneiras da atividade cinematográfica. Xie Caizhen é a primeira diretora mulher na história do cinema da China continental, com o filme *O choro dos órfãos* (*Guchu beisheng*), de 1925, um melodrama familiar, hoje perdido. Xie, assim como outras diretoras mulheres, começou sua carreira como atriz, mas até hoje pouco se sabe sobre sua vida, já que ela desapareceu da arena pública a partir de 1926. Outra importante pioneira foi Pu Shunqing, a primeira roteirista mulher, que também surge em 1925 com o filme *Os bonecos do Cupido* (*Aiqing de wanou*). Pu, influenciada diretamente pela luta pelos direitos das mulheres no Movimento Quatro de Maio, tornou-se uma militante pela igualdade de gênero nos anos 1920 e 1930. Seu filme se distingue de *O choro dos órfãos* e outros tantos da mesma época por sua crítica ao modelo do casamento arranjado, ainda praticado na China naquela época. Já Yang Naimei, uma estrela do cinema silencioso, escreveu em 1928 o roteiro do filme *Uma mulher notável* (*Qi nüzi*) e criou, no mesmo ano, uma produtora chamada Companhia Cinematográfica Naimei, a partir da qual pode produzir e estrelar a adaptação do seu roteiro. *Uma mulher notável* promoveu um tipo cinematográfico feminino que flerta com a condenação do estereótipo da mulher sexualmente liberta e perigosa, mas, ao mesmo tempo, promoveu um novo modelo e olhar para o universo feminino na época. Outra mulher pioneira nos anos 1920 em Shanghai foi Wang Hanlun, que criou uma produtora, em 1929, chamada Companhia Cinematográfica Hanlun. Wang codirigiu, montou e estrelou o filme *A vingança de uma atriz* (*Nüling fuchouji*, 1929).



Nesse período inicial da atuação das mulheres no cinema da China continental, nota-se a recorrência do tema do suicídio feminino nos filmes escritos e dirigidos por mulheres. Tanto *Uma mulher notável* quanto *A vingança de uma atriz* tratam do assunto, e, muitas vezes, a ficção se confundia com a realidade. Não por acaso, um número expressivo de atrizes e diretoras mulheres chinesas como, por exemplo, Ruan Lingyu e Ai Xia, cometeram suicídio nos anos 1920 e 1930. O sacrifício ou a impossibilidade de existir no mundo dizem muito sobre a condição das mulheres durante o período imperial e especialmente durante a dinastia Qing, em que os costumes bárbaros de concubinato e a atadura dos pés limitavam, até mesmo literalmente, qualquer possibilidade de ascensão e mobilidade feminina. No início de sua luta por emancipação, o suicídio aparecia também como uma solução para o dilema que lacerava as mulheres, presas entre o passado opressor e um desejo de liberdade ainda pouco palpável.

Como observa Lingzhen Wang, a participação das mulheres na produção cinematográfica nos anos 1920 ainda era limitada e incidental, com frequência derivada de seu papel como atriz e dependendo em larga escala do apoio financeiro de homens. Não havia, portanto, um apoio institucional ou social para que mulheres pudessem se lançar no universo da realização cinematográfica (Wang, 2012, p. 320). A produção de filmes nos dois principais estúdios da época em Shanghai, o Mingxing (Companhia Cinematográfica Estrela, fundado em 1922) e o Tianyi (Única Produções Cinematográficas, fundado em 1925), se dividia principalmente entre melodramas e filmes de arte marcial. O primeiro gênero, com ênfase em personagens femininas, emerge nos anos 1920 em filmes que apresentavam enredos moralistas e que glorificavam virtudes confucionistas e a ética familiar. A personagem feminina era central, mas, em geral, sua posição de submissão era reforçada por tramas simplórias, que caracterizavam esse cinema de cunho quase educacional, hoje largamente perdido.



O gênero melodrama evoluiu nos anos 1930 em direção a um cinema mais político, passando a empregar a mulher como uma figura metonímica para outros grupos sociais desfavorecidos, indicando a necessidade de mudança social. Nesse período, os principais estúdios, Mingxing e Lian Hua (fundado em 1930, também em Shanghai), foram infiltrados ideologicamente por membros do Partido Comunista. A luta de classes e contra a opressão de gênero começou a ocupar as agendas sociais e o enredo dos filmes, e mudanças importantes vieram do crescente movimento esquerdista popular. Os anos 1930 podem ser vistos com a primeira "Era de Ouro" do cinema chinês, e é notável a aparição de seus primeiros *movie stars:* Hu Die, Ruan Lingyu, Zhou Xuan e Jin Yan.

Pelo menos duas mulheres merecem destaque nesse período. A primeira é Chen Boer, uma estrela e escritora esquerdista que se tornou a primeira diretora revolucionária da China. Como atriz, ela atuou em vários filmes e peças esquerdistas nos anos 1930. Em 1937, Chen se afiliou ao Partido Comunista e, em 1938, deixou Shanghai em direção a Yan'an, base do Partido no norte do país, depois do fim da Longa Marcha (1934-1935) de Mao Zedong. Lá, Chen Boer teve papel de liderança ao produzir, escrever e estrelar diversas peças teatrais revolucionárias. Ao mesmo tempo, convenceu o Partido Comunista a criar um estúdio cinematográfico em Yan'an e, em 1946, após o fim da Segunda Guerra Mundial, dirigiu e estrelou o primeiro filme lá produzido, *Herói trabalhador na base comunista* (*Bianqu laodong yingxiong*). O filme trata de temas caros ao debate em Yan'an nos anos 1930, debate esse que preparou a revolução comunista vindoura: a reforma agrária, a luta de classes e as injustiças sociais da China imperial e republicana. Após a chamada Libertação, em 1949, Chen Boer passou a coordenar a produção de filmes nos estúdios recém-estatizados na Manchúria, nordeste da China, e supervisionou a produção de vários dos principais sucessos dos primeiros 17 anos do governo do PCC, como *A ponte* (*Qiao*, Wang Bin, 1949) e *A menina do cabelo branco* (*Bao mao nü*, Wang Bin, Shui Hua, 1950).



Outra figura importante nesse período dos anos 1930 foi Ai Xia, uma atriz de teatro ligada ao movimento revolucionário nos anos 1930 e que passou para o cinema ao se unir ao Mingxing, em 1932. Seu roteiro *A mulher de hoje* (*Xiandai yi nüxing*) segue a trajetória de emancipação de uma corretora de imóveis em Shanghai, e contém fortes traços autobiográficos. Contudo, Ai Xia não conseguiu completar sua própria trajetória de emancipação e cometeu suicídio em 1934, um ato simbólico da fragilidade da *nova mulher* de Shanghai.

## As primeiras diretoras da República Popular e a política de gênero marxista-maoísta

Após a Revolução Comunista em 1949, o governo chinês passou a enxergar o cinema como importante forma de propaganda. Em 1951, os filmes chineses realizados antes de 1949 e os filmes de Hollywood e de Hong Kong foram banidos pelo governo. Curiosamente, os filmes dos anos 1930 ligados ao Movimento Quatro de Maio e de ideologia comunista eram vistos, na realidade, como burgueses, já que pertenciam a um mundo intelectualizado e urbano, influenciado pelo Ocidente e baseado em Shanghai. O novo cinema e as novas regras culturais do governo não vinham desse movimento, mas sim de Yan'an (considerado o berço da Revolução Comunista chinesa), onde o Exército Popular de Libertação comunista estava baseado desde 1936. Havia uma tensão, então, entre essas duas tendências comunistas, entre Yan'an e Shanghai, com a prevalência da primeira no período pós-1949 (SPENCE, 1996, p. 460).

Com a ajuda da União Soviética, para onde muitos diretores chineses foram enviados para estudar cinema, e de onde a China recebeu grande apoio tecnológico e logístico, em dez anos, a indústria de cinema chinês foi erguida e se tornou autossuficiente. Nesse período, estúdios foram criados e inúmeras salas de cinema foram abertas nas principais cidades chinesas. Ao mesmo tempo, projeções em 16 mm eram organizadas no interior do país – na época ainda majoritariamente agrário – através de um esquema itinerante financiado pelo governo. Em uma década, as bilheterias aumentaram drasticamente, em franco contraste com o que ocorria na Europa e nos Estados Unidos na mesma época. Em 1949, nove entre dez chineses nunca tinham visto um filme, e o público foi de 47 milhões. Já em 1954, esse número foi de 822 milhões (ZHANG, 2004, p. 191-2).



A revolução comunista e a proclamação da RPC por Mao Zedong, em 1949, trouxeram uma nova política de gênero que promoveu uma igualdade entre homens e mulheres talvez sem precedentes na história mundial. É famosa a frase de Mao que dá título a esse capítulo: "Ousem lutar, ousem ganhar, as mulheres detêm metade do céu (敢于斗争，敢于胜利，妇女能顶半边天。)". A absoluta igualdade de gênero se tornou política de Estado e teve consequências em diversos níveis da sociedade. Ao mesmo tempo, a produção cinematográfica passou para o controle estatal e assumiu definitivamente uma característica de propaganda. Assim, mulheres tomaram espaço na produção de filmes, por um lado impulsionadas pelas novas políticas, e, por outro lado, ocupando um certo vácuo deixado pela emigração de muitos profissionais para Hong Kong e Taiwan no pós-1949.

Dois grandes nomes que se destacaram nos primeiros 17 anos foram Wang Ping e Dong Kena, além de Chen Boer, previamente mencionada. Wang Ping nasceu em uma família muçulmana em Nanjing, tornou-se professora primária e envolveu-se clandestinamente com o teatro revolucionário nos anos 1930, sob influência do Movimento Quatro de Maio. Atingiu a fama ao interpretar a personagem Nora em *Casa de bonecas,* de Henrik Ibsen, mas consequentemente acabou perdendo o emprego na escola onde trabalhava. O episódio ficou conhecido como o "Incidente Nora", a partir do qual Wang Ping se tornou figura suspeita em Nanjing, incapaz de conseguir emprego em qualquer outra escola. Ela acabou se mudando para Pequim e lá se casou com Song Zhidi, um dramaturgo de esquerda. Após a revolução, passou do teatro à produção cinematográfica e dirigiu seu primeiro filme, *Enfrentando a escuridão antes do amanhecer* (*Chongpo liming qiande heian*), em 1956, o primeiro longa-metragem dirigido por uma mulher na China comunista. Seus outros filmes considerados modelos do cinema comunista são *A história de Liubao* (*Liubao de gushi,* 1957), *As eternas ondas de rádio* (*Yongbu xiaoshi de dianbo,* 1958), *A vila da árvore do gafanhoto* (*Huai shu zhuang,* 1961) e *Sentinelas sob as luzes de neon* (*Nihong deng xiade shaobing,* 1964).

Como sugere Lingzhen Wang, "a história de Wang Ping foi amplamente forjada pelas principais forças políticas e culturais da China do século XX. Sua trajetória de 'Nora' chinesa para uma ativista de esquerda, e então para diretora de cinema comunista, correspondeu à luta, desenvolvimento e triunfo da China comunista" (2012, p. 325). É notável a importância do feminismo de Estado na sua trajetória, mas ao mesmo tempo é preciso notar que as constrições do cinema de propaganda não permitiam uma total liberdade de expressão. Essa contradição é uma constante no cinema comunista pós-1949. 

Outro nome fundamental do primeiro período do cinema da China comunista foi Dong Kena. Em 1962, ela dirigiu *A grama cresce na montanha Kunlun* (*Kunlun shan shang yikecao*), marcado por um modo de representação subjetivo com o uso da voz *over* da personagem principal, bem como de *flashbacks* motivados por sua memória (Wang, 2011, p. 48). Dong não realizou filmes durante o período mais duro da Revolução Cultural (1966-1972), mas retomou a produção em 1974 e continuou dirigindo até os anos 1990. Ela é, até hoje, a diretora mulher mais prolífica da China continental.

## Jiang Qing e as óperas-modelo da Revolução Cultural

A Grande Revolução Cultural Proletária foi oficialmente lançada em maio de 1966 e se distinguiu de todas as campanhas dos 17 anos anteriores por estar dirigida contra o próprio Partido Comunista. Ao ampliar o domínio da participação política, Mao se dedicou especialmente aos estudantes, que responderam formando organizações espontâneas de Guardas Vermelhos, ansiosos para confrontar professores, líderes locais do partido, familiares e quase qualquer pessoa em posição de autoridade.

Nesse período de turbulência nacional que domina os primeiros anos da Revolução Cultural, a produção cinematográfica chinesa, até então peça fundamental do esforço de propaganda comunista, entrou em quase completa paralisia. Artistas, diretores, roteiristas, técnicos e atores passaram a sofrer perseguição e muitos foram presos ou mortos, enquanto outros tantos foram despachados para trabalhar no campo no interior da China. Após 1971, sob uma rígida censura imposta pela Camarilha dos Quatro, alguns filmes passaram a ser produzidos a partir das chamadas óperas-modelo ou óperas revolucionárias, *jingju yangbanxi*, originalmente oito trabalhos operísticos, de dança ou sinfônicos, que se estabeleceram como os modelos disponíveis para adaptações em diferentes mídias. A ideia do modelo segue diretrizes maoístas que datam do período do Grande Salto Adiante (1958-1962), propagadas tanto nas artes quanto na agricultura e em outras esferas (Mittler, 2003, p. 58). Essas oito obras modelo exerceram uma força essencialmente hegemônica nos primeiros anos da Revolução Cultural e funcionaram como peça de propaganda efetiva, tornando-se extremamente populares em todo o país. Sua fórmula teve como objetivo modernizar a Ópera de Pequim através da inclusão de novos temas, valores de igualdade de gênero e militarização, incorporando também elementos ocidentais, como orquestras e balé, sempre a serviço da revolução.

Os oito *yangbanxi* originais que se desenvolveram a partir da década de 1960 e que ganharam status de modelo com o início da Revolução Cultural são: as cinco óperas – *A lenda da lanterna vermelha* (*Hong deng ji*), *Shajiabang*, *O tomar da Montanha do Tigre* (*Zhiqu wei hushan*), *Ataque ao regimento do tigre branco* (*Qixi bai hutuan*) e *O porto* (*Hai gang*); os dois ballets – *O destacamento vermelho de mulheres* (*Hongse niangzi jun*) e *A garota do cabelo branco* (*Bai mao nü*); e uma versão sinfônica de *Shajiabang*. A quarta esposa de Mao, Jiang Qing, que havia sido atriz de cinema na década de 1930 sob o nome de Lan Ping, promoveu e supervisionou, a partir de 1963, a criação das duas primeiras óperas-modelo – *A lenda da lanterna vermelha* e *Shajiabang* – e lançou, então, o que Barbara Mittler chamou de uma "cruzada pela dominação da produção artística na China" (2003, p. 58). Jiang Qing havia ficado quase vinte anos distante do olhar público, mas emergiu com força nos anos 1960 para se tornar uma das figuras mais influentes na China durante a Revolução Cultural. Ela foi a força por trás da adaptação a partir de diferentes óperas, filmes, livros e lendas chinesas em direção à criação das oito *yangbanxi*, consagradas na frase "oito obras teatrais para oitocentas milhões de pessoas".

As oito obras modelo contavam histórias do passado recente da China, com ênfase no período da Segunda Guerra Sino-Japonesa. Buscavam retratar a luta do povo chinês contra inimigos vindos do exterior e do interior, ou seja, os japoneses e os nacionalistas. A intenção era glorificar a cooperação entre o Exército Popular de Libertação e as pessoas comuns, enfatizando o papel decisivo de Mao Zedong e de seu pensamento na vitória do socialismo na China. Essas óperas já não contavam com imperadores, reis, generais, chanceleres, princesas e concubinas; em vez disso, elas apresentavam trabalhadores heroicos, camponeses e soldados, como Mao há muito exigia.



Interessante observar que as óperas-modelo filmadas foram produzidas obedecendo os princípios de proeminência estabelecidos por Jiang Qing, como "dar proeminência aos personagens positivos sob todos os outros, aos heróis entre os personagens positivos, ao herói principal entre os heróis". Esse princípio se traduziu em uma série de técnicas cinematográficas formais. Por exemplo, o herói deveria sempre estar no centro da tela, filmado em contra-plongée, com iluminação brilhante e cores quentes, além de sempre ter que parecer maior que o vilão, tratado de modo oposto. Assim, os close-ups e o contra-plongées eram reservados para o herói ou a heroína (os comunistas), e a luz verde, os planos mais distantes e o plongée, reservados para o vilão (os capitalistas ou os japoneses). A coreografia combinava passos de balé ocidentais com elementos da Ópera de Pequim, acompanhada de coros e música tocada com instrumentos chineses e ocidentais. Tudo isso levou ao desenvolvimento de um estilo muito particular, com cores densas, planos longos, binarismos e maniqueísmos, dança e música.

Por todos os seus crimes políticos,[2] Jiang Qing se tornou uma figura muito controversa após o fim da Revolução Cultural, e raramente aparece em estudos acadêmicos sobre o cinema de mulheres da China continental. Parece-me necessário, contudo, salientar sua importância na concepção e no desenvolvimento dos oito filmes que foram, por muitos anos, a única fonte de entretenimento para o país mais populoso do mundo.

## Mulheres da Quarta e Quinta gerações



Em 1976, com a queda da Camarilha dos Quatro e a morte de Mao Zedong, a produção cinematográfica passou a ser reativada em paralelo com a gradual abertura econômica liderada por Deng Xiaoping. Nos anos 1980, a nova geração de diretores que emergiu na China mudou os rumos do cinema chinês. Esse é o período conhecido como a Quarta (1978-1983) e a Quinta (1983-1989) gerações do cinema chinês,[3] que, em um primeiro momento, lidaram com as feridas da Revolução Cultural e, em um segundo momento, se aproximaram de certas tendências do cinema europeu em direção a um cinema mais autoral, cada vez mais audacioso em sua forma e conteúdo, e também mais controverso. Trata-se de

2. Jiang Qing integrou e é, até hoje, o membro mais proeminente da chamada Camarilha dos Quatro (四人帮 *siren bang*), uma facção política que controlou grande parte das decisões do PCC, principalmente durante a segunda metade da Revolução Cultural. Até hoje não se sabe ao certo quais decisões políticas foram tomadas diretamente por Mao ou pela Camarilha dos Quatro, mas o fato é que seus membros acabaram sendo responsabilizados pelos excessos e radicalismos do período, caindo em desgraça um mês após a morte de Mao, em 1976. É notório, contudo, o fato de Jiang Qing ter se aproveitado do caos político ensejado pela Revolução Cultural para lançar uma campanha de vingança contra aqueles que considerava seus inimigos e principais opositores políticos, incitando os Guardas Vermelhos a perseguirem, humilharem publicamente, prenderem, torturarem e matarem um número expressivo de pessoas, dentre as quais, os filhos de seu inimigo Zhou Enlai. Após o fim da Revolução Cultural, Jiang Qing foi julgada e condenada à prisão perpétua, finalmente cometendo suicídio, aos 77 anos, em 1991.

3. A periodicidade em gerações é comum na historiografia do cinema chinês e se organiza atualmente da seguinte forma (divisão proposta pela Academia de Cinema de Beijing): 1905-1937 – primeira geração, da era silenciosa até o início da Segunda Guerra Sino-japonesa; 1937-1949 – segunda geração, da Guerra Sino-japonesa à Guerra Civil; 1949-1978 – terceira geração, da proclamação da RPC até dois anos após o fim da Revolução Cultural; 1978-1983 – quarta geração, do início da abertura até a formatura da quinta geração na Academia de Cinema; 1983-1989 – quinta geração, de *Um e oito* (Zhang Junzhao) e *Terra amarela* (Chen Kaige) até o massacre de Tiananmen; 1989-? – sexta geração, era pós-Deng Xiaoping (já se fala hoje da sétima geração de documentaristas digitais). Ver Tan e Yun, 2012.

um período que foi marcado por uma relativa liberalização para as artes, e o cinema se enriqueceu não apenas do relaxamento da censura como também do acesso à teoria, à crítica e à produção internacionais, até então bastante limitado na China. Disso decorreu um desejo pela modernização da linguagem do cinema chinês, que passou a ser discutido sob o ponto de vista da teoria. Além disso, é notável o surgimento de uma nova relação entre o Partido/Estado Chinês e a produção de filmes, com a gradual privatização dos estúdios, que agora ficavam quase totalmente responsáveis pelo seu próprio orçamento e balanço anual, enfrentando a pressão por lucro. Como resultado, nota-se o aumento na produção de filmes de entretenimento e a decadência dos filmes políticos didáticos. Isso também acabou vindo em detrimento da experimentação formal, que até hoje é desencorajada no âmbito oficial.



O que se pode notar em comum entre a tendência mais autoral e a outra mais comercial é a rejeição da tradição do realismo socialista que dominava a produção de filmes anteriormente. Já alguns dos principais filmes da Quarta e Quinta gerações, diferentemente do cinema de cunho comercial, iam além nessa rejeição e, intencionalmente, confundiam as distinções entre heróis e vilões, e caracterizavam-se por um enredo e diálogos cada vez mais minimalistas, pelo uso de luz natural em locações reais e pela pouca preocupação com entretenimento e com o sucesso de bilheteria.

O cinema das mulheres também apresentou essa abertura para o cinema europeu moderno e autoral, mas, mais importante do que isso, assumiu diferentes formas e se tornou mais diverso e plural, mais aberto a experimentações, menos ideológico e menos comercial. É importante lembrar que, nos primeiros 17 anos do governo do PCC, as escolas Academia de Cinema de Pequim e Academia Central de Drama de Pequim passaram a receber uma porcentagem cada vez maior de estudantes mulheres. Assim, com o fim da Revolução Cultural, essas gerações que haviam sido treinadas em escolas puderam passar para a produção de filmes. Algumas eram veteranas, como Dong Kena, que dirigiu vários filmes com temática feminina nos anos 1980, como por exemplo *A garota Ming* (*Ming funiang*, 1984), *O hotel de mulheres Xiangsi* (*Xiangsi nüzi kedian*, 1985) e *A mulher da colina de terra amarela* (*Huangtupo de poyimen*, 1988).

Já outras se formaram logo antes da Revolução Cultural, mas tiveram que esperar dez anos para passar para a realização.

Um destaque da Quarta Geração é a cineasta Zhang Nuanxin, advinda da Mongólia Interior e formada na Academia de Cinema de Pequim, em 1962. Com o fim da Revolução Cultural, Zhang escreveu com seu marido, Li Tuo, o ensaio "A modernização da linguagem cinematográfica", considerado uma espécie de manifesto da Quarta Geração. O ensaio propunha duas mudanças fundamentais: o modo documental deveria substituir o modo do realismo socialista, e deveria haver a prevalência da subjetividade, uma sugestão um tanto ousada em uma sociedade altamente coletivista como a chinesa. Seu filme *A gaivota* (*Sha ou*, 1981) foi, segundo Wang (2012, p. 333), um dos primeiros exemplos do emprego de uma narrativa pessoal associada ao modo subjetivo, ou seja, as experiências emocionais e históricas relatadas no filme em primeira pessoa estavam relacionadas direta ou indiretamente com as experiências pessoais de Zhang. O enredo conta a história de uma mulher que, após o fim da Revolução Cultural, deseja vencer um campeonato de vôlei. Há algo da trajetória do herói coletivo aqui que remete ao cinema de propaganda, mas o modo como Zhang conta a história dessa heroína – com atores não profissionais, o uso de planos-sequência, a narração da mulher em primeira pessoa, a câmera e o som subjetivos e as locações reais – complica uma narrativa mais convencional. Posteriormente, Zhang dirigiu, ainda, *O sacrifício da juventude* (*Qingchun ji*), em 1985.

Ainda nos anos 1980, outros nomes que se destacaram dentro do cinema de mulheres da China continental foram Huang Shuqin, que dirigiu o aclamado *Amor fantasma* (*Ren gui qing*, 1987), filme sobre uma atriz de ópera de Pequim considerado por Dai Jinhua, a principal crítica e professora de cinema da China, como o primeiro filme feminista na China (DAI, 2002, p. 153); Wang Haowei, que dirigiu a comédia *Que família* (*Qiao zhe yi jiazi*, 1979), voltada à promoção da política de controle da natalidade pelo governo, e *Rua do pôr-do-sol* (*Xizhao jie*, 1983); e Shi Shujun, que dirigiu *Alojamento de meninas* (*Nüdaxuesheng sushe*, 1983) e *A colegial desaparecida* (*Shizong de Nüzhongxuesheng*, 1986), filmes sobre adolescentes.

A Quinta Geração, que entra na Academia de Cinema de Pequim após a reabertura da escola, em 1978, contou com algumas mulheres de destaque. Uma delas foi Li Shaohong, que dirigiu dois *thrillers* psicológicos, *O assassinato da cobra prateada* (*Yinshe mousha'an*, 1988) e *Manhã sangrenta* (*Xuese qingchen*, 1990), esse último uma alegoria do massacre da Praça da Paz Celestial, em 1989. Outros nomes importantes são Ning Ying e Peng Xiaolian. A primeira dirigiu a trilogia de Pequim *Buscando diversão* (*Zhao le*, 1993), *A história de um policial* (*Minjing gushi*, 1995) e *O calor do verão* (*Xiari nuanyangyang*, 2000), e a segunda ficou conhecida por filmes centrados em mulheres, como *Histórias de mulheres* (*Nüren de gushi*, 1987) e *Fingindo não sentir* (*Jiazhuang mei ganjue*, 2002).



## Cinema independente feminista e gay

Não há dúvidas de que, com a intensificação da produção mais comercial na China, diretoras mulheres continuaram a ter um papel de destaque no cenário cinematográfico oficial. Muitas dessas diretoras eram egressas de escolas de cinema, como Ma Liwen, Li Hong e Xiao Jiang. O cinema de Ma Liwen é herdeiro do cinema subjetivo de Zhang Nuanxin, a exemplo de seu filme *A pessoa que mais me amava no mundo se foi* (*Shijie shan zui teng wode nage ren zoule*, 2002), baseado em um ensaio autobiográfico da escritora Zhang Jie, de 1994, sobre a relação entre uma mãe e sua filha. Outras diretoras mulheres no panorama contemporâneo da China continental replicam um padrão que já existia desde os anos 1920, ou seja, são atrizes que passaram para detrás das câmeras, como Xu Jinglei e Yu Feihong. Contudo, é fundamental lembrar que, apesar de todos os avanços galgados pelas mulheres desde 1949, sua inserção na produção cinematográfica ainda é tímida em relação aos homens.

Ao mesmo tempo em que esse cinema comercial dirigido por mulheres subsiste, tantas outras mulheres passaram, nos anos 1990 e 2000, a realizar seus filmes de forma clandestina diante da censura que voltou a se intensificar no período pós-1989. Essa produção coincide com o surgimento da Sexta Geração do cinema chinês, que apareceu na China nos anos 1990 na forma de um movimento *underground*, com forte traço de amadorismo. Os filmes dessa geração, predominantemente masculina em um primeiro momento, eram frequentemente realizados com baixíssimo orçamento, empregando o estilo documental, planos-sequência, câmera na mão, luz natural e som direto. Ao contrário dos diretores da Quinta Geração, a Sexta Geração filmou histórias urbanas e contemporâneas e caracterizou-se por uma nova virada realista que buscou exprimir sensações de alienação, angústia, uma certa revolta contra o *status quo* e lidar com temas como aborto, alcoolismo, sexo, drogas e violência. Percebe-se notadamente uma ênfase na subcultura jovem, até então pouco abordada pelo cinema chinês. Gradualmente, a tecnologia digital fortaleceu também esse diálogo com as paisagens reais da China contemporânea, cuja abertura econômica iniciada com a era das reformas de Deng Xiaoping produziu efeitos de grande intensidade nos espaços urbanos, levando ao desejo de registrar o desaparecimento do velho e o surgimento do novo, e assim preservar uma paisagem efêmera e um real instável (ZHANG, 2007, p. 5).



Se as mulheres parecem um tanto ausentes desse cinema clandestino da Sexta Geração, é notável o trabalho pioneiro de Li Yu, diretora do primeiro filme lésbico da China continental. Li Yu havia trabalhado por anos na televisão e então dirigiu seu primeiro filme experimental e independente, *O verão desse ano* (*Jinnian xiatian*, lançado em inglês como *Fish and elephant*), em 2001. O filme nunca foi lançado na China, mas obteve renome internacionalmente e constitui, até hoje, um marco na história do cinema chinês. Posteriormente, Li Yu se tornou uma diretora de cunho mais comercial, mas não por isso menos controversa. Obteve certo sucesso com *A face vermelha* (*Hong yan,* lançado em inglês como *Dam street,* 2005) e *A maçã* (*Ping guo,* lançado em inglês como *Lost in Beijing,* 2007), mas seus filmes sofreram forte censura dentro da China e acabaram proibidos.

Na primeira década do século XXI, apareceram cada vez mais diretoras mulheres, tanto no panorama comercial quanto no *underground* do cinema da China continental. Dentre elas, destaco Liu Jiayin, que estudou roteiro na Academia de Cinema de Pequim e dirigiu os filmes *Oxhide* (*Niu pi,* 2004) e *Oxhide II* (*Niu pi II,* 2009), empregando um estilo documental e subjetivo, nunca lançados comercialmente em seu país. Além disso, são notáveis diversas documentaristas chinesas, como Zhang

Mengqi, Zou Xueping e Zhang Ping, que trabalham junto ao Folk Memory Project, do pioneiro do documentário independente na China, Wu Wenguang, e que vêm documentando a vida e as memórias dos antigos habitantes de pequenas comunidades rurais no interior da China.

Interessante notar que o destino das mulheres no cinema chinês parece marcado por dilemas recorrentes que dilaceram suas experiências como artistas, a despeito das importantes conquistas no campo da igualdade de gênero, aferidas desde as lutas dos anos 1920 e 1930, e da Revolução Comunista, de 1949. Se em um primeiro momento parecia haver uma tensão entre a *nova mulher*, que surgia no início do século XX com a República da China, e as antigas tradições opressoras da sociedade chinesa imperial, levando muitas vezes ao impasse e à autodestruição, após a revolução, a emancipação feminina, exemplar em tantos aspectos, acabou e acaba, até hoje, esbarrando na censura política. Isso significa que se por um lado as mulheres foram e são cada vez mais elevadas à categoria de criadoras cinematográficas em diversos campos da produção, por outro lado sua liberdade de criação continua a ser cerceada, se não tanto pelo gênero, definitivamente pelo sistema de controle imposto pelo governo a todos os que trabalham no universo cinematográfico chinês, sem sinais de arrefecimento. Assim, as subjetividades, angústias e paixões de mulheres como Li Yu, Liu Jiayin e tantas outras acabam permanecendo reprimidas ou são, então, empurradas para a clandestinidade dentro da própria China. Isso vem comprovar que o percurso da emancipação feminina ainda está longe de se concretizar no campo artístico na China, mas, de 1925 até hoje, não faltam exemplos de lutas e conquistas daquelas que detêm, e sempre deterão, (pelo menos) a metade do céu.

## Referências Bibliográficas

BUTLER, Alison. *Women's cinema*: the contested screen. Londres: Wallflower Press, 2002.

DAI, Jinhua. *Human, woman, and demon*: a woman's predicament. In: WANG, Jing; BARLOW, Tani E.. (Org.). *Cinema and desire*: feminist marxism and cultural politics in the work of Dai Jinhua. London: Verso, 2002, p. 151-171.

MITTLER, Barbara. *Cultural Revolution model works and the politics of modernization in China*: an analysis of "Taking Tiger Mountain (by strategy)". The World of Music, v. 45, n. 2, p. 53-81, 2003.

SPENCE, Jonathan D. *Em busca da China moderna*: quatro séculos de história. São Paulo: Companhia das Letras, 1996.

TAN, Ye; YUN, Zhu. *Historical dictionary of chinese cinema*. Plymouth: The Scarecrow Press, Inc., 2012.



WANG, Lingzhen. *Chinese women's cinema*. In: ZHANG, Yingjin. *A companion to chinese cinema*. Chichester: Wiley-Blackwell, 2012, p. 318-345.

WANG, Lingzhen. *Socialist cinema and female authorship*: overdetermination and subjective revisions in Dong Kena's "Small grass grows on the Kunlun Mountain" (1962). In: WANG, Lingzhen (Org.). *Chinese women's cinema: transnational contexts*. Nova York: Columbia University Press, 2011, p. 47-65.

ZHANG, Yingjin. *Chinese national cinema*. New York: Routledge, 2004.

ZHANG, Zhen. *Introduction: Bearing witness: chinese urban cinema in the Era of Transformation*. In: Zhang, Zhen (Org.). *The urban generation*: chinese cinema and society at the turn of the twenty-first century. Durham e Londres: Duke University Press, 2007, p. 1-48.

# MULHERES NO CINEMA IRANIANO: PERSPECTIVAS CRIATIVAS E IDEOLÓGICAS FRENTE À INTERVENÇÃO ESTATAL

Alessandra Meleiro



O cinema iraniano passou por uma profunda transformação desde a Revolução Islâmica de 1979. Por um lado, a nova regulamentação introduzida pelo estado teocrático restringiu a entrada de filmes estrangeiros (especialmente aqueles de Hollywood), em um esforço de purificar o espaço público; por outro, levou ao fortalecimento da produção nacional. Um crescente número de longas-metragens foi produzido no Irã desde então.

O Estado impôs distintas formas de restrição e censura política/cultural àqueles envolvidos com produção cinematográfica – como desenvolveremos mais à frente –, mas a emergência do novo cinema iraniano remonta às particularidades históricas e políticas que criaram um espaço distinto para questões relacionadas a críticas sociais, possibilitando a presença de mulheres em diferentes funções na cadeia produtiva (REZAI-RASHTI, 2007, p. 191-206).

Neste capítulo, analisamos de que forma as mulheres que atuam no cinema iraniano podem desempenhar um papel de crítica e protagonismo em uma sociedade envolta em repressão política e ortodoxias religiosas.[1]

## Religião e Direitos Humanos

Ao introduzir temas como religião e direitos humanos em um artigo sobre mulheres no cinema iraniano, pretendemos salientar

1. Este capítulo deriva, em parte, da Pesquisa de Doutorado "O Novo Cinema Iraniano: arte e intervenção estatal", realizada na Escola de Comunicação e Artes da Universidade de São Paulo – ECA/USP, publicada em 2006, pela Escrituras Editora.

como as tradições religiosas são suficientemente autoritárias para determinar uma prática política.

Tentar assegurar a existência de direitos humanos *islâmicos*, como fazem os conservadores do governo no Irã, mostra como a religião é intencionalmente desenhada para legitimar um interesse material ou político. Assim como ocorre com os direitos humanos, a religião também é sistematicamente utilizada para legitimar políticas culturais, especificamente políticas culturais dirigistas.

Os muçulmanos dizem que a religião em geral e o sistema de valores teológicos, ético e espiritual, em particular os islâmicos, oferecem para a humanidade uma sólida base em que a noção de direitos humanos pode estar baseada. As reservas dos muçulmanos sobre aspectos e características específicas da ocidental Declaração Universal dos Direitos Humanos é que direitos humanos não deveriam ser simplesmente adotados da versão ocidental, mas poderiam também ser formulados a partir de diferentes culturas e tradições, de distintos *backgrounds* (EZZATI, 2001, p. 59).



O fato de existirem entidades simbólicas culturais e trans-históricas que produzem diversos ou antagônicos tipos de comunidade política não leva necessariamente à conclusão de que direitos humanos não são universais. O que deduzimos é que, justamente por não serem específicos de determinadas civilizações, a defesa dos direitos humanos ou civis em uma sociedade deve ser a mesma defesa dos direitos humanos ou civis em outra.

## Tradição e inovação na trama cultural iraniana

Com a queda do Shah Reza Pahlevi (1919-1980), "tradições inventadas", como as mulheres voltarem a usar véu e a não aparecerem na TV, bem como a proibição de bebidas alcoólicas (para os revolucionários, as verdadeiras recompensas da revolução residiam no céu) foram "resgatadas" (HOBSBAWM, 2002, p. 09). Mas o que acontece no Irã atualmente é que uma tremenda batalha pós-revolucionária continua se desenrolando e as "tradições", principalmente, estão no *front line*.

As mulheres no Irã do século XXI (pelo calendário gregoriano) ainda necessitam da permissão do pai para se casar, não importa qual seja sua idade, necessitam do consentimento do marido para obter um passaporte e para viajar e seu testemunho em um júri vale metade do de um homem.

O debate sobre as mulheres é altamente politizado e todas as posições refletem agendas políticas, ideológicas e religiosas. Este tem sido o campo de batalha para os debates sobre secularização versus islamização, força do estado versus autonomia do coletivo, ocidentalização versus identidade cultural (HUNTINGTON, 1993; NORRIS, 2003, p. 63-70), que tanto preocupa as sociedades muçulmanas contemporâneas.



Há várias interpretações sobre os direitos da mulher no Islã. O maior debate tem sido entre intérpretes tradicionalistas, de um lado, e reformistas do Alcorão, de outro, do qual fazem parte as críticas feministas e suas diferentes posturas em temas como poligamia, uso do véu, direitos econômicos da mulher, herança e emprego. Os tradicionalistas argumentam que os textos do Alcorão são normativos e especificam regras válidas eternamente: exige que a mulher fique recolhida em casa, não tenha um papel público e seja subordinada ao homem, que deve proteger sua decência.

Os reformistas argumentam que as normas islâmicas em relação ao *status* da mulher na família têm sido tratadas como uma questão ética mais do que uma exigência legal e, se o Islã é descritivo de um determinado tempo e espaço, então, com as mudanças nas condições históricas e sociais, novas adaptações são necessárias. Os reformistas veem o Alcorão como um suporte para a integração da mulher na sociedade, agora que isso tem se tornado essencial para o cumprimento de suas funções familiares (NAIPAUL, 2001; MELEIRO, 2002).

Feministas têm assumido vários pontos de vista. Entre elas há um consenso de que a segregação das mulheres e a subordinação são, ao menos em parte, o produto da autoridade patriarcal e que as sociedades muçulmanas do Oriente Médio não diferem, sob esse ponto de vista, das sociedades latinoamericanas ou europeias. Elas argumentam que o Alcorão, as leis islâmicas e as atitudes morais têm favorecido um clima social e moral que reforça a subordinação (SERJOOIE, 2003, p. 14).

As atitudes formais no Irã estão mudando, ainda que vagarosamente, e isso se dá principalmente no âmbito da sociedade civil, que está menos resistente a forças vindas do Ocidente; este, mais do que ser encarado como uma entidade geográfica, cultural e histórica distinta, é sinônimo do 'novo' ou 'moderno', da mesma maneira como muitos orientalistas europeus se reportam ao Oriente islâmico como a um tempo essencialmente antigo.

É inegável que certas tendências da cultura contemporânea no Irã orientam-se por modelos europeus e americanos, embora ideias antiimperialistas tenham se apoderado do país a partir da revolução islâmica (SAID, 2001, p. 327-328).



## A moralidade islâmica na frente e atrás das câmeras

Estudar a intervenção pública no cinema iraniano significa considerar o processo de produção e as regulamentações aplicadas ao cinema levando-se em conta como o regime islâmico atualmente opera. Ao controlar a agenda representacional para a nação, o governo iraniano conquista um considerável poder sobre a visão que os indivíduos têm de si próprios e uns dos outros.

O espírito nacional que tomou conta do Irã pós-revolução e a ideia de um cinema nacional surgem na sombra do movimento anti-Shah e anti-Ocidente, o que mostra que as representações da nação foram primeiramente concebidas em termos antiimperialistas.

O principal objetivo da política do Irã em relação ao cinema não tem sido artístico ou econômico, mas o resultado de um projeto ideológico. No Irã, os valores morais e a orientação política do diretor, produtor e equipe importam mais no momento de aprovação pelo Ministério da Cultura e Guia Islâmico (MCGI) do que um projeto bem definido ou um roteiro de boa qualidade.

A política do Estado iraniano para o cinema tem sido promover uma geração dedicada a projetar na tela uma imagem da sociedade islâmica desenhada pela Revolução, pela qual a corrupção moral não existe (DEVICTOR, 2002, p. 76).

O cinema torna-se uma ferramenta a ser utilizada pelo regime visando à islamização da sociedade, assim como o Shah o tinha empregado para que refletisse os valores ocidentais: dois anos antes da revolução, o cinema iraniano estava totalmente dominado pelo cinema de Hollywood.

## Regulamentações da censura

A regulamentação da censura é o mais explícito exemplo do intervencionismo coercitivo do Estado. A censura, justificada como guardiã dos princípios de que o poder político julga ser defensor, sempre existiu, embora as autoridades não especificassem o que era permitido e o que era proibido até 1984.

A causa do vagaroso aquecimento da produção de filmes no Irã no período de transição é em parte devida às medidas de "purificação" do cinema e à perseguição de cineastas (encarceramento, exílio e até mesmo execução), mas também inclui o baixo orçamento destinado à produção durante a revolução, a falta de um modelo para o que se chamava "cinema islâmico", a falta de um organismo que centralizasse a produção, a forte competição com os filmes importados e a aplicação sem critérios da censura.

Antes de 1984, os profissionais estavam conscientes de que a censura estava relacionada com a "norma islâmica": relações entre homens e mulheres, comportamento e imagem da mulher, mas nada estava claro. A transformação do cinema do período Pahlevi para o período islâmico envolvia uma grande mudança ideológica e cultural que levou alguns anos para se consolidar.

De 1984 a 1997, todos os anos as políticas do MCGI relacionadas ao cinema foram publicadas e anunciadas no *Fajr Film Festival*. Tais políticas incorporaram regulamentações sobre produção, distribuição e exibição de filmes (código de censura). Isso quer dizer que os mandos e desmandos oficiais impactaram as políticas de censura, e os cineastas, ao sabor da natureza mutante do sistema, ficaram impedidos de um planejamento de longo prazo.

Assim como mensagens islâmicas fazem parte desse cinema oficial, pedidos de reformas, de mudanças, embasados em um forte movimento político que existe hoje no Irã, fazem parte de um cinema militante.

O filme *Women´s Prison* (2002), de Manizheh Hekmat, que aborda sérias questões políticas e sociais, por exemplo, foi interditado por vários meses, mas, mais tarde, através do *lobby* de algumas autoridades, a diretora obteve permissão de exibição. Ao todo, oito minutos foram excluídos para que a exibição em Teerã fosse possível. O filme obteve um bom sucesso de público, dentro e fora do país.

No Irã pós-revolucionário, nunca ocorreu uma ação de peso organizada por profissionais do cinema contra a censura – as ações organizadas que ocorreram nas ruas em 1999 não tiveram continuidade –, e os produtores cinematográficos não se empenham pelo fim da censura, mas sim contra seus rigores e excessos.



## O cinema de intervenção social

O Irã produziu o mais denso conjunto de autores desde o Novo Cinema Alemão na década de 1970, e vários estão dedicados a mostrar que a sociedade iraniana é muito mais complexa do que aquela propagandeada pelo governo em TV, jornais e rádio e, para uma plateia internacional, declaram que seu país não pode ser reduzido a uma ou duas sentenças da CNN ou BBC que reforçam os estereótipos pelos quais o Oriente é visto.

No Irã, a recorrente escolha de crianças protagonistas em filmes, como veículos emblemáticos para uma crítica social na década de 1980, e a necessidade de utilização de metáforas para abordar a opressão social vêm gradualmente diminuindo, como podemos notar, por exemplo, em filmes que abordam abertamente questões relacionadas à situação da mulher iraniana na contemporaneidade, tais como *Leila* (Dariush Mehrjui, 1996), *The Circle* (Jafar Panahi, 1999), *The Day I Became a Woman* (Marzieh Meshkini, 2000), *The Apple* (Samira Makhmalbaf, 1997), *Kandahar* (Mohsen Makhmalbaf, 2000) e *Ten* (Abbas Kiarostami, 2002).

A linguagem desenvolvida pelos cineastas nos piores momentos da censura (década de 1980) foi aclamada por críticos do Oriente e Ocidente e, sem dúvida, foi a forma que os cineastas encontraram para elaborar seus discursos.

Ainda que seguindo um traço autoral, não podemos ignorar a influência da pressão do governo no histórico das produções independentes e, em uma perspectiva mais ampla, não podemos negar que o aumento do número de filmes com foco político e ideológico coincida com o gradativo aumento dos cofinanciamentos com outros países ou ainda que o grau de liberdade de criação seja inversamente proporcional aos investimentos do Estado na cultura. O filme *The Women's Prison* (2002), de Manizheh Hekmat, é um exemplo disso.

*The Women's Prison*, assim como *Ten*, de Abbas Kiarostami, não poderiam ter sido feitos há alguns anos. Esse talvez seja um sinal do processo de abertura e de negociações na área cultural após a eleição do presidente Khatami à presidência (PETERSON, 1997). A ideia de fazer um filme sobre presidiárias demandou muita negociação, pesquisa e documentação. Hekmat obteve permissão para usar a locação real de um presídio, fazendo com que no elenco trabalhassem também presidiárias. Quando o filme estava terminado, o real problema começou: o retrato da vida atrás das grades foi considerado franco demais e o futuro do filme parecia incerto.

Aparentemente, Hekmat não comprometeu suas intenções em relação ao realismo e, como mulher, tomou a liberdade de mostrar o cabelo das mulheres. Depois de muita incerteza, o filme sofreu alguns cortes e obteve permissão para exibição.

Outro longa-metragem, *20 Fingers* (2004), de Mania Akbari, que traz temas sensíveis ao governo, como aborto, adultério e amor lésbico, conseguiu burlar a censura ao realizar uma produção de baixo orçamento, feita em vídeo digital. Filmar em 35 mm exigiria alugar equipamentos das autoridades centrais, ou seja, significaria ter o roteiro aprovado por um representante do governo, que assistiria às filmagens para garantir que o filme fosse fiel ao roteiro aprovado. O fato de um filme ser feito em digital significa que está livre da fiscalização na hora da gravação, o que permitiu que Akbari filmasse um roteiro diferente do que foi aprovado. A pós-produção foi feita em Londres, levando as autoridades iranianas a não poderem impedir que o filme circulasse no circuito internacional.

O filme retrata, pela primeira vez, a homossexualidade no país, crime sujeito a condenação e apedrejamento. Com pouco mais de uma hora de duração, *20 Fingers* é feito de sete sequências, todas retratando um casal em conversa sobre temas íntimos. Em uma das (mais fortes) cenas do filme, uma mulher revela ao marido, durante uma viagem de trem, que dormiu com outra mulher. Em reposta, ele a atira para fora do compartimento.

## A mulher no cinema

Os séculos XIX e XX trouxeram grandes mudanças na posição histórica das mulheres (LAPIDUS, 1995, p. 890-899). Intelectuais ocidentalizados nos países muçulmanos sinalizaram reformas sociais e políticas, propondo que a emancipação das mulheres e sua integração na sociedade seriam necessárias para a criação de um Estado nacional moderno.



Ao levantar a "bandeira" de causas feministas, os intelectuais pretendiam discutir também a secularização das sociedades muçulmanas e a separação entre Estado e religião, reduzindo assim o domínio de leis islâmicas. Mudar o papel das mulheres simbolizava uma mudança em toda a ordem social.

No entanto, no Irã, a questão das restrições dos direitos da mulher é cultural e política, *além* de religiosa. A esse respeito, Afshar afirma: "As mulheres têm se tornado o maior emblema da islamização e seus códigos de vestimenta o mais significativo identificador do sucesso revolucionário" (AFSHAR, 1998, p. 197). Isto porque, para os muçulmanos, o *chador* (capa que cobre o corpo) e o *hejab* (lenço que cobre a cabeça e o peito) são exteriorizações de uma verdade divina interior e a adoção dessas vestimentas islâmicas seria uma maneira de preservar a identidade iraniana.

Mohsen Makhmalbaf sinaliza que os códigos de vestimenta para as mulheres criaram problemas para os cineastas. Os roteiros em que as mulheres são protagonistas dificilmente são realistas, uma vez que essas mulheres, se realmente se comportassem segundo códigos islâmicos, não apareceriam com véu dentro de suas próprias casas. As mulheres podem aparecer sem o véu somente para seus maridos, filhos, pais ou irmãos, mas isto não é possível na tela do cinema, uma vez que observadores não podem ser admitidos na privacidade da vida familiar (NAFICY, 1994, p. 135).

Outra questão polêmica sobre o código de vestimenta das mulheres envolve a cor e a forma de utilização do *chador* e do *hejab* pelas mulheres. Para os muçulmanos fervorosos, uma cor brilhante de *hejab* é totalmente imprópria (NAFICY, 1994, p. 135). O preto, ainda hoje, é a cor mais comum de *chadors* e *hejabs* usados no Irã (AFSHAR, 1998).

Com abordagens diferentes, os filmes *The Apple* (1998) e *The Circle* (2000) abordam o papel da mulher nas sociedades islâmicas. *The Apple*, de Samira Makhmalbaf, que ganhou sete prêmios em festivais internacionais, narra a história verídica de duas gêmeas que viviam sem contato com a realidade exterior: um casal mantinha-as trancadas desde o nascimento. *The Apple* começa com os vizinhos relatando o caso para uma assistente social que as liberta para brincar na rua, mas não sem antes trancar o pai. O filme mostra a impressão das garotas em seu primeiro contato com o mundo exterior, simbolizando o início de um movimento de maior liberdade para as mulheres.



*The Circle*, de Jafar Panahi, surpreendeu críticos dentro e fora do Irã pela forma como narra a trajetória de seis mulheres que vivem sob a opressão masculina no Irã. Procura abordar aspectos sobre as duras punições estabelecidas pela Sharia através de mulheres presidiárias que cometeram crimes como, por exemplo, estar em um carro com um homem que não era seu marido. No filme, três mulheres são soltas em regime condicional e decidem fugir; sua necessidade por documentos, dinheiro e até por realizar um aborto as leva a medidas desesperadas. O filme usa sua própria estrutura circular para pontuar o quanto as mulheres são aprisionadas. *The Circle* obteve permissão para produção, mas não para exibição, isso devido às referências à prostituição nele contidas. O filme ganhou o Leão de Ouro no Venice Film Festival.

Assim como narram histórias de opressão feminina, os filmes iranianos também falam da força de mulheres que colocam sua cultura e religião acima das promessas ocidentais de "liberação feminina", ao mesmo tempo em que não se submetem aos abusos do país pela distorção dos valores muçulmanos (AMARAL, 1997, p. 15).

*The Day I Became a Woman* (2000), de Marzieh Meshkini, por exemplo, explora a luta de uma mulher, em três fases da vida, cujos desejos conflitam com as expectativas sociais. O primeiro é sobre uma garota que acorda em seu nono aniversário totalmente despreparada pelo fato de que sua vida nunca será a mesma, já que ela agora é considerada uma mulher pelo Islã. Ser proibida de brincar com garotos, incluindo seu melhor amigo, é o primeiro sinal das proibições sociais do futuro.

Outros filmes retratam problemas enfrentados, principalmente, por mulheres pertencentes a comunidades nômades de países islâmicos, como *Gabbeh* (Mohsen Makhmalbaf, 1996), *A Time for Drunken Horses* (Bahman Qobadi, 2000) e *Iraq Exile* (Bahman Qobadi, 2002). Este último, entre momentos verídicos e ficcionais ambientados no Curdistão, especificamente na fronteira entre Irã e Iraque, rememora imagens da infância do diretor, como casamentos por conveniência.

A natureza patriarcal da sociedade iraniana, criticada em *Gabbeh*, é também discutida em *Once Upon a Time Cinema* (Mohsen Makhmalbaf, 1992). Ambientado no século XIX, o Shah reclama em uma cena que, apesar de ter 84 esposas, a única coisa que ele realmente ama é seu gato Babri. 

Apesar do cenário de opressão cultural e das circunstâncias contraditórias da vida das mulheres em uma república islâmica, desde a revolução de 1979, as mulheres iranianas têm deixado seus legados na produção audiovisual (HABIBIAN, 1998).

O *Novo Cinema Iraniano* trouxe consigo um aumento no número de graduados em escolas de cinema no país e, a cada ano, novo(a)s diretore(a)s estreiam com seus filmes. Um número crescente de mulheres tem atuado na direção cinematográfica (NAFICY, 1994; HABIBIAN, 1998): identificamos 43 realizadoras em atividade no período pós-revolucionário. O pioneirismo da cineasta Rakhshan Bani-Etemad – cuja repercussão nacional e internacional é digna de nota – em abordar os problemas internos do Irã é um exemplo para muitas realizadoras iranianas, como Tahmineh Milani, Niki Karimi, Samira Makhmalbaf e outras expatriadas reconhecidas internacionalmente, como Marjane Satrapi (vencedora do Oscar de melhor longa de animação em 2008, dentre outros prêmios).

A jovem Samira Makhmalbaf estreou como diretora aos dezessete anos com o filme *The Apple* (1997), que foi bem recebido no 16º. Fajr Festival, mas alvo de críticas pela suspeita de ter sido dirigido por seu pai, o proeminente diretor Mohsen Makhmalbaf. Acusação similar foi feita ao filme *The House is Black* (1963), da poeta e diretora Forough Farrokhzad, cujos críticos apontaram ter sido dirigido por seu marido, o escritor Ebrahim Golestan (KHAKSAR, 1997, p. 22). A suspeita dos críticos evidencia o quanto o país necessita avançar em temas como igualdade de direitos e oportunidades para as mulheres.

Tahmineh Milani, roteirista e diretora, teve dificuldades para aprovar vários de seus roteiros pelo Ministério da Cultura e Guia Islâmico. O roteiro de seu segundo filme, *Legend of the Sigh* (1990), levou seis meses para ser aprovado, pois "as personagens não forneciam modelos apropriados para nossa juventude" (NAFICY, 1994). Em seu terceiro filme, *What Else is New?* (1991), os censores questionaram a personagem atuar em um papel cômico, e em *Kakado* (1993), questionaram o fato de a personagem de oito anos não estar vestindo o véu (MILANI, 1997, p. 17).



## Considerações finais

Dados relevantes para este capítulo são resultantes de impressões pessoais, entrevistas e documentos obtidos em viagens ao Irã, quando pudemos ter acesso aos programas de intervenção realizados pelo Estado, ou seja, às políticas culturais do Estado para a área cinematográfica após a revolução islâmica.

Tais políticas, para além de contradições e restrições, também levaram à crescente participação das mulheres na cinematografia da República Islâmica do Irã – que, com suas obras, vêm demonstrando não serem receptáculos silenciosos de discursos hegemônicos – as mulheres estão ativamente resistindo aos discursos dominantes através do cinema (REZAI-RASHTI, 2007, p. 191-206).

Vemos que o uso do véu, como novo código de vestimenta das mulheres, foi instrumento utilizado como barreira para suas atividades atrás das câmeras (REZAI-RASHTI, 2007, p. 191-206), mas que a participação feminina no setor cinematográfico acabou por eclipsar as fabricações da história ou da religião.

AMARAL, Marina. "Um Outro Lado Feminino". *Caros Amigos*, ago 1997, no 5, p. 15.

AFSHAR, H. *Islam and Feminisms*: An Iranian Case-study. London: MacMillan, 1998.

DEVICTOR, Agnès. "Classic Tools, Original Goals: Cinema and Public Policy In the Islamic Republic of Iran (1979-1997)", In: TAPPER, Richard. *The New Iranian Cinema*: Politics, Representation and Identity. New York: I.B. Tauris Publishers, 2002.

HABIBIAN, Maryam. "Under wraps on the stage: women in the performing arts in post-revolutionary Iran". *The fourth Nordic conference on Middle Eastern Studies*: The Middle East in globalizing world. Oslo: 1998.

HOBSBAWM, Eric; RANGER, Terence (Org.). *A Invenção das Tradições*. São Paulo: Paz e Terra, 2002.

HUNTINGTON, Samuel. *The Clash of Civilizations and the Remaking of World Order*. New York: Simon and Schuster, 1996.





KHAKSAR, Elham. "The Women of Sixteenth Festival: two women with continuos remembrance of Forough". Tradução Maryam Habibian. *Zanan*, nº 41, 1997, p. 22.

LAPIDUS, Ira M. *A History of Islamic Societies*. 6ª edição. New York: Cambridge University Press, 1995, p. 890-899.

MELEIRO, Alessandra. "A ferramenta das imagens". *Folha de São Paulo, Caderno Mais!*, 01 dez. 2002.

MILANI, Tahmineh. "I Cannot tolerate the injustice". Tradução Maryam Habibian. *Zanan* nº 35, 1997, p. 17.

NAFICY, Hamid. "Veiled Vision/Powerful Presences: Women in Post-revolutionary Iran". In: AFKHAMI, Mahnaz; FRIEDL, Erika (Ed.). *The Eye of the Storm*: Women in Post-revolutionary Iran. New York: Syracuse University Press, 1994, p. 135.

NAIPAUL, V.S. *Entre os Fiéis*. São Paulo: Companhia das Letras, 2001.

NORRIS, Pippa; INGLEHART, Ronald. "The True Clash of Civilization", *Foreign Policy*, Washington, DC, abr. 2003, p. 63-70.

PETERSON, Scott. "Reluctant nod to cultural shift: Iran eases ban on its own films", *Christian Science Monitor*, 23 dez. 1997.

REZAI-RASHTI, Goli. "Transcending the Limitations: Women and the Post-revolutionary Iranian Cinema". *Critique: Critical Middle Eastern Studies*, 16(2), 2007, p. 191-206. 2007.

SAID, Edward. *Orientalismo*: O Oriente como invenção do Ocidente. São Paulo, Companhia das Letras, 2001

SERJOOIE, Mehrdad. "Shirin Ebadi, a huge dilemma for the system". *Iran News*, vol. VII, nº 2518, Tehran, 14 out. 2003, p. 14.

# A MULHER NA DIREÇÃO CINEMATOGRÁFICA INDIANA

Juily Manghirmalani



Uma das maiores produtoras de cinema no mundo, a Índia chega a lançar cerca de mil longas-metragens ao ano. Dentro de suas cinco indústrias,[1] o cinema híndi é o que possui maior popularidade dentro do mercado consumidor.

Semelhante ao que acontece em outros cinemas mundiais, a presença de mulheres na direção cinematográfica é ainda bem pequena na Índia, quase nula. Porém, ainda de forma sutil, essa configuração pouco igualitária está mudando através das novas dinâmicas econômicas e, junto do impacto das produções da diáspora, bem como de oportunidades vindas de obras para streaming, diretoras indianas estão ganhando cada vez mais visibilidade nas produções nacionais.

Para compreendermos como os movimentos políticos e culturais abriram portas para que essa mudança acontecesse, é essencial, primeiramente, entender como foi formado o cinema de massa indiano, popularmente conhecido como Bollywood.

O advento do cinema chegou na Índia em 1896, ainda em período colonial. O mais conhecido dentre os pioneiros do cinema indiano foi Dhundiraj Govind Phalke. Ele acreditava na filosofia nacionalista de

---

1. Os cinemas indianos são divididos por línguas, cultura e estados. Chegam a ter dezessete polos de produção, com cinco indústrias formadas. Há o cinema híndi de Maharashtra; o cinema telugu de Andhra Pradesh; o cinema tâmil de Tamil Nadu; o cinema malayalam de Kerala e o cinema bengalês de Calcutá. O cinema híndi não é o maior produtor cinematográfico do país, mas por ser o maior exportador de filmes, torna-se o mais consumido pelo mercado interno e externo.

*swadeshi*,[2] crença segundo a qual os indianos deveriam administrar sua própria economia na perspectiva de uma futura independência (THORAVAL, 2000, p. 6). Phalke enxergou o cinema como uma possível forma de educar a população – até então analfabeta em sua maioria – sobre seus antigos costumes pré-coloniais e, assim, fortalecer as práticas e ensinamentos do hinduísmo. A intenção inerente era fortalecer o nacionalismo interno e conquistar a independência perante a colônia britânica.

O primeiro longa metragem de Phalke foi *Raja Harishchandra* (1913), baseado em dois famosos épicos da literatura indiana: o *Mahabharata* e o *Ramayana*. Em síntese, o *Mahabharata* desenvolve ideais básicos do hinduísmo, os quatro objetivos de vida: *dharma* (ação correta), *artha* (propósito), *kama* (prazer) e *moksha* (libertação). Por sua vez, o *Ramayana* transmite os valores que regem o relacionamento entre humanos: o caráter de pai, filho, irmão, esposa, monarca e servos ideais. Segundo Gokulsing e Dissanayake, "a ideologia central subjacente nos dois épicos é a preservação da ordem social existente e seus valores privilegiados" (GOKULSING; DISSANAYAKE, 1998, p. 18). 

Esses dois contos têm influenciado, há séculos, a vasta massa populacional, sendo vistos em diversas formas de arte como a poesia, a escultura, o teatro e o cinema, assim alimentando a imaginação de vários tipos de artistas e educando a consciência da nação indiana. Essa profunda "indianização" do cinema marcou sua identidade, mesmo antes da chegada do cinema falado, exportado por Hollywood, na década de 1930.

Para complementar, associações de produtores e distribuidores entusiasmados pelo espírito *swadeshi* protestavam a favor de que filmes nacionais tivessem 50% das telas dos cinemas, com a ideia implícita de prejudicar a produção externa. A maior preocupação era a de "proteger a sociedade indiana e seus costumes da ameaça ocidental" (THORAVAL, 2000, p. 18). Essa medida protecionista criou, na audiência indiana, o hábito de consumir produções internas. Até hoje, o espaço dado em

2. Swadeshi significa autossuficiência. O movimento foi uma estratégia política destinada a remover o Império Britânico do poder e das condições econômicas da Índia. Em suas práticas, envolvia o boicote de produtos britânicos e a revitalização dos produtos nacionais e seus processos de produção.

salas de cinema para produções externas é de menos de 10% ao ano, inclusive nos multiplex de grandes shoppings. Isso ocorre principalmente pela demanda do público indiano em assistir filmes em sua própria língua e estilo cinematográfico.

## A diáspora e o cinema nacional

Mesmo com cinco grandes indústrias presentes no país, o cinema híndi (Bollywood) é a fonte cinematográfica que mais exporta para sua diáspora. Os filmes chegam a estrear, por exemplo, simultaneamente na Índia e na Inglaterra, Estados Unidos, Canadá e Austrália.



Isso acontece por conta da demanda da massa imigrante que comumente relaciona os filmes com a ideia de "casa". Em geral, as pessoas da primeira geração de imigrantes são as que possuem menos hibridismos e miscigenações. Com isso, partilham de grande afinidade pelo local de origem, com o qual se identificam culturalmente e alimentam certa nostalgia (HALL, 2011, p.63). Assim, os filmes se reconfiguraram como um dos principais fomentadores de cultura da "comunidade imaginada" (ANDERSON, 2008) desse grupo social.

As produções da diáspora indiana não só negociam com os grandes produtores *mainstream* de Hollywood e Bollywood, como também transitam entre outros cinemas nacionais e alternativos. É através dessas cinematografias que processos como os de identificação da diáspora indiana estão centralmente configurados e são contestados: "nos anos mais recentes, a principal linguagem das produções culturais e de identidade da diáspora sul-asiática tem sido a linguagem do cinema" (DESAI, 2004, p. 8).

A Índia conquistou sua independência perante o Império Britânico em 1947, tornando-se a República da Índia. Diversas mudanças econômicas fizeram com que o Estado entrasse em crise, o que causou o início de grandes processos imigratórios para outros países. Foi somente no início da década de 1990 que a Índia voltou a crescer economicamente, agora como um país independente.

Decorrente das reformas políticas e econômicas dessa década, o país abriu os portões protecionistas indianos para privatizações e investimentos externos. Não foi de se admirar o impacto que essas mudanças tiveram sobre as identidades de uma forma estrutural. A crescente urbanização, modernização e presença de culturas estrangeiras fez com que houvesse uma reformulação ainda mais radical entre o que seria o "tradicional" e o "moderno" na epistemologia indiana.

Em 2003, o governo adotou o *Dual Citizenship Act*, que redefiniu as possibilidades de dupla cidadania dos imigrantes da nação indiana entre *NRIs* (*Non-Resident Indians*) e *PIOs* (*Person of Indian Origin*).

As transformações econômicas e a abertura da cidadania geraram um forte impacto na indústria cinematográfica, que acabou sendo revitalizada após o período de crise dos anos 1980 (LE FORESTIER, 2015, p. 3). É nessa época que o cinema comercial em híndi se torna Bollywood, como é conhecida atualmente – com sua fórmula melodramática, com séries de músicas e danças. Junto da chegada da TV a cabo e os canais internacionais, o impacto da MTV (*Music Television*) foi evidente nos filmes populares feitos no final da década de 1980 e no começo da década de 1990. Os números de dança e música dentro dos filmes, com cortes rápidos, sequências de dança e ângulos de câmera, ficaram associados ao canal musical de televisão.



A mídia de massa é um dos meios mais importantes para a socialização de comunidades diaspóricas e o consumo de filmes bolly-woodianos é até hoje um dos locais de maior busca por esse tipo de conexão. Junto da classe média indiana, os NRIs se tornaram a nova figura da Índia moderna e independente no imaginário nacional (DWYER, 2010). Nos anos 1990, muitos filmes adotaram histórias e representações de seus integrantes da diáspora e foram esses os maiores filmes em bilheteria da época.

Nessas obras, a família se tornou símbolo da nação e apresentou um comportamento importante de modelo a ser seguido para as comunidades diaspóricas. No entanto, a narrativa não representa uma real experiência da comunidade que imigrou, mas "prefere revelar a ansiedade da Índia [...] em relação à perda de sua própria hegemonia sobre seus cidadãos" (CLINI, 2012, p. 126), buscando revitalizar laços com o Estado nação de origem.

Junto de resquícios do colonialismo, a modernidade indiana gerou, na elite do país, um olhar crítico sobre a tradição vinculada ao nacionalismo e à mulher. Como diz Madhuri Chatterjee:

> Assim, durante a primeira parte do século, a instituição da família que reproduz a cultura nacional através do corpo feminino emerge da consolidação da classe média. Dentro do contexto colonial e nacional, a independência [da Índia] marcou a mulher burguesa como casa [*home*], nação e espiritualidade. Além disso, no discurso (neo)colonial, o fardo das opressões sexuais e de gênero, está na base das "tradições" feudais e patriarcais (da religião, do casamento e da heterossexualidade) localizado na família "indiana". A sexualidade também foi mobilizada pelo nacionalismo anticolonial em nome da família, da maternidade e da pureza (marcadas pela tradição), em contraste aos moldes ocidentais de romance e de amor (significadores da modernidade). Estas determinações binárias continuam a configurar, centralmente, discursos nacionais (e também no cinema) e instituições de gênero e sexualidade (CHATTERJEE apud DESAI, 2004, p. 163).

A transição política da Índia colonial para a pós-colonial colocou na mulher indiana (principalmente a de classe média) imposições de comportamento e responsabilidade sobre a família, o lar e a espiritualidade. O cinema como grande construtor cultural acabou por intensificar, por décadas, a imagem da "mulher patriarcalmente ideal" em seus filmes.

Contudo, desde os anos 2000, uma potente nova onda de filmes independentes do cinema híndi está ganhando visibilidade no mercado nacional. Essas produções, mais críticas e menos palatáveis, apresentam discussões sociais sobre imposições de classe (lembrando que é um país que ainda possui uma forte divisão de castas), papéis de gênero e diversidade sexual. Essas temáticas só se tornaram possíveis após a emergência de um cinema de diáspora feminista, junto de mudanças globais que cada vez mais promovem reflexões sobre direitos humanos.

O final da década de 1980 e o começo de 1990 viram o cinema de diáspora indiano ganhar visibilidade e notoriedade em festivais internacionais. Mira Nair estreou o premiado *Salaam Bombay!*[3] em 1989, nos Estados Unidos, e, em paralelo, Deepa Mehta já estava dirigindo filmes no Canadá, e Gurinder Chadha na Inglaterra.

Gurinder Chadha é de origem Sikh, nasceu no Quênia e viveu a maior parte de sua vida em Londres. Mira Nair e Deepa Mehta possuem maiores similaridades em suas experiências imigratórias. Ambas saíram da Índia já adultas, após se casarem. O grande marco da cinematografia das três diretoras é a reconfiguração da linguagem. Elas utilizam o olhar e o agenciamento da mulher como condutores das narrativas de seus filmes.



Parte de uma cinematografia com "sotaque" (MOODLEY, 2003, p. 67), o cinema de diáspora apresenta outro ponto em comum: a recorrente "falta de pertencimento" de suas cineastas, que muitas vezes apresentam personagens que questionam as tensões entre o local (valores indianos) e o global (valores não indianos, muitas vezes da cultura ocidental em questão).

Os filmes, muitas vezes em coprodução entre Índia e outro país, apresentam as influências da cultura indiana nas personagens de uma forma que estende o nível transnacional de informação. A transposição da "indianeidade" dentro de um outro universo cultural abre possibilidades para tensões em que as mulheres indianas renegociam suas próprias identidades, de modo a poderem expressar suas subjetividades, o que vai em contrapartida ao que Bollywood faz na mesma época.

Mira Nair, em *Mississippi Malasa* (1991), apresenta a protagonista Mina como descendente de sul-asiáticos, nascida em Uganda e que agora mora nos Estados Unidos. A personagem se apresenta como um mixed masala,[4] pois vive questões culturais em sua casa (como o casa-

3. Esse foi o primeiro filme que fez com que Mira Nair ficasse conhecida no mercado internacional, porém no Brasil o filme que a tornou conhecida foi *O casamento à indiana*, de 2001.

4. Masala é um conjunto de temperos encontrado em diversos pratos da gastronomia indiana.

mento arranjado) ao mesmo tempo em que vive a juventude da cultura norte-americana. Mina se apaixona por Demetrius, um homem americano e negro, e que vive tumultos em sua família por conta da mistura étnica e também por racismo. Em *Mississippi Masala*, a protagonista passa por diversas opressões mas, diferentemente do que Bollywood apresenta, neste ela consegue vocalizar suas opiniões e sua sexualidade, fora dos padrões tradicionais da mulher indiana pura, servil e casta.

Mira Nair dirigiu outros títulos de grande impacto na produção da diáspora, como *Kama Sutra: A Tale of Love* (1996), que foi exibido no Festival de Cannes no mesmo ano em que foi proibida sua veiculação na Índia e no Paquistão por conta do seu conteúdo erótico. Outro filme de grande relevância é *Um Casamento à Indiana* (2001), que expõe a história de abuso sexual na infância da protagonista e o peso do casamento para a vida da mulher indiana. Nair volta a questionar a tradição e a subjetividade híbrida de personagens da diáspora em *The Namesake* (2006), homônimo da obra literária de Jhumpa Lahiri.

Outra diretora importante para a cinematografia diaspórica indiana é Gurinder Chadha. Ela lançou, em 1989, o documentário *I'm British but...* no qual abordava a vida de britânicos com ascendência asiática. Seu primeiro filme de ficção, o curta metragem *Nice Arrangement* (1990), foi selecionado pelo Festival de Cannes para concorrer ao prêmio da crítica. Seus longas-metragens de destaque *Bhaji on the Beach* (1994), *Bend it Like Beckham* (2002) e *Bride and Prejudice* (2004) fazem críticas aos papéis impostos às mulheres indianas e às negociações com culturas estrangeiras. A narrativa de Chadha transita entre a produção comercial e a independente, trazendo à tona questionamentos de forma mais acessível. A diretora foi responsável pelas maiores bilheterias com personagens da diáspora indiana até o surgimento de *Quem Quer Ser o Milionário* (de Danny Boyle), em 2008.

Deepa Mehta começou sua carreira dirigindo filmes canadenses até ganhar visibilidade internacional com *A Trilogia dos Elementos*. Nesses filmes, a diretora explora os paradigmas de representação da sexualidade feminina na sociedade indiana. Ela particulariza, através de três momentos da história da Índia, tensões de gênero em meios a estruturas patriarcais e religiosas advindas do pensamento nacionalista hindu.

O primeiro, *Fogo e Desejo* (1996), aborda o início dos anos 1990 com a abertura da economia no país e o aumento dos processos de globalização; o segundo, *Earth* (1998), se passa no período de independência da Índia sobre o Império Britânico, ocorrida em 1947; e o terceiro filme, *Às Margens do Rio Sagrado* (2005), tem sua diegese nos anos 1930, quando o pensamento nacionalista começa a ganhar força através dos líderes políticos Jawaharlal Nehru e Mahatma Gandhi, que buscavam a independência do país.

Apesar de a *Trilogia* ter sido recebida com diversas críticas positivas no mercado de exibição ocidental, em território indiano ela suscitou um grande movimento de protesto vindo do partido de direita e fundamentalista Shiv Sena. Os manifestantes chegaram a queimar sets de filmagens e fecharam cinemas que exibiam os filmes de Deepa Mehta, alegando que a diretora não conhecia a cultura indiana e que praticava perjúrio em moldes ocidentais de representação da mulher hindu.



Segundo as reflexões de Chatterjee, a narrativa da trilogia constitui um comentário interpretativo de cultura, sociedade e política. Para a pesquisadora, Mehta ultrapassa a compressão de sexualidade como uma mera manifestação de desejo, compreendo-a como fruto de relações de poder imbricadas a valores políticos e culturais (CHATERJEE apud JAIN, 2007, p. 76).

Por conta da ainda vigente censura cinematográfica na Índia,[5] temas relacionados à expressão sexual ainda são pouco vistos nas telas indianas, principalmente quando envolvem exploração da sexualidade feminina. Com isso, temas relacionados às mulheres são amplamente abordados por diretoras da diáspora, que precisaram sair do país para conseguir financiar filmes que falem de temas considerados tabus pela sociedade indiana.

Mira Nair, Gurinder Chadha e Deepa Mehta possuem produção contínua até hoje, suas carreiras chegaram ao alto padrão de reco-

5. O *Central Board of Film Certification* (CBFC) é um órgão de censura e classificação sob o domínio do Ministério da Informação e Radiodifusão do Governo da Índia. Os filmes só podem ser exibidos na Índia após passagem pela aprovação da censura, que segue a regulamentação do Ato Cinematográfico de 1952. O poder da censura indiana é enorme e muitos filmes não conseguem autorização para exibição até hoje.

nhecimento e suas estreias são comumente celebradas dentro e fora da Índia por apreciadores do cinema de arte e independente. A abordagem de seus filmes e a importância de suas cinematografias tiveram extrema influência na nova geração de diretoras que começou a surgir na Índia após os anos 2000.

## O Novo Cinema Indiano

O cinema indiano possui veteranas como Aparna Sen, diretora de *36 Chowringhee Lane* (1981), e Sai Paranjpye, diretora de *Chashme Buddoor* (1981). Porém, dentro do cinema nacional contemporâneo, a representação de mulheres atrás das câmeras ainda é algo pequeno, compondo cerca de 5% da autoria de origem indiana.



Atualmente, a única diretora com produção contínua em formato *mainstream* no cinema híndi é Farah Khan. Nascida em família de cineastas e personalidades do cinema, Khan começou sua carreira como coreógrafa para filmes, incluindo o *Casamento à Indiana*, de Mira Nair. Sua estreia como diretora aconteceu em 2004 com o longa *Main Hoon Na*, estrelado por Shahrukh Khan. Seus próximos filmes também foram sucessos de bilheteria, caso de *Om Shanti Om* (2007), *Tees Maar Khan* (2010) e *Happy New Year* (2014).

Outra diretora de destaque nas produções bollywoodianas é Zoya Akhtar. Como a maior parte dos influentes nomes do cinema híndi, Akhtar também veio de uma família conhecida da indústria cinematográfica. Filha do compositor Javed Akthar e irmã do cineasta Farhan Akhtar, Zoya iniciou sua filmografia com *Luck by Chance* (2009), após se formar em Nova York e voltar à Índia para seguir a carreira como diretora. Ela foi assistente dos diretores da diáspora Mira Nair e Dev Benegal antes de assumir a posição de direção. Suas produções foram bem recebidas pelo mercado interno e *Zindagi Na Milegi Dobara* (2011) é um dos filmes com maior bilheteria dos últimos anos.

Desde o início dos anos 2000, uma nova onda do cinema independente híndi começou a se instaurar em grandes casas exibidoras nacionais e internacionais, ganhando espaço na mídia e reconhecimento da crítica externa. Esta vem sendo apresentada como o Novo Cinema Indiano.

Diferente das formatações cinematográficas vigentes, os filmes dessa onda possuem menor tempo de duração – cerca de 90 minutos, bem menor em comparação ao cinema popular, que chega facilmente aos 180 minutos; a invocação do fantástico; música e dança não fazem mais parte obrigatória da estrutura fílmica; mas a principal característica desse novo movimento é a abertura para questionamentos e aprofundamentos em temáticas antes negligenciadas ou proibidas graças ao rigoroso órgão de censura indiano.

Dois nomes em destaque: o primeiro é Ruchika Oberoi, que ganhou o prêmio *Fedora* por melhor direção no Festival de Veneza de 2015, com seu filme de estreia, *Island City*. O segundo é a atriz e agora diretora Konkona Sen Sharma, filha de Aparna Sen, e que ganhou o prêmio por melhor direção feminina no Festival de Mumbai com *A Death in the Gunj* (2016).



Nesse novo momento do cinema híndi, diretoras como Gauri Shinde e Shonali Bose também ganham visibilidade. Elas trouxeram temas como saúde mental na terceira idade e deficiência física como tópicos principais em seus filmes, todos protagonizados por mulheres.

As já conhecidas Nandita Das e Kiran Rao também debutam como diretoras e, com seus nomes já reconhecidos pelo público indiano, abrem espaços para novas temáticas e para jovens cineastas emergirem.

Nandita Das é atriz e ativista pelo direito das mulheres e contra o racismo. Ela possui mais de quarenta títulos como atriz. Entre eles, protagonizou dois dos três filmes da *Trilogia dos Elementos*, de Deepa Mehta. Em 2011, Das recebeu do governo francês o prêmio *l'Ordre des Arts et des Lettres* por sua contribuição no desenvolvimento da cooperação Indo-francesa no cinema. Em 2008, Das estreou como diretora no filme *Faraaq*, que aborda a situação crítica de muçulmanos no estado de Gujarat após manifestações civis.

Kiran Rao trabalhou como assistente de direção de famosos filmes de Bollywood, casou-se com Aamir Khan (outro influente ator dessa nova geração) e, juntos, desde 2007 produzem filmes que se tornaram grandes referências do Novo Cinema Indiano, dos quais merecem destaque *Como Estrelas na Terra* (2007), *Peepli (Live)* (2010), *Dobhi Ghat* (2010) e *Dangal* (2016), filmes que abordam problemáticas de classe social, o poder da mídia, o autismo e as diferentes expectativas de gênero na sociedade indiana moderna e rural.

Apesar do aumento de diretoras, assuntos com abordagens feministas ainda são repreendidos dentro do cinema indiano, inclusive o independente, caso do longa metragem *Lipstick Under My Burkha* (2016), de Alankrita Shrivastava. Este ganhou reconhecimento mundial após ter sido censurado na Índia por apresentar quatro protagonistas indianas de 18 a 55 anos com agenciamento de suas sexualidades.



Em entrevistas, pesquisadoras e diretoras comentam que há uma percepção no imaginário do expectador de massa de que um bom filme tem como protagonista uma figura masculina. A única forma de questionar a fórmula preestabelecida é no cinema independente ou no de diáspora, onde não há uma necessidade real de retorno financeiro. No cinema híndi comercial, há filmes centrados em mulheres, como *Pink* (de Aniruddha Roy Chowdhury, 2016) e *Dangal* (de Nitesh Tiwari, 2016). Porém, são filmes dirigidos por homens em que as mulheres só conseguem superar seus problemas através da ajuda de um personagem masculino. Nesses casos, ainda, esses filmes tiverem a participação de atores extremamente reconhecidos, como Amitabh Bachchan e Aamir Khan, respectivamente.

A chegada de *streamings* americanos como *Amazon Prime Video* e *Netflix* na Índia está trazendo novas oportunidades com foco em diversidade narrativa, linguística e também de realização. Desde 2016, há uma nova demanda de produção de filmes e séries. A *Amazon*, por exemplo, exibe filmes comerciais de Bollywood, os independentes e também os dos cinemas regionais, além de produzir filmes e séries originais indianas.

Com a abrangência de um público mundial, o *streaming* abre um novo mercado de produção alternativo, com novas possibilidades de veiculação e realização, criando, assim, maiores oportunidades para mulheres em direção, produção e outras áreas historicamente negligenciadas por um sistema patriarcal e desigual.

A troca global de informação tem influenciado os produtores nacionais e os de diáspora, que conversam constantemente através de suas cinematografias. A contribuição de diretoras como Mira Nair, Gurinder Chadha e Deepa Methta foram e são de extrema relevância para a produção contemporânea dentro da Índia. Produção essa que está buscando quebrar paradigmas arraigados da cultura e no mercado cinematográfico indiano.

## Referências Bibliográficas




ANDERSON, Benedict. *Comunidades Imaginadas*. São Paulo: Companhia das Letras, 2008.

BHUSHAN, Nyay. "How Female Filmmakers Are Transforming Indian Cinema". Disponível em: <https://www.hollywoodreporter.com/news/how-female-filmmakers-are-transforming-indian-cinema-1006036>. Acessado em: 10 mar. 2019.

CHATERJEE, Madhuri. "Exploring Women's Sensuality", In: JAIN, Jasbir (Ed.). *Films, Literature and Culture*: Deepa Mehta's Elements Trilogy. New Delhi: Chaman Publications, 2007.

CLINI, Clelia. "Cinéma des diasporas". *Théorème 16: Bollywood. Industrie des images*. Paris: Presses Sorbonne Nouvelle, 2012, p. 123-130.

DESAI, Jigna. *Beyond Bollywood*: the Cultural Politics of South Asian Diasporic Film, New York; London: Routledge, 2004.

DWYER, Rachel. "Zara Hatke (somewhat diferente): the new middle classes and changing forms of Hindi cinema". In: DONNER, Henrique (Ed.). *Being Middle-class in India*: A Way of Life. London: Routledge, 2010, p. 184-208.

GOKULSING, K. Moti e DISSANAYAKE, Wimal. *Indian Popular Cinema – A Narrative Of Cultural Change*. Londres: Trentham Books Limited, 1998.

GUPTA, Megha. "15 Famous Bollywood Movies Directed by Female Directors in India". Disponível em: <https://theindianidiot.com/indian-female-directors>. Acessado em 02 abr. 2019.

HALL, Stuart. *A Identidade Cultural na Pós-modernidade*. Rio de Janeiro: DP&A, 2011.

LE FORESTIER, Mélanie. *Representation of Indian Diasporic Female Subjectivities in Women's Diasporic Cinema*. França: Presses Universitaires de Bordeaux, vol.3., 2015.

MOODLEY, Subeshini. "Postcolonial Feminisms Speaking Through An 'Accented' Cinema: the construcition of Indian Women in Films of Mira Nair e Deepa Mehta". Agenda, no 58, 2003, p. 66-75.

RAMACHANDRAN, Naman. "Female Filmmakers Are a Growing Voice in India". Disponível em: < https://variety.com/2019/film/asia/india-female-directors-growing-1203166265 >. Acessado em: 02 abr. 2019.

THORAVAL, Yves. *The Cinemas of India*. Nova Delhi: Macmillan India Ltd., 2000.

# FEMCINEMA: BREVE HISTÓRIA DAS MULHERES-CINEASTAS EM PORTUGAL

Ana Catarina Pereira



Falar da história do cinema, em Portugal, é falar da história de uma arte que se desenvolve, a cada ano, por todos os avanços técnicos e correntes estéticas que foram alterando e influenciando seu desenvolvimento. Em Portugal, como em muitos países europeus, falar de história do cinema é também falar do contexto político e de um período ditatorial que se prolonga por 48 anos, marcando todas as narrativas e imagens produzidas nesse tempo.

Estudar cinema português, de uma perspectiva autoral de gênero, foi o principal objetivo da tese de doutoramento que defendi em junho de 2014, intitulada "A Mulher-Cineasta: da arte pela arte a uma estética da diferenciação". Na reflexão aqui proposta, respondo agora ao desafio lançado pela organização deste livro, de sintetizar as principais conclusões daquele trabalho, promovendo, desse modo, um olhar panorâmico sobre mais de um século de História.

Em termos metodológicos, privilegia-se uma abordagem sociológica e quantitativa. Concentrar-nos-emos, desse modo, na identificação de mulheres que realizaram ficções de longa-metragem, em Portugal, pela conjugação de dois fatores: a noção generalizada de um maior número de cineastas dedicadas ao documentário (gênero mais acessível em termos financeiros e de gestão de equipes menores), o que transforma a ficção num exercício disruptivo; e a própria importância da representatividade da mulher quando filmada por outras mulheres.

Durante o período do Estado Novo português,[1] apenas um longa-metragem de ficção foi realizado por uma mulher. Estreado a 30 de agosto de 1945, no Cine Ginásio, em Lisboa, *Três dias sem Deus*, de Bárbara Virgínia, é uma adaptação da obra *Mundo perdido*, de Gentil Marques. Do elenco, fazem parte a própria Bárbara Virgínia, além de Linda Rosa, João Perry, Alfredo Ruas e Maria Clementina. O filme centra-se numa jovem professora primária, que vai para uma aldeia da serra para lecionar. Poucos dias depois da sua chegada ao incerto e recôndito local, Lídia é informada pelo médico de que irá ausentar-se, juntamente com o pároco, para se deslocarem à cidade: serão "três dias sem Deus", de acordo com a sabedoria popular. Nesse intervalo, a professora conhece Paulo Belforte, a quem os habitantes da aldeia acusam de ter um "pacto com o diabo", por suposto homicídio da esposa e tentativas de incendiar a igreja local.



*Três Dias Sem Deus* marca a estreia das mulheres portuguesas na realização de ficção, constituindo igualmente o primeiro exemplo de um filme de gênero gótico em Portugal, no seguimento de clássicos norte-americanos como *O Morro dos ventos uivantes*, de William Wyler (1939) ou *Rebecca, a mulher inesquecível*, de Alfred Hitchcock (1940). Os jogos de luz e sombra que podem ser intuídos sobretudo nas imagens que restam indiciam a eleição. A 20 de setembro de 1946, Cannes recebia o primeiro Festival Internacional de Cinema. A edição inaugural apresentou, em competição, filmes como *Roma, Cidade Aberta*, de Roberto Rossellini, *Desencanto*, de David Lean, *Gilda*, de Charles Vidor, e também dois portugueses: *Camões*, de José Leitão de Barros, e *Três Dias Sem Deus*, de Bárbara Virgínia. Deste último, restam apenas cerca de 25 minutos de película, nunca restaurada, no Arquivo Nacional da Imagem em Movimento.

Da invisibilidade a que a história do cinema português votou a realizadora, passou-se, nos últimos anos, a esporádicos mas valiosos tributos. Em 2015, entre os dias 5 e 7 de junho, foi inaugurada uma

---

1. Recorde-se que o período ditatorial se prolonga, em Portugal, de 1926 a 1974, considerando-se que a aprovação da Constituição de 1933 dá início ao período designado como Estado Novo.

exposição documental (constituída essencialmente por testemunhos em vídeo e algumas fotografias da realizadora), durante a segunda edição do Festival Olhares do Mediterrâneo, no Cinema São Jorge, em Lisboa. A exposição teve curadoria de Ana Mafalda Reis e Matilde Carmo, ocorrendo em paralelo a uma mesa-redonda, com a presença dos investigadores Ana Catarina Pereira e Wiliam Pianco, da jornalista Helena Matos, da realizadora Luísa Sequeira e do conservador da Cinemateca Portuguesa, Tiago Baptista.

Em Outubro de 2017, Luísa Sequeira estreia *Quem é Bárbara Virgínia?*, no Doclisboa. Na sinopse, pode ler-se: "Este é um trabalho de arqueologia emocional e humana que traz à tona a vida e a obra de uma mulher que muito fez pela cultura lusófona e que foi esquecida..." (ICA, 2017). O filme foi vencedor dos prémios de Melhor Documentário na edição desse ano do Festival Caminhos do Cinema Português e da primeira edição do Porto Femme, em Junho de 2018, continuando a ser exibido, com regularidade, em mostras e festivais essencialmente portugueses e brasileiros.

Na Academia, a obra de Bárbara Virgínia não tem sido objeto de análise e reflexão, tendo-lhe apenas Marisa Vieira (VIEIRA, 2009) dedicado sua monografia final de licenciatura e Ricardo Vieira Lisboa (LISBOA, 2017), sua dissertação de mestrado.[2] A última entrevista dada em vida por Bárbara Virgínia (na qual revisita os seus lugares de memória, a experiência como atriz, declamadora de poesia na Emissora Nacional, escritora e colaboradora de diversas publicações, em Portugal e no Brasil, para onde parte nos anos 1960 e onde residiria até ao final da sua vida, a 7 de Março de 2015) foi publicada por Ana Catarina Pereira e Wiliam Pianco, no segundo número do *International Journal of Cinema* (PIANCO; PEREIRA. Debatevolution, Avanca: 2016). Da nostalgia e de um certo nublar do raciocínio pela doença que se encontrava já em fase avançada, sobressaem desabafos de contestação, da percursora

2.Cf. Vieira, M. (2009). *Três dias sem Deus*. Tese de Licenciatura. Lisboa: Faculdade de Letras da Universidade Clássica (a aguardar publicação) e Lisboa, R. V. (2017). *O restauro cinematográfico como recoreografia, o caso de "Três dias sem Deus" de Bárbara Virgínia*. Lisboa: Instituto Politécnico de Lisboa: Escola Superior de Teatro e Cinema (a aguardar publicação).

que rompeu um universo exclusivamente masculino: "Mulheres nunca procuraram assim (como realizadoras) o cinema. Tanto que você vê que ainda hoje, no mundo, temos pouquíssimas mulheres a dirigir cinema. A mulher, acho, nunca se tomou a sério a esse respeito, não sei." (PIANCO e PEREIRA, 2016, p. 23).

O desconhecimento, mesmo entre pesquisadores de estudos fílmicos, da história de Bárbara Virgínia dialoga com o "mal de arquivo", que Derrida associa à institucionalização de certos autores e às relações de poder afectas ao mesmo processo. Nessa perspectiva, recorde-se, Foucault faz corresponder o arquivo à "lei do que pode ser dito; o sistema que rege o aparecimento dos enunciados como acontecimentos singulares" (FOUCAULT, 1987, p. 149).



A importância histórica de outras representantes femininas no restrito meio cinematográfico não deve, no entanto, permanecer na obscuridade, urgindo seu resgate. Como síntese de seus percursos, relembramos os seguintes nomes:

**Virgínia de Castro e Almeida**: a primeira mulher a ter um papel relevante na história do cinema em Portugal. Foi também escritora e fundadora da Fortuna Filmes, inaugurada em 1922. Sua primeira produção foi *A sereia de pedra* (Roger Lion, 1923), à qual se seguiria *Os olhos da alma* (Roger Lion, 1923): ambas co-produções franco-portuguesas (CASTRO, 2000). Nunca chegou a assumir a realização de um filme.

**Maria Emília Castelo Branco**: atriz, produtora e realizadora que, em 1930, produz *A castelã das Berlengas* (António Leitão, 1930) e que, em 1957, dirige o documentário *Roteiros líricos do Douro*. Na obra *Cineastas portuguesas* é apresentada como "a menina bonita do cinema português no período do cinema mudo" (CASTRO, 2000), pelas participações nos dois filmes produzidos por Virgínia de Castro e Almeida e em *O diabo em Lisboa* (Rino Lupo, 1926), *Táxi 9297* (Reinaldo Ferreira, 1927) e *Zé do Telhado* (Rino Lupo, 1929).

**Maria Helena Matos**: filha de Maria Matos e Mendonça de Carvalho, é a primeira mulher sobre a qual se encontra referência a assumir a coautoria de um roteiro, sendo também atriz e assistente de realização no filme *Campinos do Ribatejo* (António Luís Lopes, 1932), (MATOS-CRUZ, 1999).

O filme *A luz vem do alto* (Henrique Campos, 1959), um drama no qual dois amigos confrontam a sua religiosidade e ateísmo profundos, foi produzido por Maria Dulce, enquanto Maria Teresa Ramos é assistente de realização. A obra recebeu o "Grande Prémio do SNI", além dos prêmios de "Melhor Actor" (a Mário Pereira) e de "Melhor Adaptação Cinematográfica" (a Fernando Fragoso), (MATOS-CRUZ, 1999).

Outro feito impressionante seria alcançado pela escritora e realizadora Maria Luísa Bivar, que, entre 1962 e 1964, dirigiu 70 documentários para a "Junta de Acção Social", nomeadamente *Folhas d'ouro*, *Barros de Estremoz*, *Trabalhos de cortiça*, *Figuras do mar*, entre tantos outros (listagem disponível para consulta no site IMDB).

Teresa Olga: a primeira mulher realizadora da televisão portuguesa, com fortes ligações ao mundo do cinema, contabilizou algumas participações em categorias técnicas de filmes do *Novo Cinema Português*. Foi assistente de produção em *Domingo à tarde* (António Macedo, 1966) e em *Mudar de vida* (Paulo Rocha, 1966); e foi montadora de *Uma abelha na chuva* (Fernando Lopes, 1972) e de *Pedro Só* (Alfredo Tropa, 1972). Nos anos 1990, realizou dois documentários para a RTP: *Aristides de Sousa Mendes – O cônsul injustiçado*, (1992), e *Humberto Delgado – Obviamente assassinaram-no* (1995).

O filme *Nem amantes, nem amigos* (Orlando Vitorino, 1970) conta com uma forte presença de Ivone de Moura: na ficha técnica, seu nome aparece como assistente de realização, ao lado de Afonso de Sousa e Nuno Vitorino, mas é também repetido enquanto "colaboradora na realização". A obra narra a história de uma mulher apaixonada pelas personagens que um homem representa no teatro e resulta de uma adaptação do romance original escrito pelo próprio realizador. Tendo sido proibido pela censura, só chegaria a estrear na Cinemateca Portuguesa, em 28 de abril de 1983 (MATOS-CRUZ, 1999).

Na tentativa de relacionarmos o pioneirismo dessas mulheres com o percurso realizado por outras, na literatura, conseguimos perceber, uma vez mais, as dificuldades acrescidas e o lugar de poder que o cinema, em geral, e a ficção, em particular, representam num contexto artístico. Comumente, pode considerar-se que o processo de emancipação da mulher portuguesa, enquanto escritora, se consegue iniciar mesmo num contexto adverso como o do Estado Novo. Nomes como Ana de Castro Osório, Judith Teixeira, Maria Lamas, Irene Lisboa, Florbela Espanca, Maria Archer ou Ilse Losa, com um percurso literário já firmado, inspiraram, nos anos 1960, autoras como Sophia de Mello Breyner, Maria Velho da Costa, Maria Teresa Horta, e Maria Isabel Barreno, Natália Correia, Luiza Neto Jorge ou Fiama Hasse Pais Brandão.

Aqueles anos e a seguinte década de 1970 foram determinantes para a literatura portuguesa, não sendo a nossa listagem exaustiva, mas apenas ilustrativa, do movimento político que preconizou o surgimento de mais mulheres escritoras, hoje lidas e reconhecidas nacional e internacionalmente. O mesmo movimento não foi produzido, arriscamo-nos a dizer que até hoje, no cinema, e nomeadamente em termos ficcionais. Os avultados custos, bem como a morosidade dos processos e a gestão de grandes equipes podem ser alguns dos motivos apontados para a persistente discriminação.



Já num contexto democrático, o segundo longa-metragem de ficção, realizado por uma mulher, em Portugal, data de 1976, sendo também a única dessa década: *Trás-os-Montes* foi a correalização de António Reis e de Margarida Cordeiro que atribuiu aos cineastas um reconhecimento internacional equiparável ao de Manoel de Oliveira. No retrato antropológico que empreendem, evocam uma província do Interior-Nordeste do País, onde a ausência dos que partiram é tão marcante como a presença dos que insistem no cumprimento de tradições seculares. A tradição de um cinema etnográfico, de que são exemplos anteriores *Acto da Primavera* (Manoel de Oliveira, 1962), *Festa, trabalho e pão em Grijó de Parada* (Manuel Costa e Silva, 1973), e *Falamos de Rio de Onor* (António Campos, 1974), foi exponenciada neste filme. Planos rigorosos e um profundo respeito pela linguagem cinematográfica – de natureza contemplativa e aqui essencialmente relacionada com a pintura – oferecem tempo a quem assiste. Recorde-se, no entanto, que estes olhares saíram de uma Lisboa que vivia o fervor da revolução para mostrar o Portugal profundo que a ditadura salazarista procurou esconder. Poesia atenta à política, bem como às condições de vida na ruralidade. Memória, terra e paisagem.

Jean Rouch e toda a crítica francesa tecer-lhe-iam rasgados elogios, contrastantes com o silêncio e desconhecimento da obra do casal em Portugal. Os seus filmes continuam a ser vistos e discutidos em contexto acadêmico, sem que mais nada se faça para a chegada à generalidade do público. Não obstante, na extensão do caso anterior, também a escassa relevância atribuída a Margarida Cordeiro enquanto colega e companheira de António Reis (que faria com que a cineasta se isolasse) recusando entrevistas (testemunhos públicos ou participações em mostras dos seus filmes após a morte de Reis) não foi ainda devidamente justificada ou estudada, restando aqui um lugar de reflexão bastante significativo.

Para além das duas obras mencionadas, seriam realizadas, até o final do ano de 2009, mais 38 ficções. A primeira "década forte", em termos de produção, e como constato no gráfico seguinte, corresponde à de 1980, com estreia de sete longas-metragens. Inicia-se então a difícil entrada das mulheres numa arte até aí reservada aos homens, destacando-se os nomes de Margarida Gil, Monique Rutler e Solveig Nordlund: a primeira geração de mulheres cineastas, em Portugal.

Evolução do número de longas-metragens de ficção realizados por mulheres em Portugal

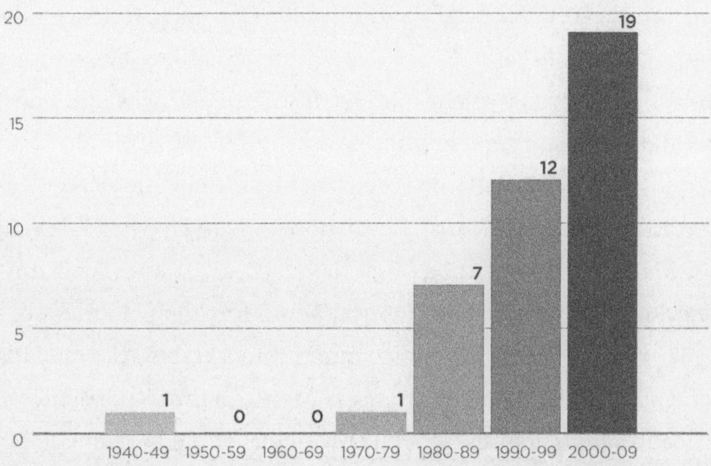


Fonte: "A Mulher-Cineasta: Da arte pela arte a uma estética da diferenciação" (2016).

Os anos 1990, como demonstra o gráfico precedente, seguiriam a tendência crescente, correspondendo estes a um período marcante na história do cinema português em diversos níveis. Uma democracia recentemente conquistada (1974), a entrada do País na União Europeia (1986) e a tentativa de promulgação de medidas que fomentassem a igualdade de oportunidades geravam debate e questionamento. Alguns dos mais densos filmes então estreados – de Teresa Villaverde (*Três irmãos* e *Mutantes*), Pedro Costa (*Ossos*), Margarida Gil (*Rosa negra* e *O anjo da guarda*), Solveig Nordlund (*Até amanhã, Mário*) ou João César Monteiro (*A comédia de Deus* e *As bodas de Deus*) – revelam distanciações fraturantes, ao mesmo tempo que denunciam os inúmeros problemas que asfixiam determinados segmentos da sociedade. As imagens de crianças e adolescentes que crescem num país de subúrbios marginalizados, a instabilidade face ao novo e as injustiças perenes seriam motivos dominantes na cinematografia daqueles anos, revisitados no novo milênio.



Nesse contexto, Monique Rutler decide realizar um filme de época. Olhando o passado, questionou o presente e perspectivou um futuro que poderia retroceder no âmbito dos direitos humanos, se não fosse prestada a devida atenção aos poderes instituídos, consentindo-se no tratamento discriminatório de mulheres e classes trabalhadoras. Depois de intensas pesquisas, a cineasta franco-portuguesa concluiu uma obra/denúncia acerca da história de Adelaide Coelho da Cunha – filha do fundador do jornal *Diário de Notícias* e primeira mulher de um dos seus diretores –, internada e sujeita a tratamentos psiquiátricos indevidos por ter decidido viver um amor adúltero.

*Solo de Violino* (1992) decorre no período que se segue à implantação da República (1910). Revelando o início da paixão de Adelaide por Manuel, o motorista da família burguesa, 23 anos mais novo, o filme evidencia o processo de internamento forçado pelo marido, sem qualquer respeito pelos princípios que regem a elaboração cuidada de um diagnóstico. Dele participam Egas Moniz (o único português a ser galardoado com o prémio Nobel da Medicina, em 1949), Júlio de Matos (então diretor do Hospital Miguel Bombarda) e Sobral Cid (professor de Psiquiatria na Universidade de Coimbra, que chegou a exercer funções de Governador Civil do distrito de Coimbra e de Ministro da Instrução Pública, em dois dos governos da Primeira República Portuguesa). Pela própria escolha temática, seria expectável que a obra, com Fernanda

Lapa e André Gago nos principais papéis, tivesse gerado maior consternação, despertando um paralelo interesse do público. Todavia, estreada comercialmente em apenas três salas do País, não conseguiu ultrapassar os 2 706 espectadores.

No mesmo ano, estreava *Rosa Negra*, de Margarida Gil. Com uma intensa carreira ligada à realização e produção televisivas, bem como à passagem pela Universidade Nova de Lisboa enquanto docente e pela direção da Associação Portuguesa de Realizadores, é uma das mais canônicas cineastas referidas no nosso estudo. Tendo sido casada com João César Monteiro, identifica-se com uma geração de realizadores da qual fazem parte nomes como Alberto Seixas Santos, Fernando Lopes, Paulo Rocha ou Rita Azevedo Gomes, entre outros, que buscaram incessantemente uma ligação entre o cinema nacional e o cinema de autor, entre a literatura portuguesa e o cinema português. Nascida na Covilhã, nos anos 1950, a realizadora regressa às origens quatro décadas mais tarde, para filmar uma história de memórias e desencontros, dando a conhecer uma Serra da Estrela permanentemente fustigada por incêndios. Os diálogos, escritos com a colaboração de Maria Teresa Horta, oferecem o mimetismo de uma cidade fechada, com a qual a cineasta parece ter contas a ajustar. "Adeus, terra adormecida, adeus, que me vou embora", canta Teresa Salgueiro, na composição propositada de João Gil. Pela narrativa perpassa a partilha de experiências da condição feminina, sintetizada na fala de uma personagem: "Eu... antes de mim, a minha mãe, filha de outra mulher." Gerações que transmitem a melancolia, a falta de suporte, a vontade de algo que parece sempre mais difícil de atingir em virtude de uma condição. Como o comboio que vem de Lisboa e que, percorrendo paisagens idílicas, tarda tanto em chegar. Seriam também estas as últimas interpretações de Mário Viegas e de Zita Duarte.

No final dos anos 1990, estreia ainda *Os mutantes*, de Teresa Villaverde. O terceiro longa da cineasta, depois de *A idade maior* (1991) e de *Três irmãos* (1994), atribui-lhe a definitiva consagração, nacional e internacionalmente. O projeto inicial de Villaverde, assumido em diversas entrevistas, era filmar um documentário sobre adolescentes criados em lares de acolhimento. Na impossibilidade de captação de imagens e testemunhos, a opção pela ficção traduziu-se na criação de uma personagem – Andreia – que constantemente foge de centros de reinserção social, vagueando pelas ruas de Lisboa, à procura do rapaz que a engravidou. Pedro e Ricardo, em situação semelhante, fazem de tudo para sobreviver, incluindo pequenos furtos e poses para câmaras de vídeo de holandeses pervertidos. Os três jovens são "mutantes": seres frágeis e exaustos, inadaptados a uma realidade que não lhes oferece alternativas à violência na qual foram gerados. Visualmente, o filme revela uma agressividade extrema e um sofrimento atroz, sublinhado pelo desempenho memorável dos atores principais, com destaque para a perturbante entrega de Ana Moreira, premiada nos Festivais de Taormina e Bastia.

Já no início do século XXI, estreiam quase metade dos 40 filmes que constituem a totalidade dos objetos de estudo da tese citada: 19 longas-metragens datam do período entre 2000 e 2009, sobressaindo aqui os nomes de Catarina Ruivo, Cláudia Tomaz e Raquel Freire de entre a mais nova geração de cineastas portuguesas. 

No estudo empreendido, tentamos ainda perceber se a distribuição de filmes seria equitativa por realizadoras, concluindo-se que:

Distribuição do número de filmes por realizadora

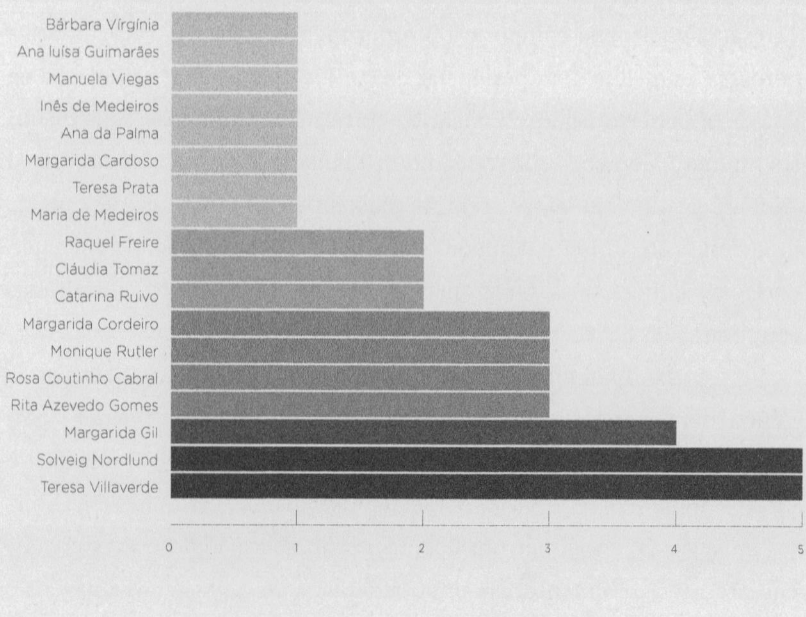


Fonte: "A Mulher-Cineasta: Da arte pela arte a uma estética da diferenciação".

Teresa Villaverde e Solveig Nordlund são as cineastas com maior número de longas-metragens de ficção realizados (com cinco cada uma), seguindo-se o nome de Margarida Gil, com quatro. Paralelamente, oito das cineastas listadas realizaram apenas um longa-metragem de ficção.

Sublinhe-se ainda que, apesar de a última década em análise até aqui corresponder a um aumento significativo na produção, este foi contra-balançado por um aumento paralelo no número de filmes realizados por homens. Em termos percentuais, as conclusões acerca das quais aqui pretendemos informar podem ser apresentadas da seguinte forma:



Percentagem de filmes realizados por mulheres

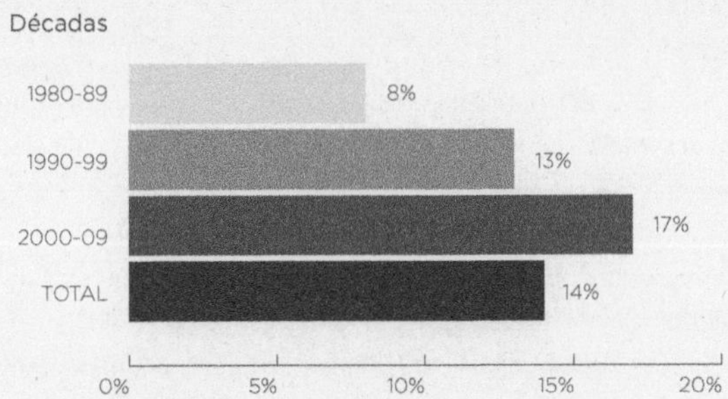


Gráfico construído a partir da listagem elaborada pelo ICA.

Neste gráfico, constata-se que as cineastas portuguesas realizaram 14% dos longas-metragens de ficção estreados comercialmente nas três décadas. Não obstante, caso pudéssemos contabilizar todos os filmes realizados desde o início da história do cinema português, a percentagem seria significativamente mais reduzida.

Em conclusão, consideramos que o contexto político e social que agora se vive, quase dez anos depois do início do nosso estudo, é hoje mais favorável ao seu debate. Uma das considerações finais que havíamos tecido na tese prendia-se com um certo desconforto da maioria das cineastas entrevistadas perante a possibilidade de uma leitura feminista da sua obra, ignorando-se a importância desta e do estatuto permanentemente polissêmico do filme. Em 2019, perante uma conjuntura internacional e midiática que atribui destaque ao tema, facilitando sua compreensão, a discussão parece reavivar-se, dando origem a fenômenos como o Festival de Cinema Porto Femme (iniciado em 2018), mas também a um maior interesse de alunas e alunos do ensino superior, que introduzem novos olhares, ao lado de propostas experimentais e inovadoras.

Continuemos, assim, um movimento global que propõe, essencialmente, que mais mulheres leiam a literatura produzida pelas próprias, vejam o cinema que as mesmas realizam, valorizem e celebrem seu trabalho, sua arte e sua ciência.



## Referências Bibliográficas


CASTRO, Ilda (Org.). *Cineastas portuguesas 1874–1956*. Lisboa: Câmara Municipal de, 2000.

FOUCAULT, Michel. *A arqueologia do saber*. Rio de Janeiro: Editora Forense-Universitária, 1987.

LISBOA, Ricardo Vieira. *O restauro cinematográfico como recoreografia*, o caso de "Três dias sem Deus" de Bárbara Virgínia. Instituto Politécnico de Lisboa: Escola Superior de Teatro e Cinema, Lisboa, 2017.

MATOS-CRUZ, José. *O Cais do olhar* – O cinema português de longa-metragem e a ficção muda. Lisboa: Cinemateca Portuguesa, 1999.

PEREIRA, Ana Catarina. *A Mulher-Cineasta*: Da arte pela arte a uma estética da diferenciação. Covilhã: LabCom.IFP Books. Colecção: Ars. Universidade da Beira Interior, 2016.

PIANCO, Wiliam; PEREIRA, Ana Catarina. "Bárbara Virgínia - A primeira realizadora de Cinema, em Portugal" (Entrevista). *International Journal of Cinema*. Avanca: Debatevolution. Depósito legal: 362251/13. ISSN: 2182-2158. nº 2, jul. 2016.

VIEIRA, Marisa. *Três dias sem Deus*. 2009. (Tese de Licenciatura). Lisboa: Faculdade de Letras, Universidade Clássica.

# TEORIA E CRÍTICA FEMINISTA: DO CONTRACINEMA AO FILME ACONTECIMENTO

Ana Maria Veiga



A crítica feminista do cinema emergiu com força principalmente a partir dos primeiros anos 1970. Acompanhando e fazendo eco às reivindicações dos movimentos de mulheres e feministas, essa crítica buscava na produção fílmica lugares sociais reservados às mulheres como personagens dos filmes – raras ou nulas protagonistas –, ao mesmo tempo em que instigava as mulheres a tomarem as câmeras sob seu comando e, com elas, a rodarem suas próprias películas. Os filmes das diretoras não podiam seguir os mesmos rumos que os de seus colegas "autores" de cinema.

## Cinema de mulheres como um contracinema

O "cinema de mulheres", termo que se tornou corriqueiro à época, teria que ser radical, um "contracinema", tal como clamava a crítica britânica naquele momento.

Partindo da metáfora do que denomino um *rizoma-cinema* internacional, este capítulo pretende abordar as relações entre crítica, teoria feminista, conceitos e a produção de algumas diretoras, buscando rupturas ou continuidades – em termos estéticos, conceituais e políticos – dos anos 1970 até propostas mais recentes, do contracinema ao filme como acontecimento e ato político.

A década de 1970 foi fundamental para a história dos movimentos feministas e de mulheres, que se viram representados no campo da produção fílmica pela ideia e pela prática de um "cinema de mulheres" (*films des femmes*, *women's cinema*, *cine de mujeres*). Foi nesses anos que grande parte das jovens cineastas que tiveram acesso ao domínio das câmeras passou a colocar em cena subjetividades diversas, que dialogavam com aquilo que era então denominado a "condição feminina".[1]

Muitas cineastas, como Agnès Varda, Chantal Akerman, Lina Wertmüller, Nelly Kaplan, María Luisa Bemberg, Sara Gómez, as brasileiras Helena Solberg, Tereza Trautman, Vera de Figueiredo, Ana Carolina, entre outras, usaram o dispositivo cinematográfico para dar respostas, além de comprovar seu talento, competência e paixão pelo cinema.[2] Personagens e protagonistas criadas por elas marcaram uma inversão do olhar, lançando um desafio ao público espectador e à crítica especializada: ver o cinema sob outras perspectivas, transgressoras dos limites da representação fílmica; tomar assento nas salas escuras para conhecer pontos de vista que não mais apresentavam mulheres como objetos ou coadjuvantes dos "galãs" do cinema. No "cinema de mulheres" elas agiam, eram sujeitos da história, mostravam o que seria o seu mundo nos bastidores da sociedade, pouco atrativo para as produções do cinema tradicional.



Não aconteceu sem polêmicas a recepção desse novo posicionamento, que colocava a máxima feminista "o pessoal é político" no centro da narrativa. Ao mesmo tempo usando e fugindo de um "essencialismo" nos modos de lidar com o que seriam as especificidades das mulheres (sua experiência, suas lutas e reivindicações), algumas cineastas viram-se envolvidas em debates intensos, que questionavam sua posição de "artista" no meio cinematográfico, já que seus filmes não assumiam a suposta neutralidade esperada de um "cinema de verdade", o cinema "arte pela arte", pleno de representações masculinas sobre as mulheres e de padrões do que é "ser mulher". Esta

1. Sobre o conceito "condição feminina", cf. Veiga, Pedro, 2015.

2. *L'une chante, l'autre pas*. França, 1976. Direção: Agnès Varda.
*Jeanne Dielman, 23 Quai du Commerce 1080 Bruxelles*. Bélgica, 1975. Direção: Chantal Akerman.
*Mimi metallurgico ferito nell'onore*. Itália, 1972. Direção: Lina Wertmüller.
*La fiancée du pirate*. França, 1969. Direção: Nelly Kaplan.
*El mundo de la mujer*. Argentina, 1972. Direção: María Luisa Bemberg.
*De cierta manera*. Cuba, 1974. Direção: Sara Gómez.
*A entrevista*. Brasil, 1966. La doble jornada. EUA, 1976. Direção: Helena Solberg.
*Os homens que eu tive*. Brasil, 1973. Direção: Tereza Trautman.
*Feminino plural*. Brasil, 1974. Direção: Vera de Figueiredo.
*Mar de rosas*. Brasil, 1977. Direção: Ana Carolina Teixeira Soares.

prática fílmica rapidamente se expandiu em uma formação rizomática de múltiplas dimensões e nuances, chegando a lugares até então impensados.

Teresa de Lauretis (2007) argumenta que o paradoxo que acompanha o desenvolvimento do pensamento feminista ecoa uma contradição específica, talvez constitutiva do próprio movimento, que esteve no centro dos debates sobre o "cinema de mulheres", sua política e sua linguagem. Essa contradição foi articulada dentro da teoria e crítica anglo-americana do cinema no início dos anos 1970, na relação com a política feminista e o movimento de mulheres, por um lado, e nas práticas da vanguarda artística e da realização fílmica das cineastas, por outro. O movimento de mulheres e o trabalho cinematográfico pareciam estranhos um ao outro. O movimento clamava pela documentação imediata das propostas de ativismo político, pelo aumento de consciência e pela expressão própria ou busca de "imagens positivas" de mulheres; o meio profissional insistia no rigor formal - sendo o aparato cinematográfico compreendido como "tecnologia social" - para analisar e desengajar códigos ideológicos infiltrados na representação (DE LAURETIS, 2007, p. 25-26). Sob essa tensão emerge o debate travado pela teoria e pela crítica feminista do cinema, que inicialmente têm como parâmetro o aparato cinematográfico hollywoodiano.

## Teoria e crítica feminista anglo-americana do cinema

Claire Johnston (2000) inaugurou a discussão teórica feminista britânica sobre o cinema com o artigo "*Women's cinema as a counter-cinema*" ("Cinema de mulheres como um contracinema"), de 1973, no qual provocava uma resposta feminista à prática cinematográfica tradicional. Para essa autora, não bastava que se produzissem filmes protagonizados por mulheres denunciando sua situação, nem que se analisassem as "imagens de mulheres", como faziam as críticas estadunidenses; as mulheres deveriam romper com o efeito de realidade e colocar em cena câmeras, microfones, tudo o que ajudasse a mostrar ao público espectador que aquilo que estava na tela, distante de ser a realidade, era uma construção. Assumir as câmeras seria, então, um ato político. Assim, independentemente de sua postura diante do movimento feminista mais amplo, as diretoras eram instigadas a perceber as diferenças no meio cinematográfico e a trabalharem por igualdade de condições dentro dele.

Para Anneke Smelik (1999,p. 355), o contracinema feminista buscou inspiração nas vanguardas do cinema e do teatro, como a montagem de Sergei Eisenstein, a noção de distanciamento de Bertolt Brecht e a estética modernista de Jean-Luc Godard. As diretoras tomavam seu próprio lugar entre os cinemas políticos dos anos 1970. Smelik cita como exemplos de contracinema os filmes *Jeanne Dielman, 23 Quai du Commerce 1080 Bruxelles* (Chantal Akerman, 1975), *Riddles of the Sphinx* (Laura Mulvey e Peter Wollen, 1976) e *Thriller* (Sally Potter, 1979). 

Bérénice Reynaud (1993), ao dialogar com Johnston, observa o contracinema como uma ideologia radical, correspondente ao esquerdismo (*gauchisme*) francês, mas que exigia a liberação do patriarcado por meio do cinema realizado por mulheres. "Na mesma época, na França, o cinema militante – de inspiração marxista clássica ou terceiro-mundista – buscava igualmente uma representação não alienada do proletariado, dos palestinos ou dos povos descolonizados". De acordo com a autora, a diferença maior era que o contracinema feminista anglo-saxão mantinha laços sólidos com o cinema experimental, assim como esse florescia em Nova York e São Francisco, ou em Londres, e engendrava "[...] uma reflexão altamente sofisticada sobre os signos e códigos cinematográficos, afetando a noção mesma de vanguarda" (REYNAUD, 1993, p. 15). Já na França, o contracinema dialogava com o "cinema de autor", realizado como obra de arte, cujos diretores reivindicavam para si o *status* de artistas, colocando em cena protagonistas que encarnavam seus alter-egos;[3] isso virou "febre" na cinematografia francesa, de acordo com Geneviève Sellier (2005, p. 6).

3. "Alter-ego" é um termo latino usado pela psicanálise para designar um "outro eu" de um indivíduo. O ator representaria o "eu" do diretor. Como escreve Janet McCabe (2004, p. 27) sobre a influência psicanalítica na teoria e prática do cinema, a noção do sujeito masculino edípico permeia cada estrutura do discurso psicanalítico com relação às mulheres representadas nos filmes.

Ainda no clima de meados dos anos 1970, foi o ensaio de outra britânica, Laura Mulvey, "*Visual pleasure and narrative cinema*"[4] ("Prazer visual e cinema narrativo"), publicado em 1975 na revista *Screen*, que deu fôlego inovador à discussão, utilizando ao mesmo tempo ferramentas feministas e psicanalíticas. Nele, Mulvey propunha uma libertação do olhar lançado sobre as mulheres no cinema, indo na contramão da prática hollywoodiana clássica;[5] que as utilizava como coadjuvantes, um apoio para destacar o protagonismo masculino. As mulheres deveriam, por meio do cinema, elaborar sua autorrepresentação, denunciando e rompendo com as expectativas e com o "prazer do olhar" masculino do espectador (MULVEY, 1983).



Maluf, Mello e Pedro apontam duas grandes vertentes nos principais trabalhos de Mulvey: "a crítica à relação entre imagem e olhar predominante no cinema narrativo clássico e a construção de outras possibilidades de olhar e de outras linguagens do desejo, a partir do projeto de um cinema de vanguarda, ou contracinema". Aí estaria incluída a ideia de um cinema feminista. De acordo com as autoras, as referências teóricas de Mulvey – a psicanálise e o feminismo – eram combinadas com leituras do marxismo. A teórica, também cineasta, teria formado uma linha própria nos estudos de cinema, produzindo uma "nova linguagem do desejo". A crítica que sofreu por considerar apenas os olhares masculinos dos espectadores fez com que Mulvey repensasse sua teoria, levantando a possibilidade de um "olhar feminino" não colonizado[6] (MALUF, MELLO, PEDRO, 2005, p. 343-347).

A questão proposta de uma "colonização" ou "descolonização" do olhar parece interessante para pensarmos o domínio do gênero nos mais diversos aspectos da vida cotidiana, o que não passaria ao largo das telas de cinema, um importante meio de transmissão, cons-



4. Acredito que o artigo de Mulvey seja o mais citado em toda a teoria feminista do cinema (ganhando visibilidade também fora dela), pois aparece referenciado em grande parte da bibliografia trazida neste capítulo e em diversos outros textos que deixo de fora, por não terem relevância diante do panorama proposto.

5. Lembro que a crítica ao cinema hollywoodiano naquele momento não vinha apenas das feministas. Podemos encontrá-la também, por exemplo, na fase mais radical (pós-1968) dos *Cahiers du Cinema*, contrariando sua tradição de admiração pelo cinema "americano".

6. Cf. MULVEY, 2004; Ibidem, 2005.

trução e manutenção de regras e comportamentos, mas também de subversão da "realidade".[7]

A crítica de Ella Shohat ao texto de Mulvey vai além e aponta para o aumento da complexidade analítica com "[...] a introdução de diferentes tipos de figuras femininas na representação, marcando um certo limite da teoria feminista clássica, segundo a qual 'a mulher é imagem e o homem o portador do olhar' (Laura Mulvey)". Shohat afirma que, em sua relação com o homem branco, a mulher branca estaria em posição de ser olhada, mas com relação às mulheres do "terceiro mundo", ela adotaria a posição masculina, onde "[...] é ela que tem a matriz [maestria] do olhar". Ou seja, na colonização, a mulher branca ganha olhar ativo; ainda assim, a autora observa que o puritanismo hollywoodiano punia a audácia feminina. Shohat admite que a teoria feminista do cinema passou a reconhecer as diferenças entre as mulheres (SHOHAT, 1993, p. 39-44). Esse já seria um outro momento. 

Smelik (1999, p. 356) observa que o contracinema representou apenas uma pequena fração dos filmes dirigidos por mulheres a partir de meados dos anos 1970 e que seu público era restrito. O cinema experimental era supervalorizado por seu poder subversivo, enquanto o cinema realista das mulheres era supercriticado por seu ilusionismo. Ainda assim, os filmes que abordavam a situação das mulheres e sua demanda de emancipação, mesmo que dirigidos por homens, multiplicaram-se naqueles anos.

De Lauretis constata que a primeira metade dos anos 1970 foi um período marcado pelo esforço de mudar o conteúdo da representação cinemática (apresentar imagens realísticas, filmar ou gravar mulheres falando sobre suas experiências da vida real), de aumentar a consciência e fazer propaganda feminista. Depois surgiu o fascínio com o processo cinematográfico e o interesse pelos princípios e termos

7. Ao analisar o cinema francês dos anos 1930, Geneviève Sellier observa a formação constante de triângulos amorosos nas narrativas fílmicas, que exploravam enredos envolvendo mulheres que mantinham relações extraconjugais. A autora chama a atenção para o fato de que na vida cotidiana, fora das telas, eram os homens bem sucedidos que mantinham amantes, paralelamente à vida social legítima, com esposas e filhos. Os filmes eram usados para distorcer a visão sobre esse dado histórico (VEIGA, SILVA, 2013).

de referência da estética, que vinham de uma tradição de vanguarda. Ganhou notoriedade, também nos debates feministas, a dimensão política da expressão estética, "[...] argumentava-se que, para neutralizar a estética do realismo, que estava comprometida com a ideologia burguesa, assim como o cinema de Hollywood, cineastas feministas e de vanguarda deviam fazer oposição ao ilusionismo narrativo, em favor do formalismo" (DE LAURETIS, 2007, p. 26-27). A exposição do processo quebraria a unidade estética e faria o público espectador olhar para os meios de produção de significado. Mas o modo como foi colocada a questão da expressão - uma "estética feminina", uma "nova linguagem de desejo" - estava embasado nos termos de uma noção tradicional de arte, especificamente proposta, segundo a autora, pela estética modernista. Para ela, Mulvey também, ao propor a destruição do prazer narrativo e visual como objetivo do cinema de mulheres, saudava uma tradição estabelecida, ainda que radical: da histórica vanguarda de esquerda que volta a Eisenstein, Vertov e Méliès e que, através de Brecht, alcança seu pico de influência em Godard e no cinema de vanguarda estadunidense (DE LAURETIS, 2007, p. 26-28).

Teoricamente, era bastante complicado naquele momento falar de ruptura política e estética sem passar pelos cânones erigidos pela teoria da esquerda, cuja prática cinematográfica por vezes esbarrava ou mesmo se chocava com a necessidade das mulheres de construírem novas propostas fílmicas.

Para a elaboração dessas alternativas, voltando a De Lauretis, é necessário haver consciência de um "fator subjetivo". Os temas devem articular a relação particular de subjetividade, significado e experiência que "en-gendra" o sujeito social como mulher. Sua exploração aparece no cinema de mulheres de diversas maneiras: "[...] através da disjunção de imagem e voz, a reelaboração do espaço narrativo, a elaboração de estratégias de endereçamento que alteram as formas e ajustes da representação tradicional" (DE LAURETIS, 2007, p. 47, tradução nossa). De certa maneira, as primeiras demandas teóricas feministas foram sendo atendidas pela prática fílmica das cineastas.

Naquele momento inicial, e ainda na década seguinte, outras vozes se juntaram às de Mulvey e Johnston nas reivindicações e na afirmação da importância do cinema para o feminismo. Elas têm aqui a dupla função de teoria sobre o tema abordado e de objeto de estudo, uma vez que integram o debate crítico daqueles anos sobre o cinema realizado por mulheres e sobre o cinema geral, que as interpelava.

Khun, em 1976, chamou a atenção para a reação por parte de Hollywood à onda de liberação das mulheres durante os anos 1970, considerando-a como uma ameaça a ser contida dentro dos filmes, por meio do enclausuramento das personagens, dentro de casa, em hospitais psiquiátricos, ou ainda por sua morte. Mas numa corrente contrária, seguindo as demandas de um novo mercado, seus estúdios cinematográficos (produtores de obras com temáticas variadas) realizaram filmes que podem ser lidos como uma tendência inversa. Segundo Khun, suas protagonistas são mulheres nem belas nem sedutoras, de acordo com os códigos cinematográficos vigentes. Nos enredos, estavam a descoberta de si e o acesso dessas mulheres à independência (KHUN, 1993, p. 54). A autora cita como exemplos os filmes *Alice does't leave here anymore* (1974), de Martin Scorsese,[8] *Starting over* (1979), de Alan Pakula, e *Un unmarried woman* (1977), de Paul Mazursky. 

Segundo Khun, "os novos filmes de mulheres se endereçam particularmente às mulheres, mesmo àquelas que têm um certo grau de consciência feminista". Assim, "a espectadora pode se encontrar facilmente seduzida pelas identificações que esses filmes propõem". Ela não é apenas uma vencedora, ao assistir a esse tipo de cinema; "é uma ganhadora que deve sua vitória ao seu sexo". Annette Kuhn destaca ainda que, mesmo não sendo feministas, os novos filmes de mulheres to-

---

8. Tive a oportunidade de assistir ao primeiro dos três filmes citados por Khun, *Alice doesn't live here anymore* (*Alice não mora mais aqui*), de 1974, dirigido por Martin Scorsese. A narrativa traz a história de Alice, uma mulher que troca o sonho de ser cantora por um casamento frustrante e convencional com um homem autocentrado e desatencioso. Assim que ele morre, em um acidente, a mulher pega o filho adolescente e resolve investir de novo na carreira musical, viajando rumo às pequenas cidades do Arizona. Os estereótipos masculinos são explorados, no melhor do estilo faroeste, com cenas de violência e domínio logo depois de estabelecida a relação de casal. Mas Alice sabe o que não quer mais e segue adiante, a ponto de abandonar outro homem, por quem se apaixona, ao mínimo sinal de controle sobre sua vida e limitação de seus desejos. Ele acaba cedendo, quer mudar, e aceita que a companheira continue a cantar. O filme pode facilmente ser interpretado como feminista ou simpatizante, ou então como a exploração da indústria cinematográfica a mais esse "filão" de mercado: mulheres em busca de emancipação.

cam questões do feminismo (KUHN, 1993, p. 54-58). Com tal estratégia, alguns diretores continuariam a monopolizar a construção de representações de mulheres, mesmo propondo, com elas, uma perspectiva mais amigável.

Percebemos a distinção entre os "filmes de mulheres" e o "cinema de mulheres", podendo os primeiros serem realizados por homens. "Mesmo que ofereçam possibilidades de identificação positiva às mulheres, os novos filmes de mulheres não estarão, em última instância, tratando diretamente questões que o feminismo coloca ao cinema quanto à sua representação" (KUHN, 1993, p. 58). Assim, o "cinema de mulheres" seria o mais representativo do movimento feminista.



Mary Ann Doane (1988, p. 216-217) afirma que "as imagens cinemáticas da mulher têm sido tão consistentemente opressivas e repressivas, que a simples ideia de uma prática feminista de filmagem parece uma impossibilidade. O mero gesto de dirigir a câmera para uma mulher tornou-se um ato terrorista". Para ela, "o potencial para o ilusório domínio do significado não é acessível ao espectador mulher [*female*], que, ao comprar sua entrada [de cinema] deve negar seu sexo. Não há imagens dela ou para ela". Como em De Lauretis, a interpretação semiótica estaria em primeiro plano.

O que Doane propõe é um "projeto de desfamiliarização", com o objetivo de expor valores e significados habituais ligados à feminilidade como construção cultural (1988, p. 217). "Desfamiliarização" seria uma ruptura estética ou narrativa que situasse, como uma construção, a representação das mulheres nos filmes. Por outro lado, Ginette Vincendeau (1993, p. 156) explica que as mulheres diretoras muitas vezes se apropriam dos códigos de "seu" próprio cinema dominante e servem-se deles para construir um discurso "feminino" no texto do filme. Vincendeau nos faz lembrar que nem todas as mulheres "por trás das câmeras" atuaram ou atuarão no sentido de valorizar e reverter a situação das mulheres no cinema e na sociedade. Para isso, o que importa é uma autoconsciência, uma sensibilidade das cineastas nesse aspecto.

Kaja Silverman argumenta sobre a função dos/das cineastas como enunciadores dos trabalhos que levam seus nomes: "[...] os trabalhos conterão certos sons, imagens, motivos caracterológicos, padrões narrativos, e/ou configurações formais que provêm o equivalente cinemático dos marcadores linguísticos através dos quais a subjetividade é ativada". Uma relação se estabelece entre o autor "dentro" e o autor "fora" do texto. Com isso, a autora sinaliza a existência de traços comuns no conjunto de filmes de um cineasta, que indicam uma relação subjetiva estética (e mesmo ética) que vem à tona com a linguagem cinematográfica. O que Silverman denomina "pontos nodais" pode se apresentar "na forma de um som, imagem, cena, lugar ou ação". É uma assinatura dentro da diegese, uma posição subjetiva dentro da "*mise en scène* do desejo" (SILVERMAN, 1988, p. 212-218, tradução nossa), de acordo com ela. As características estéticas ou os "pontos nodais" podem muitas vezes, ou quase sempre, ser interpretados como posicionamentos políticos.



Para além do contracinema, uma revista especializada esteve no combate à mais potente indústria cinematográfica, localizada em seu próprio país.

## Women and Film

De 1972 a 1975, a revista estadunidense *Women and Film* (*W&F*), publicada na Califórnia, impactou no debate em torno das questões aqui levantadas. Trazendo artigos que inicialmente trabalhavam sobre a "imagem das mulheres" no cinema, a revista assumiu a tarefa de noticiar, entrevistar cineastas e fazer questionamentos a um meio dentro do qual as mulheres primeiro forçavam sua entrada, depois buscavam legitimar essa inserção.

Ruby Rich, no artigo "Filme pessoal", percebe que as mulheres ficaram mais confiantes do valor de sua perspectiva particular e passaram a explorar essa direção, alcançando um tipo inteiramente novo de filme: "documentos agudamente autobiográficos, concentrando-se na natureza da família em nossa sociedade, no significado do matriarcado e da maternidade, e nos problemas mais profundos envolvidos em ser uma mulher" (RICH, 1975, p. 23). Esses filmes tornaram-se uma prática constante nos anos 1970, tomando lugar no movimento feminista.

*Women & Film*[9] foi um importante meio de divulgação do "cinema de mulheres" nos Estados Unidos, sendo distribuída também em outros países, chegando a ter uma tiragem de quinze mil exemplares em seu terceiro ano (1974).[10] Com o fim da revista, a continuidade do projeto se deu com *Camera Obscura*, uma publicação da Duke University Press lançada em 1976 e que ainda está em atividade.[11]

Na concepção das críticas de *W&F*, para além do entretenimento, os filmes teriam a função de conscientizar e destruir códigos estéticos e políticos, tal qual propunha a britânica Claire Johnston. Havia uma convergência entre as demandas editoriais da revista e as das teóricas feministas para um cinema de mulheres. As diretoras que não deixassem claras suas posturas políticas seriam duramente criticadas, como foi Agnès Varda por Johnston, que a acusou de valorizar a "natureza feminina" e não historicizar as mulheres, adotando uma visão ingênua em seus filmes (JOHNSTON, 2000, p. 32). A autora referia-se precisamente a *Le Bonheur* (*As duas faces da felicidade*, na tradução brasileira), filme de 1965, que teria justificado a classificação de Varda por Johnston como "cineasta reacionária". W&F publica a resposta da cineasta a essa crítica. Para Agnès Varda, *Le Bonheur* seria "um doce, doce filme, cheio de crueldade. Eu não denunciei os mitos, eu os super-explorei. Agora, depois de oito anos, não faria da mesma maneira" (*W&F*, 1974, p. 39).[12]

Fora da revista, com Anne Friedberg encontramos uma dura crítica, não a Varda, mas a Johnston, para quem a "resistência" nos filmes estaria mais no nível da intriga do que na especificidade fílmica. O cânone crítico seria ainda mais estreito e seletivo (FRIEDBERG, 1993, p. 102-105). Essa polêmica leva a uma reflexão sobre a seriedade e o tom rigoroso adotado pelas feministas ao reivindicarem os filmes como instrumentos de um movimento de liberação.

---

9. A pesquisa da coleção completa de *Women and Film*, de 1972 a 1975 – números 1 a 7 –, foi realizada pela autora do presente capítulo na Bibliothèque du Film (BIFI), dentro da Cinemathèque Française, em Paris.

10. Nos números 4 e 5, as editoras de *Women & Film* informam que a revista estava sendo exportada para a Austrália, Inglaterra, França, Alemanha, Suécia, Itália, Canadá, México e Japão (W&F, no 5-6, 1974, p. 4).

11. Cf. <http://cameraobscura.dukejournals.org>

12. Entrevista com Agnès Varda.

As questões de identificação, autodefinição, os modos ou possibilidades de se ver como sujeito são questões fundamentais para o feminismo, de acordo com De Lauretis. A identificação deve ser o mais importante, teórica e politicamente, para mulheres que nunca antes foram representadas como sujeitos. Seria necessário repensar o cinema de mulheres como a produção de uma visão social feminista (DE LAURETIS, 2007, p. 28-34). Para Judith Mayne (1990), a realização cinematográfica assinada por mulheres está relacionada diretamente com um posicionamento político.



A resistência às descrições fílmicas e teóricas da "feminilidade" está ligada à força da crítica feminista às ideias sobre uma feminilidade essencial, ou à mulher "real" ainda não desfigurada pelas relações sociais patriarcais, voltando a Doane (1988): "a força desta crítica está em sua exposição da inevitável aliança entre 'essência feminina' e o natural, o 'dado', ou precisamente o que está fora dos arranjos da ação política e, portanto, não é manejável à mudança". Para Doane, o corpo feminino é um termo, não uma essência, e ele tem uma função de discurso (DOANE, 1988, p. 219).

Certamente, De Lauretis é uma das teóricas e críticas feministas do cinema mais citadas após a "era Mulvey", inaugurada por "Prazer visual e cinema narrativo". Lidando com a representação das mulheres no cinema, a teórica italiana se apropria do conceito foucaultiano de "tecnologias de si" para afirmar o gênero como tecnologia que produz sujeitos ("gendrados") também no cinema. Assim, em 1987, De Lauretis publicou "*Technologies of Gender: essays in theory, film and fiction*", um texto teórico/político traduzido e lançado sete anos depois no Brasil sob o título "A tecnologia do gênero" (DE LAURETIS, 1994). Este texto alcançou repercussão internacional e supriu algumas lacunas do debate na virada dos anos 1980 para os 1990, tornando-se referência ao lado de outros escritos feministas, como *Gender trouble: feminism and the subversion of identity*, de Judith Butler (1990), por exemplo.

Podemos perceber que cada uma das teóricas citadas busca elaborar à sua maneira argumentos e justificativas críticas para uma questão que perpassa os feminismos. Ao assumirem a materialidade de um essencialismo,[13] os argumentos feministas teriam maior consistência e suas reivindicações teriam certa margem de manobra, deixando de ser o “outro” abstrato e filosófico para se tornarem o sujeito, um agente social que transforma sua condição e direciona seu destino.

Novamente é De Lauretis (2007) quem oferece mais uma reflexão sobre o assunto, ao pensar a expressão das mulheres como criação/invenção de novas imagens e novas formas de comunidade. Ela lança uma proposta: repensar a especificidade do cinema de mulheres em termos de endereçamento: “quem está fazendo filmes para quem, quem está olhando e falando, como, onde, e para quem”. Assim, as divergências dentro da cultura fílmica feminista, “entre a teoria e a prática, ou entre formalismo e ativismo”, podem ganhar força diretriz e produtiva. O endereçamento proposto por um filme pode definir o público espectador, que não é composto só por mulheres, sugerindo a abertura para a conscientização de sua situação, via prática cinematográfica. Para De Lauretis (2007, p. 35-37), o cinema de mulheres pode analisar, articular e reformular a diferença que emerge das histórias e das consciências das mulheres, e pensar como e por que essa diferença emerge.

Concentrando sua análise na Grã-Bretanha e nos Estados Unidos, Shohini Chaudhuri (2006, p. 10) afirma que as ideias feministas sobre cinema viajaram em livros, jornais, festivais e cursos universitários. Como exemplo de ressignificação e reescrita das teorias, Chaudhuri mostra que De Lauretis, por exemplo, está constantemente revisando seus conceitos, explorando-os por meio de diferentes abordagens teóricas sobre textos fílmicos ou literários (CHAUDHURI, 2006, p. 61).

Smelik explicita a necessidade de se considerar a subjetividade feminina no cinema, com a presença de mulheres espectadoras e diretoras. A autora percebe as diretoras feministas como mulheres e sujeitos feministas. Seus posicionamentos, como mulheres, conduziriam a uma mudança na representação da subjetividade feminina no cinema (SMELIK, 1998, p. 29-32).

13. Spivak, em entrevista concedida a Angela McRobbie em 1985, usou a expressão “essencialismo estratégico” para destacar a importância política do sujeito “mulher” para a prática feminista e suas demandas, mesmo tendo consciência dos limites desta noção (Spivak, 1985, p. 5-9).

É bell hooks (1992; 1996) quem coloca sob tensão uma crítica feminista do cinema que se constitui como "branca" e eurocêntrica. Ao fazer questão da grafia de seu nome com letras minúsculas, uma provocação é lançada, sinalizando a invisibilidade e a negligência das mulheres negras dentro dessa teoria crítica; um não olhar para essa ausência, mas também para as personagens negras que raramente estavam presentes nos filmes e que, quando existiam, ocupavam com frequência lugares subalternos, colonizados. A denúncia de hooks alcança, no âmbito da crítica cinematográfica, um patamar semelhante aos posicionamentos de Angela Davis e Audre Lorde, como principais exemplos, ao feminismo denominado de Segunda Onda nos Estados Unidos e na Europa. Onde estão as mulheres negras? Se elas não aparecem nas críticas ao cinema e à sociedade, entende-se que há aí um problema, de representação, nas palavras de hooks.



Atacando o que chamou "a crítica feminista branca do cinema", hooks convoca: "mulheres negras devem definir sua realidade longe da realidade imposta sobre elas pelas estruturas de dominação" (hooks, 2009, p. 272). O argumento de hooks inclui a acusação de cegueira por parte das críticas e teóricas que não percebiam ou ignoravam a existência em seus textos de uma "brancura da imagem" (hooks, 2009, p. 265).

> A teoria feminista do cinema direcionada para uma linha de trabalho psicanalítica a-histórica, que privilegia ativamente a diferença sexual, suprime o reconhecimento da raça, reproduzindo e espelhando o apagamento do mundo das mulheres negras que ocorre nos filmes, silenciando qualquer discussão da diferença racial - ou da diferença sexual racializada (hooks, 2009, p. 263, tradução nossa).

Para hooks, "aquelas mulheres negras cujas identidades foram construídas em resistência, por práticas que se opõem à ordem dominante, estavam mais inclinadas a desenvolver um olhar opositor" (hooks, 2009, p. 269, tradução nossa). Ela é quem assume com maior visibilidade essa crítica do cinema que endereça mulheres negras.

Jane Gaines (2000) propõe uma abordagem diferenciada aos filmes com o capítulo "*White privilege and looking relations: race and gender in feminist film theory*", um dos textos que compõem o livro organizado por E. Ann Kaplan (2000) *Feminism and Film*, um clássico sobre o cinema dirigido por mulheres publicado já nos anos 2000. Gaines, lançando um olhar interseccional sobre o cinema, observa que o privilégio branco deve estar claro nas relações do olhar endereçado pelos filmes. Às mulheres negras, a regra é composta historicamente de papéis subalternos e/ou estereotipados, numa nítida hierarquia de lugar, cor, classe, protagonismo.



Outra emersão de destaque é a da crítica feminista do cinema que aponta nos filmes questões sobre a visibilidade lésbica. Uma das autoras que atua nessa perspectiva é Mayne (2000), que chama a atenção para os "olhares lésbicos" e para a possibilidade de se teorizar sobre sujeitos (in)visíveis. A mesma autora já se destacava na virada dos anos 1990 ao tratar das mulheres nos papéis-chave, como diretoras, do cinema (MAYNE, 1990).

## O filme como acontecimento e outras questões

Além das negritudes e das lesbiandades, o *queer* também passa a ser tema de interesse para as teóricas e críticas feministas do cinema, como Teresa de Lauretis, que em 2015 publicou na revista argentina *Mora* o artigo "Género y teoria queer". Isso demonstra que a amplitude dos feminismos como política, abarcando a teoria *queer*, alcança também a crítica cinematográfica e suas relações.

Assim, na última década ou pouco mais que isso, cada filme é tomado como um acontecimento, um demarcador ou uma dissidência. Não que não fosse assim com o "cinema de mulheres", com todo o seu impacto e "mal-estar social". Mais do que imagens ou representações das mulheres, os filmes dirigidos por elas são tomados como ações no sentido da visibilidade e da equidade na ocupação de espaços discursivos e midiáticos, como o cinema, seu fascínio e sua popularidade.

Das margens do próprio eixo eurocêntrico, a canadense Catherine Russell (2011) preenche uma lacuna ao investigar e analisar gênero e o lugar das mulheres em parte da filmografia japonesa, com atenção especial para Mikio Naruse, um dos mais longevos entre os diretores japoneses, tendo atuado desde o cinema silencioso até o moderno. Russell passa por diretores de várias épocas, como Ozu, Mizoguchi, Kurosawa, chegando a Naruse, com o capítulo intitulado "*Mikio Naruse: A Japanese Woman's Cinema*", destacando seu trabalho como um espaço de existência para as mulheres – seus "filmes de mulheres", com histórias situadas nos anos 1950. Hideko Takamine foi uma das suas principais protagonistas e Fumiko Hayashi uma importante roteirista para trabalhos como *Floating clouds* (1955). De acordo com Russell (2011, p. 105), Naruse coloca diversos tipos de mulheres em cena, da geisha à trabalhadora, sem atribuir a elas características erotizantes ou exotizantes, como no filme *When a woman ascends the stairs* (1960). Embora não se trate do "cinema de mulheres", mas de "filmes de mulheres" dirigidos por homens, o olhar de Catherine Russell e sua análise contribuem para se pensar o cinema japonês para além da fixidez de lugares de gênero levados às telas. 

No Brasil, vemos emergir uma crítica feminista do cinema contemporânea, principalmente na última década.[14] Mais do que em jornais ou periódicos especializados, ela está situada hoje na academia e provoca uma revitalização dos estudos e publicações sobre as cineastas que fizeram história no século XX, mas principalmente sobre as "senhoras diretoras",[15] que dirigiram seus filmes no cinema moderno brasileiro, desde os anos 1960 até a atualidade (VEIGA, 2013). O livro *Feminino e plural*: mulheres no cinema brasileiro (HOLANDA; TEDESCO, 2017) reúne textos de pesquisadoras/teóricas que colocam em debate ou reatualizam discussões sobre essa cinematografia ainda pouco conhecida e trabalhada.

Talvez o "cinema de mulheres" dos anos 1970 e 1980 tenha, de certo modo, se diluído nos filmes realizados por mulheres como acontecimentos e como atos políticos na contemporaneidade. No entanto, os debates dos feminismos continuam e a existência de fóruns específicos – como festivais de cinema dirigido por mulheres – apresenta-se como uma

---

14. A inspiração de boa parte desses trabalhos está localizada na publicação *Quase catálogo* – realizadoras de cinema no Brasil, organizada por Heloísa Buarque de Hollanda, em 1990.

15. A reportagem do *Jornal da Tarde* intitulada "As senhoras diretoras" foi publicada em 07 de fevereiro de 1981 para falar das cineastas brasileiras que movimentavam a produção fílmica naqueles primeiros anos 1980.

permanência e como necessidade de espaços próprios de trocas circulares no meio cinematográfico.

Historicamente, a teoria e crítica feminista do cinema assumiu um lugar no diálogo mais amplo, tensionando naturalizações, apontando evidências, demarcando e nomeando hierarquias e diferenças dentro do próprio cinema. Se ela se transforma ao longo do tempo, é porque o meio também é transformado. Sua perenidade é o que sinaliza que um longo caminho foi percorrido. No entanto, não sabemos se em algum momento ele estará completo, conduzindo as mulheres a um outro patamar, de equidade na realização cinematográfica, assim como em todos os âmbitos possíveis.





## Referências Bibliográficas


BUTLER, Judith. *Gender trouble*: feminism and the subversion of identity. New York: Routledge, 1990.

CHAUDHURI, Shohini. *Feminist Film Theorists*: Laura Mulvey, Kaja Silverman, Teresa de Lauretis, Barbara Creed. New York: Routledge, 2006.

DE LAURETIS, Teresa. *Figures of Resistance*: Essays in Feminist Theory. Urbana; Chicago: University of Illinois Press, 2007.

__________, Teresa. "A tecnologia do gênero". In: HOLLANDA, Heloísa Buarque de (Org.). *Tendências e impasses*: o feminismo como crítica da cultura. Rio de Janeiro: Rocco, 1994, p. 206-242.

DOANE, Mary Ann. "*Woman's Stake*: Filming the Female Body". In: PENLEY, Constance (Ed.). *Feminism and Film Theory*. New York: BFI; Routledge, 1988.

FRIEDBERG, Anne. "Les femmes hors de l'histoire (du cinéma)". *CinémAction* – 20 ans de théories féministes sur le cinéma, no 67, Courbevoie, France, 1993, p. 100-105.

GAINES, Jane. "White privilege and looking relations: race and gender in feminist film theory". In: KAPLAN, E. Ann (org.). *Feminism and Film*. New York: Oxford University Press, 2000, p. 336-355.

HOLANDA, Karla; TEDESCO, Marina C. (Org.). *Feminino e plural*: mulheres no cinema brasileiro. Campinas: Papirus, 2017.

HOLLANDA, Heloísa Buarque de (Org.). *Quase catálogo* – realizadoras de cinema no Brasil – 1930-89. Rio de Janeiro: CIEC/Museu da Imagem e do Som, 1990.

hooks, bell. "The oppositional gaze: black female spectators". In: ______. *Black looks*: race and representation. Boston: South End Press, 1992. p. 115-131.

hooks, bell. "The oppositional gaze: black female spectators". In: ______. *Real to real*: race, class and sex at the movies. New York; London: Routledge, 2009, p. 253-274.

JOHNSTON, Claire. "Women's cinema as counter-cinema". In: ______ (Org.). *Feminism and Film*. New York: Oxford University Press, 2000, p. 22-33.

KAPLAN, E. Ann (Org.). *Feminism and Film*. New York: Oxford University Press, 2000, p. 119-138.

KUHN, Annette [1976]. Hollywood et les nouveaux "women's films". CinémAction – 20 ans de théories féministes sur le cinéma. nº 67, Courbevoie, France, 1993, p. 53-58.

MALUF, Sônia W., MELLO, Cecilia A., PEDRO, Vanessa L. "Políticas do olhar: feminismo e cinema em Laura Mulvey". *Estudos Feministas*, vol. 13, nº 2. Florianópolis: UFSC, 2005, p. 243-362.

MAYNE, Judith. "Lesbian looks: Dorothy Arzner and female authorship". In: KAPLAN, E. Ann. *Feminism and Film*. Nova York: Oxford University Press, 2000, p. 159-180.

MAYNE, Judith. *The woman at the key hole*: Feminism and women's cinema. Bloomington; Indianapolis: Indiana University Press, 1990.

McCABE, Janet. *Feminist Film Studies*: writing the woman into cinema. New York: Wallflower – Short Cuts Series, 2004.

MULVEY, Laura. "Prazer visual e cinema narrativo". In: XAVIER, Ismail (Org.). *A experiência do cinema*. Rio de Janeiro: Graal, 1983, p. 437-454.

MULVEY, Laura. "Looking at the past from the present: rethinking feminist film theory of the 1970s". *Signs* – Journal of Women in Culture and Society, vol. 30, nº 1. London, Autumn 2004, p. 1286-1292.

MULVEY, Laura. *Reflexões sobre prazer visual e cinema narrative*. In: RAMOS, Fernão (Org.). *Teoria Contemporânea do Cinema*. Vol.1. São Paulo: Senac, 2005.

REYNAUD, Bérénice. "L'ombre d'un doute". *CinémAction* - 20 ans de théories féministes sur le cinéma, nº 67, Courbevoie, France, 1993, pp. 14-16.

RICH, B. Ruby. "Filme pessoal". *Women and Film*, nº 7, 1975.

RUSSELL, Catherine. *The cinema of Naruse Mikio*: Women and Japanese Modernity. Durham; London: Duke University Press, 2008.

RUSSELL, Catherine. "Mikio Naruse: A Japanese Woman's Cinema". In: ______. *Classical Japanese Cinema*. New York; London: The Continuum International Publishing Group, 2011, p. 103-132.

SELLIER, Geneviève. *La Nouvelle Vague*: un cinéma au masculin singulier. Paris, France: CNRS Éditions, 2005.

SILVERMAN, Kaja. *The acoustic mirror*: The female voice in Psychoanalysis and Cinema. Bloomington: Indiana University Press, 1988.

SHOHAT, Ella. "Culture imperiale et différence sexuelle: pour une ethnographie féministe du cinéma". *CinémAction* – 20 ans de théories féministes sur le cinéma, no 67, Courbevoie, France, 1993, p. 39-45.

SMELIK, Anneke. *And the mirror cracked* – feminist cinema and film theory. Wiltshire: Macmillan Press, 1998.

VEIGA, Ana M. *Cineastas brasileiras em tempos de ditadura* – cruzamentos, fugas, especificidades. 2013. Tese (História Cultural). Programa de Pós-Graduação em História. Universidade Federal de Santa Catarina. Florianópolis, 2013.

VEIGA, Ana M.; PEDRO, Joana M. "Condição feminina". In: COLLING, Ana Maria; TODESCHI, Losandro (Org.). *Dicionário Crítico de Gênero*. Dourados: Ed. UFGD, 2015, p. 123-127.

VINCENDEAU, Ginette. "Le cinéma des femmes, oui, mais quelles femmes?" *CinémAction* – 20 ans de théories féministes sur le cinéma, nº 67, Courbevoie, France, 1993, p. 155-156.

# A IN/VISIBILIDADE LÉSBICA NO CINEMA

Alessandra Soares Brandão
Ramayana Lira de Sousa



> *I remember a scene... This from a film I want to see. It is a film made by a woman about two women who live together. This is a scene from their daily lives. It is a film about the small daily transformations which women experience, allow, tend to, and which have been invisible in this male culture. In this film, two women touch. In all ways possible they show knowledge of. What they have lived through and what they will yet do, and one sees in their movements how they have survived. I am certain that one day this film will exist.*
>
> Susan Griffin

Existe um cinema lésbico? O que seria o cinema lésbico? Tentar responder questões dessa natureza pode ser tão infértil quanto equivocado, dado o caráter redutor de qualquer definição *a priori* nesse contexto. Talvez a complexidade colocada por essas questões possa ser melhor apresentada na ambiguidade de: *o que faz um cinema lésbico*? Por um lado, o que *torna* o cinema lésbico (se é que isso é possível) e, por outro, o que o cinema *pode* fazer a partir da figura da lésbica? O primeiro desdobramento pode facilmente nos levar à mesma problemática da definição, se não estivermos atentas a tal armadilha, buscando entender, ao contrário, de que formas podemos mobilizar a fruição do filme por um desejo lésbico, num gesto de apropriação que se dá no exercício da *espectatorialidade* e que independe de qualquer delimitação previamente estabelecida para o filme ou para um determinado conjunto de filmes. Na outra vertente dessa pergunta, podemos pensar de forma mais direta sobre a *potência* dos filmes a partir da existência de uma subjetividade lésbica no cinema; e, ainda, sobre quais as políticas que atravessam as histórias marcadas pelo desejo lésbico nas operações do visível e do invisível que os filmes constroem.

Antes de tudo, portanto, cabe apontar que a imagem da lésbica no cinema passa necessariamente por um jogo de in/visibilidade, cuja dinâmica política pretendemos discutir neste capítulo. Nesse sentido, deparamo-nos com um desconcertante paradoxo: por um lado, as imagens da lésbica são quase invisíveis, operando à margem da representação da heteronormatividade (e mesmo da homossexualidade masculina); por outro lado, essa mesma invisibilidade pode ser entendida como a imagem de uma latência ou de uma ausência, a cada instante pronta para ser (de) codificada. Como espectadoras lésbicas, aprendemos com o cinema narrativo hollywoodiano, por exemplo, que a lésbica ao mesmo tempo está e não está na imagem, é e não é, aparece e desaparece como uma sombra, uma ameaça, uma deformação a ser escondida, obnubilada, até mesmo morta, se ousar se fazer vista com a mais tênue nitidez, para que apenas paire como fantasma em nossa memória: será que ela estava lá mesmo? Será que a vimos mesmo?



Este capítulo pretende abordar o paradoxo da in/visibilidade lésbica através de uma exploração panorâmica de momentos chave da história do cinema, culminando com o cinema contemporâneo e suas estratégias de in/visibilização.[1] Logo, para além de qualquer tentativa de assumir uma proposta definitiva, lidando com os filmes sob a imposição de um fazer cinematográfico tão somente adjetivado pelo desejo lésbico – um "cinema lésbico" –, preferimos percorrer um certo *corpus* fílmico em busca das políticas que cada um deles constrói na intrincada

1. Assumimos a estratégia panorâmica, cientes de que qualquer tentativa de exaurir a questão seria improdutiva e ineficiente, ainda mais nos limites de um capítulo. Além disso, buscamos a sintonia com o projeto mais amplo deste livro, pensando a figura da lésbica no contexto dos cinemas mundiais.

trama de in/visibilidade que as imagens em movimento operam. Colocamo-nos, pois, o desafio de pensar a questão lésbica em alguns filmes narrativos incontornáveis para o debate sobre a sexualidade lésbica no cinema em diversos contextos de produção. Para isso, iniciaremos com uma discussão teórica sobre o lesbianismo[2] e sobre os modos como as histórias do cinema reverberam estruturas como a heterossexualidade compulsória para, em seguida, mostrar como personagens e espectadoras lésbicas agenciam o paradoxo da imagem da lésbica no cinema. Sem deixar de considerar também de que maneiras as realizadoras lésbicas que investem na agência da subjetividade lésbica em suas narrativas negociam esse paradoxo.[3] O pessoal, nesse caso, torna-se parte potencializadora das leituras que identificam a resistência das lésbicas no cinema, no intrincado esquema de in/visibilidade que as circunda.

Em ensaio escrito em 2001 sobre o feminismo das mulheres racializadas nos Estados Unidos no contexto do 11 de setembro, a escritora lésbica xicana[4] Cherríe Moraga chama a atenção para o fato de que a existência *queer* não pode permanecer na ordem do privado enquanto sua proteção não for assegurada na esfera pública (2011, p. 31). Logo, não havendo um lugar seguro para o lesbianismo, não havendo sequer reconhecimento da lésbica na esfera pública, sua existência parece mesmo fadada ao des/aparecimento. É por isso que se torna imperativo enxergá-la no contra-luz, tornar pública a política de sua presença/ausência para com isso resistir às forças desse apagamento. Mas esse esforço de leitura não pode se confundir com um gesto de "resgate", como se uma simples constatação das instâncias da vida lésbica no cinema fosse suficiente. Importa pensar o que resta no intervalo das "aparições", na política do estar e não

2. Preferimos o termo "lesbianismo" por não entendermos que haja consenso sobre uma suposta medicalização da palavra nos moldes do que aconteceu com "homossexualismo". Dentro da academia e dos movimentos sociais, "lesbianismo" é ainda um termo aceitável, mesmo que haja o uso alternativo da palavra "lesbiandade".

3. E se acabamos por não discutir com maior verticalidade como as atrizes reconhecidamente lésbicas podem, mesmo que involuntariamente, perturbar os limites do filme com seu extracampo atravessado de imagens e discursos de lesbianismo, é por pura falta de espaço.

4. Derivado de mexicana e da forma curta 'chicana', esta usada para designar os cidadãos originários do México no contexto estadunidense, o termo 'xicana', grafado com x, resulta de uma postura política que reconhece no x a herança náuatle de formação do povo mexicano.

estar, do ser e não ser, do (não) ver e (não) ser vista, que coloca a questão lésbica na real condição de sua marginalidade em relação à heteronormatividade predominante no cinema narrativo industrial, ainda que não restrita a esse registro.

Com Wittig (1991), entendemos que a lésbica constitui em si um ato político, na medida em que recusa a empresa patriarcal, não participando do "contrato heterossexual', uma vez que seu desejo não se dirige ao homem, de quem ela não precisa e com quem não se relaciona afetiva e sexualmente. Se na compreensão do patriarcado, a mulher heterossexual pode ser vista de forma subalterna ao homem, a lésbica existe ainda mais à margem, justamente porque dele prescinde.[5] Não é à toa que o cinema narrativo, que tende a ser predominantemente heteronormativo, relega-a ao anonimato, ou, para sermos mais justas, costuma puni-la pela ousadia de recusar essa ordem. Sob tal lógica, ainda que penalizada, a lésbica necessariamente escapa à ordem normati/lizadora dos desejos, tais como repetidos e perpetuados pela narrativa cinematográfica *mainstream*. É por tal razão que não basta contabilizar a presença (ou ausência) da lésbica no cinema, nem simplesmente analisar sua trajetória na narrativa, sem levar em consideração as mais variadas implicações da dinâmica de in/visibilidade que a construção da linguagem audiovisual lhe coloca. Na dobra dessa dinâmica, temos a complicação de uma hipervisibilidade, que pode ser relacionada a uma tentativa de domesticação da lésbica através de um enquadramento no desejo masculino. 

Pensemos, por exemplo, como o excesso de visibilidade em filmes como *Azul é a cor mais quente* (Abdellatif Kechiche, 2013) e *A criada* (Park Chan-Wook, 2016) instala uma nova complexidade no paradoxo da in/visibilidade lésbica. Em princípio, tais filmes parecem "resolver" a questão da ausência ao colocar um relacionamento lésbico no centro da narrativa e reconhecer visualmente sua atividade sexual, destacada em minuciosas cenas de sexo. Entretanto, porque filmadas com as câmeras

5. Na perspectiva de Wittig, a "mulher", pensada como categoria, só faz sentido dentro do sistema heterossexual; logo, "a lésbica não é mulher" (1991, p. 32). Implícita em sua afirmação também está uma provocação ao próprio feminismo, que não deu conta de pensar a figura da lésbica, colocando a mulher em relação ao homem desde a chamada primeira onda.

fálicas de seus diretores, essas cenas parecem exibir a lésbica *a partir de* e *para* um olhar masculino, reproduzindo, com isso, um modelo pornográfico *mainstream*.

Williams (2017) contesta essa visão, defendendo a ideia de que tanto a linguagem pornográfica quanto o "prazer visual" postulado por Mulvey precisam ser melhor analisados e compreendidos no contexto atual. Se levarmos em consideração a ótica heteronormativa maquinada por essa construção masculina, em tais filmes a lésbica, na verdade, falta. Por outro lado, talvez o que nos falte seja exatamente a possibilidade de imaginar o sexo lésbico nesses filmes para além da infértil polarização pornografia *versus* arte, como sugerem tanto Williams (2017) quanto Rich (2014), ainda que não possamos deixar de considerar o exercício de poder que o excesso de detalhes operados pelas câmeras de Kechiche e Chan-Wook exerce sobre o corpo feminino, apoderando-se do desejo lésbico como se fossem detentores de uma capacidade particular e única de "traduzir" com "autenticidade" o sexo lésbico na forma cinematográfica.

O filme *Desobediência* (2018), de Sebastián Lelio, embora menos envolvido em discursos polemizadores dessa gramática sexual lésbica, também investe com certa minúcia no encontro dos corpos das amantes Ronit e Esti – vividas por Rachel Weisz e Rachel McAdams, respectivamente. No entanto, o filme de Lelio parece menos disposto a competir por uma autenticidade visual do sexo lésbico, buscando capturar a intensidade dos corpos ávidos na complexidade do romance proibido entre duas mulheres de famílias judias ortodoxas. Mais sensível e discreta, sem com isso ser pudica, sua câmera constrói e testemunha o sexo de Ronit e Esti com singular eroticidade e desejo, sem chegar a explorar a nudez de seus corpos. Talvez um dos momentos de maior intimidade durante o sexo entre as duas se dê, na contramão dos clichês de imaginação da performance sexual lésbica, no momento em que Ronit cospe na boca de Esti, selando não apenas o seu prazer, mas uma espécie de pacto da violação dogmática entre as duas, desafiando a ordem da comunidade religiosa a que pertencem.

Em *Desobediência*, não se pode separar a aguda intersecção e mesmo intervenção da sexualidade lésbica no judaísmo ortodoxo, em que a atividade sexual, mesmo entre os casados, parece investir pouco no toque, na intimidade; o cuspe estabelece uma recusa a essa submissão.[6] A saliva de Ronit chega à boca de Esti como uma afirmação sóbria, ainda que carregada de desejo, de que o sexo entre as duas não pode ser domesticado nos códigos da comunidade judaica; será sempre, necessariamente, exterior a ela, daí a desobediência que intitula o filme. Esse gesto de cuspir no filme é mais político, no sentido wittiguiano da lésbica como ato político, do que a artificial cena de sexo oral, por exemplo, de *A criada*, ou a obcecada sequência de sete minutos de *Azul é a cor mais quente*.



Se o regime do visível hoje nos permite um encontro menos raro com as lésbicas no cinema, tal regime nos exige instrumentos cada vez mais sofisticados para a análise das imagens. Entre outras coisas, os estudos de cinema, de maneira geral, precisam absorver a fricção trazida por abordagens pautadas pelas teorias *queer* e decolonial, pela crítica da racialização e pelo feminismo da diferença, todos ancorados no reconhecimento de que as linhas afluentes que nos constituem e atravessam – gênero, classe, raça, sexualidade – entrelaçam-se e culminam no mesmo rio caudaloso das relações interseccionais. Como princípio óbvio dado antes de qualquer ciência, o pensamento hétero desenvolve uma interpretação totalizadora da história, da realidade social, da cultura, da linguagem. Não há como negar sua tendência à produção de conceitos que se colocam como leis universais que se querem verdadeiras para todas as sociedades, épocas e indivíduos. Na própria teoria feminista do cinema, uma das mais clássicas suposições é a de que no cinema clássico observamos uma divisão entre os pólos masculino/ativo e feminino/passivo. Mulvey estabelece essa tradição crítica com seu famoso texto "Prazer visual e cinema narrativo", no qual sustenta, através do uso da psicanálise "como uma arma política" (1983, p. 437), que, no cinema clássico hollywoodiano, o olhar é masculino, ativo e fálico, cabendo à mulher a posição passiva e significante da falta.

6. Uma aproximação entre o cuspe em *Desobediência* e no pornô *mainstream* pode ser encontrada no artigo "A forma pornográfica", de Sousa (2018).

Boa parte do desdobramento político desse pressuposto envolve perturbar, desfazer essa divisão, tarefa delegada não apenas às teóricas, mas também às cineastas. Nesse contexto, o desejo lésbico se torna muito relevante, como aponta Mayne (2000), já que emperra essa máquina binária ao questionar a relação entre sexo e agência, ou seja, o binômio masculinidade/atividade e feminilidade/passividade mencionado. Straayer (1997) também nos lembra que às lésbicas foi determinado, de forma errônea, um ponto de vista masculino. Na mesma linha de raciocínio, Halberstam (1998) argumenta que, diante da possibilidade de pensarmos uma masculinidade feminina, não podemos reduzir a masculinidade a um corpo masculino supostamente autoevidente e seus efeitos. É importante frisar, também, que, seguindo Grosz (1995), é menos interessante discutir a identidade e o desejo lésbicos "em termos de uma interioridade psíquica, em termos de gênese, desenvolvimento ou processos de constituição, história ou etiologia" (1995, p. 174) do que perguntar sobre suas possibilidades, seus futuros. Interessa menos analisar ou explicar como a sexualidade lésbica funciona no cinema e mais experimentar com essa ideia.

Desde cedo, assimilamos a gramática perversa do cinema narrativo hollywoodiano que reproduz o apagamento social da lésbica no âmbito da narrativa cinematográfica. Sem outra saída, conformamo-nos com a ideia de um 'subtexto' – indissociável da atividade espectatorial –, como um esboço fugidio pinçado entre os grãos, traficado pelo desejo de vê-lo materializado no quadro. Já não sabemos se as pistas estavam lá todo o tempo, escondidas, ou se nós as imaginamos pela força de querer concretizá-las. Nesse sentido, *Rebecca, a mulher inesquecível* (1940), de Alfred Hitchcock, intriga e apavora duplamente com suas lésbicas mortas-vivas. Por um lado, a imagem da governanta Mrs. Denvers – vivida pela australiana Judith Anderson – é dada como uma espécie de "vampira" obcecada pela falecida patroa, Rebecca, tornando a propriedade Manderley um lugar assombrado para a nova Mrs. de Winter. A obsessão de Mrs. Denvers pode ser traduzida como desejo lésbico, que, obviamente, não poderia ser confirmado a não ser como subtexto, embora o olhar detalhista de Hitchcock favoreça essa leitura com uma sequência em que ela acaricia as roupas íntimas de Rebecca ao mostrar à Mrs de Winter o quarto da defunta mantido como santuário, como se Rebecca ainda o habitasse, como se seu corpo ainda estivesse lá recebendo suas carícias.[7]

Aqui, a performance de Anderson, ela mesma atravessada de especulações de lesbianismo, carrega ainda mais essa sequência de subtexto lésbico. No outro lado da equação, a própria Rebecca é mantida como um espectro pela adoração de Mrs. Denvers, que recusa seu esquecimento e morte, perpetuando-a como a dona absoluta de Manderley. Mas Rebecca está de fato morta e a Mrs. Denvers só resta a ela juntar-se, ao final do filme, consumida pelo fogo que destrói toda a propriedade e as conduz de vez ao desaparecimento, em nome da resolução heteronormativa do cinema clássico, representada pelo novo casal de Winter, não mais assombrado por seus fantasmas.



Na economia da narrativa clássica hollywoodiana, como mostra o primeiro filme de Hitchcock nesta indústria, a lésbica está fadada ao desaparecimento. Não seria ousado dizer que nesse modelo de produção, sobretudo na era governada pelo código Hays (entre 1938 e 1968), ela sempre foi uma aparição[8] destinada ao apagamento, muitas vezes operado pela solução narrativa da morte. Se o romance lésbico não pode existir por uma prerrogativa moral na era clássica de Hollywood, qualquer alusão a uma sexualidade desviante precisa ser dissolvida e a personagem punida ou convertida para que não haja dúvida sobre sua orientação sexual, que deve ser compulsoriamente heterossexual. Esse é o caso de *Ardida como pimenta* (David Butler, 1953), em que a personagem título, vivida por Doris Day, é uma *cowgirl* masculinizada e solteira, que projeta a figura da lésbica *butch*. Segundo a pedagogia hollywoodiana, no entanto, o que lhe falta é um homem, a concretização de um romance heterossexual para "corrigir" essa imagem e fazer desabrochar o lado feminino de Calamity Jane.

Em *Infâmia* (William Wyler, 1961), a mera sugestão da afetividade de uma mulher por outra é severamente contaminada de culpa, levando ao suicídio da personagem. Baseado na peça *The children's hour*

7. Em "Hitchcock's queer doubles" (2013), exploramos a relação de Mrs. Denvers e Rebecca na perspectiva *queer* e em diálogo com o conceito de duplo, a partir de Gilles Deleuze e Félix Guattari.

8. Para Castle (1993, p. 2), fantasmática, elusiva, vaporosa, difícil de ser reconhecida, a lésbica, mesmo quando em plena vista, é percebida como uma "aparição".

(1934), de Lillian Helmann, o filme conta a história de duas professoras – Martha Dobie, vivida por Shirley MacLaine, e Karen Wright, personagem de Audrey Hepburn –, que dirigem uma escola de meninas de classe alta em uma sociedade conservadora. Uma das alunas espalha um boato de que as duas são amantes, o que desencadeia toda uma rede de intriga e difamação que abala o universo das personagens, levando Martha à conclusão de que realmente sente desejo sexual pela amiga. Tomada por culpa e, principalmente, ciente de que seu amor não poderia jamais ser correspondido, Martha comete suicídio. Uma versão anterior dessa peça havia sido dirigida pelo mesmo diretor, em 1936, quando não podia abordar diretamente a homossexualidade de Martha, e precisou apostar na clássica fórmula do triângulo amoroso, em que as duas colegas amam o mesmo homem. A versão posterior de Wyler, de 1961, aproxima-se mais da peça de Helmann, assumindo o lesbianismo como algo central na história, ainda que não pudesse, como a própria peça, oferecer uma realização do amor de Martha por Karen.

O imaginário do lesbianismo em uma escola de regime interno só para garotas é explorado com ainda mais centralidade na primeira versão do alemão *Senhoritas em uniforme* (Leontine Sagan e Carl Froelich, 1931), em que uma das alunas, a adolescente Manuela von Meinhardis (Hertha Thiele), apaixona-se por uma das professoras do internato, Fraulein von Bernburg (Dorothea Wieck). Baseado na peça homônima, de 1931, de Christa Winsloe, escritora lésbica que também roteirizou o filme, a trama gira em torno da vida na escola, do despontar do amor de Manuela e das complicações desse romance proibido.

A diretora Leontine Sagan, também considerada lésbica, aborda o lesbianismo inscrito na peça com mais coragem que o filme de Wyler de 1961, assumindo visualmente a manifestação do amor entre Manuela e Fraulein von Bernburg na famosa cena do beijo, reconhecida como uma das primeiras materializações do desejo lésbico no cinema dentro de um esquema de produção industrial. Assim como Martha, no filme hollywoodiano, Manuela também tenta se matar, mas acaba tendo melhor sorte, pois seu suicídio é impedido ao final do filme. É importante notar que se trata de um filme produzido dentro de uma indústria cinematográfica, na Alemanha do início dos anos 1930, atestando que não é o modo de produção industrial que baliza o apagamento do desejo lésbico, mas o contexto sócio-político-cultural que o produz. Hollywood, nesse sentido, foi fiel ao contexto judaico-cristão patriarcal que a erigiu e sustentou.[9]

Na contramão do conservadorismo patriarcalista da Hollywood clássica, vale ressaltar a presença da diretora lésbica Dorothy Arzner, que dirigiu filmes entre a década de 1920 e o início dos anos 1940, orbitando solitária em um universo povoado por diretores homens. Ainda que seus filmes não tenham tratado diretamente de questões lésbicas, dadas as já discutidas restrições morais e contextuais de Hollywood, é importante destacar a importância do trabalho de Arzner na construção de um olhar sobre a mulher nesse cenário dominado por homens. Os filmes de Arzner resistem de forma peculiar ao tratar primordialmente das vidas, dos desejos e da experiência das mulheres nas telas (MAYNE, 1994, p. 93). De maneira geral, seus filmes tratam da amizade entre mulheres, das suas vidas em relação e das questões em torno de suas carreiras.



De fato, um dos traços mais marcantes do cinema de Azner é a sua contundente dedicação às questões de classe e da inserção da mulher no mercado de trabalho, lidando de forma central com as especificidades de gênero que circundam esse universo. Um de seus filmes de maior sucesso é *A vida é uma dança* (1940), que intersecciona a classe social com a carreira artística da dançarina Judy O'Brien, vivida pela irlandesa Maureen O'Hara, entre a dança popular burlesca e a "ascensão" para o balé clássico. Em um inflamado discurso para uma plateia que dela ria, Judy interpela os homens na plateia diegética, questionando o modo como eles veem as mulheres no espetáculo. Judy devolve o desconforto de ser olhada, desafiando a masculinidade que, para se afirmar, necessita da violenta objetificação da mulher. Não é à toa que, a partir de meados dos anos 1970, a crítica feminista vai se voltar para o cinema de Arzner como deflagrador de uma política de construção da imagem da

9. Estamos falando aqui de um filme que foi possível no contexto alemão imediatamente anterior ao Terceiro Reich. Com a ascensão do nazismo na Alemanha, a indústria cinematográfica alemã passou a ser utilizada para propaganda por Adolf Hitler, introduzindo um viés ideológico que desprezava qualquer arte "pervertida".

mulher na indústria hollywoodiana a contrapelo. Uma importante contribuição, nesse sentido, é *The work of Dorothy Arzner: Towards a feminist cinema*, editado por Claire Johnston, que, em seu capítulo "Dorothy Arzner: critical strategies", discute a inversão de papéis operada pela diretora, em cujos filmes os homens aparecem como elemento estranho, já que as narrativas são focadas no universo feminino, subvertendo, assim, as codificações da linguagem clássica cristalizadas segundo os preceitos e a perspectiva masculina.

De um ponto de vista materialista, não podemos ignorar que os meios de produção de um longa metragem comercial são de difícil acesso às mulheres em geral e às lésbicas em particular. Não surpreende que cineastas lésbicas adotem um modo de produção independente, com valores de produção mais baixos. Além disso, no circuito crítico e curatorial mundial, prevalece uma atitude modernista que, ao reforçar a noção de uma esfera autônoma e universal da arte, parece sempre querer dizer "Desculpe, mas não estamos nem aí para o que vocês fazem na cama".[10] Diante desse quadro, White (2008, p. 410) defende um cinema lésbico *menor*, pois "se as lésbicas são raramente o tema ou as autoras de longa metragens de longo alcance comercial, nós temos, ainda assim, feito uso do *menor* de maneira bem sucedida" (grifo nosso). *Menor*, para White, refere-se tanto a filmes feitos sem pretensão de carreira comercial e destinados ao circuito mais estrito de festivais, quanto a obras que "empregam uma certa 'pobreza' – em termos de produção ou abordagem estética – e que se desviam da demanda do público por histórias familiares, finais felizes, prazeres repetíveis, identidades asseguradas"[11] (2008, p. 411). Esse sentido de *menor* usado por White aproxima-se da definição de textualidade *queer*, delineada por De Lauretis, que chama de "*queer* um texto de ficção – literário ou audiovisual – que não apenas trabalha contra a narratividade, contra a

10. Fabienne Worth (1993, p. 55) relata sua experiência como espectadora lésbica do *Festival International de Films de Femmes* em Créteil, França, onde uma debatedora respondeu ao questionamento sobre a falta de representatividade lésbica no festival da seguinte forma: "Sinto muito por você. Mas não estamos nem aí para o que vocês fazem na cama. A gente quer saber é de arte".

11. Todas as traduções feitas dos textos originais são nossas.

pressão de gênero de toda narrativa em direção ao fechamento e completude do significado, mas que também perturba a referencialidade da linguagem e a referencialidade da imagem" (2011, p. 244).

É preciso reconhecer que a proposta de um cinema menor lésbico de White e a definição da textualidade *queer* de Lauretis estão ao mesmo tempo aquém e além do campo das obras audiovisuais feitas por e a respeito das lésbicas. No entanto, como reconhece White, "elas atuam de modo crucial na interseção entre autoria e espectatorialidade, entre forma e conteúdo, e entre desejo e identificação" (2008, p. 244). Estando à margem de uma produção hegemônica, realizadoras lésbicas fazem uso de estratégias que resistem, ou simplesmente ignoram, o poder cultural do cinema *maior*.



A realizadora francesa Germaine Dulac, por exemplo, pode ser considerada uma das pioneiras desse cinema *menor*. Reconhecida por sua provocação surrealista *A concha e o clérigo* (1927) e pelo pioneirismo feminista de *A sorridente Senhora Beudet* (1923), Dulac teve uma carreira muito mais profícua do que essas referências tradicionais podem deixar transparecer. Atuou na crítica e na teoria do cinema, no documentário, no cinema experimental e no cinema comercial. Sua busca por um "cinema puro" e sua percepção da criação do choque através da justaposição de planos anteciparam reflexões e práticas que, quando posteriormente propostas por André Bazin e Sergei Eisenstein, tornaram-se fulcrais para o cinema no século XX. Williams (2014) aponta algumas obras de Dulac onde o desejo não-heteronormativo desponta em meio às experimentações estéticas da diretora: *La belle dame sans merci* (1921), *A concha e o clérigo* (1927), *L'invitation au voyage* (1927), *La princesse mandane* (1928). Operando principalmente ao nível do subtexto (WILLIAMS, 2014, p. 118), esses filmes de Dulac permitem-nos começar a questionar a forma como desejo e autoria se imbricam.

A pulsão experimental, o desafio ao modo de produção narrativo representativo industrial e sua estrutura narrativa fechada, bem como a tomada de posição autoconsciente que parte do reconhecimento da diferença lésbica foram aprofundados anos depois por uma série de realizadoras como Barbara Hammer, Jan Oxenberg, Yvonne Reiner, Ulrike

Ottinger, Su Friedrich, Sadie Benning, Monika Treut. Barbara Hammer,[12] cineasta, artista do vídeo e da *performance*, já na década de 1960 começou a desenvolver o que viria a ser um dos mais importantes conjuntos de filmes experimentais sobre a vida e a sexualidade lésbicas. Sua saída do armário coincidiu com o início da carreira artística, de forma que sua sexualidade nunca se descolou da prática artística. Seus filmes, vídeos e performances são formas de explorar práticas e estéticas do corpo lésbico, ao mesmo tempo em que testemunham o que significa ser uma mulher homossexual ao longo dos últimos 40 anos. Várias artistas contemporâneas a Hammer colaboraram com homens e construíam, através da arte, relações românticas heterossexuais, enquanto as artistas lésbicas relutavam em tornar pública sua sexualidade. Já Hammer, desde o início, abraçou a sexualidade lésbica como parte essencial de sua arte. *Dyketactics* (1973), por exemplo, mostra um grupo de mulheres no campo que, nuas, se engajam em pequenos gestos, toques, carícias, e um casal (Hammer e Poe Asher) em intenso ato sexual sob a suave luz da tarde, colocando o corpo e a sexualidade lésbicos no centro da imagem. Não há a procura por subtexto nem uma luta com a ambiguidade em *Dyketactics*: o cinema saiu completamente do armário, compondo o rarefeito arquivo de imagens do sexo lésbico que não estão atreladas a processos de reificação e fetichização.

Realizado quase contemporaneamente a *Dyketactics, Comedy in six unnatural acts* (1975), de Jan Oxenberg, também se engaja em colocar a lésbica no centro do filme, desta vez organizando seis segmentos em que o modo de vida lésbico é apresentado com humor, partindo da manipulação de expectativas em relação a estereótipos como a relação *butch/femme*. O cinema de Oxenberg está no limite da precariedade técnica, o que não impede que, em *Comedy in six unnatural acts*, ela exponha a ideologia patriarcal que, diante de uma imagem de uma *mulher*, não espera encontrar a imagem de uma lésbica, como em uma das sequências do filme em que uma adolescente, em um bailinho da

12. Uma discussão um pouco menos abreviada da carreira de Hammer e uma análise mais detida do filme Menses pode ser encontrada no texto "Pedagogias do corpo feminino: Réponses de femmes e Menses" (Sousa, 2016).

escola, mostra interesse por alguém que está fora do campo. Essa "paquera" dura bastante tempo até ser revelado que se trata de uma outra garota que lhe despertou interesse.

Realizadoras como Hammer e Oxenberg tentam não apenas criar imagens que resistem ao desaparecimento da lésbica mas, também, oferecer uma crítica à heterossexualidade compulsória e ao machismo estrutural. Em suma, são filmes lésbicos feministas que trabalham tanto em uma chave mais experimental e poética (Hammer) quanto explorando o limite da linguagem audiovisual hegemônica (Oxenberg). Nos anos 1980, na Alemanha, Monika Treut, com seu *Die Jungfrauen Maschine* (1988) e Ulrike Ottinger, com *Johanna d'Arc of Mongolia* (1989), também mobilizam o desejo lésbico em suas narrativas, apostando na invenção formal.



Nessa mesma época, nos Estados Unidos, obras como *Nascidas em chamas* (*Born in Flames*, 1983), de Lizzie Borden, e *She Must Be Seeing Things* (1987), de Sheila McLaughlin, preparam terreno para um fenômeno que também partiu da invenção formal e da provocação social, mas que acabou por se tornar convencional: o chamado *New Queer Cinema* (NQC). Rich (2013) descreve o surgimento do NQC no início dos anos 1990 como um conjunto de filmes gays e lésbicos de produção independente que toma de assalto festivais e mostras. De acordo com Rich (2013, p. 18), "definitivamente afastando-se de antigas abordagens humanistas e de filmes e fitas que acompanham a política de identidade, essas obras são irreverentes, cheias de energia, alternativamente minimalista e excessivas".

Dentro do NQC, cineastas e filmes lésbicos acabaram tendo pouco espaço; ainda assim, pelo menos uma obra importante emerge nesse contexto: *O par perfeito* (1994), de Rose Troche. Filmado em preto e branco, *O par perfeito* apresenta uma série de dispositivos narrativos "esquisitos",[13] como o uso de um coro grego – espécie de "júri" de lésbicas que comentam não apenas a trama, mas também aspectos políticos e sociais. Esses dispositivos estão em constante conflito com uma história que parte de situações clichês de comédias românticas e tais clichês de

13. Lembremos que uma possível tradução para a palavra *queer* é, exatamente, esquisito.

encontros e desencontros românticos ganham outra dimensão diante de uma iconografia que traz corpos não-normativos. Muito da força do filme vem dessas tensões e ambivalências.

Também em Su Friedrich, como aponta Mayne (2000), a exploração do desejo lésbico vem acompanhada de uma complexa ambivalência. Em *Sink or Swim* (1990), para citarmos um exemplo, Friedrich explora a complicada relação com seu pai. O filme é composto de 26 partes que correspondem cada uma a uma letra do alfabeto, combinando imagens de filmes caseiros, da vida cotidiana e planos poéticos, na maioria das vezes acompanhados por uma voz de criança que reflete sobre a infância e a relação com o pai. Imagem e voz, no entanto, não são redundantes. Pelo contrário, friccionam-se. O trecho intitulado "virgindade", por exemplo, traz imagens de águas correntes em uma sarjeta, enquanto a voz narra como a imaginação da menina transformava a água da sarjeta no Rio Nilo e a sua casa na árvore virava um "harém cheio de lindas mulheres vestidas de seda e cobertas de jóias", anunciando a emergência do desejo lésbico. Interessantemente, o trecho termina com a voz louvando a beleza do pai. Friedrich não nos entrega resoluções fáceis e narrativas lineares, mas, antes, como argumenta Mayne (2000, p. 208), "uma reflexão sobre a especificidade do desejo lésbico e a impossibilidade de fixar tal desejo em uma narrativa ou imagem específica".

Filmes como *MURDER and murder* (Yvonne Rainer, 1996), *All over Me* (1997), de Alex Sichel, e *Nunca fui santa* (1999), de Jamie Babbit, mostram o painel diverso e a lenta, mas contínua, consolidação de um cinema lésbico independente nos Estados Unidos, que caminha ao lado dos avanços e retrocessos nas conquistas políticas. Essa é, aliás, uma importante questão que deve ser levada para o pensamento sobre o cinema lésbico: a maneira como o cinema se relaciona com as formas como são nomeados o gênero e a diferença sexual que, por sua vez, estão imbricadas em processos transnacionais usados por grupos marginalizados para nomearem-se na construção das noções de nação, racialização, colonização e classe. É necessário que reconheçamos que o significado e os desdobramentos políticos existenciais que acompanham o termo *lésbica* não podem ser universalizados.

Por isso é importante pensar como a ideia ocidental de lesbianismo tem, de certa maneira, colonizado o pensamento sobre o cinema não-ocidental. *Fogo e desejo* (1996), da diretora indiana-canadense Deepa Mehta, ao imaginar a possibilidade de uma relação afetiva e sexual entre duas mulheres que não corresponde a valores tradicionais da sociedade indiana, problematiza a universalização da experiência lésbica. No filme de Mehta, os laços familiares são esgarçados quando as cunhadas Radha e Sita, frustradas em seus respectivos casamentos, encontram afeto e satisfação sexual uma com a outra. Apesar do filme dar uma narrativa de resistência e de afirmar um final feliz para as protagonistas, sua lógica, como bem aponta Desai (2004), dá a entender que as duas protagonistas buscam uma à outra porque seus maridos não lhes satisfazem; em suma, trata-se de uma questão de "escolha": se os maridos não lhes satisfazem, elas podem, sendo de classe média, escolher uma à outra. *Fogo e desejo*, para Desai (2004, p. 172), "no seu contexto político e econômico, ressoa mais as possibilidades de um mercado liberal do que as possibilidades generificadas de agência e subjetividade no estado-nação pós-colonial". Seguindo esse raciocínio, é importante termos em mente que uma noção liberal do desejo e da sexualidade vai enfatizar exatamente a questão da "escolha" individual, como se existisse um "mercado" de desejos dispostos em uma prateleira prontos para serem escolhidos e consumidos.



Um olhar cuidadoso pode reconhecer, em parte da produção cinematográfica contemporânea com temática lésbica, uma tendência, por um lado, para colocar a experiência lésbica como uma questão de escolha no mercado liberal dos desejos e, por outro lado, para definir tal experiência a partir da sua relação com o homem (seja por insatisfação conjugal, violência ou abuso). Os filmes de Shamin Sarif, *The world unseen* (2007) e *I can't think straight* (2008), ilustram essa tendência. As duas obras, no entanto, dialogam com outra tendência do cinema lésbico mundial: as narrativas transnacionais. Tanto *The world unseen* quanto *I can't think straight* trazem personagens na diáspora e/ou em deslocamento cultural. A experiência do cruzamento de fronteiras está diretamente ligada à experiência lésbica, como bem lembra Anzaldúa, para quem tanto a fronteira quanto a vulva são feridas abertas, a fronteira como o marco divisório que fere e machuca, e a vulva como abertura ao mundo na busca pela cura dessas dores (apud MORAGA, 2011, p. 121).

Há várias narrativas lésbicas de cruzamento de fronteiras no cinema mundial: *Fremde Haut* (Angelina Maccarone, 2005), *Do outro lado* (Fatih Akin, 2008), *O menino peixe* (Lucia Puenzo,2009), *Um quarto em Roma* (Julio Medem, 2010). *O menino peixe* é atravessado por questões de classe e etnia, por criminalidade e fuga. No filme, Lala, uma jovem burguesa de Buenos Aires, apaixona-se por Ailín, a Guayi, índia paraguaia que trabalha como empregada em sua casa. Na solidão da casa escura, as duas desenvolvem uma relação de cumplicidade e afeto que culmina no romance e faz com que cultivem o sonho de fugir para o Paraguai, onde podem viver juntas. Mas o destino dificulta esse intento. Lala mata o próprio pai enquanto a Guayi, ainda que inocente, é enviada para a prisão. De lá, é transportada para uma casa de prostituição, de onde Lala vai resgatá-la, e as duas seguem para o Paraguai. A narrativa de *O menino peixe* é fundamentada nessa vontade de partir, na fuga, na viagem. O plano das duas personagens principais de ir ao lago desdobra-se em vários outros deslocamentos: Lala vai ao Paraguai sozinha; a Guayi é levada à cadeia e depois ao prostíbulo; ambas fogem ao final.

Mas não são só as protagonistas que demonstram esse impulso: a mãe de Lala é apresentada no filme durante uma festa que comemora sua volta da maratona de Paris; o irmão de Lala quer voltar para uma clínica de reabilitação no interior da Argentina. As fronteiras a serem cruzadas são, assim, não apenas as geográficas que separam Argentina e Paraguai. As demarcações institucionalizadas envolvendo família, classe e gênero também se apresentam como importantes elementos narrativos. O que o filme mostra é como, no trânsito, na mobilidade das personagens, essas demarcações se dissolvem. A personagem Ailín materializa muitos desses borramentos. Ela é para Lala não apenas a amante/namorada/companheira, mas age preenchendo espaços comumente designados para a figura materna, trocando a roupa de Lala, acordando-a pela manhã, ensinando-lhe guarany (e com isso tirando Lala de uma *in-fância*), cantando canções de ninar à mesa. A fronteira geográfica é também problematizada pela edição do filme, que justapõe imagens de Lala atravessando a demarcação territorial com uma entrevista de Ailín à televisão onde diz não saber do paradeiro da garota argentina. A fronteira é mostrada como um entre-lugar, um espaço indefinido que não constitui uma coordenada legível.

*O menino peixe*, além de problematizar os cruzamentos de fronteiras, coloca a questão da diferença dentro da categoria mulher: Lala, a garota branca privilegiada, e Ailín, a paraguaia intrusa racializada e marginalizada. Gaines (1986) nos lembra que as mulheres racializadas, assim como as lésbicas, aparecem na teoria do cinema como uma reflexão tardia. A busca por descentralizar a mulher branca na teoria no ativismo feminista leva ao interesse pela interseccionalidade, ou seja, "a noção de que a subjetividade é constituída por vetores de raça, gênero, classe e sexualidade que se reforçam mutuamente" (NASH, 2008, p. 1).



É nesse território onde se imbricam sexualidade, violência, poder e potência, que o corpo da mulher negra oferece uma entrada singular para voltarmos a pensar o cinema lésbico em outras chaves. A representação da mulher negra aparece, muitas vezes, imbricada nessa produção imagética que rouba sua humanidade, despe-a do gênero e a reduz à carnalidade. A representação machuca. Não é à toa que teóricas como hooks (1992), com seu olhar opositivo, e Bobo (1995), com sua proposição de um olhar reconstrutivo, apontem para a dificuldade da relação entre a imagem e a espectadora negra. Collins também vai falar das imagens controladoras (*controlling images*), estereótipos "construído para fazer o racismo, sexismo, pobreza e outras formas de injustiça social parecerem naturais, normais e uma parte inevitável do cotidiano" (2000, p. 69).

O movimento que propomos, no entanto, é duplo: sem deixar de reconhecer o dano que a representação racializada traz, procurar entender também o que dela pode ser extraído em termos de potência e, por que não, de prazer. É rebuscando o arquivo das imagens das mulheres negras que podemos encontrar imagens que não sejam apenas de objetificação violenta. Há filmes que, ao colocarem a lésbica negra do centro da imagem e da narrativa, oferecem alternativas à objetificação.

Talvez a obra mais icônica nesse sentido seja *The Watermelon Woman* (1996), de Cheryl Dunye, diretora lésbica negra. No filme, Cheryl (interpretada pela própria diretora), uma jovem lésbica negra, decide iniciar sua carreira de cineasta fazendo um documentário de busca a respeito de Faye Richards, atriz negra da Hollywood clássica, conhecida como "The Watermelon Woman". Na sua busca pela história de Faye, Cheryl rebusca arquivos e entrevista pessoas que conheceram a atriz. Ao final do filme, diante da impossibilidade de chegar a uma verdade sobre Faye, seja pela omissão dos arquivos, seja pelos desvios da memória, Cheryl chega à conclusão de que o gesto possível é exatamente aquele que o filme de Cheryl Dunye faz: inventar a história. *The Watermelon Woman* duplica-se, imita a si mesmo, filme-invenção: Cheryl Dunye precisa inventar Watermelon Woman para preencher a ferida da representação e, ao fazê-lo, ela mesma, Cheryl, cumpre essa tarefa.



Mais recentemente, duas outras realizadoras lésbicas negras também problematizam a subjetividade lésbica em seus filmes. *Pariah* (2011), realizado por Dee Rees, já começa com o que pode ser considerado um plano alegórico de toda a empresa do filme. A narrativa do filme gira em torno de Alike (Adepero Oduye), jovem negra que tenta se afirmar lésbica diante da recusa da mãe em aceitar não apenas a sexualidade "desviante" da filha, mas também a performatividade masculinizada, que a mãe procura sempre "corrigir", comprando vestidos e incentivando o uso de maquiagem. Alike está terminando o ensino médio e se prepara para morar longe dos pais ao começar a universidade. A família, aparentemente bem estruturada (o pai é policial, a mãe enfermeira e a irmã mais nova, a proverbial peste), aos poucos se desfaz – o pai se distancia da mãe, a mãe se afasta da filha. Alike, com auxílio de uma professora, encontra na poesia uma forma de expressar a angústia desse momento de transição. Inquieta em sua performatividade de gênero, frequenta bares em companhia da sua amiga Laura em busca de parceiras para, finalmente, "perder a virgindade", mote narrativo que aproxima Pariah de vários filmes de gênero, onde o objetivo primordial do protagonista (majoritariamente masculino) é, exatamente, fazer a transição para a vida adulta através da iniciação sexual.

Já em *Stud life* (2013), realizado por Campbell X, vemos a protagonista JJ (T'Nia Miller), fotógrafa, acordar ao lado de seu melhor amigo Seb, um homem gay branco. Logo após desligar o despertador, ela imediatamente pega sua câmera e se põe a fotografar o apartamento. Nesse gesto, ela direciona sua câmera para a câmera do filme, interpelando a plateia a tornar-se objeto do seu olhar. JJ se apaixona por Elle, diva ultra-feminina, e o relacionamento entre as duas mulheres coloca em questão a amizade e a cumplicidade entre JJ e Seb. Na relação entre JJ e Seb, encena-se na verdade uma disputa entre narrativas LGBTQ, onde a visibilidade da lésbica (negra) mostra-se acanhada em relação à do homem gay (predominantemente branco) no cinema narrativo. *Stud life*, em suas cenas finais, mostra JJ e Elle no casamento de Seb com outro homem (branco). Em um dos planos mais significativos no filme, as duas mulheres aparecem em primeiro plano, com o casal gay ao fundo. Campbell X, sem apagar a hegemônica presença do gay branco no cinema *queer*, evidencia na imagem o desejo da mulher negra lésbica. Dentro do já limitado  campo das visibilidades *queer*, *Stud life* se apropria dos clichês do gênero da comédia romântica para explorar as ambiguidades de territórios de existência que combinam a superação da normalização da sexualidade e a contaminação com uma certa toxidade heteronormativa, uma vez que JJ precisa superar uma crise moralista para aceitar que sua namorada Elle ganha a vida como dominatrix.

Os três filmes trazem protagonistas para quem a feminilidade hegemônica não interessa. Vestir-se e portar-se não como a imitação de um homem, afinal o "homem" não é um original a ser copiado, uma vez que ele é já uma imitação sem original, para usar a expressão de Butler (2003), mas colocando em crise, no corpo e na performance das atrizes, exatamente essas construções binárias. Em *Stud life,* quando seu amigo Seb lhe pergunta se ela está querendo usar seu "pau" (dick), JJ não hesita em responder: "Dick? Dicks, dude, dykes have dicks!" (Pau? Paus, cara, sapatonas têm paus!), salientando que a performatividade de sua masculinidade coloca em jogo a masculinidade hegemônica tóxica, aqui substituída pelo jogo de permutabilidade entre as próteses.

Interessantemente, nenhuma das narrativas é sobre a dúvida em ser lésbica, mas em como ser lésbica afeta a relação com o mundo. Nesse sentido, é importante notar que, em *Stud life* e *Pariah*, os conflitos mais destacados dizem respeito ao desejo. A diferença racial mobiliza pouco as narrativas, que parecem querer problematizar a diferença sexual dentro de um contexto mais homogêneo de raça. Já em *The Watermelon Woman* temos o trauma do apagamento histórico da representação da mulher negra. A fábula é o único possível. O tempo "negro" que sempre une presente e passado não é o tempo da modernidade branca, que, justamente, é o tempo que se esmera em apagar outras temporalidades. Cheryl é uma anarquivista, reinventa o arquivo, reconta uma história que não aconteceu.

Esse tempo não linear e não teleológico é uma questão de sobrevivência para *queers* e negros. Para Alike, o tempo está suspenso, em pausa para a difícil transição rumo à independência. Apenas ao final, ele parece correr, com ela, sentada ao ônibus, na cadência doce de seu poema declamado, como quem tem todo o tempo do mundo. Em *Stud life* o tempo vem em soluços, episódico, rápido, o tempo da coca e do *ecstasy* nos clubes noturnos.



No Brasil, *As boas maneiras* (2018),[14] filme de Juliana Rojas e Marco Dutra, traz um casal lésbico birracial em um filme que atravessa vários gêneros cinematográficos (horror, melodrama, musical), o que leva a uma complicada relação com a temporalidade: as pausas musicais, por exemplo, podem enfatizar o caráter melodramático, mas suspendem a construção do suspense. No filme de Rojas e Dutra uma das protagonistas se revela uma figura monstruosa, licantrópica, que morre ao dar a luz ao filho também monstruoso. A companheira que sobrevive adota a criança, não apenas em uma tentativa de prolongar a memória da amante morta, mas também em um gesto de proteção da criança *queer*, esquisita.

No cinema de gênero, a associação entre a lésbica e o monstruoso é corrente.[15] Weiss (1992) menciona uma série de filmes em que a lésbica, como vampira, apresenta-se como uma figura ambígua e complexa, ensejando desejo e repulsa, fascinação e medo: *A máscara*

14. Fazemos menção a esse único filme brasileiro não por acreditarmos na inexistência de um cinema lésbico no Brasil, mas por uma questão de recorte da discussão, que se pretende mais próxima dos cinemas mundiais. Na verdade, acreditamos que uma discussão mais panorâmica sobre a história do cinema brasileiro, incluindo o problema do desejo lésbico, ainda está por ser feita.

15. A associação entre o desejo não-normativo e a monstruosidade é corrente na teoria queer e na teoria do cinema (cf. WEISS, 1992; BENSHOFF, 1997). Em uma perspectiva ativista, Bertha Harris afirmava: "Lésbicas são tubarões, vampiros, criaturas da lagoa, godzillas, bombas de hidrogênio, invenções de laboratório, lobisomens – todos assombrando Beverly Hills à noite. Christopher Lee, de drag, no período intermediário da Hammer Films, é a minha lésbica ideal." (1977, p. 10)

*de Satã*[16] (Mario Bava, Itália, 1960), *Vampyros lesbos* (Jess Franco, Alemanha/Espanha, 1971), *Escravas do desejo* (Harry Kümel, Bélgica/França/Alemanha, 1971), *A noiva ensanguentada* (Vicente Aranda, Espanha, 1972), *Fome de viver* (Tony Scott, EUA, 1983), entre tantos outros. É possível que a reivindicação da identidade lésbica feita por Weiss para esses filmes seja desafiada do ponto de vista da bissexualidade. Boa parte das personagens vampíricas desses filmes demonstra um apetite sexual que transcende o desejo lésbico (e que acaba por reafirmar o estereótipo da mulher bissexual como a predadora insaciável). Mais recentemente, filmes como *Thelma* (Joachim Trier, Noruega, 2017) retomam narrativas de gênero (no caso, terror) que tematizam o desejo lésbico, agora em uma chave em que a descoberta do desejo está associada à natureza. Seja na estética *camp* dos anos 1950/60, na hiperestilização dos anos 1970/80, ou na forma refrescada de filmes como *Thelma*, o grande paradoxo da figura da lésbica monstruosa é que, mesmo quando a pedagogia do monstro nos ensina que desviar das normas leva à exclusão e ao extermínio (pois o monstro deve sempre morrer para que a ordem seja restabelecida), a lésbica-monstro contrabandeia desejo e fascinação que trabalham contra essa demonização. O cinema nos ensina a desejar o monstro e, até certo ponto, a desejar o desejo lésbico.



Lançamo-nos, neste artigo, ao desafio de apresentarmos algumas questões sobre o cinema lésbico e sobre as imagens da lésbica no cinema. Ao comentar o aumento de número de filmes gays e lésbicos na esteira do *New Queer Cinema*, Rich (2013, p. 42) afirma não querer cometer "o erro de caber naquela velha e confortável caixinha da vítima, reclamando da ausência em meio à presença. Não somos mais invisíveis." Contudo, como a própria Rich reconhece, maior visibilidade não implica em um cinema que vá além da "identificação, opressão, ou história de saída do armário". Não se trata, pois, da contabilidade da representatividade, ainda que essa possa ser importante arma política. É preciso pensar nos paradoxos e ambiguidades do cinema lésbico se quisermos entender sua potência.

16. A atriz britânica Barbara Steele, protagonista do filme de Bava, viria a interpretar vampiras em vários outros filmes da onda de terror gótico dos anos 1960.

Não apenas temos consciência de que não esgotamos as questões possíveis de serem formuladas, como também sabemos da incompletude das respostas que aqui apresentamos. Há de se pensar, por exemplo, no circuito contemporâneo de circulação de imagens, onde filmes independentes de nicho, com difícil acesso à exibição em salas comerciais, acabam tendo como principais canais de distribuição as vendas de DVD online e, principalmente, o *download/streaming* na internet. É exatamente a internet que tem estimulado (muitas vezes ilegalmente através de *downloads* "piratas") a formação de uma cultura cinéfila lésbica. É preciso pensar nessa cultura, bem como na economia específica de distribuição e circulação do filme lésbico e as condições de participação no circuito de festivais, temáticos ou não. A complexidade do tema, enfim, exige um esforço do pensamento centralizado sobre a "questão lésbica" e como esta se desdobra em inquietações estéticas e políticas. E, para retomar a epígrafe de Susan Griffin, nunca esquecer que por trás de todo filme que como lésbicas assistimos, existe um filme ainda não realizado, o filme que queríamos, que queremos.



## Referências Bibliográficas


BENSHOFF, Harry. *Monsters in the closet*: homosexuality and the horror film. Manchester: Manchester University Press, 1997.

BOBO, Jacqueline. *Black women as cultural readers*. Nova York: Columbia University Press, 1995.

BUTLER, Judith. *Problemas de gênero*: feminismo e subversão da identidade. Rio de Janeiro: Civilização Brasileira, 2003.

CASTLE, Terry. *The apparitional lesbian*: female homosexuality and modern culture. Nova York: Columbia UP, 1993.

COLLINS, Patricia H. Black *Feminist Thought*: Knowledge, Consciousness and the Politics of Empowerment. 2ª ed. Nova York: Routledge, 2000.

DESAI, Jigna. *Beyond Bollywood*: The Cultural Politics of South Asian Diasporic Film. New York: Routledge, 2004.

GAINES, Jane. "White Privilege and Looking Relations: Race and Gender in Feminist Film Theory". *Cultural Critique*, Minneapolis, vol. 4, nº 1, outono 1986, p. 59-79.

GOPINATH, Gayatri. "Nostalgia, Desire, Diaspora: South Asian Sexualities in Motion". In: AHMED, Sara; CASTANEDA, Claudia; FORTIER, Anne-Marie; SHELLER, Mimi (Org.). *Uprootings/Regroundings*: Questions of Home and Migration. Oxford: Berg, 2003, p. 137-56.

GROSZ, Elizabeth. *Space, time, and perversion*. New York: Routledge, 1995.

HALBERSTAM, J. *Female masculinity*. Durham: Duke University Press, 1998.

HARRIS, Bertha. "What is a lesbian". *Sinister wisdom*, vol. 1, nº 3, spring 1977, p. 10.

hooks, bell. Black looks: race and representation. Boston: South End Press, 1992.

JESSICA ZACK. 'Pariah' director Dee Rees confronts disapproval. 2011. Disponível em: <https://www.sfgate.com/movies/article/Pariah-director-Dee-Rees-confronts-disapproval-2420456.php>. Acessado em: 02 abr. 2019.

JOHNSTON, Claire. "*Dorothy Arzner*: Critical Strategies". _____. The Work of Dorothy Arzner: *Towards a Feminist Cinema*. Londres: British Film Institute, 1975. p. 1-8.

LAURETIS, T. de. "Queer Texts, Bad Habits, and the Issue of a Future". *Glq: A Journal of Lesbian and Gay Studies*, [s.l.], vol. 17, nº 2-3, 1 jan. 2011, p. 243-263.

MAYNE, Judith. Dorothy Arzner. Bloomington; Indianapolis: Indiana University Press, 1994.

________. *Framed*: lesbian, feminists, and media culture. Minneapolis; Londres: University of Minnesota Press, 2000.

MORAGA, Cherríe. *A Xicana codex for changing consciousness* Writings, 2000-2010. Durham e Londres: Duke University Press, 2011.

MULVEY, Laura. "Prazer visual e cinema narrativo". In: XAVIER, Ismail (Org.). *A experiência do cinema*. Rio de Janeiro: Edições Graal/Embrafilme, 1983.

NASH, Jennifer. "Re-thinking intersectionality". *Feminist Review*, Londres, no 89, 2008, p. 1-15.

RICH, B. Ruby. *New Queer Cinema*: The Director's Cut. Durham: Duke UP, 2013.

_____. "Feeling blue". Encarte de DVD de *Blue is the warmest color*. Criterion Collection, 2014.

SOUSA, Ramayana L. "A forma pornográfica". *Imagofagia*, vol. 1, 2018, p. 488-505.

_______, Ramayana L. "Pedagogias do corpo feminino: Réponses de femmes e Menses". *Catálogo da Mostra Corpo e Cinema*. São Paulo: Caixa Cultural, 2016.

_______; BRANDÃO, Alessandra. "Hitchcock's queer doubles". *Ilha do Desterro*, nº 65, jul.-dez. 2013, p. 17-28.

SPILLERS, Hortense J. *Black, White, and in Color*: Essays on American Literature and Culture. Chicago: University of Chicago Press, 2003.

STRAAYER, Chris. *Deviant Eyes, Deviant Bodies*: Sexual Re-Orientations in Film and Video. Nova York: Columbia University Press, 1997.

WEISS, Andrea. *Vampire and violets*: lesbians in film. Londres: Penguin, 1992.

WHITE, Patricia. "Lesbian minor cinema". *Screen*, [s.l.], vol. 49, nº 4, 1 dez. 2008, p. 410-425.

WILLIAMS, Tami. *Germaine Dulac*: a cinema of sensations. Urbana; Chicago; Springfield: University of Illinois Press, 2014.

WILLIAMS, Linda. "Blue is the Warmest Color: or the after-life of 'Visual Pleasure and Narrative Cinema'". *New Review of Film and Television Studies*, vol. 15, no 4, 2017, p. 465-470.

WITTIG, Monique. *The straight mind*. London: Haverster, 1991.

WORTH, Fabienne. "Toward alternative film histories: Lesbian films, spectators, filmmakers and the French cinematic/cultural apparatus". *Quarterly Review Of Film And Video*, [s.l.], vol. 15, nº 1, nov. 1993, p. 55-77.

# DE MULHER PARA MULHER: O CAMPO DO PORNOGRÁFICO PARA O DELEITE DOS FEMININOS

Mariana Baltar



Em uma entrevista concedida para a coletânea *Porn after porn* (2014), Mia Engberg, idealizadora do projeto sueco *Dirty Diaries* (conjunto de 12 curtas pornográficos dirigidos por mulheres), reafirma a existência de uma pornografia feminista, contrariando a opinião corrente de algumas feministas que enxergam no pornográfico um domínio do masculino direcionado para o masculino.

Diz Engberg:

> penso que isto espelha um feminismo tradicional que é opressivo para as mulheres. Ele é baseado na ideia de que o homem tem uma sexualidade mais agressiva que as mulheres, que nós somos vítimas e eles são os dominadores. [...] Eu sou contra tudo isso. Eu, como mulher, tenho uma sexualidade tão forte e urgente quanto qualquer homem (2014, p. 211).

A mesma defesa da expressão da sexualidade feminina orienta a maioria dos discursos das mulheres envolvidas na realização, distribuição e performance de obras pornográficas, a despeito das imensas diferenças de condições de produção e projetos estéticos. É essa defesa que faz a escritora e diretora francesa Virginia Despentes afirmar que produzir imagens pornográficas é uma batalha em direção a modificar concepções sobre corpos, desejos e prazeres, construindo subjetividades resistentes e dissidentes.

Nos últimos anos, tem-se visto um aumento da produção de pornografia não só explicitamente direcionada ao público feminino, mas realizada por mulheres e outras feminilidades.

Olhando para o panorama dessa produção feminina e/ou feminista, percebemos que ela não se inicia nos anos 2000, mas vem desde o início dos anos 1980, em especial no contexto norte-americano, e está diretamente vinculada com a circulação e o contato com as teorias feministas.

Na cena inicial de *Deep inside Annie Sprinkle* (1981), primeiro filme dirigido por essa veterana atriz e importante ativista da indústria pornô comercial norte-americana, vemos Annie sentada ao piano mostrando para a câmera fotos da sua infância e recontando como, através da vida na pornografia, encontrou seu prazer.

Olhando diretamente para a câmera, ela se dirige ao espectador em um convite de compartilhamento de experiências nessa espécie de autobiografia pornô.[1] Todos os muitos números sexuais performados por Annie nesse filme estão coreografados para celebrar seu prazer, seu consentimento e seu papel inegavelmente protagonista e ativo nos encontros entre os variados corpos na tela. Vale ressaltar ainda, reforçando os vínculos explícitos do filme com uma agenda política de gênero, que não se trata de quaisquer números sexuais protagonizados por Sprinkle, mas coreografias que desestabilizam uma ordem heteronormativa dos desejos e corpos, como, por exemplo, sua explicação e defesa pela estimulação e prazer anal masculino em um arranjo heterossexual.



Esse filme, escrito, dirigido e estrelado por Annie Sprinkle, incorpora[2] vários dos aspectos que quero desenvolver ao longo deste ca-

1. Não cabe aqui desenvolver em detalhe uma análise desse filme e das implicações de seu dispositivo que evoca uma *mise-en-scène* professoral para Annie quando ela introduz cada número sexual. Mas considero muito importante esse ponto, pois afirma uma correlação entre pornografia e dispositivos pedagógicos. Como tenho argumentado, um dos aspectos fundamentais que justifica o empreendimento de uma atenção criteriosa e não moralista ao estudo do campo do pornográfico é o entendimento deste como pedagogia político-cultural que se pauta na eficácia da mobilização das afetações corporais, como uma espécie de "re-educação dos desejos" que se dá através da "produção de um saber corporal do corpo", como escreve Dyer em seu clássico artigo de 1985, *Male Gay Porn Coming to Terms*.

2. Cabe ressaltar que, ao longo deste texto, cada uso da palavra incorporar (e suas derivações) implica não apenas o sentido de agregar ou anexar, mas fundamentalmente o sentido de dar corpo, *presentificar* materialmente (em imagens e corpos) valores culturais e sociais. Este sentido da palavra é fundamental para cristalizar o entendimento geral que perpassa as reflexões traçadas aqui e que são premissa de muitas das minhas pesquisas em torno da ideia da política das visibilidades e das correlações entre estética e política.

pítulo:[3] a presença e o protagonismo das mulheres e performatividades femininas no campo da pornografia, e como tais atuações, em diversos níveis, mas especialmente enquanto performances cotidianas na esfera midiática, agenciam a agenda feminista e de gênero.

Considerando sobretudo exemplos das realizações norte-americanas e europeias, passando por algumas referências vinculadas aos ativismos latino-americanos, busco pensar sobre um conjunto de produções comandadas por mulheres realizadoras e como tais obras traduzem aspectos importantes de uma agenda feminista e de gênero mais vinculada ao que hooks (2018) identifica como um "feminismo reformista" ou de "estilo de vida". Embora muitas vezes essa agenda seja questionada por certa "mundanidade" de algumas de suas pautas frente a problemas sociais estruturais, penso ser parte importante da luta política quando tais pautas são entendidas e agenciadas a partir do viés da interseccionalidade, como aparece em muitos dos exemplos mencionados ao longo deste capítulo (relacionando questões raciais, prazeres *queer* e trans, corpos gordos).

No contexto contemporâneo de hiperfragmentação da produção, distribuição e consumo da pornografia audiovisual (em especial na circulação pela internet), emerge uma vasta produção pornográfica dissidente, tributária do feminismo pró-sexo, que pode ser dividida em subgêneros como o "pornô feminino ou para mulheres", a pornografia feminista/*queer* e a pós-pornografia. Nas produções que circulam sob a chancela de qualquer um destes três subgêneros, percebe-se a presença intensa e politicamente atuante de realizadoras mulheres e de outras feminilidades (pessoas trans e *queer*).

Embora tenha dado um salto a partir dos anos 2000, a presença de realizadoras e suas reivindicações consonantes com a pauta feminista acompanha a história da pornografia audiovisual. Candida Royalle e Annie Sprinkle são exemplos centrais de atrizes da indústria

---

3. Uma primeira versão deste texto foi apresentada no Grupo de Trabalho Comunicação, Gêneros e Sexualidades do XXVIII Encontro Anual da Compós, Pontifícia Universidade Católica do Rio Grande do Sul, Porto Alegre – RS, 11 a 14 de junho de 2019. Agradeço aos colegas de GT pelas valiosas contribuições.

pornô comercial que passaram a papeis de realização e produção motivadas por um desejo de construir, de modo contra-hegemônico, uma outra pornografia, menos sexista e mais estética e politicamente afinada com a política de gêneros.

Essa mudança nas formas de atuação dessas mulheres se deu, não por acaso, a partir de uma rede de encontros e afetos com teóricas, ativistas e outras artistas feministas, a partir da experiência do *Club 90*, coletivo fundado em 1983 como rede de apoio para compartilhar leituras feministas e discutir sobre a situação das mulheres na indústria pornô. As principais atuantes do grupo eram: Veronica Hart, Gloria Leonard, Kelly Nichols, Candida Royalle, Annie Sprinkle e Veronica Vera. Do *Club 90*, além da própria Royalle (que em 1984 funda sua produtora *Femme Productions*), emergiram figuras atuantes na politização feminina e que partiram também para a realização, como Veronica Hart, além da já mencionada Annie Sprinkle.[4] 

As conexões entre mulheres da indústria pornô e mulheres da arte e do ativismo feminista nos anos 1980 nos EUA não se limitaram às leituras partilhadas. A edição de maio de 1984 de *Artforum* trazia uma crítica sobre evento organizado pelo coletivo de artistas feministas *Carnival Knowledge*, realizado no então espaço de performances em Nova York que abrigava as ações promovidas pela organização de arte "Franklin Furnace". Nesse evento, as atrizes do *Club 90* foram convidadas a colaborar performando uma série de monólogos sobre

4. Sobre o *Club 90*, vale consultar a entrevista realizada por Annette Fuentes e Margaret Schrage na edição 32 da revista *Jump Cut*, 1987. É interessante pensar como as ações do *Club 90*, tomando de referências os relatos das participantes, emulavam uma prática que marcou o movimento feminista da segunda onda nas Américas dos anos 1970: os encontros em grupos de conscientização que fomentavam o acolhimento e as trocas de experiências, onde as práticas confessionais e testemunhais das experiências privadas de cada uma pavimentaram ações políticas diretas e a produção teórica. Penso ser fundamental ainda refletir sobre as implicações dos dispositivos confessionais e testemunhais na articulação de um campo teórico-metodológico feminista e de certo modo é essa articulação que almejo ao cabo tangenciar ao enfatizar a importância das implicações performáticas dos corpos das realizadoras na gestão cotidiana de seus perfis nas redes sociais. A prática testemunhal como virada metodológica e como dispositivo de ação política (em que pesem todas as ambivalências desta, afinal ela é efeito e instrumento de uma lógica geral de valorização dos espetáculos midiáticos de hipertrofia do eu) é algo determinante para se restituir uma historiografia e a reflexão do papel das mulheres e outras subjetividades dissidentes nas dinâmicas sociais.

suas vidas e pornografia – a pergunta geral do evento era "pode haver uma pornografia feminista"? Segundo a crítica de *Artforum*, "*Carnival Knowledge*, um coletivo de artistas e escritoras feministas, emoldurou a questão através de uma quente exposição de livros, artefatos bizarros e uma série de performances que tentaram oferecer uma perspectiva alternativa ao lobby antipornografia" (Artforum, 1984, p. 86, tradução nossa; cf. também WILLIAMS, 1990, p. 249).

Tais ações de meados dos anos 1980 apontavam para um entendimento que é hoje tônica em boa parte do crescente campo de estudos do pornográfico pós-anos 2000: perceber o pornográfico como um campo complexo e fértil para refletir sobre as dinâmicas e tensões (tecnológicas, discursivas e culturais) da sociedade e da cultura midiática, questões que dizem respeito aos poderes de afetação do espectador, às múltiplas formas de consumo, ao papel dos dispositivos de tecnologias de comunicação na construção de saberes sobre o outro nas mais diversas ordens político-culturais. Em minhas pesquisas, tenho afirmado ainda que pornografia diz respeito a corpos em ação (na interação como corpos), mobilizando desejos e prazeres; e é na visibilidade desses corpos que se concretizam disputas políticas de sexualidades, gêneros e até mesmo o transcender desses conceitos.

Acredito que a presença das mulheres na realização e produção da pornografia trouxe para esse campo um conjunto de estratégias (estéticas e discursivas) e de negociações com a agenda de empoderamento feminino a partir do domínio do próprio corpo e do próprio prazer. Observando as produções e também as discussões empreendidas por essas mulheres (em seus perfis e redes sociais), percebo[5] que a agenda feminista (pró)-pornografia se expressa em três aspectos fundamentais (visíveis e construídos no corpo fílmico):

5. A título de esclarecimento metodológico, minhas observações de análise, da qual surgiram as reflexões e conclusões partilhadas nesse capítulo, aconteceram a partir do acompanhamento dos perfis de 20 mulheres, cis e trans, que atuam como *performers* e realizadoras de algum dos três subgêneros: pornografia feminina, pornografia feminista/*queer* e pós-pornô. O acompanhamento mais sistemático desses perfis se deu entre os meses de outubro de 2018 a janeiro de 2019. Confronto essas observações com as análises de cunho estético das obras visuais e audiovisuais dessas performers e realizadoras, e que já marca minha atuação de pesquisa no campo de estudos do pornográfico desde 2010.

1. a dimensão consensual (o que tenho chamado em meus escritos mais centrados na análise estética das obras visuais e audiovisuais de "construção narrativa do consentimento");
2. a ideia de coparticipação entre parceirxs (desejo e prazer como partilha, encontro entre corpos);
3. exaltação do prazer feminino a partir das noções de empoderamento e de pornificação de si (ou seja, reivindicar o direito e o prazer em se pornificar, fugindo assim da ideia heteronormativa de que ser "objeto" do prazer é ser passivo e ser passivo é, além de associado a diminuir-se enquanto sujeito, culturalmente identificado com performatividades de feminilidades).



As mulheres que, como vimos, já no início dos anos 1980, nos Estados Unidos, passaram de atriz a realizadoras, também ocuparam papel preponderante como ativistas. Suas ações e obras incorporaram a ideia de que a pornografia era sim questão de mulheres e para mulheres; e, enquanto tal, reivindicaram um papel mais ativo, consciente e estratégico das mulheres nas relações de trabalho, produção e na estética dos filmes.

Argumento que essas produções, bem como as realizações contemporâneas na *netporn*, perfuram o vasto mundo da pornografia, formando um circuito estético-político que é legitimado pelas atuações/performances dessas pornógrafas. Suas performances (a gestão cotidiana de seus perfis nas redes sociais, por exemplo) agenciam, via circuito midiático, toda uma rede de discursos e parcerias altamente autoconsciente de seu papel ativista. Estes discursos agenciados legitimam politicamente as obras e, em sua maioria, por uma via de mão dupla, presentificam-se (e são presentificados) nos projetos estéticos dessas mesmas obras.

Mais uma vez, Annie Sprinkle nos oferece um bom exemplo dessa autoconsciência e alinhamento entre história da arte e política feminista. Em seu artigo sobre a obra de Sprinkle, Straayer (1993) argumenta que as obras fotográficas, performáticas e audiovisuais da artista fazem uma "desmistificação da sexualização, a afirmação de identidades fluidas e a visualização do orgasmo feminino [...] o sexo-vida-arte de Sprinkle desafia categorias hegemônicas de heterossexualidade e masculinidade" (1993, p. 156). Straayer comenta, nesse sentido, a citação direta que Sprinkle faz da famosa performance *Interior Scroll* (1975) de Carolee Schneemann, em sua performance *Public Cervix Announcement* (1991); nesta, a pose de Schneenmann ao desenrolar os escritos da vagina é emulada por Sprinkle ao realizar uma lavagem vaginal para então convidar o público a olhar, com ajuda de uma espátula de Ayre, seu colo do útero. "Em sua arte modernista pós-pornô, Sprinkle não apenas tenta quebrar barreiras entre pessoas, mas também desafia as presumidas e arbitrárias fronteiras entre pornografia, arte e experiência cotidiana" (1993, p. 174).



## O campo do pornográfico como política de visibilidades de feminilidades

A cultura visual contemporânea – que definitivamente inclui a pornografia – é absolutamente consciente do fato de que, para engajar suas audiências, é preciso mobilizar a atenção, hiperestimular sujeitos cujos aparatos sensoriais são já hipersaturados de estímulos. Também já entendeu que no contemporâneo qualquer conclamação política deve passar por experiências incorporadas que toquem o indivíduo, pelo lugar do corpo nas formações subjetivas e pela dimensão afetiva e emocional que envolvem tais experiências incorporadas.

Tais percepções se veem ainda tensionadas pelo fato de que, no contexto da cultura participativa e do cenário midiático contemporâneo, mais e mais os processos de produção de narrativas e discursos estão acessíveis (ainda que de modos desiguais) a sujeitos tradicionalmente marginalizados, e que tal disseminação do acesso produz ambivalências e disputas de ordem simbólica e discursiva. Nesse cenário, subjetividades dissidentes disputam narrativa e corporalmente os sentidos e as legitimidades (dos discursos e dos seus modos de existência) naquilo que se tem nomeado uma política das visibilidades. Uma política de visibilidades passa pela centralidade do corpo como "instrumento" de atuação política. É a centralidade do corpo para o contemporâneo que nos leva a entender o papel privilegiado das imagens (e com isso do audiovisual) na construção das disputas políticas que se dão no cotidiano do intervalo entre os domínios público e privado.

Attwood (2002) argumenta que o cenário atual do campo da pornografia é marcado por mudanças nas próprias práticas discursivas e de consumo, a reconfiguração do capitalismo contemporâneo (pautado numa lógica pós-massiva e de produção e consumo por nichos de mercado) e por práticas político-culturais dos próprios movimentos sociais. Tal mudança cultural também se observa cabalmente nas práticas discursivas que apontam para a formulação da pornografia como formas de atuação e consumo feminino:



> No contexto contemporâneo de hiperfragmentação da produção, distribuição e consumo da pornografia audiovisual, emerge uma vasta produção pornográfica feminista, tributária do feminismo pró-sexo, que pode ser dividida em subgêneros como o "pornô para mulheres", a pornografia *queer* e a pós-pornografia. O pornô *queer*/feminista é hoje considerado um nicho do mercado de pornografia online e alternativa, mobilizando uma indústria própria, na qual se destacam nomes como a atriz, diretora e produtora Courtney Trouble e seu website Indie Porn Revolution, os projetos Crash Pad Series, Queer Porn TV e Good Dyke Porn, as diretoras Mireille Miller-Young, Tristan Taormino e Erika Lust, atrizes e atores trans como Dylan Ryan, Jiz Lee, James Darling e Buck Angel e até mesmo premiações, a exemplo do Feminist Porn Awards" (Baltar, Sarmet, 2015, p. 110-111).

De modo muito esquemático (e por isso mesmo correndo sérios riscos de reduzir as coisas), podemos entender como *pornô feminino* – aquele feito por mulheres e onde o prazer da mulher parece estar no centro da coreografia sexual – uma obra que adere ao campo do pornográfico (e, nesse sentido, não há dúvida de que se trata de um pornô realizado para integrar-se no circuito de consumo da pornografia). O *pornô feminista e queer* tem em geral as mesmas características do *pornô feminino*, mas traz uma preocupação mais explícita e forte em colocar em cena prazeres e corpos dissidentes, além de investir em circuitos alternativos de circulação e consumo, bem como valer-se de formas de produção usualmente operadas no campo do audiovisual independente (baixo orçamento, produção autoral e coletiva, por exemplo).

A pós-pornografia[6] parte de um processo no qual arte, modos de produção coletivo, ativismo e um uso político dos meios de comunicação se misturam para trazer à visibilidade modos de vida, sexualidades e corpos dissidentes. Sob a chancela do pós-pornô (com destaque para as realizações vindas da Espanha e dos países da América Latina), o repertório da pornografia é de certo modo desmantelado para se enfatizar um discurso muitas vezes performático sobre os corpos e desejos *queer*. O pós-pornô acaba fazendo um outro circuito mais próximo dos ativismos artísticos.

É importante perceber que cada vez mais essas três vertentes vão se misturando e se confundindo, uma impactando a outra, pois o que as une de certa maneira é a preocupação e a ação de se apropriar do jogo e do pacto do pornográfico para torcer suas tradições, ou seja, usar as armas do pornô para problematizar as normatizações que ele usualmente reforça. Nesse jogo, o léxico *queer* é hoje amplamente usado por agentes vinculadas às três vertentes – tanto pornógrafas mais massivamente célebres e mais íntimas da indústria comercial, como Petra Joy e Erika Lust, quanto pornógrafas alternativas como Courtney Trouble e *art-ativistas* como a mexicana La Bala Rodriguez, passando por realizadoras independentes como Chelsea Poe. Todxs reivindicam em seus trabalhos o alinhamento à estética *queer*, fazendo amplo uso do termo nos seus perfis das redes sociais.

*Queer* é um termo que, estética e teoricamente, reivindica o elogio ao estranhamento, um desafio ao sistema de representação e significação. Indica tanto um nicho de mercado quanto a celebração estética e política da dissidência e do estranhamento.

---

6. Ao tratar do conceito de pós-pornô, sigo o caminho indicado por Sarmet (2015) quando esta estabelece que é preciso inserir o pós-pornô latino-americano no campo do pornográfico, colocando-o como parte de um contexto maior de uma tradição visual-performativa que usa as estratégias do pornográfico para produzir efeitos de choque, mas também de deboche e ironia.

Dos três subgêneros, a pós-pornografia talvez seja a única que de fato funda um outro circuito de espectatorialidade e consumo com menos interconexões com o circuito midiático que alimenta a indústria comercial pornô, ficando mais dependente do "circuito das artes", de festivais e mostras especiais e galerias. O termo pós-pornô, usado em uma performance de Annie Sprinkle nos anos 1980, foi recuperado por ativistas europeias a partir dos anos 2000. Desde então, o termo é amplamente utilizado para designar performances e obras explicitamente ativistas que colocam em tensionamento os preceitos associados ao pornográfico comercial, amparando na chancela oferecida por intelectuais da teoria de gênero e *queer* como Marie-Hélène Bourcier e Paul Preciado. Conforme afirma Stüttgen: "Na sua melhor forma, a pós-pornografia pode ser entendida como um movimento não-utópico em direção a uma outra economia de corpos e prazeres" (2009, p. 18).



Dentro do circuito latino, a mexicana La Bala Rodriguez pode ser vista como excelente exemplo mais vinculado ao universo pós-pornô. Em suas obras de vídeo e fotoperformance, a pornificação como gesto político na exposição afetiva de corpo e sexualidade dissidentes é, sem dúvida, uma marca. Em suas fotoperformances, seja nas imagens postadas no seu Tumbler, seja nas colaborações com *Hysteria!*,[7] a pose do corpo em relação ao quadro e à câmera é fundamental para saturar e reiterar seu posicionamento político de celebração de um volume e textura de corpo que encarnam a crítica à gordofobia e a exaltação à matriz cultural latina. Nas pornficações de La Bala, o volume de seu corpo – sobretudo sua barriga e seios – aparecem orgulhosamente em primeiro plano. Suas mãos agarram e acariciam as carnes para o olhar da câmera, compondo uma pose que vai na contramão dos modos como a fotografia de moda ou publicitária retrata os corpos *plus-size* (na qual truques de iluminação e poses disfarçam a abundância das carnes).

Nos vídeos produzidos por La Bala (como *Menstruantes* e *Boda Negra*) é central a explicitação de uma dimensão amorosa de afe-

7. *Hysteria!* é uma revista mexicana independente, editada por Ivelin Meza e Liz Misterio, e que se dedica a pautas relacionadas a questões de gênero e sexualidade. Cf. <https://hysteria.mx>.

tos lésbicos partilhados, em um diálogo com a chave romântica da matriz da telenovela. Contudo, o par amoroso exaltado – num peculiar mix entre pornografia e melodrama doméstico – raramente corresponde aos padrões corporais e morais da sociedade patriarcal heterossexualmente orientada.

Embora também tenha essas incursões na produção audiovisual, a maior parte da atuação de La Bala Rodriguez se dá por fotoperformances e a grande maioria delas aparece em suas redes sociais e na seção Galeria X da revista *Hysteria!*.



Seja nas redes pós-pornô ou nas redes midiáticas, a performance é a expressão primordial dessas pornógrafas, estabelecendo uma interconexão entre vida e obra que sustenta suas afirmações estéticas e políticas.

## Implicando o próprio corpo na vida midiática como estratégia política e estética

A performance como expressão artística tem uma longa história de vinculação com o feminismo e as teorias de gênero e remonta, mais especialmente, às expressões de artistas feministas ao longo dos anos 1970 nos Estados Unidos, Europa e América Latina. Não por acaso, a performance (*performing art*), como expressão e forma de arte foi o terreno privilegiado para as artistas feministas; pois feminismo e performance compartilham, enquanto regimes estéticos e discursivos, a ideia de que as tensões e os questionamentos se expressam no corpo, no cotidiano e estão implicadas no próprio corpo. Se o feminismo legou para as teorias de gênero e para os saberes das humanidades a cristalização da máxima de que o "pessoal é político", a performance legou para o regime das artes as implicações (estéticas e políticas) dos imbricamentos entre arte e vida, vida e obra.

Há toda uma discussão sobre o conceito de performance que não cabe aqui refazer, mas é importante demarcar que tomo o termo vinculado tanto a uma torção no campo das artes que evidencia e privilegia o *como*, o *corpo em ação* e o reforço enquanto "aquilo que está sendo feito" (COHEN, 2002, p. 66), quanto a uma forma de ver ações e práticas cotidianas enquanto performances. Nesse sentido, conforme indica Taylor (2013), trata-se de uma lente metodológica e epistemológica que permite ver todas as ações (teatrais ou mesmo as mais cotidianas e supostamente naturais) como "comportamentos reiterados"[8] (SCHECHNER apud TAYLOR, 2013), ou seja, ensaiadas e apreendidas.

Fabião (2008; 2009) indica que a performance enquanto gênero do regime das artes implica em, de um lado, corpos como materialidade ou tema; de outro, entrelaçamento e "des-mecanização" de fronteiras entre vida e obra, bem como outras fronteiras como sujeito e objeto, verdadeiro e falso. Ambos esses aspectos acabam por colocar em tensão a qualidade e o lugar do espectador – algo que é constantemente recuperado pelas experiências de performance: 

> Cada performance é uma resposta momentânea para questões recorrentes: o quê é corpo? (pergunta ontológica); o quê move o corpo? (pergunta cinética, afetiva e energética); o quê o corpo pode mover? (pergunta performativa); quê corpo pode mover? (pergunta biopoética e biopolítica) (Fabião, 2008, p. 238).

É desse lugar de desmecanização geral que as feministas enxergaram nas artes da performance seu modo de expressão privilegiado. De Ana Mendieta, Carolee Schneemann à Valie Export, passando por Anna Maria Maiolino, Letícia Parente e Lygia Pape (apenas para citar algumas), todas encarnaram no seu corpo em ação as tensões políticas de seu tempo.[9]

8. Alguns textos em português empregam a expressão "comportamento restaurado" para traduzir o termo de Schechner "restored behavior"; contudo, opto pela tradução presente na edição brasileira do livro de Diana Taylor (2013), no qual a tradutora prefere o termo reiterado ao invés de restaurado, por entender que a ideia de reiteração é teoricamente mais adequada pelas implicações que ela estabelece com a reflexão sobre a noção de performatividade tal como trabalhada por Judith Butler.

9. Ultrapassaria os limites desse texto deter-me sobre essas artistas; Apenas a título de exemplo, penso em obras fundamentais como *Rape Scene* (1973) e *Glass on body imprints* (1972), de Ana Mendieta; *Interior Scroll* (1975), de Carolee Schneemann, *Tap and Touch Cinema* (1968), de VALIE EXPORT; os fotopoemação *de para* e o *que sobre* de Anna Maria Maiolino (1974), *Eat me* (Coma-me) (1975), de Lygia Pape e *Preparação 1* (1975), de Letícia Parente.

As reflexões de Taylor (2013) sobre o papel da performance na construção contra-hegemônica de saberes não institucionalizados pelo discurso oficial nos faz entender porque a arte da performance foi uma prática central para o feminismo: ela reúne pelo menos duas dimensões fundamentais da teoria feminista: 1. a desnaturalização de comportamentos e práticas cotidianas que construíram os significados do feminino; 2. a centralidade do corpo como práxis política.

Quero argumentar aqui que a gestão de si operada por algumas das realizadoras e pornógrafas contemporâneas nas redes sociais é uma herança direta dessa "tradição" das performances das artistas feministas dos anos 1970.



Em seus perfis do Twitter, Instagram, Tumblr e em colaborações em portais como a revista *Hysteria!*, elas se performam como sujeitas políticas e artistas de seu corpo, além de, é claro, agenciarem a cultura midiática para mobilizar as redes de marketing e consumo sobre seus produtos e realizações.

A análise que realizo desses perfis indica como todo um vocabulário político é empregado enquanto moldura para enquadrar e orientar nosso olhar sobre as obras; obras que em si também se esforçam em articular projetos estéticos dissidentes e diversificados dos habitualmente encontrados nas produções comerciais mais *mainstream* (mesmo quando as realizadoras trabalham em parceria com empresas comerciais e não apenas em produções independentes).

Bryan-Wilson (2015) defende que, para empreender uma história da arte – em especial da arte feminista contemporânea –, é necessário fazer uso de um modelo metodológico afetivo, ou seja, percorrer um mapa emotivo e pessoal que recubra redes de afeto, amizade e relacionamento. Em seu artigo, a autora se foca nas implicações dos envolvimentos afetivos do pesquisador, analisando sua própria participação no projeto de criação de mídias alternativas *queer Joanie 4 Jackie*, criado por Miranda July em 1995. Aqui, gostaria de deslocar um pouco as concepções de Bryan-Wilson, a fim de trazer à luz como as mesmas redes afetivas e de relacionamento/parceria são agenciadas nas performances das artistas pornógrafas na esfera midiática.

Meu argumento é que, na mesma medida em que seus corpos *presentificam* tensões de gênero em defesa de prazeres, desejos e corporeidades dissidentes, suas escolhas de parcerias de trabalho cartografam redes de afetos e delimitam um grupo de "iguais" politicamente legitimado, mapeando quem, no imenso e diverso domínio da pornografia, opera a partir de preocupações políticas e estéticas semelhantes. Ao fazerem isso, essas performances oferecem ao público um "efeito colateral" pedagógico na medida em que nos ensinam/afetam, com o corpo e através do corpo, a celebração de uma outra ordem de prazeres, desejos e existências. Tal ensinamento sedimenta os vínculos atávicos entre arte e vida que definem a própria ideia de performance, afinal, como entende Del Rio, "a performance envolve a expressão e percepção dos afetos no corpo" (2008, p. 10).

Quero sustentar que, para entender de modo mais complexo as políticas de gênero – especialmente as relacionadas aos femininos – e o campo do pornográfico, é preciso olhar analiticamente para uma atuação que se dá na interconexão entre as performances dos corpos nas imagens (a ordem estética das obras) e as performances destes corpos na cena midiática mais ampla (através de uma gestão subjetivadora dos perfis nas redes sociais e na esfera midiática).

Nesse sentido, julgo ser importante considerar que, em muitas medidas para o campo do pornográfico, as performances se dão dentro e fora das "obras", ou seja, não só como atuação pornificada nos audiovisuais, mas também como uma atuação ativista nas redes sociais, através de uma expansão da performance de si. O eu-pornográfico que se performa nas obras é reiterado pelo eu-ativista que se performa nas redes sociais; um redimensiona nosso olhar estético e político sobre o outro.

A atuação de Courtney Trouble é exemplar nesse sentido. Performer e realizadora independente, Courtney identifica sua pornografia como *queer* e é notável como eventualmente ela colabora com produtoras mais estabelecidas na indústria pornô; como em sua parceria com Aiden Starr para a Evil Angel (produtora criada pelo veterano do pornovideo John Stagliano, em 1989) no filme *Curvy Casting Couch* (2014), do qual também participam figuras pornô-ativistas importantes como Karla Lane e April Flores.

Sobre esse trabalho, Baltar escreve:

> Dentro de uma política de gêneros que traz para a visibilidade dos desejos partilhados um corpo que se afasta da moral da pele lisa, dos padrões heteronormativos de gênero e raça que atravessam a moral do espetáculo da cultura somática, é notável como o corpo de Courtney se apresenta sem disfarces (o que parece trazer um estatuto/efeito de real para a peça que a alinha ao campo do amador, sem que ela pertença exatamente a esse universo). No meio da cena ela tropeça, ri muito, sua gordura balança e faz um som carnal que ecoa o som de deleite de ambas, Courtney e Aiden (2018:, p. 579).



Courtney se descreve como "femme não binária". Em seu perfil no Twitter e no Instagram, bem como em trabalhos apresentados em seu site,[10] a exemplo da série fotográfica *Porntraits*, Courtney frequentemente usa o léxico *queer* e marca parceiras de trabalho, referindo-se a elxs de modo amoroso, exaltando sempre o prazer e a felicidade nessas colaborações.

A série de retratos *Porntraits*, publicada em dezembro de 2018, é um bom exemplo da rede de colaborações em ação, pois nela comparecem performers como Jitz Lee e Q Tip, que também se autodefinem em seus próprios perfis nas redes sociais e em seus trabalhos na pornografia a partir do léxico *queer*. "Minha coleção de retratos explícitos de indivíduos *queer* e trans vêm de mais de 15 anos compartilhando espaços privados e semipúblicos com pessoas maravilhosas", escreve Courtney sobre essa série.

Os posts de Courtney, mesmo no Twitter, invariavelmente trazem imagens produzidas pela artista e que remetem diretamente aos seus filmes e obras. Nas postagens em que celebra a vitória de Karla Lane como *Performer de Nicho do Ano*, na premiação da *AVN* (*Adult Video News*) de 2019, este que é o mais antigo e importante prêmio da indústria pornô norte-americana, Courtney exibiu imagens onde o volume e carnalidades do corpo gordo ocupam lugar central do quadro; algo que suas



10. Cf. <http://courtneytrouble.com>.

obras, sempre vinculadas aos discursos de positividade e diversidade dos corpos, busca também ressaltar imageticamente.

Observando os perfis dessas realizadoras/pornógrafas, percebe-se uma rede de menções que, mais que mobilizar a cauda mercantil das obras, constrói um mapa político dos agentes desse campo do pornográfico para e por mulheres. Courtney, que cita Karla; Karla, que cita Shine, que cita Jitz, que cita Chelsea, que cita Courney. Uma ciranda de relações e afinidades que vai demarcando o circuito estética e politicamente legitimado.

Um exemplo eficaz desse efeito multiplicador de cadeias de consumo é o *PinkLabel.TV*, criado em 2013 por iniciativa de Shine Louise Houston para ser um portal de streaming de pornografia mais politicamente comprometida (no sentido de relações trabalhistas éticas, diversidade de corpos, estéticas e subjetividades atuando dentro e fora das telas). O portal reúne (numa plataforma a la Netflix) obras de produtoras e realizadoras que não raramente comparecem e interagem no perfil do twitter de Shine Louise, como Erika Lust e Jitz Lee. Frequentemente, esses perfis publicam fotos de bastidores de obras que logo aparecerão no cardápio da *PinkLabel.TV*, exaltando termos-chave como *queer*, dissidência, empoderamento...



Essas interconexões são mais que o jogo habitual das estratégias de *marketing* contemporâneas próprias da vida e do consumo midiáticos; são também uma performance expandida que, ao nosso ver, vincula-se diretamente à (já) tradição das relações entre arte feminista e o campo da performance, sendo fundamental para demarcar uma legitimidade política para as obras. Isso porque a gestão ativista da performance de si nas redes sociais reforça a noção de que essas mulheres (atrizes, realizadoras, pornógrafas) desejam estar ali, escolhem e sentem prazer com suas pornificações.

Além disso, é na gestão ativista das performances de si empreendida nas redes sociais que pautas importantes como ética de trabalho, garantia do consentimento e o respeito e exaltação de corpos e prazeres dissidentes são levantadas e onde são apontados exemplos de obras e agentes, tendo como resultado a deflagração de um grande processo multiplicador de cadeias de consumo.

Em *Towards a feminist erotica*, Myers (1987) argumenta que o pressuposto da objetificação e do consumo do corpo feminino impede que as mulheres possam exercer as possibilidades de expressar, explorar e representar seus próprios corpos, desejos e prazeres através de uma erótica feminista. A história das realizadoras e da presença feminina no campo do pornográfico, considerada aqui de modo proposital e estrategicamente panorâmico, demonstra os muitos modos, estéticos e políticos, pelos quais as mulheres expressaram e representaram seus corpos e desejos.

Compartilhamos das percepções de Myers e argumentamos que a crítica à pornificação do corpo feminino ecoa em muitas medidas um discurso moralista de condenação da mulher em sua expressão e explosão sexual. Por outro lado, claro também está que o contexto cada vez mais intensificado de espetacularização do corpo feminino erotizado é atravessado de ambivalências e a crítica a tal espetacularização, como violência e opressão, não é totalmente sem fundamentos. Contudo, "pornografia não é um monolítico", afirma tão bem a pornógrafa e escritora norte-americana Lorelei Lee e, como nos mostra a intensa trajetória das mulheres e performatividades femininas no interior do campo do pornográfico – parte dela apresentada aqui –, o desmonte da cultura sexista não passa pela negação das artes e trabalhos do sexo, mas por uma reconstrução, repolitização e reesteticização contra-hegemônica destes.





## Referências Bibliográficas


ADRIN, Muriel. "What is feminist pornography to pornography? Rethinking porn representation in Five Hot Stories for Her, X Femmes and Dirty Diaries". In: Biasin, E.; Maina, G.; Zecca, F (orgs.). *Porn after porn*. Contemporary Alternative Pornographies. Milão: Mimesis Internacional, 2014.

______, Muriel. "'Trying to invent a new porn'. A conversation with Mia Engberg". In: Biasin, E.; Maina, G.; Zecca, F (orgs.). *Porn after porn*. Contemporary Alternative Pornographies. Milão: Mimesis Internacional, 2014.

ATTWOOD, Feona. "Reading Porn: The Paradigm Shift in Pornography Research". *Sexualities*, vol. 5, 2002, p. 91-105.

BALTAR, Mariana (org). *E pornô, tem pornô? A Panorama of Brazilian Porn*. Milão: Mimesis Internacional, 2018.

______. "Corpos, pornificações e prazeres partilhados". *Imagofagia* – Revista de la Asociación Argentina de Estudios de Cine y Audiovisual, nº 18, 2018, p. 564-588. Disponível em: <http://asaeca.org/imagofagia/index.php/imagofagia/article/view/1665>.

______. "Atrações e prazeres visuais em um pornô feminino". *Significação*: Revista de Cultura Audiovisual, Brasil, vol. 42, no 43, ago. 2015, p. 129-145. Disponível em: <http://www.revistas.usp.br/significacao/article/view/89868>. Acesso em: 31 Ago. 2015.

BALTAR, Mariana.; SARMET, Érica. "La fulminante: deboche, excesso e gênero no pós-pornô da América Latina". *ArtCultura*. , vol. 17, 2015, p.109-124.

BOYLE, Karen (Ed.). *Everyday Pornography*. London: Routledge. 2010.

BRYAN-WILSON, Julia. "Envolvida. História da arte feminista e passados afetivos". In: *Caderno Sesc_Videobrasil*, 11. Alianças de corpos vulneráveis: feminismos, ativismo bicha e cultura visual. Curadoria Miguel A. López. São Paulo: Edições Sesc, 2015.

COHEN, Renato. *Performance como Linguagem*. São Paulo: EditoraPerspectiva, 2002.

DYER, Richard. "Male Gay Porn Coming to Terms". *Jump Cut*, no 30, 1985.

FABIÃO, Eleonora. "Performance e teatro: poéticas e políticas da cena contemporânea". *Sala Preta*, vol. 8, 28 nov. 2008, p. 235-246.

______. "Definir performance é um falso problema". Entrevista concedida a Fábio Freire. *Diário do Nordeste*, 09 jul. 2009. Disponível em: <http://diariodonordeste.verdesmares.com.br/cadernos/caderno-3/definir-performance-e-um-falso-problema-1.281367>. Acesso em: 16 jul. 2017.

FUENTES, Annette e SCHRAGE, Margaret. "Deep inside porn stars. Interview". *Jump Cut*: A Review of Contemporary Media, no 32, april 1987, p. 41-43.

hooks, bell. *O feminismo é para todo mundo*: políticas arrebatadoras. Rio de Janeiro: Rosa dos tempos, 2018.

MYERS, Kathy. "Towards a Feminist Erotica". In: Betterton, Rosemary (Ed.). *Looking on*: images of feminity in the visual arts and media. London: London Camden Press, 1987, p.283-296.

PAASONEN, Susanna. *Carnal Resonance*. Affect and online pornography. Cambridge: The MIT Press, 2011.

PRECIADO, Paul B. *Manifesto Contrassexual*. Práticas subversivas de identidade sexual. São Paulo: n-1 edições, 2014.

SARMET, Érica Ramos. *Sin porno no hay posporno*: corpo, excesso e ambivalência na América Latina. 2015. Dissertação (Comunicação). PPGCOM, Universidade Federal Fluminense, Niterói, 2015.

SCHECHNER, Richard. *Performance Studies. An introduction*. 2ª edição. New York: London: Routledge, 2006.

SIBILLA, Paula. *O Show do eu. A intimidade como espetáculo*. Rio de Janeiro: Nova Fronteira, 2008.

STRAAYER, Chris. *The Seduction of Boundaries. Feminist Fluidity in Annie Sprinkle's Art/Education/Sex*. In: GIBSON, P.; GIBSON, R. (orgs.). Dirty Looks. Women, pornography, power. Londres: BFI Publishing, 1993.

TAYLOR, Diana. *O Arquivo e o repertório. Performance e memória cultural nas Américas*. Belo Horizonte: Editora UFMG, 2013.

# NOTAS SOBRE OS ESTUDOS DA ESPECTATORIALIDADE FEMININA: PERCORRENDO CAMINHOS E CHAVES DE ANÁLISE

Letícia Moreira
Regina Gomes



O terreno espectatorial, junto aos sujeitos que interagem criativamente com os filmes, estiveram por muito tempo relegados a segundo plano nos estudos de cinema. Desde seu surgimento, em 1894 – como Tom Gunning denomina as produções dos primeiros tempos, o "cinema de atrações" –, as teorias deslocam-se de uma visão estruturalista do público como massa passiva e indiferenciada a uma visão dos indivíduos como sendo complexos e ativos.

Na esteira de tal evolução, começa a se delinear nos estudos de recepção, os estudos da espectatorialidade feminina, cujas reflexões irrompem principalmente a partir das intervenções críticas de teóricas feministas. A inserção do gênero como categoria analítica para pensar o cinema e o meio cinematográfico – enquanto instituição, indústria, arte ou dispositivo –, expõe a estrutura patriarcal inscrita nos regimes de representação e produção. Consolida-se então, a partir dos anos 1970, como aponta Kaplan (1973), uma "crítica feminista de cinema" fortemente ligada ao ativismo empreendido pelos movimentos políticos. Com uma base estruturalista e arraigada na perspectiva do imanentismo textual, a fase inicial é marcada pela abordagem psicanalítica e semiótica. É quando surgem conceitos como escopofilia, narcisismo, identificação e olhar masculino, tendo na figura de Laura Mulvey (1975) a principal expoente.

O apoio na diferenciação sexual, binária e dicotômica, leva a uma universalização da noção de "mulher" e se torna o ponto de críticas levantadas posteriormente por pensadoras que denunciam o heterossexismo que marca as teorizações pioneiras. Por exemplo, hooks (1996) explicita como esse modelo teórico suprime o reconhecimento da raça, espelhando, no cinema, o apagamento a que as mulheres negras são submetidas nas estruturas sociais. Muitos autores, com mais força a partir dos 1980, apropriando-se dos estudos *queer*, passam a explorar a espectatorialidade lésbica, gay, bissexual e sexualidades não-binárias, trazendo outras dimensões de corpo e do desejo às teorias feministas (ERHART, 2004, p. 167).

Novos horizontes emergem, influenciados especialmente pela ruptura contextualista e pelo pós-estruturalismo, quando se reivindica a centralidade da raça, da etnia, das sexualidades e da classe, aspectos indissociáveis aos sujeitos espectadores. Revisões do paradigma essencialista e a proposição de outros modos de se pensar a experiência fílmica começam a afigurar-se. Assim, as teorias feministas do cinema vão se organizando enquanto conjunto de reflexões transdisciplinares que dialogam com os tensionamentos sobre os gêneros em uma escala mais ampla. 

Neste trabalho, trazemos uma revisão das principais perspectivas teórico-críticas envolvidas nesse conjunto de questões, identificando como se empregam determinadas categorias, compreendendo as relações críticas e dialógicas que as pesquisadoras vão estabelecendo entre si, em um movimento de recuperar os debates iniciais e trilhar caminhos que se sucederam. Interessa-nos compreender a constituição desse conjunto teórico e refletir os desafios que estão postos hoje. Além da própria inviabilidade para tal, importa menos elaborar um mapeamento detalhado do que – e isso nos parece fundamental – uma revisão dos principais caminhos assumidos na conformação do campo. Em consonância com De Lauretis (1987), que elabora a noção de "tecnologias de gênero" para expor como a construção dos gêneros é tanto o produto quanto o processo de sua representação, privilegiamos aqui uma abordagem que contemple essas construções.

## Entre a psicanálise, o estruturalismo e a semiótica: as teorizações iniciais

Desde seus primórdios, o cinema tem uma relação complexa com as mulheres, dentro e fora da tela. Vistas como personagens secundárias e invariavelmente reduzidas a estereótipos, a mulher vivia ainda a expressão de mero dado estatístico que, se por um lado revelava sua expressão numérica, por outro sua experiência comunicativa com os filmes era recorrentemente negada.

A atenção às figuras da "mulher espectadora", como exposto por Bamba (2013), logo ocupa o centro dos debates. Em uma revisão das principais representantes desse paradigma, ressalta que "o campo do estudo da dimensão sexuada da recepção não é tão homogêneo como parece: é atravessado por métodos e modelos de investigação teórica diferentes" (BAMBA, 2013, p. 39), embora os trabalhos aí situados possam ser agrupados segundo objetivos comuns.

Precedendo os estudos das espectadoras, as bases iniciais para uma teoria feminista do cinema são fundadas a partir dos estudos da representação. Contrapondo as imagens da "mulher" constituídas especialmente no cinema clássico aos papéis e identidades das mulheres reais, as primeiras teóricas observaram que as figuras femininas nos filmes são reflexo de uma sociedade altamente patriarcal, que imprime nelas estereótipos e expectativas, operando de modo a reiterar a sujeição e objetificação a que estavam submetidas nas ordens sociais. Surge, portanto, a noção de "olhar masculino" (*male gaze*), que vai integrar o campo até hoje. Haskell (1974) é uma das principais precursoras dessa abordagem.

Em *From Reverence To Rape*, de 1974, fundada em uma abordagem sociológica, Haskell evidencia, através da análise de cenas de filmes, como o cinema clássico traz a violação (sexual) e a imposição física como uma aspiração das mulheres. Stacey (1994) reconhece que, embora Haskell situe estereótipos e estruturas patriarcais, sua análise centra-se no texto fílmico. É possível, porém, entrever que Haskell pressupunha o lugar da recepção na compreensão de papéis ocupados pelas mulheres (nos filmes e fora deles) nos processos como a identificação.

Em seu clássico ensaio *Visual Pleasure and Narrative Cinema*, Mulvey (1975) inaugura o debate sobre a espectatorialidade feminina no cinema. 45 anos depois de publicado na revista *Screen*, o texto mantém uma impressionante atualidade, embora os necessários ajustes teóricos posteriores, efetuados por outras pesquisadoras e pela própria Mulvey, chamem a atenção para o olhar renovado sobre o tema da experiência fílmica feminina.

Esse ensaio matricial despontou no quadro de um horizonte histórico fecundo em que as lutas feministas emergiram – entre 1960 e 1970, sobretudo na Europa e EUA. Conforme Mulvey (2015a, p. 68), "o contexto histórico do ensaio é muito significativo, já que foi escrito sob a influência imediata do Movimento de Libertação das Mulheres". Um período, portanto, rico em escritas críticas e experimentações no cinema.

Admitido como uma experiência "autobiográfica", o texto de Mulvey traduz sua própria existência como espectadora de filmes clássicos "antes e depois de encontrar o feminismo" (2015a, p. 70). Mulvey, então, parte para uma estratégia de visualização distinta, constituída no seu desejo de experimentar (e produzir) filmes de vanguarda que fraturassem as codificações do cinema *mainstream.* Princípios conceituais egressos da psicanálise, do feminismo, da semiologia, da semiótica e do marxismo foram convocados por Mulvey para defender em suas análises uma intensa crítica às imagens como construções culturais produzidas massivamente pela narrativa clássica, cujo filtro falocêntrico edificava o poder masculino tanto "por trás da câmera" quanto do ponto de vista a partir do qual se produz a representação.



Mas Mulvey, em uma chave interdisciplinar, estava também particularmente interessada na experiência espectatorial feminina, uma experiência atravessada por condicionantes psicanalíticos como o fetichismo, a pulsão escopofílica e o vouyerismo, que marcavam as subjetividades das mulheres na condução dos prazeres adquiridos nesses tipos de narrativas. Conforme Gatti, Mulvey "expõe o falocentrismo da própria psicanálise, no qual, assim como no cinema, a mulher atua como significante, e não como produtora de sentido" (2018, p. 284).

Embora seja sempre lembrada por seu ensaio fundador, sua trajetória pode ser descrita em várias fases, uma vez que, escapando de vaidades acadêmicas, Mulvey posteriormente conduz "reavaliações" de seu texto, considerando o impacto das transformações técnicas do meio, agora digital, do próprio cinema *mainstream,* e, sobretudo, refletindo sobre como isso afetou as condições de recepção do filme e o significado ideológico do espectador (Mulvey, 2005). Mais recentemente, Mulvey (2015b) acaba por repensar também o atual projeto feminista, estabelecendo relações sócio-históricas entre o passado e o presente nos diversos feminismos.

Como dito, muitas foram as revisões posteriores à publicação do ensaio de Mulvey. O miolo das disputas teóricas calcava-se na impossibilidade das espectadoras subverterem o olhar impositivo masculino tanto na construção de personagens quanto na narrativa fílmica.

Kaplan (1995), em *A mulher e o cinema*, oferecerá distintas análises sobre o cinema de narrativa clássica (sobretudo a construção do papel da mãe em filmes hollywoodianos) e de filmes independentes feitos por mulheres. Convocando a psicanálise, o estruturalismo e a semiologia, a autora promove uma importante revisão acerca da noção de olhar masculino, herança de uma sociedade patriarcal que abafa o discurso e o desejo femininos.



Conforme Kaplan (1995, p. 18), "as ferramentas psicanalíticas e semiológicas proporcionam à mulher a possibilidade de desvendar a cultura patriarcal tal como é expressada nas representações dominantes". O poder absoluto de identificação com o olhar masculino nos filmes comerciais desconsidera a experiência espectatorial feminina e seus processos de projeção e desejo em gêneros/filmes diferenciados. Kaplan admite, assim, a "possibilidade de que o espectador feminino possa se identificar com muitas personagens em qualquer narrativa fílmica" (KAPLAN apud LOPES, 2002, p. 213).

Entretanto, controvérsias existentes no campo da crítica feminista nos anos 1970 e 1980 levaram a dissonâncias também sobre os trabalhos de Kaplan e, de resto, sobre a operacionalidade do modelo psicanalítico (Freud e Lacan). Por um lado, suas análises centradas em personagens, ao invés dos filmes, e a ausência de reflexões sobre as novas formas de construção de subjetividades femininas acirraram as tensões discursivas no campo atualizado pelos estudos culturais. Por outro lado, Kaplan (2002) sinaliza posteriormente que esses tensionamentos vêm perdendo fôlego, havendo um maior consenso entre as autoras nucleares feministas, chegando a afirmar que hoje "importantes teóricas como Judith Butler, Teresa de Lauretis e Michele Wallace confirmam a importância das teorias psicanalíticas e a necessária revisão das ideias freudianas e lacanianas a partir das perspectivas feministas" (KAPLAN apud LOPES, 2002, p. 212).

A possibilidade de responder ao olhar masculino nos filmes de narrativa clássica é o foco nos trabalhos de Doane (1982), que opera o conceito de *"masquerade"*, da psicanalista Joan Rivère. A atividade espectatorial feminina é organizada como um "disfarce" da feminilidade, construída enquanto máscara que adquire a posição de sujeito do discurso ao invés de seu objeto. Desse modo, a espectadora dissimularia o monopólio da masculinidade, apropriando-se dessa camuflagem porosa, que pode ser adotada ou removida, a depender das condições de recepção, representando, assim, uma performance de gênero transitória.

Doane (1982) irá mover a duplicação de Mulvey (ativo/passivo) para o sistema de distanciamento/proximidade da imagem, este representando um lugar culturalmente atribuído à mulher. Ao superar essa posição de proximidade por meio de um distanciamento moldado pelo disfarce/travestismo, a espectadora reprime o masoquismo da "superidentificação" e do narcisismo de se revelar o próprio objeto de desejo. Por fim, Doane afirma que a feminilidade se estabelece como um lugar dentro de uma complexa rede de relações de poder e que "a crescente insistência na elaboração de uma teoria do espectador feminino é indicativa da necessidade crucial de entender essa posição para deslocá-la" (1982, p. 87, tradução nossa).



O desgaste das teorias que inauguram o campo está imbricado a transformações científicas mais gerais, em especial à introdução do paradigma contextualista. Os estudos culturais, por exemplo, alteram a percepção da posição feminina na recepção, pensando-a em termos de negociações dentro dos jogos de poderes, como percebe Stacey (1994).

## Para além do gênero: outras dimensões encarnadas

O paradigma que se sustenta na psicanálise, na semiótica e no estruturalismo funda, como exposto, caminhos centrais para a instauração da posição espectatorial das mulheres como tema de análise. O que sucede, porém, é que esta perspectiva é insuficiente para abarcar a complexidade que implica a noção de "mulher". Além disso, privilegia a realidade psíquica em detrimento da formação social de processos como identificação e objetificação, o que é apontado por Stacey (1994).

Nas teorizações iniciais, o espectador não era fonte de uma pesquisa empírica ou etnográfica, estando idealizado fora das estruturas sociais e históricas (ERHART, 2004, p. 171). Stacey (1994) entende que, apoiando-se quase sempre na análise textual, tal paradigma tem como corolário a desistoricização dos sujeitos femininos, cujos olhares somente podem ser considerados a partir do binarismo heterossexual, que opõe o masculino (ativo) ao feminino (passivo).

A desistoricização, segundo hooks (1996), oculta a colonialidade intrínseca aos regimes de olhar e prazer, que envolvem punição, resistência e confrontação. Os negros, como asserta, sempre entenderam o olhar como espaço de resistência, de modo que o espectador negro, ciente da supremacia midiática branca, encontra nele possibilidades de contestar as estruturas sociais.



Percebendo que as primeiras fases da crítica feminista mostraram uma tendência a ver o cinema patriarcal como monolítico, Stacey (1994) assume como objetivo desafiar o universalismo dicotômico da pesquisa psicanalítica, de modo a tornar possível refletir, por exemplo, o prazer homoerótico, cujo espaço havia sido negado pelas críticas precedentes, que desconsideravam a possibilidade de um desejo homossexual feminino. A negação das mulheres lésbicas enquanto sujeitos está inscrita na história através das violências e silenciamentos estruturalmente perpetuados. Subverter os *frames* teóricos para inserir a reflexão sobre esses sujeitos é um movimento importante nas ciências sociais.

> Se a crítica de cinema feminista na década de 1970 foi caracterizada por debates sobre o olhar masculino, os debates na década de 1980 foram caracterizados por sua ênfase no espectador feminino. Em grande parte em resposta à crítica de Mulvey, as feministas começaram a explorar os possíveis significados de espectadores para as mulheres (STACEY, 1994, p. 54, tradução nossa).

Na obra *Star Gazing: Hollywood Cinema and Female Spectatorship* (1994), Stacey analisa a relação que mulheres da audiência britânica estabelecem com as estrelas do cinema hollywoodiano a partir de um horizonte interdisciplinar. Associa a espectatorialidade, cujas considerações haviam sido desenvolvidas dentro da crítica feminista, aos estudos culturais, especialmente aos trabalhos sobre gênero e audiências, e o faz em uma abordagem etnográfica de campo. É significativo, além da temática e da metodologia aplicada, o modo como ela reitera seu lugar na pesquisa. Sua abordagem epistemológica evidencia como os marcadores sociais como classe, faixa etária e sexualidade são determinantes nos processos de elaboração. Afirmando seu lugar como mulher intelectual e homossexual, Stacey incita um questionamento à impessoalidade dos discursos científicos, que, sob a égide do sujeito universal, oculta a face da dominação masculina na produção de saberes.

Tal postura não se afasta tanto daquela que Mulvey (2015a) assume ao conceber seu ensaio em termos das transformações em sua própria espectatorialidade. É patente que as premissas dos feminismos do século passado, tal como o caráter político da experiência pessoal, são inseparáveis de grande parte do corpo das teorias feministas do cinema. Contudo, quando o "pessoal" concerne a posições de privilégios (de classe e de raça, por exemplo), ainda que opere na diferença do gênero, isso não garante a desconstrução de hierarquias e invisibilidades.



Nessa chave epistemológica, atua a teórica, artista e ativista bell hooks. Os Estudos Culturais também alicerçam suas reflexões, bem como sua postura crítica ao inserir a espectadora negra, sempre reiterando seu lugar enquanto tal. Dentre as intelectuais que convocamos até aqui, todas brancas, nenhuma foi capaz de contemplar a espectatorialidade das mulheres negras, tal como o feminismo da primeira onda, principalmente, não reconheceu, de fato, a segregação racial.

Em seu texto seminal *The Oppositional Gaze: Black Female Spectators*, publicado em 1992, hooks explicita a dupla opressão, pelo racismo e pelo patriarcado, e como "a relação de gênero com o olhar tornou a experiência do espectador masculino negro radicalmente diferente do espectador negro feminino" (hooks, 1996, p. 200).

As mulheres negras desenvolvem relações de olhares dentro de um cinema que constrói sua presença como ausência, que nega seu "corpo" (a representação ausente), perpetuando a supremacia branca e, com ela, um falocentrismo onde a mulher desejada e desejável é a branca. Mesmo quando presentes na imagem, seus corpos estavam lá para servir – para melhorar e manter a feminilidade branca como objeto do falocentrismo. Ao passo em que os homens negros conseguem romper os constrangimentos sociais e olhar (sem punição) as mulheres brancas na tela, às mulheres negras resta responder à violência das representações convencionais de si, que, no cinema, perpetuam-se na imagem (hooks, 1996).

Como resposta, hooks percebe que pode haver, por parte das mulheres negras, uma rejeição ao cinema, a negação de importância deste em suas vidas. Algumas mulheres assumem que, no processo de identificação, torna-se necessário rejeitar o olhar crítico, "não olhar profundamente o filme". Mas pode-se, ainda, desenvolver o "olhar oposicional".

> Olhando para os filmes com um olhar oposicional, as mulheres negras foram capazes de avaliar criticamente a construção da feminilidade branca no cinema como objeto de olhar falocêntrico e escolher não se identificar com a vítima ou com o agressor. As espectadoras negras, que se recusavam a identificar-se com a feminilidade branca, que não assumiam o olhar falocêntrico do desejo e da posse, criaram um espaço crítico onde a oposição binária que Mulvey postula – "mulher como imagem, homem como portador do olhar", era continuamente desconstruído. Como espectadoras críticas, as mulheres negras olhavam de um local rompido (hooks, 1996, p. 205, tradução nossa).





As asserções de hooks carregam uma densidade crítica por trazer à luz a experiência das mulheres negras, mas também por esmiuçar sociologicamente importantes aspectos das relações que elas estabelecem com o cinema enquanto imagem e, especialmente, como produto de uma indústria cultural. Ao negar a submissão (das espectadoras) à sedução do dispositivo, revela-se como a inscrição do gênero e da raça na instância espectatorial define contornos que transcendem a elaboração de sentidos a partir da interação com o filme, alargando-se para a relação que se estabelece com o cinema – instituição e mercado.

Situando o olhar oposicional, reitera-se, categoricamente, a posição crítica ativa que as espectadoras negras assumem em sua tradição e formação como leitoras culturais, recusando qualquer generalização simplista. Nesta mesma chave, encontramos Bobo, também no contexto estadunidense:

> As mulheres negras são conscientes, juntamente com os outros, da opressão e danos que vêm de uma história negativa da mídia. Mas as mulheres negras também são as únicas cuja experiência específica, como negras, como mulheres, em uma classe/estado rígida, nunca foi adequadamente tratada na grande mídia (BOBO, 2004, p. 186, tradução nossa).

É a formulação sobre a "leitura opositiva", de Stuart Hall, em seu clássico texto *Encoding/Decoding*, que embasa as reflexões dessas duas pesquisadoras. Bobo define que "uma leitura de oposição a um produto cultural é aquela em que o destinatário do texto entende que o sistema que produziu o texto é aquele com o qual ele ou ela está fundamentalmente em desacordo" (BOBO, 2004, p. 181, tradução nossa). 

Estudando a recepção do filme *A Cor Púrpura* (Steven Spielberg, 1985) entre a audiência estadunidense, a autora nota que, apesar de críticas negativas à imagem dos homens negros na obra, a resposta das espectadoras negras foi esmagadoramente positiva. Bobo atribui a isso o sentimento de identificação que emergiu desses sujeitos[1] ao entender que um filme, finalmente, os inseriu na narrativa: "finalmente alguém fala alguma coisa de nós", Bobo (2004, p. 179) explicita.

Parece-nos primordial, nessas abordagens, a consideração dos processos históricos que situam essas mulheres em um sistema de opressões que se somam e que estabelecem estruturas de violências e silenciamentos indispensáveis para compreender suas leituras e elaborações culturais. Ainda que não se apropriem dessa terminologia, hooks e Bobo forjam suas análises convocando a noção de interseccionalidade, termo cunhado por Kimberlé Crenshaw, em 1989, no âmbito do direito, em que buscou dar conta da simultaneidade das opressões (racismo e sexismo) que marcam as experiências de discriminação de mulheres negras.

---

1. Jacqueline Bobo insere uma importante diferenciação que toma de John Fiske entre Sujeito e Indivíduo (no inglês, "the subject" and "the individual"). Segundo ela, o indivíduo é o ser biológico. O sujeito é uma construção teórica e social que designa os indivíduos quando estes se tornam significativos em um sentido político ou teórico.

A interseccionalidade tem o potencial de clarificar questões que as ciências sociais ainda não alcançaram significativamente. Se refletirmos, por exemplo, o que se involucra na espectatorialidade de mulheres negras latino-americanas, deveríamos, antes de tudo, entender quais são as relações de força historicamente estabelecidas para estes sujeitos – além do sexismo e do racismo, a posição de subalternidade, no sentido de Gayatri Spivak,[2] também constitui sua subjetividade. Esta noção alcança as etnias, sexualidades, classes, entre outros aspectos.

Até o momento, nos trabalhos e paradigmas que apresentamos, o sujeito feminino é concebido enquanto ideia. Mesmo quando historicizadas empiricamente, os estudos da espectatorialidade dirigem-se, quase sempre, às construções simbólicas ou elaborações mentais (identificação, rejeição, fantasia etc). Quando Doane alega que a espectadora feminina é um conceito, não uma pessoa[3] (DOANE apud STACEY, 1994, p. 55), é possível inferir que a conceituação do fenômeno implica um afastamento do sujeito em sua corporeidade.

Vivian Sobchack desenvolve uma interessante perspectiva crítica a tal tendência e às teorias contemporâneas. O corpo tem sido central para as ciências humanas atuais; todavia, é quase sempre situado como texto ou máquina. Reivindicando o "corpo carnal" no corpo teórico, Sobchack insere a "percepção da mediação do corpo na experiência da espectatorialidade" (SOBCHACK, 2004, p. 4, tradução nossa), entendendo que a consciência do espectador nasce nessa mediação. A equação estruturalista e hegeliana, aponta, suprime o corpo, reduzindo a percepção a uma questão de conhecimento:

> Ao posicionar a visão cinematográfica como meramente um modo de representação simbólica objetiva, [...] a teoria contemporânea do ci-

2. Em *Pode o subalterno falar?*, Spivak (2010) discute o etnocentrismo imperialista que conforma a intelectualidade ocidental; esta, no contexto colonial e seus resquícios, como a alteridade, constitui um sujeito Outro, o oprimido, que, transformado em objetos de reflexão das epistemologias hegemônicas, não pode narrar sua própria história.

3. Stacey retoma esta assertiva de Doane para ilustrar como alguns trabalhos psicanalíticos não se importavam com a preocupação sobre a maneira como as audiências reais assistiam filmes, reiterando a dicotomia entre "textual" e "empírico". Stacey afasta-se de tal perspectiva.

> nema teve grandes dificuldades em compreender como é possível que os corpos humanos sejam, de fato, "tocados" e "movidos" pelo filmes (SOBCHACK, 2004, p. 59, tradução nossa).

Partindo de uma investigação fenomenológica, Sobchack coloca-se em sua experiência corpórea (a ausência de uma perna e a substituição por prótese) e reflete o corpo vivo como um termo que fundamenta e media experiência e linguagem, visão subjetiva e imagem objetiva.

Ainda que arraigada no sensório, e considerando a experiência carnal, ou os "pensamentos carnais" do espectador, Sobchack abre caminhos para nos interrogar sobre as múltiplas vivências engendradas e suas relações com o cinema. Haja vista que as tecnologias de gênero (DE LAURETIS, 1987), em muitos paradigmas científicos, quase sempre se apoiam na diferença sexual (logo, corpóreas), como pensamos a espectatorialidade feminina em mulheres não cisgênero?[4] Como inserir os corpos transsexuais e não-binários na concepção dos sujeitos que afetam-se e investem afetivamente com os filmes? E ainda, seria possível desvencilhar gênero e corpo? São possibilidades investigativas que nos forçam a questionar os modelos conceituais vigentes e buscar categorias analíticas que contemplem os fenômenos e os sujeitos em sua complexidade e integridade.



Os estudos *queer*[5] vêm inserindo o corpo no tensionamento de paradigmas (teóricos e sociais) dentro dos estudos de cinema há vários anos. Erhart (2004) discorre o desenvolvimento desta vertente nos campos midiáticos:

> há uma abundância de pesquisas lésbicas e gays na área da espectatorialidade contemporânea [...]. No geral, o trabalho de espectadores gays e lésbicas tem como pontos de partida a teoria feminista heterossexual do cinema dos anos 1970 e 1980 (ERHART, 2004, p. 170, tradução nossa).

---

4. Cisgeneridade refere-se à condição de identificar-se com o gênero que lhe é atribuído ao nascer.

5. *Queer* é o termo em inglês cuja tradução transita entre "esquisito" e "bizarro". Era empregado como ofensa a pessoas LGBTI+, mas foi apropriado pelos movimentos sociais e teóricos. Ganha força no final dos anos 1980 e demarca uma diferença à heteronormatividade.

Estes estudos trouxeram uma nova vida ao campo, no momento em que as feministas heterossexuais começavam a frustrar-se com as limitações da teoria feminista de cinema. Além da ampliação do vocabulário psicanalítico a partir do trabalho de gays e lésbicas, Erhart (2004, p. 167) destaca outra contribuição metodológica significativa: dadas as diversas operações de censura impostas às representações de homossexuais, era preciso encontrar saídas para dar forma a assuntos cujas informações eram escassas ou pouco convincentes, o que levou a uma série de inovações nas pesquisas.

Nesse quadro teórico, a divergência com as críticas feministas pioneiras, em especial Laura Mulvey (1975), baseia-se na fixação das estruturas de olhar em um modelo binário e heterossexual, e que estabeleceram ao desprezar a diversidade sexual das audiências. De Lauretis, em seu ensaio *Film and the Visible* (1991), foi uma das primeiras a encontrar espaço, dentro da teoria fílmica, para os prazeres das espectadoras lésbicas. Figurando entre as autoras mais citadas dentro dos estudos feministas de cinema desde os anos 1980, muitas de suas obras são seminais para o campo.

Considerando o desejo sexual como um construto social, De Lauretis utiliza o conceito de "fantasia" (a fantasia primária freudiana) para explicar como as lésbicas podem experimentar o prazer com os filmes, além de adotar o termo "desejo perverso" (*perverse desire*). A fantasia é o local, segundo De Lauretis, onde são atribuídos os objetos do desejo sexual de um determinado sujeito; por seu turno, "o desejo lésbico perverso" é uma forma, dentre muitas, do deslocamento do desejo para um significante de satisfação, e não para um objeto natural (DILLON, 1994, p. 153).

De Lauretis indica ainda que termos como "cinema de mulheres", "cinema negro", "cinema *queer*" ou "terceiro cinema" referem-se a práticas opositivas e militantes. O mesmo, talvez, não possa ser dito sobre seu pilar epistemológico. Inserir a lesbiandade como tema central é, de fato, transformador. Porém, muitos autores vão notar, De Lauretis ainda toma como base a psicanálise freudiana e semiótica, encaixando a lesbiandade em sistemas de pensamento de filosofias masculinistas, como destaca Jeffreys (1996, p. 281), ao invés de "procurar desenvolver teorias lésbicas a partir da experiência e das ideias próprias e de outras mulheres".

Não se trata de desqualificar o legado da psicanálise ou da semiologia, cujos aportes oferecem às críticas feministas, ao longo dos anos, importantes conceitos e tensionamentos à compreensão do fenômeno, por muito negligenciado, da espectatorialidade feminina, abrindo caminhos investigativos que conduzem à formação do campo. Porém, observando as evoluções sociais e políticas, bem como as condições de recepção a produtos audiovisuais na contemporaneidade, faz-se necessário repensar as bases que sustentam as teorizações, seja encontrando novas categorias e epistemologias, seja renovando o que já foi posto.

## Notas Finais



Qualquer reflexão que atravesse questões de gênero em processos sociais e coletivos, inevitavelmente, convoca uma série de elementos que, quase nunca, circunscrevem-se em um campo particular e sempre demandam uma criticidade apurada. Assim como nas estruturas da vida cotidiana, as representações e as instâncias criativas no cinema vêm historicamente instaurando assimetrias entre os sujeitos. Como vimos, as teorias feministas do cinema nascem na percepção de que tais assimetrias inscrevem nas imagens sujeições que reproduzem o imaginário patriarcal, formando um campo de natureza crítica e política.

Embora tenhamos proposto uma exposição diacrônica das principais categorias e modelos teóricos que conformam os estudos da espectatorialidade feminina a partir dos precursores, a noção de tempo que cerca os campos científicos parecem-nos mais multivalente do que cronológica. Distintos contextos convocam diversos sujeitos, de modo que as abordagens transitam entre relações de emergências, renovações e superações. Isso evidencia-se com as contribuições de intelectuais – negras(os), lésbicas, *queers* etc. – cujos discursos incorporam suas vivências e reivindicam ativamente espaços plurais de reflexão teórica.

Como posto, tais estudos são marcadamente transdisciplinares. No entanto, é notável uma constância de questões que sustentam grande parte das pesquisas. Tanto a psicanálise e a semiótica quanto os estudos culturais e *queer*, refletem uma hegemonia ocidental e euro-norte-centrada, que baliza o campo. Os próprios feminismos conformam-se, principalmente, a partir das práticas e consciências dos movimentos europeus e norte-americanos. O conceito de gênero imbricado na ideia de "feminino" é fruto de uma epistemologia que toma a diferença sexual como partida para a delimitação de papéis e espaços, o que nos leva a refletir como outros recortes podem inserir novas categorias e caminhos para se compreender a espectatorialidade feminina de modo mais plural, tensionando o próprio cinema e suas narrativas.

Por fim, buscamos recuperar a constituição desse campo conscientes de que tal tema não se esgota. Os debates pioneiros, se considerados em novos contextos, permanecem relevantes. O cinema hegemônico atual ainda é predominantemente masculino, de modo que noções como "olhar masculino" talvez não sejam descartáveis. Por isso, é indispensável que haja uma multiplicidade de vozes e perspectivas teóricas, sujeitos de diversos lugares de fala.



## Referências Bibliográficas


BAMBA, Mahomed. *A Recepção Cinematográfica*: teoria e estudos de caso. Salvador: EDUFBA, 2013.

BOBO, Jacqueline. "The Color Purple: Black Woman as Cultural Readers". In: BOBO, Jaqueline; HUDLEY, Cythia; MICHEL, Claudine (eds.). *The Black Studies Reader*. Nova York: Routledge, 2004, p. 177-192.

DE LAURETIS, Teresa de. "Film and the Visible". In: Bad Object Choices (Ed.). *How do I Look?* Queer Film and Video. Seattle: Bay Press, 1991, p. 223-291.

______. *Technologies of Gender*: Essays on Theory, Filme and Fiction. Bloomington: Indiana University Press, 1987.

DILLON, Elizabeth M. "The Practice of Love: Lesbian Subjectivity and Perverse Desire by Teresa de Lauretis". *Qui Parle*, Vol. 7, No 2, 1994, p. 153- 172. Disponível em: <http://www.jstor.org/stable/20686006>. Acesso em: 11 fev. 2019.

DOANE, Mary Anne. "Film and the Masquerade: Theorizing the female Spectator". *Screen*, vol. 23, set. 1982, p. 74–88.

ERHART, Julia. "Laura Mulvey Meets Catherine Tramell Meets the She Man: Counter-History, Reclamation and Incongruity in Lesbian, Gay and Queer Film and Media Criticism". In: MILLER, Toby; STAM, Robert (Ed.). *A Companion to Film Theory*. Hoboken: Blackwell Publishing, 2004, p. 165-178.

GATTI, José. “Laura Mulvey: por um novo cinema, por uma nova espectatorialidade”. *Revista Rebeca*, ano 7, vol. 1, jan.-jun. 2018, p. 282-297.
GUNNING, Tom. “The Cinema of Attractions: Early Film, Its Spectator and the Avant-Garde.” In: STRAUVEN, Wanda (Org.) *The Cinema of Attractions Reloaded*. Amsterdam: Amsterdam University Press, 2006.
hooks, bell. *Reel to Real*: race, sex and class at the movies. New York: Routledge. 1996.
JEFFREYS, Sheila. “Perverse Desire and Postmodern Lesbian”. *Woman's History Review*. Vol. 5:2. Routledge, 2014. Disponível em: <https://www.tandfonline.com/doi/abs/10.1080/09612029600200115>. Acesso em: 15 fev. 2019.
KAPLAN, E. Ann. *A mulher e o cinema*: os dois lado da câmera. Rio de Janeiro: Rocco, 1985.
LOPES, Denise. “A mulher no cinema segundo Ann Kaplan: entrevista a Denise Lopes”. *Revista Contracampo*. Niterói, no 7, 2002, p. 209-216. Disponível em: <http://www.revistas.univerciencia.org>. Acesso em: 10 maio 2019.
MULVEY, Laura. “Visual Pleasure and narrative cinema”. *Screen*, Vol. 16, no 3, 1975, p. 6–18.
______. *Death 24x a second*. Londres: Reaktion Books, 2005.
______; ROGERS, Anna Backman; VAN DEN OEVER, Annie. “Feminist film studies 40 years after 'Visual Pleasure and Narrative Cinema', a triologue”. *European Journal of Media Studies*. Amsterdam University Press, vol. 4, no 1, 2015a, p. 67-79.
MULVEY, Laura; ROGERS, Anna Backman (eds). *Feminisms*: Diversity, Difference and Multiplicity in Contemporary Film Cultures. Amsterdam: Amsterdam University Press, 2015b.
SOBCHACK, Vivian. *Carnal Thoughts*: embodiment and moving image culture. Berkeley: University of California Press, 2004.
SPIVAK, Gayatri C. *Pode o subalterno falar?* Belo Horizonte: Editora UFMG, 2010.
STACEY, Jackie. *Star Gaze*: Hollywood Cinema and Female Spectatorship. New York: Routledge, 1994.

# IMAGENS QUE SEI DELAS: ENSAIO E FEMINISMO NO CINEMA DE VARDA, AKERMAN E KAWASE

Roberta Veiga



Ao prospectar esse texto, um jorro de imagens me assoma o espírito. Imagens delas. São próximas e, de certa maneira, precárias ou empoeiradas. São cotidianas ou banais, porém poéticas, líricas. Delicadas, porém fortes. Mesmo quando alegres, são também melancólicas. Possuem um fio terra com as vidas vividas e, ainda assim, parecem recém-saídas da memória ou do sonho. Elas retornam, agora, na duração lenta que as caracterizam, são apenas três imagens – a avó de uma, a mãe de outra, a mão da terceira – e quase posso tocar três nomes de mulheres: Naomi, Chantal e Agnès.

Seria equivocado dizer que há uma escrita feminina comum à cinematografia de Agnès Varda, Chantal Akerman e Naomi Kawase, sob pena de proceder em uma dupla generalização: a de que existe uma única escrita da mulher, como um estilo, e a de que seria possível detectá-la no conjunto extenso de obras tão diferentes. Contudo, seria possível inferir e tentar demonstrar gestos afins que podem aproximá-las e que tal proximidade não deve descartar o componente estético feminino que abarca tanto a poética quanto a política feminista. Cada uma dessas três cineastas tem, do ponto de vista de gêneros e formatos, uma trajetória bem variada – ficções e documentários, curtas e longas. Entretanto, em uma modalidade fronteiriça, no ensaio (que arrasta o documentário para uma dimensão conceitual, impressionista e subjetiva, sem ceder à ficção como gênero, mas ao pensamento que fabula), há uma motivação metodológica (do modo como elas desejam e vão se achegar ao mundo) que as aproximam e as aliam. Trata-se de um pendor, uma demanda, uma busca, pela imagem como forma de elaboração do próximo, do íntimo e do familiar, de si ou da subjetividade (feminina) que parte e depende das relações com a alteridade: os outros, o grande outro, o próprio cinema.

No sentido amplo, a busca diz respeito a um movimento incessante que consiste em procurar quais imagens se pode construir e como construí-las; ao mesmo tempo, uma busca por fazer ressoar experiências e memórias que são a um só tempo particulares e de um tempo vivido coletivamente. A procura não é própria de um ou outro filme, mas do trabalho cinematográfico dessas mulheres, trabalho que sempre revelou uma insatisfação com modelos e padrões de visibilidade (em sua maioria machistas) e uma vontade de experimentar-se junto com a máquina cinema, ou seja, de colocar-se em obra na obra. O chamado é duplo: a busca de si pela imagem (o outro) e a da imagem através de si. É tanto colocar a subjetividade em obra pela imagem quanto colocar a imagem em obra pela subjetividade. O resultado desse processo que as move no cinema é uma escrita de si que, como diria Judith Butler (2015, p. 20-34), tem consciência de sua gênese como fundada na interpelação do outro. Há, pelo menos, três atributos fundamentais, instituintes, desse modo de aproximação comum ao trabalho de Agnès Varda, Chantal Akerman e Naomi Kawase. Referimo-nos a filmes em que: 1) o pessoal é político; 2) um lugar e um cinema de mulheres é construído; 3) há um gesto do ensaio criador de (inter)subjetividades femininas.



Primeiramente, a motivação comum em buscar e, ao mesmo tempo, construir o espaço do próximo e do pessoal pelo outro realiza-se através da experiência com o público, tanto no sentido que vem do dispositivo cinema como também do que vem dos mundos e sujeitos filmados, que, com seus olhares, olham e carregam as três em seus trajetos. Nesses casos, o cinema é forma pública não apenas porque o filme, ao ser exibido, criará uma comunidade de assistência, mas, sobretudo, porque essas mulheres performam de diferentes formas para a câmera.

Assim, privado e público intercambiam-se e tornam-se até mesmo indivisos.[1] Temos aí o primeiro corte feminista: quando as cineas-

1. Como diz Varikas, "a 'liberação das mulheres' era inconcebível no contexto político e social existente, na medida em que esse repousava sobre uma divisão sexuada do privado e do público, constitutiva da dominação exercida sobre as mulheres, não somente porque ela fornecia as bases materiais da dominação, mas também porque assegurava sua legitimidade, tornando-a invisível" (VARIKAS, 1996, p. 9).

tas trazem suas vidas íntimas e seus corpos para as obras, elas estão desfazendo o limite entre o privado (espaço no qual a mulher foi, historicamente, confinada em nome de suas atribuições domésticas de mãe, esposa e empregada) e o público (espaço de intervenção social, de construção e deliberação sobre as formas de vida urbana, do qual a mulher foi apartada). Nessa perspectiva, o fazer cinema como forma de elaboração de si, e das relações de vizinhança, é um fazer político.

O jogo entre o pessoal e o político vai mais longe do que um atributo do método de abordagem do mundo-sujeito filmado. De uma só vez, ele é a inscrição da experiência feminina e se inscreve numa história mais ampla da teoria feminista. A ligação entre o pessoal e o político é uma reivindicação feminista desde 1969, quando a Linha Pró-Mulher de feministas radicais de Nova York vai defender que o caminho de emancipação feminina não poderia se dar apartado da esfera privada. Naquele momento histórico, frente a tantas opressões, essas feministas promoviam reuniões nas quais a dimensão terapêutica de suas questões pessoais dava lugar a uma discussão de cunho político, uma vez que a constatação sobre o inegável caráter coletivo das mesmas conformavam-nas numa categoria específica e evidenciava a opressão ideológica, patriarcal, sexista, e suas correspondências capitalistas (HANISCH, 1969). Tratava-se de uma dobra da esfera pública na esfera privada e da implosão dessa última como prisão feminina; portanto, de uma reformulação da noção de político centrada no caráter partidário e institucional. Ao trazer a experiência do feminismo na Europa Ocidental, Eleni Varikas aponta que a afirmação "o pessoal é político" insistia

> sobre o caráter *estrutural* da dominação expresso nas relações da vida cotidiana, dominação cujo caráter sistemático tinha sido precisamente obscurecido, como se fosse o produto de situações pessoais. [...] Tratava-se, sobretudo, de mostrar que a dominação era, ao mesmo tempo, oculta e assegurada através de poderosas instituições como a família, a heterossexualidade institucionalizada, a divisão e a estrutura sexuada do trabalho e do emprego (VARIKAS, 1996, p. 8).

Tributário da interpenetração entre pessoal e político, o segundo atributo que alia Varda, Akerman e Kawase, é que essas mulheres estão construindo subjetividades femininas nesse processo de colocar-se em obra. Ou seja, os filmes em si manifestam relações pessoais de mulheres (muitas vezes com e entre mulheres) que, ao tomarem a câmera, tomam também uma posição em relação a si mesmas e ao outro e, por isso, instituem um lugar no mundo que é também um lugar de fala. Principalmente, no contexto do cinema, historicamente dominado pelo homem, quando uma mulher empunha a câmera, uma outra partilha do sensível (RANCIÈRE, 1996) está em jogo, pois uma outra contagem de experiências, vozes, corpos e visibilidades se faz sentir.

Sabemos que tanto na indústria do cinema americano – que, segundo Sharon Smith, manteve as personagens femininas sempre à sombra dos protagonistas masculinos,[2] ou que, para Laura Mulvey, reificou o papel da mulher como objeto de estímulo sexual para atender ao prazer escopofílico do homem[3] – como em grande parte do cinema europeu de vanguarda – que, segundo Claire Johnston (2000, p. 24), naturalizou a ideologia sexista –, os filmes eram integralmente produzidos e realizados por homens.



Varda, no fim dos anos 1950, Akerman, no fim dos anos 1960, e Kawase, nos fim dos anos 1980, farão parte da constituição de um novo programa estético para o cinema, que nos anos 1970 foi denominado "contra-cinema de mulheres" (VEIGA, 2013, p. 131-219), que vai tanto reinventar a gramática do cinema – implodindo gêneros, renovando recursos expressivos, apostando na subjetividade e no experimentalismo – quanto abrir espaço para que as mulheres assumam o protagonismo, construindo a história a partir de suas experiências e desejos.

O terceiro qualificativo que une essas três mulheres, finalmente mais específico, já impresso no início desse texto, refere-se pro-

2. Segundo Simith, "o papel de uma mulher em um filme quase sempre gira em torno da sua atração física e dos jogos sexuais que ela participa com os personagens masculinos (...) criam problemas para os personagens homens, ou os suprem sexualmente, ou simplesmente não estão presentes. Mesmo quando uma mulher é a protagonista, é, geralmente, mostrada como confusa, perdida, em perigo, ou passiva, ou puramente como um ser sexual" (SMITH, 1972, p. 14, tradução nossa).

3. Segundo Mulvey, "num mundo governado por um desequilíbrio sexual, o prazer no olhar foi dividido entre ativo/masculino e passivo/feminino. O olhar masculino determinante projeta sua fantasia na figura feminina, estilizada de acordo com essa fantasia" (MULVEY, 1983, p. 444).

priamente à escrita cinematográfica de inflexão ensaística. Trata-se da certeza de que a busca de si pelo outro (e do outro por si) é sempre incompleta, processual, e nunca se dá por completo. Lembrando Michel Montaigne, o pai do ensaio literário, Jean Starobinsk diz que uma obra deve vir a público, "mesmo que permaneça em aberto, que não atinja nenhuma essência, que ofereça apenas uma experiência inacabada, que consista apenas de exercícios preliminares – desde que remeta estritamente a uma existência, à existência singular" (2011, p. 17). Essa dimensão de incompletude, que leva à reiteração e à reinvenção das temáticas e métodos que movem as obras das cineastas, parece adequada ao pensamento feminista: este, para evitar o essencialismo (a determinação da mulher como categoria homogênea), precisa questionar-se e se reconstituir constantemente, de modo a incorporar as relações de poder que engendram o feminino a cada contexto histórico.[4]

Do mesmo modo que não há uma identidade fixa de mulher ou uma essência feminina, mas um constante movimento relacional de políticas, desejos e posicionalidades, no cinema de Varda, Akerman e Kawase, também as identidades deslizam e a subjetividade está num processo de permanente construção e desconstrução, impossível serem plasmadas em único filme com autoridade autobiográfica para instituir a verdadeira história de um sujeito. Ao contrário, a cada filme, uma nova relação com a máquina cinema e com o fora inventa um dispositivo singular e recoloca a subjetividade em devir. "Não há ensaio que não seja de algum modo a experiência de sua própria aventura, uma investigação ou uma indagação *a propósito* ou *à ocasião de* invenção de seu próprio método de trabalho e de seu próprio percurso" (MENIL, 2004, p. 101, tradução nossa).

Daí, tanto do ponto de vista histórico, como do ponto de vista teórico-metodológico e formalista, o cinema dessas mulheres pode e deve ser pensando na relação entre o gesto ensaístico e a perspectiva feminis-





4. Para Costa, "a vitalidade atribuída à teoria feminista hoje vem da sua posição dentro dos discursos tanto autorizados quanto exteriores ou mesmo excessivos a eles próprios, ou seja, da posição da "mulher" como essencial e também como radicalmente "outra". O reconhecimento desse fato – um *insight* obtido através de práticas pessoais e da micropolítica da vida cotidiana das mulheres – concede ao sujeito uma perspectiva "ex/cêntrica", menos pura, menos unificada e a qual percebe a identidade como um lugar de posições múltiplas e variáveis dentro do campo social" (COSTA, 2002, p. 66-67).

ta. No que concerne à dimensão teórico-metodológica, a questão se volta para como, principalmente em seu apogeu nos anos 1970, a teoria feminista do cinema percebeu o ensaio como experiência única (do dispositivo e do espectador), completamente disruptiva em relação à padronização, fortemente machista, dos gêneros e do vínculo com o público na indústria cinematográfica. No que tange à dimensão formal, o ensaio – por seu mecanismo impressionista, subjetivo, singularizante, e sua dicção lacunar e errante – fez parte das primeiras formulações empíricas do "contracinema de mulheres" a possibilitar que as cineastas e as personagens se colocassem em cena de modo autônomo em relação ao homem, e se expressassem com liberdade, criando novas formas estéticas.



Esse desvio ocorre mais elementarmente na forma como em Varda, Akerman e Kawase, a invenção de um dispositivo a cada obra, de um modo único de colocar em perspectiva suas próprias relações e de criar outras, escapa da dicotomia do olhar cientificista dominador, do pensamento falocêntrico, que apartou o sujeito do objeto de conhecimento (quem filma de quem é filmado), o privado do público, e "binarizou" os sexos, impondo a diferença que separa. Como vemos nos filmes, essas mulheres embaçam as polarizações operando no limiar, onde o ensaio é o "balanço: em um mesmo texto (ou filme), a alternância entre o eu e o outro, o estar aqui e simultaneamente alhures, o falar de si para falar do mundo, ou falar do mundo para dizer de si" (SIQUEIRA, 2006, p. 18).

## A mão de Agnès

No início de *As praias de Agnès* (2008), a cineasta belga e radicada na França, Agnès Varda, declara, de frente para câmera, o que parece ser uma formulação precisa e preciosa do que sempre esteve na gênese de sua obra, da motivação ao processo criativo:

> Faço o papel de uma velhota, roliça e tagarela, que conta a sua vida. Contudo, são os outros que me interessam realmente e que gosto de filmar, os outros que me intrigam, que me motivam, me interpelam, me desconcertam, me apaixonam... Desta vez, para falar de mim, pensei: se abríssemos as pessoas, encontraríamos paisagens.

Em *Varda por Agnès* (2019) – filme despedida, lançado pouco mais de um mês de sua morte, aos 91 anos –, ao se referir à sua forte relação com o documentário, a cineasta diz que não se interessa pelo que está distante, mas que lhe encanta filmar o próximo, e lembra seu *Daguerreótipos* (1975), documentário sobre um pedacinho da rua Daguerre (Paris), semelhante a um álbum de família dos pequenos comerciantes locais.

Nesses dois filmes, *As praias* e *Varda*, a cineasta já idosa faz uma cartografia de mais de 60 anos de seu trabalho heteróclito com as imagens, refletindo e refazendo-as na medida em que rememora experiências passadas. Nessa espécie de comentário pessoal à própria obra, Varda desvela o gesto processual de se voltar para a vizinhança e de autoinscrever-se, o que moveu e guiou a extensa maioria dos seus filmes, até mesmo as ficções que se tornaram mais experimentais. Porém, é na inflexão ensaística de sua cinescrita – nos filmes-ensaios, nos quais o documentário (o encontro com o outro) e o pensamento (as impressões sobre o mundo) se juntam – que a cineasta se coloca, de fato, em cena.

*As praias de Agnès* representa, muito provavelmente, o ápice desse movimento: a história dessa mulher, já idosa, com o cinema não se desenvolve apenas pela narrativa autoreflexiva, mas pela forma como, aos 88 anos, ela cria e recria instalações especialmente para o filme, que, além das estruturas e suas plasticidades, envolve uma concepção performática: trejeitos específicos, bem-humorados, quase bufões, que ela foi adquirindo no modo de se relacionar com o outro, e de compor e expor esse relacionamento em cada dispositivo fílmico. Se há uma Varda velhinha que, com graça, consciência e espontaneidade, recoloca-se diretamente na obra, ela é a conjunção de muitas mulheres, as várias Agnès, que já tinham se "posto em obra" em sua cinescrita ensaística: a grávida em *A Ópera-Mouffe* (1958), a sobrinha em *Tio Yanco* (1967), a feminista em *Resposta de mulheres* (1975), a mãe em *Documentira* (1981), a jovem fotógrafa em *Ulysses* (1982), a amiga confidente em *Jane B por Agnès V* (1988), a catadora em *Os catadores e eu* (2000).

Curta mais antigo de Varda, por ela considerado um documentário pessoal, *A Ópera-Mouffe* pode ser visto como a síntese que prefigura, em 17 minutos, vários traços do conjunto de seu trabalho, de seu pendor pelo ensaio e da ruptura de seu contracinema de mulher. Mais uma vez, como em toda sua experiência com o cinema, ela acumula as funções, se não todas, quase todas, de produtora, escritora e/ou narradora, diretora e personagem. Ela se inscreve no filme, mas está em cena de um modo não evidente, que denota a dimensão ainda exploratória dos jogos de si do início da carreira em contraste com a realizadora determinada que, com o passar dos anos, vai explodir em auto-*mise-en-scènes*. Como não lembrar, nos autorretratos de *Os catadores e eu,* a cena na qual Varda se enquadra imitando o quadro de Jules Breton; das respingadoras, empunhando o trigo da colheita que ela substitui pela câmera e filma quem a olha; ou as coreografias de *As praias de Agnès*, onde, descalça na areia, ela dá passinhos de costas no ritmo de seus monólogos. Contudo, o gesto que nos parece antológico para o contracinema ensaístico de mulheres é quando, também em *Os catadores,* Varda se agacha num campo de batatas e cata uma delas, ao mesmo tempo em que, numa narração em *off* espontânea (marca autoral de seu cinema), descreve o ato: "Eu fiquei contente. Filmei as batatas de perto e, num perigoso exercício, filmei só com uma mão a minha outra mão a apanhar batatas em forma de coração".



Realizado durante a gravidez de sua filha Rosalie, que viria a nascer um mês depois do lançamento do filme, o dispositivo de *A Ópera-Mouffe*, declarado de início nas cartelas que abrem o curta, é de um filme-diário: "o caderno de notas filmado na rua Mouffetard em Paris, por uma mulher grávida, em 1958". A primeira notação em imagem da gestante é de si mesma, a dona do caderno no qual escreve com a câmera; portanto, é da diretora e montadora, provavelmente Agnès, ela mesma, que surge nua de costas, em seguida de frente e de lado, de modo que vemos apenas a enorme barriga da gravidez e nunca seu rosto. Em seguida, a tomada de uma robusta abóbora sendo golpeada num corte e tendo suas sementes removidas lança-nos ao mercado da rua Mouffe. As imagens de alimentos misturam-se aos retratos de pessoas anônimas, na maioria velhas e velhos, doentes e mendigos, mas também crianças mascaradas e uma outra mulher grávida, que transitam por ali. Dois outros tipos de registros não documentais somam-se ao inventário da gestante, algo próximo de pequenas esculturas construídas com objetos comuns — pássaros recém-nascidos em redomas de vidro (aquário ou lâmpadas), ou um útero de ferro com uma pequena boneca –, e cenas ficcionais de um casal jovem em pleno idílio amoroso, que, completamente nus, movem-se numa casa em ruínas da cama para o quintal e de volta a cama. As cenas são embaladas pela música sibilante de Delarue e por um cântico narrativo de uma mulher (provavelmente da grávida) – cujo texto é também de Varda– que aglutinam ora gestos, ora tipos, ora sensações.

O traço estético feminino é dado de saída na crônica que se produz, na perspectiva que engloba uma mulher grávida, ela também personagem que vê e vive, e cuja escrita recorta o mundo da rua Mouffe. É o olhar dela e, portanto, a posição dela, que se institui na medida em que outros olhares – velhos, tristes, sofridos –, bem como o brilho e a deterioração das coisas interpelam-na, questionam-na, angustiam-na. A intensidade e a expressividade estão no modo como esses outros são flagrados: perdidos, humildes, desamparados, por entre casacos, chapéus, gestos e corpos, pela câmera-atenta e hipersensível da mulher grávida. O desemparo da velhinha, cujos olhos se movem assustados para um lado e outro do quadro, não pode estar na filha-criança que vai nascer, assim pensará a mãe. Deve ela nascer para envelhecer e morrer? Nessa relação de mútua afetação, não há dúvida sobre de quem é o olhar, mas a questão que move a espectatorialidade é sobre por que a mulher grávida anota um mundo de miséria e dor que quase tange a morte, e não apenas o mundo fértil, fresco e reluzente dos amantes sobre os quais sonha, rememora ou imagina.

Daí se depreende a dimensão política dessa fusão sujeito-mundo que um contracinema ensaio de mulher pode alcançar. O diário é a escrita da proximidade, da vizinhança, mas, como a própria Varda defende, não há nada, de fato, banal quando a câmera enquadra. E é o olhar da mulher grávida que adensa, super-qualifica e sublima os sentidos do cotidiano da rua Mouffe. Prenha de uma vida por vir, essa mulher teme aquilo que a arrasta para a morte – a velhice, a putrefação, a miséria. Plena de saúde num corpo que alimenta o outro que nele habita – e, como diz Luce Irigaray (2007, p. 39), esse corpo que não falha, mas sustenta a gravidez –, essa mulher é sensível aos odores das comidas, ao aspecto putrefato dos animais abatidos para o consumo que a feira livre expõe. A ela, ressaltam aos olhos os mendigos, os bêbedos, os velhos e os doentes, também com seus cheiros e suas deteriorações, esses que, como a própria diretora sinalizou em entrevistas, "incrivelmente, já foram recém-nascidos (...), já lhes passaram talco no bumbum". Ressaltam aos olhos, ainda, os itens que, dispostos na feira, são inventariados pelo sentimento de desejo (a grávida que busca um gosto) e de nojo (a grávida que repulsa certos gostos) que deles se extraem. Eis o movimento para fora que retira a grávida de seu mundo íntimo para as angústias e os medos que o mundo da rua oferece. Essa mulher, cineasta-personagem, está entre o nascimento e a morte, entre a vida dos amantes e as doenças da pobreza urbana, entre o desejo e o nojo, e, por isso, o filme só pode ser construído nesse lugar ambíguo e oscilante do ensaio. Esse é também o lugar do corpo da mulher grávida que gera um filme também grávido, pois, como sugere Simone de Beauvoir, a mulher grávida é, a um só tempo, ela mesma e outro além dela: "um pólipo nascido de sua carne e estranho à sua carne vai desenvolver-se nela" (2019, p. 297), é ser dual em um único ser pronto para apontar e transpassar as oposições binárias entre subjetividade e alteridade.



Sabemos bem que os filme-ensaios de Varda são extremamente situados – a cada contexto, um dispositivo – e que, portanto, os componentes de uma poética feminina e de uma política feminista tem aqui uma configuração específica. Contudo, há de se separar e guardar alguns traços num potinho: a proximidade com o cotidiano, com as pessoas reais e vizinhas (*Daguerreótipo*, *Ulysses*); a interpelação pelo outro para constituição de si (*Os catadores*, *As praias*), a busca da memória pela imagem (*Ulysses*). De todos esses traços, que vão aparecer em seus ensaios, de modo a qualificar outros modos de subjetividade feminina, um deles vale a pena sublinhar: o "eu" grávido nu e a amante de nudez reluzente em *A Ópera-mouffe* inauguram uma enxurrada de nus, notadamente femininos, no cinema de Varda. Tais corpos desnudos parecem estar sempre num entre: o sensual e o existencial, a mulher e o ser qualquer, o estado de graça e o banal, que contraria a reificação erótica do corpo feminino pelo olhar masculino. Basta lembrar do coletivo de nuas em *Resposta de mulheres*; da mãe solo que se deita despida defronte ao espelho para estar só, em *Documentira*; das cenas-*tableaux* de Jane que profanam pinturas masculinas de nus femininos em *Jane B por Agnès V*...

## A mãe de Chantal

Chantal Akerman faz seu primeiro filme, *Saute ma ville*, em 1968, um curta divertido em que ela se coloca em cena no interior de uma cozinha para enlouquecer os códigos daquele espaço e, enfim, explodir-se. A faísca feminista está na crítica adolescente ao confinamento da mulher à rotina doméstica. Apesar de negar seu posicionamento político, na década de 1970 (auge do movimento), Akerman é conclamada, pela crítica especializada, precursora de uma concepção cinematográfica genuinamente feminista por realizar *Jeanne Dielman, 23, Quai du Commerce, 1080 Bruxelles* (1975).



Se o filme promove essa materialização do feminismo no cinema, não é apenas pela temática (uma dona de casa, mãe solo, que se prostitui no espaço doméstico enquanto o filho está na escola), mas por seu *modus operandi* (estrutura e mecanismo), que, na repetição exaustiva e homogênea dos afazeres rotineiros, entra numa zona crítica de tornar Jeane (Delphine Seyrig) um autômato (VEIGA, 2012, p. 208). Quase concomitantemente, Akerman já havia feito bem a subversão crítica almejada pelas teóricas do cinema. Em outro longa ficcional, *Je, tu, il, elle* (1974-75), é a própria Chantal quem encena e se autodirige como a personagem que, imersa numa narrativa lacunar, entre a prisão e a errância, protagoniza uma cena de sexo com outra mulher que se tornaria um emblema da estética e da política lésbica no cinema (LONGFELLOW, 1989, p. 86). Se não há dúvida de que tais ficções se inscrevem no contracinema de mulheres, a obra ensaística da cineasta, pela singularidade dos dispositivos que a constitui, questiona e reorienta suas bases.

A sobriedade e as angústias da busca de si no cinema de Akerman – que atraem críticas "psicologizantes" do feminino em sua obra – difere da leveza e graça de Varda. Filha de pais judeus que estiveram nos campos de concentração, Akerman pertence a uma geração que viveu indiretamente, entre dores e interditos, as agruras da segunda guerra. O cinema será, então, um dispositivo de produção e elaboração não somente dessa memória faltante (as sombras de um passado traumático), de sua descendência judia, e da atualização desses laços identitários na relação com a família, mas também do relacionamento quase obsessivo dela com a mãe. Não por acaso, Brenda Longfellow compara seus filmes a longas cartas de amor à mãe: "Nenhum trabalho cinematográfico é tão singular na evocação da relação mãe e filha, no traçado de uma economia narrativa explicitamente homossexual e de uma espectatorialidade ordenada por e através dessa relação. O desejo nesses filmes circula em torno do corpo materno, da oscilação entre a presença e a ausência da mãe, do olhar duradouro da filha para a mãe" (1989, p. 74). O desejo recorrente de reconstruir a imagem e a voz da mãe pode estar na inspiração para a dona de casa (*Jeanne Dielman*), ou se concretizar no lugar de atriz que a sra. Akerman ganha em *Toute une nuit* (1982), e se complexificar nos filmes em que a busca por outro corpo feminino revive e, ao mesmo tempo, afasta o desejo pelo corpo materno, como em *Rendevous d'Anna* (1978) e *Je, tu, il, elle*, nos quais a função do cinema – como um terceiro que vem mediar a relação – tem a força de promover o distanciamento da interdependência mãe-filha e de redistribuir afetos.



Contudo, é principalmente nos documentários ensaísticos, em que Akerman está de fato em cena como Chantal-filha, que os dispositivos fílmicos, e suas opções formais bastante rigorosas, atuam de forma a separá-las em duas e tornar ambígua a mistura entre elas. Isso ocorre de forma muito declarada em *News from home* (1977) e *No home movie* (2016), e de forma oblíqua em *D'est* (1995) e *Là-bas* (2006). Essa intervenção do cinema, como forma de colocar em obra a relação entre mãe e filha, liga as discussões feministas, principalmente em suas querelas psicanalíticas, com a crítica cinematográfica do cinema de mulheres. A ideia de um obscurecimento da ligação entre mãe e filha por parte da psicanálise levantada por Luce Irigaray (2017), bem como os debates sobre a lesbianidade como função política (WITTIG, 2006), atualizam-se e ganham novos rumos numa dupla visada. Além de tematizar tais relações, Akerman constrói a cada filme um dispositivo severo, em seu protocolo e formalismo, que ao mesmo tempo em que pressiona o olhar da espectadora, atua reflexivamente e propositivamente em suas modulações reais e teóricas, de modo a ensaiar (experimentar e fazer oscilar) a subjetividade feminina.

Em *News from home* (NFH), através de um dispositivo simples e enxuto, a cineasta expõe, formaliza e perlabora sua relação com a mãe. Enquanto ouvimos a voz *off* da filha lendo as cartas que recebeu da mãe, de Bruxelas, desde sua mudança para Nova York, vemos as imagens que ela faz na nova cidade. Assim como Varda, Akerman se inscreve no filme e ocupa de uma só vez as funções de diretora, personagem e narradora. Porém, diferente de *A Ópera-Mouffe,* em que o corpo grávido e nu de Agnès aparece nos primeiros fotogramas, a corporeidade de Chantal está encarnada apenas em seu olhar e sua voz. Como o diário da grávida, a filha de *NFH* também registra com sua câmara a experiência do lugar onde agora vive longe de sua família. Contudo, suas imagens são menos heterogênias, mais distantes e sóbrias do que as da ópera vardadiana.

Mãe e filha, então separadas, encontram-se no dispositivo do filme, mas ainda estão apartadas. Uma é letra, outra imagem, e elas se unem na montagem e na voz de Chantal, que substitui a mãe na leitura de suas cartas. Por outro lado, a dissociação entre o que é ouvido e o que é visto, e a estranheza pela assunção da fala materna pela filha, fazem oscilar essa união. O conteúdo e a função das correspondências da mãe são basicamente um só, dizer da falta da filha, do amor por ela, e pedir notícias:

> Minha querida filha, espero que escreva com frequência... que esteja em casa em breve... eu não estou muito bem... Hoje é meu aniversário, e sinto-me triste. É um sábado pacato e aborrecido... Sabe que lhe desejo tudo de bom. A sua mãe que te ama.

O pedido de notícias e as frases de afeto – que Akerman lê ligeira e monocordicamente – repetem-se reiteradamente e parecem se propagar numa ladainha infinita, como se fossem uma única e longa carta. O lamento pela ausência, ou pela vagueza das respostas da filha (que nunca a contemplam), deixa claro que essa comunicação a distância, sempre truncada, lacunar, e de tempos muito diferidos, não poderá suprir a falta da mãe, ao contrário, a alimentará.

Com algum tempo de filme, percebemos, no movimento de demanda crescente e mais complexo da mãe, que reclama da saudade e dos sumiços da filha e, na mesma toada, de suas dores físicas, de seu estado emocional e de sua vida monótona, sintomas da impossibilidade de ter de volta a relação inteira. A dimensão lacunar do filme – as imagens e as histórias fragmentadas, as cartas espaçadas e mais queixosas, a ausência de respostas – constrói essa impossibilidade: desencontro de demandas. Em certo momento, é preciso rasurar as cartas, fazer com que o barulho da cidade se sobreponha ao texto como se fosse preciso emudecer a mãe para sinalizar o quão distante elas estão da intimidade. Enquanto, nas cartas, uma diz do universo familiar e de sua vida pacata – os casamentos feitos e desfeitos, os jantares, as festas infantis –, a outra constrói o mosaico de uma cidade impenetrável, seca, acelerada, afeita ao anonimato das metrópoles modernas.



O lugar de onde Chantal noticia Nova York, como afirma Jennifer Barker (1999, p. 42), é do estranhamento de uma estrangeira residente e não aquele do turista. As imagens que oferece à mãe em resposta às cartas são de uma cidade suburbana, periférica, com grande concentração de população negra e no ritmo da vida comum e não da vida lazer. Seu olhar recorta ruas e pessoas, prédios e veículos, em enquadramentos rigorosos, nos quais as bordas do quadro valorizam as cenas compondo belos *portrays* do cotidiano de Nova York.

Se a mãe diz de seu apagamento no espaço privado, na ausência da função materna, o formalismo de Akerman reporta o apagamento da filha no espaço público. Se a mãe traz notícias de casa, o filme-carta de Chantal traz notícias de estranhos e, junto com elas, devolve as demandas da mãe nos olhares furtivos: a moça negra sentada na esquina e que vê a cineasta do outro lado da rua em movimento, o senhor que se perturba com a presença da câmera no metrô, a mãe que, de mãos dadas com o filho, desvia-se da cena nos corredores da estação. Dessa forma, o pessoal se coletiviza, Akerman traz o familiar para o seio da vida urbana, e os destacam pelo traço formalista. Há um deslocamento de afetos, que leva à diluição da intimidade mãe e filha, que parece incontornável, mas não será. Quase quarenta anos depois, em *No home movie*, os afetos serão novamente redistribuídos, o skype substitui as cartas e, pela imagem da mãe na tela do computador, a filha a acaricia, ambas trocam beijos e declarações de amor. Em outras sequências, elas aparecem juntas, dividindo a mesa do café, conversando sobre o passado, e se despedindo no filme, que seria o último para as duas, a união final. A mãe morre meses antes do lançamento do filme, em 2015, e a filha suicida-se em 5 de outubro do mesmo ano.

## A avó de Naomi

A japonesa Naomi Kawase é a mais nova das três cineastas abordadas, e a única ainda viva. Começa a filmar muito jovem nos anos 1990, quando o movimento feminista, principalmente concernente ao contracinema de mulheres, já tinha perdido seu entusiasmo inicial. Durante os anos 2000, talvez com *Floresta dos Lamentos* (2007), a produção dos documentários pessoais de inflexão ensaística – subjetivos, familiares, precários (feitos em 8-16 mm ou em vídeo) –, que poderíamos chamar de sua primeira experiência de cinema, dá lugar a longas de ficção de produção mais caras e robustas, tecnicamente mais apurada.

Em seu primeiro cinema, assistimos a um gesto ensaístico de forte inscrição documental, de forma que são os encontros, as conversas mediadas pela câmera ou a observação do outro que ganham corpo. Esses encontros com o outro, principalmente os familiares, produzem uma espécie de autobiografia indireta (VEIGA, 2016, p. 48 e 55) – a ideia da cineasta que se narra pelo outro, frequentemente por um parente –, na qual um processo de busca por uma identidade escorregadia (Naomi mal conheceu o pai e foi criada pela avó, mantendo uma relação distante e estranha com a mãe) revela, tal qual em Akerman, uma forte escrita pessoal.

Desse modo, o ponto convergente com nossas outras duas mulheres cineastas se exprime nesses filmes-ensaios em que Naomi está presente como diretora, narradora e personagem. É em *Em seus braços* (1992) que o dispositivo de busca se concretiza, de modo que o cinema se faz com a matéria da vida, ou seja, com o revolvimento das memórias e das experiências da própria Naomi. O filme consiste na procura pelo pai desconhecido, cujo rosto ela só conhece por uma foto que resta solitária nos registros de família. Trata-se de uma rememoração de sua história através da posta em cena de fotografias de infância, enquanto ela consome seu processo de orfandade e seu desejo de encontrar o pai. No entanto, é a avó e mãe adotiva, a senhora Uno, que mobilizará a escrita afetiva do cinema de Kawase, permitindo-lhe tocar em questões da maternidade e da subjetividade partilhada ao voltar-se para a relação mãe e filha, ainda que de um modo bem mais leve e menos existencial ou visceral que Akerman.

Sem falar da presença da avó em outros filmes – é com ela que, *Em seus braços*, Naomi discute a ideia de ir ao encontro do pai –, o primeiro filme que Uno protagoniza foi feito ainda em 1989, *Minha família, uma única pessoa*; em 1994, a cineasta-neta inaugura a chamada trilogia da avó com *Caracol*, seguido por *Viu o Céu?* (1995) e *Sol Poente* (1996), todos curtas metragens. Depois de um tempo dedicado a outros temas e dispositivos, em *Céu, vento, fogo, água (2001),* ela volta ao pai, agora recém-morto, para, através da experiência do luto, inscrever poeticamente sua dor em si mesma e no mundo. A maternidade será novamente elaborada a partir de uma perspectiva dupla, de Naomi como mãe, e da avó, que retorna como personagem aos 92 anos, em *Nascimento/Maternidade* (2006). 

Se em *News From Home* nem uma nem outra aparecem com seus corpos na tela, em *Caracol,* a mãe adotiva está sempre na mira da câmera de Naomi, que, por sua vez, também é por ela filmada, quando não filma a si própria com procedimentos próprios dos filmes em primeira pessoa: reflexos, sombras, partes do corpo. Da vó, a cineasta não desgruda, persegue-a todo o tempo, a ponto de encabulá-la e de sua persistência ser tematizada várias vezes: *não consigo trabalhar, você está me incomodando*, diz ela, entre sorrisos constrangidos. Uno está sempre a trabalhar, cuidando das flores, plantas e das ervilhas cultivadas no jardim da casa. Essa atividade, porém, bem como a preparação da comida, não aparece como forma de prisão doméstica – tal qual manifesta pelo feminismo na década de 1970 e reforçada em *Jeanne Dielman* –, mas é vivida com dignidade, como uma arte (da paciência e da delicadeza características da cultura japonesa) que catalisa e define a energia feminina daquela mulher idosa.

Diferente de *NFH*, o que parece estar em cena é o amor da neta (filha) pela avó (mãe). Sem pressionar a relação para fazer transbordar seus excessos, temos uma câmera apegada, que deseja transpor a lente para que aquela senhora velha seja um *ser-aí* no feminino.[5] A imediação do corpo, da materialidade vó-mãe-mulher-velha, torna o relacionamento entre ambas excessivamente tátil. O filme respira intimidade: enquadramentos muito próximos do rosto, das mãos, de forma a delinear os sulcos e manchas na pele idosa, e reforçar as expressões e os gestos sutis da lida no cultivo.

Longe da diluição da relação que o cinema (como terceiro termo a intervir na díade mãe-filha) vai promover em Akerman, em Kawase a relação se constitui pela e através da câmera que constitui um elo, uma forma da neta passar seu tempo com a avó, dela se aproximar e, especialmente, com ela brincar. Entre risinhos de embaraço, a cada tomada, a vó pede à filha-adotiva que pare de filmá-la todo o tempo. Do antecampo, ouvimos o júbilo de Naomi. "Ela filma sem parar", repete Uno, lembrando com graça sua idade avançada, meio que zombando da proximidade da morte, e envergonhando-se de seu rosto enrugado. A neta não para, aproxima-se ainda mais, e as duas continuam rindo. *Eu deveria filmar você?* Eis que vemos Naomi se abaixar na altura da vó e, sorrindo, encarar a câmera, que passou para as mãos de Uno. Nessa brincadeira, elas trocam de função: afinal, quem deveria filmar quem? Quando campo e antecampo se invertem, é a relação entre essas duas mulheres, uma velha, outra jovem, uma que cuida, outra que é cuidada, que se equipondera como num jogo de cumplicidade. Ao contrário de *NFH*, em que a relação é reconstruída através de um registro epistolar prévio ao filme, aqui é no presente da filmagem, no ato de interação através da brincadeira com a câmera, que ela é erigida, existindo para e no filme. Por isso, o antecampo – o espaço atrás da câmera que só existe no ato documental – faz-se presente todo o tempo e Kawase, ao contrário de Akerman, coloca-se em cena de corpo inteiro.

5. Em Heidegger, o ser-aí (Dasein) é ser que se oferece imediatamente no mundo, um ser de presença, que é no cotidiano, e não um ser abstrato, essencial, passível de ser compreendido. A brincadeira é apontar que o ser substancial está associado ao masculino, enquanto o ser acontecimental, com seu corpo e gesto, ao feminino, justamente porque, frente ao pensamento calculável próprio do homem, o cinema ensaio dessas mulheres mostra a potência do ser na experiência, na relação com a máquina cinematográfica. Segundo Braga e Farinha, "o Dasein está sempre situado num mundo concreto permeado por uma trama significativa – uma situação hermenêutica. Toda interpretação parte da concreção fática em que nos encontramos: sua rede de relações, a trama de significados que se apresenta com ela, as possibilidades que lhe são inerentes..." (BRAGA, FARINHA, 2017, p. 70).

Longe ainda do rigor dos enquadramentos de Chantal, e dos *tableaux vivants* dos transeuntes de Varda, que valorizam a herança fotográfica do cinema, a decupagem dos quadros e a distância do outro, há uma elasticidade na câmera de Kawase, uma liberdade nos movimentos, como se as lentes tivessem acopladas ao corpo da cineasta, permitindo-lhe chegar exageradamente perto da vó. A certa altura, vemos a avó em cena, intercalada com outras cenas de flores, das plantas e do céu, enquanto a ouvimos em *off* contar a história da neta – da infância à vida adulta como professora de fotografia – e dizer de seu orgulho. Em seguida, do interior da casa, Naomi abre a janela para ver a avó, que cuida do jardim, do extracampo, ouvimos Uno perguntar baixinho: *Você ainda me ama como eu te amo?* A resposta vem no movimento da neta que, pelo vidro da janela, filma seus dedos a acariciar todo corpo da vó. Não satisfeita, num movimento brusco, a cineasta sai de casa chamando *Vovó!*, se achega e filma o próprio gesto de tocá-la no rosto. Assim como Varda, também Kawase com uma mão filma a outra, filma seu carinho pela "mãe", revelando o dispositivo: a declaração de amor de uma neta-filha.



Além do vínculo entre duas mulheres, o traço feminino se faz feminista no olhar dedicado da neta que intercala cenas da vó com elementos e palavras da natureza: o céu, insetos, as ervilhas verdes brilhantes, que acompanham seus gestos de cuidado no cultivo da terra, exaltando a força vital e a beleza de uma mulher velha e, assim, resistindo ao capitalismo machista para o qual o feminino é o lugar da beleza cosmética e da jovialidade. A morte, tematizada e afastada com leveza na trilogia da avó, chega em 2012 com *Vestígio* (*Chiri*). Quando a imagem que Naomi faz em *Maternidade/Nascimento*, dos seios da avó – murchos e submersos na água –, retorna, a vitalidade materna é contrariada: finda a longa fábula íntima da neta-filha-adotiva com a avó-mãe, finda a primeira experiência de cinema, a inocência do olhar de uma mulher.

## Referências bibliográficas


BARKER, Jennifer. "The feminine side of New York: travelogue, autobiography and architecture in News from home". In: FOSTER, Audrey (Org). *Identity and Memory*: the films of Chantal Akerman. Trowbridge: Flicks Books,1999.

BRAGA, Tatiana; FARINHA, Marciana. "Heidegger: em Busca de Sentido para a Existência Humana". *Revista da Abordagem Gestáltica*, jan-abr. 2017.

BUTLER, Judith. *Relatar a si mesmo*: crítica da violência ética. Belo Horizonte: Autêntica Editora, 2015.

BEAUVOIR, Simone. *O Segundo Sexo*: a experiência vivida. Rio de Janeiro: Ed. Nova Fronteira, 2019.

COSTA, Claudia. "O sujeito no feminismo: revisitando os debates". *Cadernos Pagu* (19), 2002.

HANISCH, Carol. "The personal is political", 1969. Disponível em: http://www.carolhanisch.org/CHwritings/PIP.html, acesso em maio de 2019.

IRIGARAY, Luce. *Je, Tu, Nous*: Towards a culture of difference. London: Routledge, 2007.

_____. *Este sexo que não é só um sexo*. São Paulo: Editora Senac, 2017.

JOHNSTON, Claire. "Women's Cinema as Counter-Cinema". In: KAPLAN, E. Ann (Org). Feminism & Film. Nova York: Oxford University Press, 2000.

LONGFELLOW, Brenda. "Love letters to the mother: the work of Chantal Akerman". *Canadian Journal of Political and Social Theory/Revue*, vol. XIII, nº 1-2, 1989.

MAIA, Carla; MOURÃO, Patrícia. "O cinema de Naomi Kawase". In: *Catálogo Mostra CCBB*, 2011.

MENIL, Alain. "Entre utopie et hérésie - quelques remarques à propos de la notion d'essai". In: GAGNEBIN, Murielle (Org.). *L'essai et le cinéma*. Paris: Ed. Champ Vallon, 2004.

MULVEY, Laura. "Prazer Visual e cinema narrativo". In: XAVIER, Ismail (Org). *A experiência do cinema*. Rio de Janeiro: Editora Graal, 1983.

RANCIÈRE, Jacques. *O desentendimento*: política e filosofia. São Paulo: Ed. 34, 1996.

SIQUEIRA, Marília Rocha. *O ensaio e as travessias do cinema documentário*. Dissertação,(Progrma de Pós-Graduação em Comunicação – Faculdade de Filosofia e Ciências Humanas - FAFICH). Universidade Federal de Minas Gerais, Belo Horizonte, 2006.

SMITH, Sharon. *The image of women in film*: some suggestions for future research. THORNHAM, Sue (Org). *Feminist Film Theory*: a reader, New York University Press: 1972.

STAROBINSKI, Jean. "É possível definir o ensaio?". Remate de Males. Campinas, (31.1-2), jan./dez. 2011.

VARIKAS, Eleni. "'O pessoal é político': desventuras de uma promessa subversiva". *Tempo*, Rio de Janeiro, vol. 2, nº 3, 1996.

VEIGA, Ana Maria. *Cineastas brasileiras em tempos de ditadura*: cruzamentos, fugas, especificidades. Tese (Programa de Pós-Graduação em História). Universidade Federal de Santa Catarina, Florianópolis, 2013.

VEIGA, Roberta. "Jeanne Dielman e a travessia da espectadora". *Catálogo Forumdoc*, Belo Horizonte, 2012.

_____. "Autobiografia 'não-autorizada': por uma experiência limiar no documentário na primeira pessoa". Doc On-line, nº 19, mar. 2016.

WITTIG, Monique. *El pensamiento heterosexual y otros ensaios*. Madrid: EGALES, 2006.

# A MONTAGEM COMO INVENTÁRIO: CORPOS, GESTOS E OLHARES NO CINEMA DE AGNÈS VARDA

Patrícia Machado



No primeiro plano do filme *As praias de Agnès* (2008), a cineasta Agnès Varda, então com 80 anos, caminha livremente sobre a areia da praia coberta de algas. Começa o percurso de costas, com alguns passos lentos, detém-se e segue em direção à câmera. Ao espectador, apresenta-se: "Faço o papel de uma velhota, roliça e tagarela, que conta sua vida. Contudo, são os outros que me interessam realmente e que gosto de filmar, os outros que me intrigam, que me motivam, que me interpelam, me desconcertam, me apaixonam".

Em grande parte da obra de Agnès Varda – mais de 40 filmes e instalações artísticas realizados desde a década de 1950 –, notamos com muita força o interesse por outros corpos, gestos, falas, singularidades. Como ressalta Delphine Bénézet em seu livro sobre a cineasta, "a atenção de Varda para quem está à margem da sociedade é verdadeiramente notável porque ela percorre a maioria de seus filmes, incluindo seus trabalhos de ficção" (BÉNÉZET, 2014, p. 82). Nos documentários, mesmo quando aparece em cena, quando narra em primeira pessoa, quando fala da própria vida e elabora memórias do passado, Varda prioriza o contato e o relacionamento com outras pessoas e espaços em determinados momentos históricos.

O modo como estabelece ligações com aqueles que atravessam seu caminho será definidor para a produção das imagens e da montagem de filmes como *L'Opera Mouffe* (1958), *Daguerreotypes* (1976), *Ulysses* (1982), *Os catadores e eu* (2000), *As praias de Agnès* (2008) e *Visages Villages* (2017). Nesse movimento que se desenha entre cineasta, câmera, espaços e pessoas filmadas, o que fica evidente é uma espécie de desprendimento de si e captura do outro, como chama atenção a pesquisadora Consuelo Lins. Em suas análises sobre o cinema ensaístico de Varda, Lins reitera: "é a forma que ela inventou para se desprender de si, transformando a si mesma e sua maneira de ver o mundo" (LINS, 2007, p. 153).

Se os ensaios cinematográficos, os gestos, o uso da fotografia e a questão da memória no cinema de Agnès Varda já foram temas discutidos por pesquisadores do campo do documentário no Brasil e em outros lugares do mundo (LINS, 2007; BORGES, 2010; REZENDE, 2013; BÉNÉZET, 2014; COWAY, 2015), propomos realizar aqui outro exercício: o de analisar o momento da tomada – o da produção das imagens do outro – e a organização desse material e das imagens de arquivo na montagem de alguns filmes da cineasta. 

Identificando aspectos similares que aparecem na organização das imagens e sons de diferentes documentários, propomos uma espécie de recorte e aproximação de planos separados no espaço e no tempo. Não interessa aqui a montagem dos filmes como um todo, mas apenas algumas sequências específicas, escolhidas a partir de semelhanças. O pesquisador aqui se apresenta também como uma espécie de montador, aquele que seleciona as imagens, investiga suas origens e modos de produção, analisa sua duração, enquadramentos e ligações para, enfim, ressaltar um aspecto que se repete no cinema documental de Varda e que ainda não foi explorado por outros teóricos: a produção de séries ou do que chamaremos aqui de pequenos inventários.

O termo inventário é popularmente conhecido no campo jurídico e está relacionado ao ato de descrever. No caso, descrever os bens deixados por alguém que tenha falecido. No entanto, como já ressaltaram diversos autores (PIMENTEL, 2011; KLEIN, 2013; SOUTO, 2016), sua raiz etimológica indica que no latim o termo *inventarium* se desdobra em *inventare*, que se aproxima do verbo imaginar. Se, por um lado, temos na ação inventariante uma espécie de ordenamento, por outro, essa mesma ação traz a possibilidade de invenção de formas de organização diferentes daquelas antes estipuladas. Inventariar, portanto, é tanto "estar à procura, trazer à tona, trazer luz e dispor de elementos que foram abandonados" quanto realizar uma "travessia, uma movimentação, uma deambulação através de elementos que devem ser postos em contato" (KLEIN, 2013, p. 14).

No campo da imagem fotográfica, Leandro Pimentel recupera a noção de inventário para refletir sobre uma tática de organização (PIMENTEL, 2011). No cinema, a ação inventariante é pensada por Mariana Souto como um método de pesquisa comparada, um movimento capaz de colocar em relação filmes contemporâneos que estariam apartados e que teriam como comum as relações de classe (SOUTO, 2016). Nossa proposta aqui é pensar essa ação inventariante – de produzir, recolher, selecionar, inventar, ordenar, classificar, apresentar – como o próprio ato da montagem nos filmes de Agnès Varda.



A noção de montagem, como destaca o teórico Jacques Aumont (2005), inclui características que seriam essenciais ao cinema, como a arte de combinar e organizar. Montar, em seu sentido mais primordial, consiste na seleção, agrupamento e junção das imagens e sons. Procedimentos que serão explorados, ampliados e repensados ao longo dos tempos, levando em conta as durações dos planos, os reenquadramentos, os efeitos audiovisuais e as inovações estéticas dos filmes. No caso de Agnès Varda, o que destacamos é um tipo de montagem que aproxima corpos, gestos e olhares das pessoas que a cineasta filma, tornando visíveis semelhanças antes despercebidas, numa montagem que escapa a qualquer tipo de hierarquia e que busca, antes de tudo, formas de organização que vão se diferir da montagem narrativa clássica, aquela que é organizada a partir da cronologia e de ligações invisíveis entre os planos. Desse modo, Varda inventa possibilidades de encadeamentos e cria relatos de um percurso que vale mais por seu traçado do que pela chegada ao seu destino.



## Varda no centro

Desde os anos 1950, quando realiza seu primeiro filme, *La Pointe Courte* (1954), é o modo inventivo e reflexivo de Varda que chama a atenção dos críticos. Já na década seguinte, ela passa a ser reconhecida como uma precursora da *Nouvelle Vague*, movimento cinematográfico que se constituiu especialmente pelo caráter de inovação da forma, do modo de filmar, de montar e de narrar. A experiência de registrar imagens e enquadrar o mundo ao redor começa antes de Varda iniciar sua carreira de cineasta, ainda quando era fotógrafa e estudava artes na Escola do Louvre.

No primeiro contato com a câmera de filmar, dirige tanto personagens da vida real – os pescadores de uma pequena vila do sul da França que ela costumava frequentar quando criança – quanto atores que interpretam um casal em crise. As duas estórias se desenrolam de modo paralelo e têm em comum aquele lugar. A inspiração de Varda veio do livro *As palmeiras selvagens*, de William Faulkner, não pela temática, mas pela forma de organização: a ideia de intercalar duas estórias diferentes que acontecem ao mesmo tempo.

O filme foi exibido no ano seguinte no Festival de Cannes e recebeu muitos elogios na revista *Cahiers du Cinéma*, especialmente pela estrutura da montagem (pensada por ela em parceria com Alain Resnais), por mostrar diversos pontos de vista, por estabelecer um contraponto entre documento e ficção e, finalmente, pela qualidade dos diálogos. Em *Petit-journal intime du cinema*, André Bazin afirma que *La Pointe Courte* ilustra bem a noção de *avant-guarde* que ele procurava e introduz Varda entre os grandes cineastas daquele tempo. Acima de tudo, Bazin chama a atenção para a particularidade da cineasta ensaísta, que vai se tornar mais evidente ao longo da sua obra: "o filme de Varda é como um diário íntimo, ou melhor, uma narrativa em primeira pessoa que teria sido feita, por discrição, na terceira" (BAZIN, 1955, p. 36).



Em certo momento de *As praias de Agnès*, Varda conta que sua entrada oficial para a *Nouvelle Vague* acontece quando Jean-Luc Godard a indica para realizar um filme de baixo orçamento, *Cléo de 5 a 7* (1962). Enquanto a cineasta narra essa lembrança, a imagem que aparece na tela é a de uma composição de fotografias em que ela ocupa o centro, cercada por fotos de tamanhos menores de homens que pertenceram ao movimento cinematográfico, como François Truffaut, Jacques Demy, Jacques Rivette, Jean-Luc Godard, Alain Resnais e Claude Chabrol.

A composição é uma espécie de referência à obra surrealista de René Magritté, *Je ne vois pas la (femme) cachée dans la forêt*, publicada em 1929 no journal *La Révolution Surréaliste*. Nela, fotografias de integrantes do movimento surrealista são organizadas em volta da imagem de uma mulher nua, uma espécie de musa. Na remontagem dessa composição, é Varda a musa que, de olhos fechados, com o dedo na boca, executa o gesto que representa um pedido de silêncio. A jovem do passado que, como ela conta no próprio filme, conhecia poucos rapazes, era reservada, complexada e tinha má impressão de homens – que a assustavam e intimidavam –, é agora uma mulher madura, reconhecida como a única integrante daquele movimento essencialmente masculino e a dona da narrativa. Em seu filme, ao menos, é ela que ocupa um lugar de destaque entre todos aqueles cineastas.

Ao longo de parte da carreira, a condição de mulher, bem como o fato de não ser cinéfila e de não escrever críticas, faziam com que Varda passasse a ser percebida como uma *outsider*. Além disso, alguns filmes da produção dos anos 1960 aos anos 1980 não despertaram um grande interesse da crítica, como *As duas faces da felicidade* (1964), *Uma canta, a outra não* (1976), *Mur, Murs* (1981) e *Documenteur* (1981). De todo modo, uma marca se imprime na obra da cineasta desde o início: a sua grande liberdade de criação.

O reduzido conhecimento cinematográfico do início da carreira permitiu que ela fosse "ingênua e atrevida" ao filmar pela primeira vez: "Eu realmente tive a impressão de que não havia outra maneira de expressar o que eu queria expressar, mas especialmente que era assim que eu precisava fazer" (Varda apud CONWAY, 2015, p. 37). Essa liberdade é não só um traço da personalidade de personagens criados para os filmes de ficção, como é também característica da maneira como Agnès Varda vai filmar as pessoas comuns e montar as imagens de diferentes naturezas, as quais ela incorpora nos documentários ensaísticos. Para compreender o que isso significa, podemos nos remeter à andarilha de *Sans toi ni loi* (1985), que vaga pelas cidades e estradas vivendo do que surge nos encontros dessa caminhada; ou ainda à mãe de um recém-nascido em *Uma canta a outra não*, que propõe ao ex-marido, quando decidem viver em lugares diferentes, que ele a engravide de novo para que cada um fique com um filho e assim sejam felizes.

No campo da estética e das formas narrativas, é com essa mesma liberdade que Varda, ainda nesse início de carreira, realiza filmes que a transformam em precursora, junto com Chris Marker, do documentário ensaístico. Quando analisa *Salut les Cubains*, filme realizado em 1964 só com fotografias tiradas pela cineasta quando esteve em Cuba, Consuelo Lins chama atenção para o fato de que a narração em *off* em primeira pessoa e feita por uma mulher inexistia na tradição documental. Essa narração não tem o intuito de informar, mas expressa engajamento, afetividade e humor no que diz, além de contribuir para "renovar, no campo do documentário, a relação entre imagem e som em favor de associações inauditas do espaço sonoro do cinema com o espaço visual" (LINS, 2007, p. 158).

É também o espírito livre que leva Varda a pegar a câmera para filmar as ruas, as pessoas comuns, o cotidiano. Levando em conta especificamente o que ela escolhe enquadrar, como se coloca em relação aos corpos que filma, como se dá a dinâmica e as trocas entre esses corpos e, enfim, como reage ao inesperado, analisaremos três filmes da cineasta. Um deles, *Os catadores e eu*, concorreu ao Festival de Cannes em 2000. Já os outros dois não estão entre os mais conhecidos da cineasta.



Apesar da distância temporal – realizados com 17 anos de diferença –, os dois documentários têm muito em comum. *L'Opéra Mouffe* foi filmado em 1958, quando Varda estava grávida da primeira filha. Sozinha, com uma câmera 16 mm na mão e toda a experiência sensorial de um corpo em profunda transformação, ela registrou durante um mês o vai e vem de uma rua de Paris, a conhecida Rue Mouffetard. *Daguerreotypes*, de 1975, também se concentra em uma rua de Paris, a Rue Daguerre, onde Varda morou até o fim da sua vida. Ela tinha acabado de ter o segundo filho, estava amamentando e decidiu fazer um filme perto de casa, com os comerciantes locais. Essa foi a maneira encontrada de não se afastar por muito tempo do bebê. Um cabo de luz de 80 metros, ligado à tomada da sua casa, estabelecia o limite de até onde ela poderia chegar. Uma espécie de cordão umbilical, como Varda conta em *As praias de Agnès*. Em ambos os filmes, as imagens e falas das pessoas filmadas serão organizadas na montagem levando em conta o que chamamos de um princípio inventariante.

## Os estranhos da Rua Mouffetard

*L'Opéra-Mouffe* (1958) foi dividido em 10 partes, que misturam registros documentais e performances, cada uma introduzida por intertítulos. No primeiro plano, um texto com o nome do filme e o subtítulo, "Caderno de anotações de uma mulher grávida em 1958", indicam peculiaridades do universo íntimo da realizadora. No segundo plano, uma contextualização geográfica, com a apresentação da Rue Mouffetard como uma rua que atravessa um bairro de Paris. Logo nos primeiros minutos do filme, a tela é ocupada pela imagem do corpo de uma mulher grávida e nua, com a barriga em destaque, sem que o rosto seja revelado. Essa mulher é a própria Agnès Varda.

O encontro da cineasta com as pessoas que passam pela rua insalubre produz imagens provocadoras de velhos, inválidos, pobres e alcoólatras que circulam por ali nos anos do pós-guerra. Varda fala de um certo desconforto ao filmar, no estado em que se encontrava, aquele local e aquelas pessoas: "Eu estava grávida na época, disse que deveria me sentir bem, como um pássaro. Mas eu olhei ao redor da rua onde eu filmava, e vi pessoas esperando bebês que eram pobres, doentes e cheias de desespero" (Varda apud BÉNÉZET, 2014, p. 11).

Esse sentimento, que vai ser explicitado na montagem – como veremos a seguir –, é intensificado pela escolha do local onde vai se posicionar com a câmera. Em entrevista para a revista *Cahiers du Cinema*, em 1965, a cineasta conta que ia para a feira da Rue Mouffetard carregando uma cadeira de ferro dobrável em cima da qual podia ficar em pé e filmar a multidão. "Coloquei minha cadeira no meio da rua, que tem uma certa inclinação. Ninguém me notava já que eu estava lá o tempo todo e, depois de dois dias, me tornei parte da decoração, assim como a vendedora de pão ou a de limão" (Varda apud KLINE, 2014, p. 28).

Agnès Varda escolhia o que filmar de acordo com o que estava sentindo naquele dia específico. Em princípio, trata-se de um processo muito intuitivo, mas um olhar mais detido para as imagens revela que ela criou uma espécie de dispositivo que permitia acolher o acaso e o imprevisto e, principalmente, que não passava tão despercebida por aqueles que filmava. É o que revelam os olhares que encaram a câmera e demonstram um grande incômodo com aquela mulher grávida, segurando o equipamento de modo obstinado. Diante desses olhares desconfiados ou mesmo enfurecidos, Varda não cede, não abaixa a câmera, não para de filmar. Ela, de fato, não é uma grávida complacente e boazinha. Esse pequeno confronto, a perturbação que ele gera, e especialmente as contradições que surgem das reações a esse encontro, lhe interessam, como afirma em entrevista à *Cahiers du Cinéma.*

> *L'Opéra Mouffle* é um dos meus filmes favoritos. É o mais livre. Estou interessada na linha entre o modesto e imodesto. Talvez estivesse podendo aproveitar o meu estado de graça de mulher grávida... eu gostava de captar as contradições. Uma mulher grávida olha para aquelas pessoas mais velhas e pensa: todos já foram recém-nascidos, alguém já colocou talco fresco nesses bebês e depois beijou os seus bumbuns. Esse é o tipo de pensamento que impulsiona o nosso olhar para a tênue linha que separa a crueldade da ternura (Varda apud KLINE, 2014, p. 151).



Quando segura a câmera em busca dessas contradições, Varda está interessada naquilo que escapa a qualquer tipo de roteiro. Diante desses personagens esquecidos e deslocados, busca uma forma de organizar a filmagem: posiciona-se em um mesmo lugar e filma durante um tempo determinado de antemão. Quando seleciona e monta esse material, também busca um princípio formal que, como em um inventário, enumera listas do que encontra de comum, cria categorias imaginárias e, desse modo, questiona formas de organizações tradicionais. O escape de uma espécie de arbitrariedade da vida é possível graças a pequenas regras impostas, que, como lembra o escritor Ítalo Calvino ao tratar da literatura de George Perec, poderiam parecer artificiosas e mecânicas. O resultado nesses casos pode ser "uma riqueza e uma liberdade inventivas inesgotáveis" (CALVINO, 1990, p. 136). Varda, quando cria essas regras, acaba inventando um modo de trazer à luz os sentimentos humanos que possam ser conferidos a essas pessoas colocadas à margem da sociedade.

É o que podemos conferir na sequência chamada de *Quelqu'uns.* Nos três minutos de duração, pequenas séries são criadas quando imagens registradas em momentos diferentes são aproximadas na montagem a partir do que contêm de semelhante. Pode ser um gesto (como o de limpar o nariz com o lenço), um movimento (como o andar manco de idosos e inválidos de guerra), um olhar curioso, um rosto escondido com a mão ou com a ajuda de um guarda-chuva. Essas breves séries, que juntas formam essa espécie de inventário dos moradores da Rue Mouffetard, ressaltam gestos e movimentos que se repetem e ganham doses de bom humor e leveza com a ajuda da trilha sonora. A estranheza desses rostos marcados pela pobreza e pela velhice é dissolvida, conferindo-lhes humanidade.

## Os comerciantes da Rue Daguerre



Em *Daguerreotypes*, as pessoas filmadas são conhecidas de Varda: vizinhos e comerciantes da rua onde morou até o fim da sua vida e que apareceu em muitos dos seus filmes, a Rue Daguerre. O nome da rua é uma homenagem ao inventor de um antigo aparelho fotográfico que fixava as imagens obtidas na câmara escura numa folha de prata sobre uma placa de cobre. Daguerreótipo, o nome do aparelho, dá título ao filme. Originalmente produzido para a televisão e depois exibido em festivais de cinema, *Daguerreotypes* impõe limites técnicos tanto para a equipe quanto para a própria cineasta. Para mostrar como as pessoas trabalham e vivem juntas, Varda estabelece que serão filmados locais que ela frequenta e que estão a até 50 metros da sua porta.

Nas primeiras sequências, a câmera de Nurith Aviv (que Varda acompanha lado a lado) observa os comerciantes locais sem interferir em suas performances cotidianas: vender o pão, cortar o cabelo, esperar na fila da carne. Em longos planos, a câmera acompanha as trocas entre os vendedores e clientes, os momentos de espera, os corpos que executam o trabalho. No filme, a cineasta conta que seu interesse estava em filmar o "teatro do cotidiano" onde "as estrelas são o pão, o leite, a ostra, a carne, a hora justa, o cabelo curto, o acordeão". Varda afirma ainda que desejava atravessar "as vitrines das lojas da minha rua, estar dentro com os artesãos, os comerciantes, os vendedores, na vagarosidade e paciência de seus trabalhos, durante as horas de espera, neste olhar paralelo, neste mistério das trocas diárias".

Essas imagens do trabalho observadas pela câmera são reenquadradas e reunidas lado a lado na montagem em uma breve sequência de um minuto, que funciona como um inventário dos diferentes gestos produzidos pelas mãos que executam ofícios. Sob o som do acordeão, a mão da costureira que segura a agulha e a linha é reunida à do açougueiro que corta a carne, que se liga às mãos do perfumista segurando com cuidado os vidros usados na fabricação do perfume, que nos leva à mão da mulher que passa a roupa com o ferro, que é ligada à cabeleireira que desliza as mãos no cabelo da cliente, que passa para as mãos do padeiro preparando a massa e, por fim, termina nas mãos do motorista segurando o volante. Quando criada a série, prestamos atenção nos detalhes desses gestos e objetos de uso cotidiano e nos damos conta das peculiaridades de diferentes habilidades e dos movimentos que costumam passar despercebidos no dia a dia. 

Outro método colocado em prática no filme, bem diferente da câmera que só observa, é o de conversar com as personagens. Nas entrevistas, as mesmas perguntas são feitas para todas elas. São questões, em princípio, muito simples, mas que instigam respostas descritivas, que acabam se tornando relatos de grande profundidade sobre um lugar, uma época e modos de vida atravessados pelas relações de trabalho e convívio. Varda pergunta: De onde você veio? Como se conheceram? Você costuma sonhar? O que você sonha?

O relojoeiro responde que quando sonha vê muitos relógios e que sempre trabalha na peça mais difícil. O barbeiro sonha que refaz tudo o que fez na jornada de trabalho. Já a esposa diz que não tem tempo para sonhar. O mecânico imigrante sonha com a mulher que ficou na África. O açougueiro não sabe responder e se dirige à esposa, questionando o que ele sonha. Ela responde que o marido sempre tem medo porque é sonâmbulo. O professor da autoescola sonha em ter muito dinheiro e o padeiro não sonha porque não dorme e, quando raramente dorme, sonha com a massa do pão que dá errado.

Quando reunidos na montagem, esses planos que contém as entrevistas, sempre filmadas nos próprios ambientes de trabalho dos comerciantes, são aproximados a fim de criar novas séries. O que surge dessa regra de organização é uma estrutura inventariante que revela complexas relações cotidianas do modo como o trabalho afeta aqueles corpos, da dureza da rotina na vida dos comerciantes, dos homens que dependem emocionalmente das mulheres, das mulheres que nem ao menos sonham, do imigrante apartado dos laços familiares e do pequeno-burguês que no final das contas deseja mais dinheiro.

Neste breve inventário de sonhos, formas de trabalho e relações pessoais, a estrutura criada pela montagem não atribui valor a cada imagem ou fala isoladas. É a partir da forma como essas imagens e sons são relacionados, e da ordem que aparecem, que a sequência vai ganhando complexidade. Unidas a partir de semelhanças, as imagens dessas séries condensam sentidos e experiências e mostram que o princípio formal, a maneira de montar o que se conta ou mostra, é tão importante quanto o que se conta e o que se revela nas imagens.



## Pedaços de vida de diferentes catadores

Em *Os catadores e eu*, realizado em 2000, Agnès Varda volta novamente a atenção para pessoas e objetos esquecidos e marginalizados, para os anônimos que nos recusamos a olhar e, nesse caso mais específico, para o que é descartado como lixo na sociedade. Quanto às personagens filmadas, a cineasta conta na narração do filme que conseguiu "abordá-las, tirá-las de seu anonimato" e que, desse modo, descobriu pessoas generosas. E constata: "Há muitas maneiras de ser pobre, ter bom senso, raiva ou humor".

Como a figura do trapeiro no poema de Charles Baudelaire, Varda procura nas ruas, no campo, nas estradas e no próprio lixo o que não teria mais utilidade pessoal ou social e executa nessa trajetória o gesto próprio daquele que cata (busca, recolhe, apanha, pega). "Aqui temos um homem – ele tem que recolher os restos de um dia na capital. Tudo que a grande cidade jogou fora, tudo o que ela perdeu, tudo o que desprezou, tudo o que quebrou, ele o cataloga e o coleciona" (BAUDELAIRE apud BENJAMIN, 1989, p. 78), diz o poema de Baudelaire.

Em *Charles Baudelaire – um lírico no auge do capitalismo*, Benjamin vai aproximar as figuras do trapeiro e do poeta a partir do movimento que realizam nas caminhadas pela cidade: "é o passo do poeta que erra pela cidade procurando a presa de rimas; deve ser também o passo do trapeiro que, a todo instante, se detém no seu caminho para recolher o lixo que tropeça" (BENJAMIN, 1989, p. 79). Caminhar procurando rimas pode ser pensado também como um modo de organização narrativa. Em *O narrador* (1994), escrito no qual constata o fim da narração tradicional, Benjamin esboça "a ideia de uma outra narração, uma narração nas ruínas da narrativa, uma transmissão entre os cacos de uma tradição em migalhas", de modo que o narrador seria uma espécie de trapeiro, aquele que "recolhe os cacos e os restos a fim de não deixar nada se perder" (GAGNEBIN, 2006, p. 53-54).

Em entrevista à crítica Julie Rigg em 2005, Varda afirma que a prática da coleta é "mais profunda" no documentário do que no filme de ficção porque se interessa pelos fatos do mundo. Para Varda, o gesto de catar teria tanta importância no trabalho do cineasta quanto no de qualquer artista, porque "os artistas passam a vida lendo coisas, ouvindo histórias, indo para cafés; artistas recolhem" (Varda apud KLINE, 2015, p. 184). Recolher pedaços de vida seria então uma atividade intrínseca à trajetória da artista-cineasta.



Pensamos aqui na imagem em que Agnès Varda, no início de *Os Catadores e eu*, reencena a pose da catadora do quadro *Les Rappel des Glaneuses*, 1895, de Jules Breton, e no modo como ela encarna a figura da cineasta-trapeira para além dessa performance. De modo semelhante ao trapeiro e ao poeta, Varda se interessa em caminhar pelas cidades e estradas, observar (e filmar) os restos e o lixo e organizar, na montagem, esses registros junto a outras imagens de arquivo de diferentes naturezas. Dessas caminhadas, produz então uma narrativa desviante, ensaística, que em alguns momentos utiliza o princípio organizador do inventário, identificado nos filmes analisados anteriormente. Nesse caso, no entanto, é necessário que o método funcione de modo ainda mais preciso, produzindo ligações entre espaços, tempos e imagens variadas ao longo de todo o filme, a partir de um gesto em comum: o de se abaixar para catar algo do chão.

O método se explicita logo na organização das primeiras sequências, levando em conta o modo como uma imagem é ligada a outra. A página de um dicionário, aberto na letra G, traz a significação do verbo catar e a reprodução do quadro *Les Glaneuses* (1857), de François Millet. O plano com o detalhe dessa reprodução sem qualidade, pequena e em preto e branco, será ligado ao plano seguinte, o quadro original, que ocupa um grande espaço na parede do *Musée D'Orsay*. Do museu, seguimos para um campo no interior onde uma agricultora descreve como se vestia e reproduz os gestos de quando catava batatas. O movimento do seu corpo é o mesmo das mulheres que aparecem em uma imagem dos *Archives Pathé Cinema*, provavelmente um registro do início do século XX. Em seguida a esse plano, são mostradas as imagens de mulheres que reproduzem os mesmos gestos em pinturas variadas. Das catadoras de batata que atravessaram épocas distintas, chegamos aos catadores de lixo contemporâneos, que recolhem os restos das feiras e mercados de Paris.



Essa breve sequência revela que Agnès Varda vasculhou arquivos, circulou por diferentes cidades e áreas rurais, conversou com variadas pessoas e não levou em conta na montagem nem a cronologia, nem os espaços, nem os trajetos que percorreu. O que liga os agricultores, os pobres e sem-teto, as pinturas preservadas em grandes ou desconhecidos museus, as páginas impressas de livros e as imagens de acervos cinematográficos é o gesto do catador que se repete e atravessa os tempos.

Esse gesto, como mostra o filme, não é redutor de uma só experiência. Quando os registros de diferentes catadores executando o movimento são aproximados, abrem espaço para que cada um deles mostre diferentes histórias de vida, práticas, sensações e afetos, como a vida da ex-camponesa e de seu pai, que catavam batatas para sobreviver à Segunda Guerra Mundial e são agora donos de um bar. Ou do chef de cozinha premiado que adota a prática como uma filosofia, uma crença de que é preciso evitar o desperdício. O ex-caminhoneiro que recolhe batatas remanescentes da produção nos campos vive em um trailer depois que ficou desempregado e foi abandonado pela mulher. Entre todos, o que mais surpreende Varda é o biólogo com diploma de mestrado que ela persegue por alguns dias na hora da xepa de uma feira em Montparnasse, em Paris. Ele recolhe alimentos, mas foge de qualquer estereótipo: além da grande inteligência, dedica seu tempo como voluntário para ensinar a língua francesa a imigrantes que chegam na cidade.

Quando concluiu o documentário, ainda com sua câmera digital que filma suas próprias mãos de cineasta-trapeira, Agnès Varda produziu outras imagens para o lançamento de um DVD. Centenas de pessoas que assistiram ao filme escreveram para a cineasta contando suas próprias experiências como catadores. Parte desse material foi usado em *Os catadores e eu – dois anos depois*, exibido nos cinemas e na televisão. O interesse pelo gesto de catar revelou assim a amplitude que o tema pode alcançar quando o que coloca em destaque são histórias, memórias, experiências e, acima de tudo, torna visíveis aqueles que são esquecidos pela sociedade. A cineasta, enfim, dá à prática de recolher um valor social, político e estético.

## Considerações finais



Talvez a imagem que tenha ficado mais conhecida de *Os Catadores e eu* não seja a da Varda catadora, mas a de algo que ela cata: uma batata em forma de coração, que a cineasta recolhe no campo e leva para a casa, onde a filma novamente. Em 2003, convidada para expor na Bienal de Veneza, Varda inaugura sua carreira de artista multimídia com a instalação *Patatutopia*, em que a batata de coração ocupa o centro de um tríptico de monitores. Em cada um deles, batatas de diversos formatos. Uma performance paralela fazia parte da obra: a própria Varda vestida de batata recebia os visitantes.

O episódio é lembrado em *As praias de Agnès* e uma série, dessa vez mais complexa do que o que chamamos aqui de inventário, é criada com a montagem. Em vez da aproximação de uma só semelhança, Varda inventa outras associações a partir de elementos presentes em cada uma das imagens. A imagem da batata leva à imagem da própria Varda vestida de batata. A cineasta é a ligação com o próximo plano, um mosaico em que reproduz seu autoretrato. Em seguida, ela desaparece e são os mosaicos que ganham destaque e nos levam à arte antiga. Chegamos ao rosto de uma mulher de perfil, com olhar enfadonho, pintada pelo italiano Piero dela Francesa em 1456 (*Duque e Duquesa de Urbino*). O mesmo olhar, expressão e posição de rosto será a conexão com a imagem de Silvia Monfort, atriz de *La Pointe Courte*. O enquadramento é aberto e, na mesma fotografia está Phillipe Noiret, o ator que faz seu par. Na montagem de Varda, ele é a ligação para a pintura de um homem do século XV. *Retrato de Felipe, o bom* (1464) foi pintado por Rogier Van Der Weyden e, nele, a personagem guarda inúmeras semelhanças físicas e expressivas com o ator francês que nasceu mais de cinco séculos depois.

A heterogeneidade das imagens, espaços e tempos usados poderia levar a um risco evidente de dispersão de sentidos. No entanto, o que podemos conferir é que esse efeito de inovação na organização dos planos produz uma expressão poética e coerente que está presente em relações que não poderíamos imaginar ou prever. É através das ligações estabelecidas, da atenção e reenquadramentos dos detalhes das imagens, e nos comentários da narração em *off* que Varda cria um método complexo de montagem de caráter ensaístico e criativo.



No filme que conta a história de sua vida, em que rememora a infância, a juventude, o casamento, a militância feminina, o nascimento dos filhos e netos, o material de arquivo que recupera e remonta – entrevistas, fotografias, reportagens, trechos de suas obras –, Varda revela mais do seu relacionamento com o mundo do que uma suposta intimidade. Quando dirige sua câmera para os anônimos que nos recusamos a olhar, quando inova na montagem desse material, demonstra um enorme respeito e interesse pelo outro. Do mesmo modo que caminha livremente pela praia, a cineasta filma e monta com liberdade, produzindo aberturas e reflexões sobre o que nos atravessa e nos ultrapassa, sobre o que vem do mundo e para ele é devolvido com mais afeição e interesse.



## Referências Bibliográficas

AUMONT, Jacques. *A estética do filme*. São Paulo: Papirus Editora, 2005.

BAZIN, Andre. "Petit journal intime du cinema". *Cahiers du Cinéma*, nº 50, août- septembre, 1955.

BENJAMIN, Walter. "O narrador". In: *Mágia e técnica, arte e política*: ensaios sobre literatura e história da cultura. São Paulo: Brasilense, 1994.

_________. *Charles Baudelaire*: um lírico no auge do capitalismo. São Paulo: São Paulo: Brasiliense, 1989.

BÉNÉZET, Delphine. *The cinema of Agnès Varda* – resistence and eclecticism. Nova York: Columbia University Press, 2014.

BORGES, Cristian; JESUS, Samuel de. "Memória de gestos na obra de Agnès Varda: pintura, fotografia, cinema". ARS (São Paulo) [online]. 2010, vol. 8, no 16. Disponível em: <http://www.scielo.br/scielo.php?script=sci_arttext&pid=S1678-53202010000200005&lng=en&nrm=iso>. Acesso em: 10 de maio 2019.

CALVINO, Italo. *Seis propostas para o próximo milênio*. São Paulo: Companhia das Letras, 1990.

CONWAY, Conway. *Agnès Varda*. University of Illinois Press, 2015.

_____. "The New Wave in the Museum: Varda, Godard, and the Multi- Media Installation." *Contemporary French Civilization* 32, nº 2.

GAGNEBIN, Jeanne Marie. *Lembrar, escrever, esquecer*. São Paulo: Ed. 34, 2006.

KLEIN, Kelvin. *A literatura do inventário: arquivo, anacronismo e além*. 2013. Tese (Literatura). Centro de Comunicação e Expressão, Universidade Federal de Santa Catarina, Florianópolis, 2013.

KLINE, Jefferson (ed.). *Interviews* (Agnès Varda). University Press of Mississipi, 2014.

LINS, Consuelo. "O ensaio no documentário e a questão da narração em off". In: FILHO, João Freire; HERSCHMANN, Micael (Org.). *Novos rumos da cultura da mídia*: indústrias, pro dutos, audiências. Rio de Janeiro: Mauad, 2007.

PIMENTEL, Leandro. *O inventário como tática*: a fotografia e a poética das coleções. 2011. Tese (Comunicação Social). Escola de Comunicação Social da Universidade Federal do Rio de Janeiro, Rio de Janeiro, 2011.

REZENDE, Luiz. *Microfísica do documentário*: ensaio sobre criação e ontologia do documentário. Rio de Janeiro: Editora Pensamento brasileiro, invenção e crítica, 2013.

SOUTO, Mariana. *INFILTRADOS E INVASORES*: Uma perspectiva comparada sobre as relações de classe no cinema brasileiro contemporâneo. 2016. Tese (Programa de Pós Graduação em Comunicação Social). Universidade Federal de Minhas Gerais, Belo Horizonte, 2016.

# CAROLEE SCHNEEMANN VISITA JANE WODENING E HORTENSE FIQUET, ESSAS ADORÁVEIS CONVIDADAS NO DOMÍNIO MASCULINO

Patrícia Mourão de Andrade



*Youth is a dream Where I go every night*
*and wake up with just this little jumping*
*bunch of*
*arteries*
*In my hand*
Anne Carson, "A Sudden Unspeakable
Sweat Floweth Down My Skin"

*After all, cinema is an enormous masculine phantasm*
Delia Salvi, "Sois belle et tais toi"

O cinema experimental estadunidense do pós-guerra consagrou, desde os seus primórdios, um lugar especial a três mulheres: as realizadoras Maya Deren e Marie Menken, e a colaboradora e companheira do cineasta Stan Brakhage, Jane (Wodening) Brakhage. À primeira, atribui-se o papel incontestável de pioneira de uma tradição de cinema pessoal que, a partir dos anos 1950, alteraria por inteiro o panorama cinematográfico vanguardista: seu filme, *Meshes of the Afternoon*, de 1943, é tido como o marco inaugural do cinema experimental norte-americano. Marie Menken foi incessantemente celebrada pelos dois principais nomes do cinema lírico e pessoal do experimental, Jonas Mekas e Brakhage, como a primeira inspiração para seus filmes – ambos reconhecem terem aprendido com ela o valor da forma breve, a atenção ao cotidiano e a câmera na mão, instável e impressionista. Em outra chave, Jane Brakhage, que nunca dirigiu um filme, mas apareceu em praticamente todos os de seu marido durante as quase três décadas de casamento, transformou-se, à medida que Brakhage era alçado ao lugar de herói romântico do cinema experimental, em musa inspiradora de uma geração de críticos.

Fugindo ao costume, tão comum na história da arte, do reconhecimento tardio – quando não póstumo – de artistas mulheres que trabalharam silenciosamente e sem serem notadas por seus pares, Menken, Deren e Jane foram celebradas desde muito cedo. Mais que um lugar privilegiado, essas mulheres receberam um tratamento quase (para não dizer literalmente) sagrado pela crítica e por cineastas nas primeiras duas décadas do cinema experimental, em especial por suas principais vozes públicas naquele momento, Mekas e Brakhage.[1] Não uso o termo "sagrado" gratuitamente. Antes, parece-me que é através dele que devemos entender a proeminência precoce das mulheres nas narrativas do cinema experimental estadunidense. Alçadas ao lugar materno, sagrado ou da musa, essas mulheres existem como convidadas especiais, mas não equivalentes, no domínio masculino.



Outras mulheres que não se encaixavam no lugar de musa ou mãe não tiveram a mesma "sorte" dessas três – Menken e Deren são, por exemplo, as únicas mulheres, ao lado de Leni Riefenstahl, incluídas na coleção *Essential Cinema*, um repertório de filmes com os títulos "essenciais" para uma história do cinema como arte, criado em 1971 por uma comissão de cinco críticos composta, entre outros, por Brakhage e

1. Mekas, que não poupava a grandiloquência de metáforas religiosas em seus textos, declarou que Marie Menken "trazia do paraíso um toque de santidade" e, ao mencionar, no mesmo texto, o falecimento das duas realizadoras, escreveu: "retornavam à companhia dos deuses" (MEKAS, 1972, p. 413). Brakhage, por sua vez, nas biografias que dedicou às duas realizadoras no anos 1970, falava em milagres ao descrever os filmes de Menken, e força sobrenatural ao evocar o efeito de Deren sobre outros artistas (BRAKHAGE, 1989). As cineastas também são descritas como figuras maternas por ele: na casa de Deren ninguém passava fome, e Menken acolhia e aceitava em casa os amantes de seu marido. Sobre Jane, falarei mais à frente. Por ora, apenas a título de exemplo de sua magnitude no imaginário do cinema experimental, cito uma fala de Hollis Frampton dirigida a ela, durante uma conversa com o casal, publicada na revista *Artforum*: "Jane, você precisa entender que, para quem vê de fora, você é presumivelmente a mulher mais profundamente singularizada e individualizada da história do cinema, e, provavelmente, a pessoa mais singular em toda a história da arte" (FRAMPTON, 1973, p. 74).

Mekas. Penso aqui em Shirley Clarke, Naomi Levine, Storm De Hirsch ou Carolee Schneemann, todas elas da mesma geração de Mekas e Brakhage – à diferença de Menken e Deren, que não só começaram a produzir antes deles, mas já estavam falecidas na época da constituição do *Essential Cinema*.

É verdade que todas elas foram amplamente elogiadas por Mekas na *Movie Journal*, sua coluna semanal no jornal *Village Voice*. Em 1964, por exemplo, ele dedica um texto a Naomi Levine, Storm De Hirsch e Barbara Rubin, no qual sugere que as três realizadoras, assim como Marie Menken, revelam uma beleza "que os homens não são capazes de arrancar de si mesmos". Ao tentar descrever o que seria a beleza no cinema de Levine, ele diz: "a própria Naomi" (MEKAS, 2013, p. 81), referindo-se, claro, menos à sua beleza física do que a uma ideia de verdade interior. *Fuses*, o primeiro filme de Carolee Schneemann, é considerado pelo crítico "certamente o filme mais belo de 1968" (MEKAS, 1972, p. 327) – ironicamente, no *Essential Cinema*, há treze filmes de 1968.

Para compreender essa aparente contradição entre, de um lado, uma recepção entusiasmada e, de outro, a exclusão dessas mulheres da narrativa oficial da história, é necessário contextualizar o papel desempenhado por esses elogios, assim como aqueles voltados a Deren e Menken, dentro de um projeto maior de autoafirmação do cinema experimental em seus primeiros anos, que passava por transformar, em valor estético, o que parecia pertencer ao universo sensível e afetivo feminino. Entenda-se por esse universo: atenção às pequenas coisas, domesticidade, fragilidade, intuição, irracionalidade e amadorismo. Assim como na tradição romântica – cuja ascendência sobre a geração de artistas norte-americanos do pós-guerra é patente –, o feminino e seus equivalentes em uma estrutura dual de pensamento (razão e sensibilidade, cultura e natureza, público e privado, alienação e subjetividade, força e fragilidade, mentira e verdade) são positivados e idealizados pela emergente tradição do experimental.

Antes mesmo dos elogios a Clarke, De Hirsch e Levine, ainda em 1960, Jonas Mekas louvava a sensibilidade feminina, descrevendo-a como "uma reação ao longo reinado da desumanidade na automatização dos poderes executivos" (MEKAS, 2013, p. 62). Que no texto ele se referisse a um filme dirigido por um homem, ajuda-nos a compreender que o feminino era, então, uma idealização e um valor, e às mulheres restava um lugar especial, conquanto encarnassem esse valor.

Carolee Schneemann foi a primeira a notar e a sofrer com essa contradição colocada entre a idealização e a exclusão. Nas próximas páginas pretendo abordar como essa experiência atravessa sua prática e seu feminismo, além de ser constitutiva de sua poética e seu modo de lidar com o erotismo. Tendo como foco a relação de Schneemann com Stan e Jane, pretendo argumentar que essa experiência fornece, senão elementos para uma contranarrativa da história do experimental, um fora de campo extremamente privilegiado para se compreender a dinâmica desigual das relações de gênero naquele contexto.[2] Antes de fazer *Fuses*, em 1968, Schneemann já era uma artista consagrada na cena do *happening* e na performance novaiorquina. A artista começa a produzir em um contexto de crise do expressionismo abstrato, num momento em que não só não havia muitos pares femininos fazendo arte, mas a própria ideia de masculinidade era transformada em virtude e modelo nas figuras heroicizadas de Jackson Pollock e Willem de Kooning.



Desde o princípio, sua prática é germinada, de um lado, em uma busca frustrada por modelos e pares femininos na história da arte e, de outro, por uma atenção crítica e sensível ao modo como seus co-

2. Embora meu tema aqui seja a relação de Schneemann com seus contemporâneos, é importante notar que a artista também foi sensível às contradições na recepção de Menken e Deren, em especial dessa última. Entender que Deren era tratada como uma mãe foi constitutivo de seu posicionamento como artista. Em um manuscrito não publicado nem datado, ela escreve: "Ela [Deren] o [Brakhage] leva para casa e o sustenta. Achamos isso um pouco vergonhoso, mas Brakhage demanda cuidado, então ela cozinha para todos nós, e nos fornece cigarro e whisky. Ela está quebrada, mas estamos miseráveis e ela é uma artista incrível e uma figura materna. Para mim, foi uma lição profunda. Nunca deixarei que isso me aconteça. Jamais serei uma artista agindo como mãe" (SCHNEEMANN apud GOODEVE, 2015). Posteriormente, em 1975, numa prova de sua constante vigilância à recepção e ao lugar das mulheres entre seus pares masculinos, ela inclui em seu filme *Kitch's Last Meal* um trecho de um texto de P. Adams Sitney, um dos principais críticos e primeiro historiador do cinema experimental, em que ele anula o gênero da cineasta ao usar o pronome neutro. Cito o trecho de Sitney, tal como incluído no filme: "Há uma imagem em *Meshes of the Afternoon* de Maya Deren atrás de uma janela. [...] É praticamente um ícone de alguém olhando-se a si mesmo [into himself] no espelho. P. Adams Sitney, *Film Culture*, 72." Em inglês, a presença do sufixo him [dele], logo depois da nomeação de uma das maiores mulheres da história do experimental, torna ainda alarmante a supressão do gênero da cineasta.

legas homens representam e se relacionam com seus modelos e ideais femininos. No que concerne a esse último aspecto, ela demonstrou um recorrente interesse em relação ao lugar das musas na história da pintura. Na década de 1970, quando os debates feministas começavam a ganhar mais protagonismo no meio da arte, Schneemann incorpora em seus filmes, ou publica em edições de livro de artista, anotações e entradas de seu diário da década anterior que dão testemunho desse interesse de longa data. A título de exemplo, cito duas passagens: a primeira de 1959: "nós somos ELA – Não uma MUSA. Banir a musa feminina auxiliar – a substituta de nossas ações. Escrever, objetar, protestar a persistente exclusão do feminino pelo pronome neutro" (SCHNEEMANN, 2015, p. 140); a outra, sem data, mas incluída na banda sonora de seu filme *Kitch's Last Meal*, de 1976:

> Artistas com sentimentos ternos por suas musas femininas querem que as mulheres artistas entendam sua exclusão como uma distância amorosa necessária para que eles possam, com sua luz própria, nos enxergar melhor. Nós somos um tipo especial de artistas, ligeiramente afastadas por esses homens, que nos acolhem como convidadas fascinantes em seu domínio.

Como uma pintora mulher, olhando para os seus predecessores e lidando com o erotismo, os problemas ligados à representação feminina e às musas ocupavam-na mesmo quando o termo "musa" não era explicitamente usado. No início de sua prática, assim como todos os artistas ambiciosos que tentam empurrar e avançar em outras direções o aprendizado recebido da geração anterior, colocando-lhe novos problemas, Schneemann coloca para si a seguinte questão: "pode uma mulher nua ser ao mesmo tempo uma *produtora de imagens* e uma *imagem*?".

A radicalidade formal e histórica desta pergunta encontra-se na igual importância dada aos dois termos. Se, de um lado, ela anuncia uma questão partilhada com as feministas nas décadas seguintes, a saber, a quase ausência de artistas mulheres na narrativa da história da arte, de outro, sua defesa e interesse na autorrepresentação do erotismo feminino é tão desafiadora para a crítica patriarcal quanto para parte significativa da crítica feminista naquele momento.[3]

Sensível à instrumentalização e à idealização do corpo feminino pela história da arte, Schneemann irá propor um corpo feminino erótico, orgasmático e desejante, em equidade subjetiva, criativa e libidinal com o outro masculino. A artista não desloca o polo da atividade para o feminino, reduzindo o masculino à passividade da imagem, no que poderia ser apenas uma tentativa de inverter os lugares. Antes, ela busca uma dinâmica heterossexual de igualdade. A Schneemann não interessa negar o prazer visual, banindo o corpo feminino da representação; ao contrário, ela o postula como imagem e força criativa ao lado de seu par masculino.



*Fuses* será sua realização máxima nesse sentido. No filme, Schneemann e James Tenney, seu parceiro, partilham a câmera durante o sexo, com, cada hora um, filmando o corpo, os órgãos sexuais, o êxtase, e os fluídos do outro. A gata do casal, Kitch, triangula a relação, corporificando subjetivamente o olhar externo da câmera ou do espectador. Com uma sensualidade física tanto quanto plástica e formal, o filme destina igual tratamento ao pênis ereto de Tenney e aos seios ou à vagina de Schneemann. Ao abordar a sexualidade masculina e feminina sem um ponto de vista definido, o filme inventa uma nova posição de sujeito, até hoje pouco explorada pelo cinema erótico heterossexual, para os pares em uma relação.

Como diversas vezes declarado pela artista, *Fuses* era uma resposta a dois filmes de Brakhage dos quais ela participou, *Loving* (1957) e *Cat's Cradle* (1959), e a um terceiro, *Window Water Baby Moving* (1959). No primeiro, ela e Tenney aparecem tendo uma relação sexual na relva.

---

3. O trabalho de Schneemann encontrou resistências tanto no *establishment* crítico, majoritariamente masculino, quanto entre as críticas feministas. Na década de 1970, seus filmes foram rejeitados em festivais de filmes de mulheres e foram recebidos com explícito escárnio por algumas críticas, que denunciavam seu "narcisismo", "exibicionismo" e "autoindulgência". Essa dupla rejeição talvez possa ser explicada pela resistência, entre as primeiras feministas da segunda onda, de qualquer representação do erotismo feminino que pudesse agradar ao olhar masculino. Senão uma erotofobia, um tabu em relação à representação do erotismo feminino aproxima, ainda que por razões distintas, as feministas da crítica patriarcal nos anos 1960 e 1970.

No segundo, um filme capital para a afirmação do cinema caseiro e pessoal de Brakhage, feito logo depois do casamento do cineasta com Jane, os quatro amigos e um gato são vistos, sempre individualmente e em planos muito breves, no interior da casa, realizando atividades cotidianas. Nas filmagens dessa ode à domesticidade, Jane estava na sua primeira (de cinco) gravidez, e *Window Water Baby Moving* registra o parto da primogênita do casal, Myrrena.

Schneemann sentia que, em *Loving*, Brakhage havia falhado em capturar a dinâmica igualitária do erotismo entre ela e Tenney. Também a incomodava a insistência de Stan em representá-la com um avental em *Cat's Cradle*, enquanto os homens apareciam em atividades meditativas, escrevendo ou conversando. Em *Window Water Baby Moving*, perturbava-a a ausência do ato sexual; para Schneemann, o foco de Stan no corpo grávido de Jane, sem o desejo que permitira a fecundação, retirava do sexo e da sexualidade feminina sua potência geradora. *Fuses* fora o seu modo de equalizar a dinâmica entre modelo e artista, colocando os dois nas duas posições, ao mesmo tempo em que elevava o erotismo ao lugar original da criação.

Não pretendo aqui discutir o cinema de Schneemann, antes focarei no encontro entre a artista e o casal Brakhage, deslocando o debate para a pintura. Minha hipótese é que o encontro de Schneemann com Stan e Jane forneceu-lhe a primeira experiência viva dos problemas com os quais lidava como pintora. Um retrato pintado de Jane, feito na mesma visita da qual saiu *Cat's Cradle*, centralizará a discussão. Acredito que nesse retrato e em seu processo encontram-se o elo perdido entre sua prática como artista, seu feminismo e os filmes que lançará a partir de 1968.

Desde o início de sua carreira, Schneemann manteve um diálogo vivo e apaixonado com Brakhage. Os dois se conhecem em meados da década de 1950, logo depois da união de Schneemann com um amigo de infância de Brakhage, Tenney. A intimidade rapidamente estabelecida entre eles permite que o jovem realizador, ainda solteiro, filme o casal de amigos em uma relação sexual, no que viria a constituir o filme *Loving*.

Pouco depois de seu encontro com Jane, Brakhage a leva para uma temporada de duas semanas na casa onde Tenney e Schneemann viviam em Vermont. Embora *Cat's Cradlle*, nascido desse encontro, não dê nenhum indício, a visita foi extremamente perturbadora para os dois casais e deixará uma impressão duradoura e formadora em Schneemann.

Schneemann sente que ela e Tenney foram usados para a projeção de um ideal de amor desejado por Brakhage. Algo que nem o próprio cineasta negou:

> Eles [Tenney e Schneemann] estavam envolvidos no mito de uma criação cinematográfica através do amor, e o amor que eles sentiam um pelo outro e seu casamento era idealizado. Tolo que eu era, como muitos jovens maridos, senti uma urgência de levar Jane em uma relação com eles, quero dizer, fomos visitá-los. [...] Eu estava tentando pegar uma fôrma ideal para o casamento, assim como as pessoas usam fôrmas para fazer biscoitos (BRAKHAGE, 1963, s/p).



A função desse mito do amor na obra e na criação de Brakhage não é desconsiderável. Desde o casamento, Brakhage filmara Jane e a vida do casal. É comum encontrarmos nos textos do artista e em ensaios sobre sua obra alusões à importância de seu encontro com a esposa para o florescimento de sua poética. Não só Jane o teria salvado de um suicídio, mas com ela Stan aprende que sua criatividade e inspiração não se encontram nele mesmo, mas em um espaço intermediário entre eles, "fluindo no amor entre os dois". Ao explicar, por exemplo, o significado do "By Brakhage" com que assinava todos os filmes, o artista dizia que a expressão deveria ser lida como "por meio de Stan e Jane Brakhage", "porque todas as descobertas que antes passavam apenas por mim agora passam pela sensibilidade daquela que amo" (BRAKHAGE, 1963, s/p). Repetida desde então sem muita desconfiança crítica, essa declaração ajudou a alimentar o mito de Brakhage como um herói romântico criando em um idílio familiar, e o da própria Jane como musa suprema desse cinema.

Schneemann, no entanto, foi especialmente sensível às contradições desse projeto familiar. Mais do que ter sido usada nessa construção de um mito de amor romântico, para ela era extremamente perturbadora a iniquidade de gênero daquela construção, tal como ficava evidente na divisão das tarefas em *Cat's Cradle*, com mulheres cortando cebola e homens em atividades meditativas. Schneemann também demonstra uma atenção especial e cuidadosa à dinâmica da relação de Stan com Jane.

Em uma carta à amiga e escritora Naomi Levinson, ela dá um testemunho atento, fascinado e amoroso sobre Jane, e fornece-nos o que pode ser uma espécie de fora de campo privado, sensível e inacessível para as audiências da época da dinâmica daquela relação. Jane é descrita como um animal selvagem, de natureza crua e ingênua, que só pode ser acessado na autoconsciência romântica de Stan como uma idealização. Para Schneemann, Jane encontrava-se emparedada entre, de um lado, sua fascinante liberdade e absoluta capacidade de entrega e, de outro, sua captura e confirmação pelo olhar de Stan.



> O espirito selvagem de Mary Jane, para quem a "adoração", mesmo sendo uma pedra angular, envolve estranhos atos de hostilidade, defesa e agressão. M.J é intimidada pela arte (por nós) e reivindica a superioridade de instintos brutos, [...] e isso é transformado por Stan em seu maior valor, com o resultado de que essa admiração reduz Jane à ingenuidade, e ela se ressente da liberdade de imaginação, do intelecto e da ação dele. [...] M.J demonstra muitos momentos de espera ansiosa. [...] M.J já é uma configuração — uma família e em processo de transferir sua individualidade para a arte de Stan. [...]
> Estou chegando perto do paradoxo de M.J, onde repousa a sua verdadeira beleza, e o "ideal" dele. Tem a ver com a qualidade quase bruta de sua natureza. M.J é maravilhosamente aberta, livre, preparada para qualquer coisa. Coisas práticas me impressionavam: sem roupas de baixo, escova de dente, banho, ritualização de feminilidade. [...] Há uma grandeza nisso, mas ela começa a sentir como uma idiossincrasia, como pouco substancial, e se ressente do que ele faz com o signo mais evidente de seu caráter (SCHNEEMANN, 2010. p. 25-27).

Em Jane, Schneemann encontra a primeira experiência viva da contradição vivida pela musa: aprisionada e dependente da imagem que o outro, fascinado, devolve-lhe de si mesma. Sensível a essa contradição, e profundamente movida pelo mistério de Jane, ela se dedica a observá-la para pintar um retrato, no qual irá articular seu interesse pela representação feminina na história da pintura com uma experiência concreta da dinâmica das relações que subjazem nas imagens.

No "Retrato de Jane Brakhage" (1958), Jane é vista sentada nua em uma cadeira, a qual, em função das passagens rápidas entre pinceladas ágeis e violentas, reminiscentes do expressionismo abstrato,

Carolee Schneemann, *Retrato de Jane Brakhage*, 1958.
Cortesia do Estate of Carolee Schneeman

parece misturar-se ao fundo. Apenas Jane tem seus contornos definidos, e enquanto cadeira e fundo formam uma única coisa desmaterializada, seu corpo nu, pintado numa paleta mais suave e em pinceladas menos abruptas, parece flutuar, empurrado em direção à superfície do plano. Ali, movimentos concêntricos dirigem o olhar para três pontos:

os olhos de Jane, os joelhos e seu ventre, onde as pinceladas, ainda mais finas, evocam a forma de uma flor, numa possível alusão à sua gravidez.

É uma representação no mínimo rara da nudez feminina: nem passivamente se dispondo ao olhar do espectador masculino, nem provocadoramente desafiando-o. Jane, sem se oferecer, é vista e vê frontalmente. Não há hierarquia entre seu olhar frontal, desembaraçado, e seu ventre descoberto, no qual a alusão à gravidez remete o erotismo feminino a uma força criadora. Na história da pintura ocidental, a maternidade é descorporificada e santificada; como se sabe, a mãe mais representada dessa história gerou sem nunca ter copulado. No retrato de Jane, sem sublimação nem simbolismo, Schneemann devolve o erotismo e o desejo feminino à origem da criação artística tanto quanto da vida.



Com essa representação rara da nudez e da gravidez femininas, Schneemann estabelece um diálogo direto com dois pintores: Willem de Kooning e Paul Cézanne, possivelmente os dois pintores mais importantes em sua formação. Em especial, um diálogo com as representações femininas nas obras de ambos. Representações essas que, quando não vilipendiadas, foram muito mal compreendidas pela crítica de seu tempo.

A expressividade das pinceladas, a desmaterialização do espaço de fundo com o consequente avanço do corpo contra a superfície e, em especial, a composição, com Jane centralizada verticalmente na tela – suas extremidades praticamente atingindo o limite do quadro –, evocam diretamente a série de pinturas que de Kooning consagrou às mulheres nos anos 1950.

Com a série iniciada com *Woman I* (1950-1952), de Kooning provocou o momento mais crítico de sua recepção, com acusações de misoginia que persistiram por décadas. Via-se em suas figuras desproporcionalmente grotescas, de seios agigantados e dentes e olhos ferozes, um tratamento degradante da mulher. Sua representação de uma sexualidade agressiva era vista como violência contra a mulher, nascida de um medo atávico do feminino (CATERFORIS, 1991). Fazendo frente a essas críticas, outros autores defenderam que antes de estarem sob ataque do pintor, essas antivênus estavam, em sua ferocidade, preparadas para se defenderem com dentes acirrados e seios inflados, como se esses fossem armaduras contra potenciais agressões (NOCHLIN, 1998).

Vivendo em Nova York e próxima à cena do expressionismo abstrato, Schneemann estava certamente a par da polêmica e da repercussão das pinturas de de Kooning. Mas como alguém tentando avançar formalmente e historicamente os problemas da pintura a partir do lugar do erotismo, era-lhe menos importante resolver essa controvérsia do que aprofundá-la a partir de um ponto de vista histórico e pictórico. A ela não interessava definir se a violência da representação dirigia-se à mulher ou à representação, mas o que essa ambiguidade revelava sobre preceitos históricos ligados a essa representação.



Na tradição do retrato, uma mulher, para ter sua imagem pintada várias vezes, deveria ser, senão uma autoridade (aristocrata, rainha, figura religiosa, mitológica), ao menos bela o suficiente para inspirar um artista. Nesses casos, sua beleza era confirmada pela virtuosidade do artista; repetindo no seu estilo a beleza de sua musa, o pintor confirmava a força do desejo e da inspiração provocada por ela.

É aqui que os retratos realizados por Cézanne de sua esposa interessam-me. A recepção e incompreensão dos retratos de Madame Cézanne são reveladoras das presunções sobre a representação feminina tanto em termos de convenções estabelecidas quanto pelo senso comum. Numa associação primária entre modelo e representação, críticos e historiadores repudiaram repetidamente os retratos de Mme. Cézanne, culpando-a pela inexpressividade facial, pela ausência de beleza e graciosidade e por uma suposta má vontade em posar – uma suposição que, claro, desconsiderava por inteiro o fato dela ter sentado por anos e horas a fio para mais de trinta retratos (SIDLAUKAS, 2009). Para uma parte substancial da crítica, Mme. Cézanne era uma antimusa; quando sua "recusa" em sorrir e aparente tédio não configuravam uma ofensa à adoração que o pintor lhe dirigia, seu maxilar largo, seu rosto impassível, incapaz de provocar qualquer suspiro e "menos interessante que uma maçã pintada por Cézanne" eram provas de que o pintor não a amava. Disso não hesitaram em concluir que ela era "seu outro insignificante" (REWALD, 1986, p. 77).

Críticos sensíveis ao repúdio de Cézanne pelas convenções da representação quando se tratava de suas paisagens ou naturezas mortas falharam em perceber que o pintor colocava para si um problema semelhante ao fazer retratos: como representar um outro sem recorrer a convenções de semelhança (incluindo aí reconhecimento de expressões e indicação de caráter e humor)? Em outras palavras, como representar um rosto como se ele fosse uma maçã ou uma paisagem?

Pictoricamente, a aproximação entre o retrato de Jane e os retratos de Mme. Cézanne pode parecer mais forçada do que com a *Woman I*, de de Kooning. Uma carta de Schneemann endereçada à Naomi Levinson, escrita um mês antes da visita dos Brakhage, no entanto, autoriza-me a evocação. Schneemann descreve seu impacto diante de um retrato de Mme. Cézanne, visto no Metropolitan pouco tempo antes dele ser enviado para o Museu de Arte de São Paulo (MASP), onde hoje encontra-se permanentemente em exposição.



> Uma pessoa parte para então viver dentro de nós como um conjunto de quartos, espaços, gestos, configurações e mementos. [...] É com esses sentimentos que tento superar, chorando, meu último encontro com o retrato de Cézanne de Mme C – rosa ondulada saindo de seus dedos sobre um colo esverdeado –, que iria na sequência para o Brasil (SCHNEEMANN, 2010, p. 23).

A presença da flor no colo de Jane apenas um mês depois da redação dessa carta torna pertinente a comparação com Cézanne. Sobretudo, considerando-se que, como pretendo argumentar na sequência, Cézanne foi a primeira musa da jovem Schneemann. Antes disso, chamo a atenção apenas para o modo como, na carta a Levine, Schneemann se refere a essa pintura como uma pessoa, um sujeito. E aqui, permito-me mais um desvio para sugerir que, desde sempre, esse sujeito era do gênero feminino.

A obsessão de Schneemann por Cézanne vinha de longa data e será confirmada, em 1975, com a publicação de seu primeiro livro de artista: *Cézanne, She was a Great Painter*. Reunindo desenhos de infância, cartas nunca enviadas, pequenos manifestos, fragmentos de textos de performances, a publicação agregava, numa costura precária, um conjunto bruto de ideias, impressões e sensações que, nas décadas anteriores, tinham motivado e moldado sua prática como pintora, performer e cineasta mulher.

Na introdução do livro, Schneemann escreve: "quando eu tinha mais ou menos doze anos, conhecia o nome de alguns grande artistas... Eu decidi que uma pintora chamada Cézanne seria minha mascote; eu assumi que Cézanne era inquestionavelmente uma mulher" (SCHNEEMANN, 1975, p. 2). Não só o nome tinha um sufixo feminino ("Anne"), como lhe parecia perfeitamente plausível que o inacabamento e o desajeito dos corpos desproporcionalmente alongados das banhistas que encontrara em uma reprodução fosse obra de uma mulher. Se uma mulher pintava daquele jeito, ela também poderia ser pintora, e o faria transformando Cézanne em sua primeira musa.



Que a deliciosa e inofensiva confusão de gêneros da jovem Schneemann tenha sido inicialmente provocada pelo julgamento de um olho deseducado, capaz de confundir a contribuição de Cézanne à pintura com uma inabilidade feminina, não me impedirá de ver nesse gesto, reafirmado na vida adulta com a publicação do livro, uma ironia revolucionária, destinada a fazer justiça também àquela cujo nome, Hortense Fiquet, fora sistematicamente obliterado na preferência da história da arte por descrevê-la pelo nome de casada, como um apêndice genérico do pintor.

Em sua permissão para que se invente uma história fictícia para Hortense Fiquet, Schneemann chama a atenção para a supressão de sua história da narrativa oficial: o que se sabia sobre Hortense Fiquet para além do que os críticos de seu marido haviam narrado, ou do que constava nas cartas do pintor? Seria possível que ela tenha sido uma pintora cujos rastros foram apagados da história? Por extensão, Schneemann também nos faz pensar em toda uma tradição de pintoras mulheres que foram obliteradas por seus pares (maridos ou parentes próximos) masculinos – Berthe Morrisot (cunhada de Edouard Manet), Elaine de Kooning (esposa de de Kooning), Lee Krasner (esposa de Jackson Pollock) –, quando não vilipendiadas. E, por último, ela dá agência na criação a todas as mulheres silenciadas e sem nome em sua pose; mulheres sonhadas e imaginadas por seus pares masculinos nos retratos que eles lhes dedicaram.[4]

Neste herético e singelo deslocamento do gênero, Schneemann afirma sua vocação para indagar, repensar e redefinir o lugar da musa a partir de um sentimento de parentesco com as mulheres esquecidas, silenciadas ou faladas por outros homens na história da arte, fossem elas artistas, musas ou antimusas. Embora a artista tenha dedicado trabalhos a outras mulheres artistas, essa irmandade não era necessariamente uma causa a ser explicitada, vociferada ou denunciada, antes existia como uma latência, uma ligação subterrânea, uma espécie de memória atávica a orientar seu olhar e fecundar sua prática. "Encontrar as mulheres perdidas que me dão forma, é sempre os seus trabalhos que eu carrego", ela escreve, e continua: "sempre foram minha audiência secreta minhas diretoras invisíveis. Vejo-as como um excitamento um arco-íris um respingo desaparecido esquecido desconhecido brilhante como vagalumes (sic)" (SCHNEEMANN, 1975, p. 118).

É como um brilho latente pulsando no "buquê de artérias" repousado sobre o colo que Hortense Fiquet encontra Jane Brakhage e todas as mulheres que, na história da arte, foram m-usa(das), idealizadas e desindividualizadas por seus pares masculinos.

4. Nochlin demonstrou que, em geral, a história tratou mal as esposas e amantes dos pintores modernos. "As esposas de artistas tem má publicidade. Delacroix, Géricault, Degas, Van Gogh e Seurat nunca se casaram. A esposa de Manet é frequentemente aviltada (ela era gorda) [...]; Mme. Pisarro era carente e má, Gauguin descartou a inconveniência de ter uma mulher logo cedo, Picasso, tendo sucumbido ao aburguesamento do seu casamento com Olga, retalia transformando-a em um monstro castrador nas pinturas, e por aí vai" (NOCHLIN, 1996, p. 66).

## Referências Bibliográficas


BRAKHAGE, Stan. *Film at Wit's End*: Eight Avant-Garde Filmmakers. Nova York: McPherson, 1989.

______. *Metaphors on Vision*. Nova York: Film Culture, 1963.

CATERFORIS, David. *Willem de Kooning's "Women" of the 1950s*: A Critical History of their Reception and Interpretation'. 1991. Tese . Universidade de Stanford, 1991.

FRAMPTON, Hollis. "Stan and Jane Brakhage Talking". *Artforum*, vol. 11, nº 5, 1973,p. 72-75.

GOODEVE, Thyrza. "The Cat is My Medium: Notes on the Writing and Art of Carolee Schneemann". *Art Journal*, vol. 74, nº 1, 2015, p. 5-22.

NOCHLIN, Linda. "Cézanne Studies in Contrast". *Art in America*, vol. 84, nº 6, 1996, p. 65-66.

______. "Painted Women". *Art in America*, vol. 86, no 22, 1998, p. 106–111.

MEKAS, Jonas. *Movie Journal*: The Rise of a New American Cinema 1959-1971. Nova York: Collier Books, 1972.

______. "As mulheres e o cinema". In: MOURÃO, Patrícia (Org.). *Jonas Mekas*. São Paulo: Cinusp, 201, p. 81.

REWALD, JOHN. *Cézanne*: A Biography: Nova York, Simon & Schuster, 1948.

______."Sobre a sensibilidade feminina". In: MOURÃO, Patrícia (Org.). *Jonas Mekas*. São Paulo: Cinusp, 2013, p. 67-68.

SCHNEEMANN, Carolee. "Carta a Naomi Levinson, 12 de março de 1958"; "Carta a Naomi Levinson, 28 de maio de 1958" In: STILES, Kristine (Org.). *Correspondance in Course*: an Epistolary history of Carolee Schneemann and Her Circle. Londres: Duke University Press, 2010, p. 21-23, 25-28

______. "Response: Movie Journal"; "Statement in Contemporary Artists". In: JOSEPH. Branden W. (org). *Carolee Schneemann Uncollected Texts*. Nova York: Primary Information, 2015, p. 138-140.

SIDLAUKAS, Susan. *The Portraits of Hortense*, Cézanne's Other. Los Angeles: University of California Press, 2009.

# DE INTERVALOS E DESLOCAMENTOS: O CINEMA DE TRINH T. MINH-HA

CARLA MAIA



*Lembre-se das regras da passagem noturna.*
*Não pare no escuro ou você vai se perder.*
*Movimente-se no ritmo dos seus sentidos.*
*Vá onde a estrada estiver viva.*
Trinh T. Min-ha

Escuta: "eu não quero falar sobre, quero apenas falar próxima". Vem dela a sugestão. No original, a expressão é *to speak nearby*: falar ao lado, próxima, nas vizinhanças, falar com. Durante os dias em que estive próxima de Trinh T. Minh-ha – era novembro, o ano era 2015 e eu organizava, na ocasião, uma retrospectiva de sua obra ao lado de Luis Felipe Flores –, essa ideia ganhou corpo e ritmo. Durante dois dias, ela falou sobre sua relação com o fazer cinematográfico, com a pesquisa e a escrita, com o ensino e o estudo, com a música, a poesia e a etnografia. Falou sobre documentar e sobre inventar, sobre movimentos e passagens, escolhas e renúncias. Tudo que dizia parecia se condensar na ideia de que seja lá o que se decide fazer – filmar, dar aulas, compor ou escrever –, jamais fazemos sozinhos. Tudo, absolutamente tudo, depende de criar relações. E o que move seu impulso criativo, a centelha que a impede de parar no escuro, surge entre as partes que se relacionam. Seu trabalho, ela define, é "um trans-acontecimento, acontecimento fronteiriço" (TRINH, 2015, p. 21).

Em quais fronteiras seu trabalho se instala? Formalmente, são aquelas da arte: o limite entre a palavra falada e a escrita, entre o som e a imagem, entre a performance e a poesia, entre o visual, o musical, o verbal.

Seus filmes e instalações são, segundo ela, "experiências de limite, ou do ilimitado, dentro do limitado" (TRINH, 2015, p. 21). Tematicamente, são aquelas da vida: o limite entre gêneros, culturas, esferas de conhecimento e – limite por excelência – a fronteira entre a vida e a morte. Espere. Não é bem isso. Entre a forma e o tema, entre a arte e a vida, também aí há uma fronteira que ela insiste em explorar, obra após obra, para questionar com insistência essas divisas.

Pois não há divisa clara. Ou, se há divisa, é resultado de relações de poder que precisam de uma ordem imposta por representações normativas. Em caminho contrário, ela afirma:



> A política da forma não pode ser nem reduzida à série de "ismos" que marcam os movimentos artísticos e sociais nem equiparada a questões de gênero, estilo e composição ou representação. A forma, no sentido radical, deveria aproximar-se do informe, pois refere-se, em última instância, aos processos de vida e morte (TRINH, 2015, p. 21).

A vida vibra enquanto processo criativo contínuo, ela explica, e a forma deve se dobrar a essa vibração. Ao mesmo tempo, é preciso reconhecer nossa própria mortalidade, é preciso trabalhar os limites, inclusive os de nossa compreensão. Cientes disso, o presente texto se configura como um mosaico de ideias, cenas e citações, e seu sentido só poderá surgir nos intervalos – e certamente restará fragmentado, limitado. Essa é outra lição ensinada por Trinh: evitar, a todo custo, "a busca totalizante do significado" em favor da "dinâmica dos acontecimentos":

> A dinâmica dos acontecimentos cinematográficos está nas encruzilhadas, centros vazios graças aos quais um número indefinido de trilhas podem convergir e repartir em novas direções. Inter, multi, pós e trans são os pré-fixos dos nossos tempos (TRINH, 2015, p. 22).

Em seu primeiro filme, *Remontagem* (*Reassemblage*, 1982), Trinh parte rumo à encruzilhada entre o Vietnam, país natal da diretora, os Estados Unidos, seu país de residência, e a África, onde passou longa temporada. Filmado no Senegal, quando Trinh realizava pesquisa em etnomusicologia, *Remontagem* é iluminado pelo sol da savana e ritmado pelos tambores africanos: os batuques orientam os cortes da montagem e as imagens se apresentam, a um só tempo, como notas etnográficas e musicais. Ritmo, luz, gestos, movimentos, aspectos sensíveis da realidade tomam o lugar do discurso organizado e linear recorrente na abordagem documentária tradicional. A diretora deixa evidente sua desconfiança em relação à tradição e ao positivismo ocidental, a ciência que se quer chave de interpretação do "mundo real".



> Uma das primeiras frases que ouvimos no filme anuncia, qual manifesto, o que orienta toda sua obra, a frase que comentamos de saída: não falar *sobre*, falar *com*, falar próximo. Com efeito, nada em *Reassemblage* se *sobre*põe a nada, tudo *com*põe com tudo. Mesmo a narração, recurso caro ao documentário e que frequentemente se sobrepõe às imagens para determinar o sentido do que é visto, dessa vez irá se fragmentar, como se passasse da prosa ao verso, do inteligível ao sensível. Trinh abre mão de dissertar para apenas lançar ao ar algumas notas, algumas impressões e provocações:
> A realidade é delicada
> Minha irrealidade e imaginação, por outro lado, são entediantes
> O hábito de impor um significado a todo signo[1]

Sem poupar críticas à etnologia clássica, a diretora propõe uma outra forma de se aproximar da realidade das aldeias que visita em Senegal. Os elementos são organizados de modo a provocar uma contínua sensação de descontinuidade – um falso *raccord*, a repetição de um plano, um corte seco no som, uma fala suspensa. Soma-se a isso uma postura autorreflexiva que questiona, a todo instante, a própria direção do filme. Dessa maneira, a diretora provoca um abalo na posição segura de quem filma e organiza a obra, "o olho onipresente" que preserva "o hábito de impor um significado a todo signo". O olhar agora hesita, duvida de sua habilidade de decifrar ou compreender o outro filmado e só

1. Trecho da narração de *Remontagem*. Quando não houver referência, os trechos citados serão dessa mesma narração.

afirma a impossível neutralidade diante da realidade que se quer retratar, posicionando-se nela:

> Um filme sobre o quê? Sobre o Senegal. Mas o que, no Senegal? [...] Entro no real singular de signos em que eu mesma sou um signo.

A escolha por primeiríssimos planos, por corpos apanhados em detalhes, não raro em planos voluntariamente precários, fora de foco ou superexpostos, parece coerente com esse método de apreensão – ou melhor, de relação – com a realidade filmada. Como defende Monassa, o olhar da cineasta é "um olhar que capta o real de forma a deixá-lo escapar", num "esforço sistemático para não converter automaticamente a imagem em signo, ou seja, para evitar que ela signifique, para não aprisioná-la pela linguagem (cinematográfica ou falada)" (MONASSA, 2015, p. 62). 

Isso não corresponde, porém, a um gesto superficial ou ligeiro de aproximação ao mundo filmado. Pois, em meio a muitos planos de mulheres africanas de peito nu, amamentando seus filhos, por entre cenas do cotidiano em que vemos mulheres trabalhando o alimento e o fogo, a voz da diretora pontua seu interesse por questões relacionadas ao agir e ao lugar feminino naquele mundo:

> Em vários contos
> A mulher é retratada como aquela que possuía o fogo
> Só ela sabia acender o fogo
> Ela o mantinha em vários lugares
> No final de um pau com o qual ela cavava a terra, por exemplo,
> Em suas unhas ou em seus dedos.

As mulheres africanas, donas do fogo, surgem no filme ativas e fortes, devolvem seu olhar à câmera e interrogam, nessa devolução, os hábitos de quem olha para elas – os de Trinh e também os do espectador. A diretora, em vez de explicar os hábitos daquelas que filma, passa também a se interrogar sobre seus próprios hábitos, colocando-os lado a lado – ou próximos – daqueles que ela observa:

46 graus. Ponho um chapéu enquanto ouço uma risada atrás de mim. Não vi nenhuma mulher usando chapéu.

Território que promove embate entre diversas subjetividades, Trinh entende que o fazer documentário exige trabalhar com as diferenças e os deslocamentos, enfrentar seus próprios limites para evitar ceder a eles, numa necessária dialética do encerramento e da abertura (MAIA, FLORES, 2015, p. 57). Seu trabalho, ela explica, é uma tentativa de lidar criativamente com as diferenças entre sujeitos, entre culturas e dentro de uma mesma cultura. Uma das formas que ela encontra para isso é passar da observação à perspectiva, estar ciente de que é preciso não apenas olhar o outro, mas reconhecer que o outro também a olha, bem de perto:



> Uma mulher comenta sobre a poligamia: "É bom para os homens... não para nós. Nós aceitamos por força das circunstâncias. E você? Você tem um marido só para você?"

É o deslocamento que causa a ressonância, afirma Trinh. Apresentar a poligamia não como um hábito cultural naturalizado, mas como ponto de tensão na fala das mulheres africanas – elas aceitam a norma, mas não sem antes reconhecer que não são favorecidas por ela – é uma forma de Trinh questionar a própria cultura patriarcal enquanto fato dado e consumado entre os povos. Sabemos que tomar o que é ideologicamente construído como fato natural ou biológico é uma das formas de opressão mais usuais do patriarcado. Em contrapartida, quando se instala a crença de que tudo pode se *trans*formar no contato com a diferença, na reflexão sobre os intervalos que separam sujeitos, gêneros e culturas, algo é abalado na estrutura. A artista opera, nesse caso, como uma "agulha sismográfica", em suas palavras, a quem cabe identificar e registrar esse abalo.

> Diz-se que o artista é como uma agulha sismográfica – que sente com uma intensidade aguda as menores mudanças que acontecem em torno de si, que permanece vivamente alerta para o que tende a passar despercebido ou é dado por certo na vida cotidiana (TRINH, 2015, p. 27).

A sismografia de Trinh transita entre a arte, a política, a ciência, a filosofia e o feminismo e permeia suas práticas de docência, pesquisa, escrita, cinema, poesia e música. Os meios de expressão variam bastante, mas a mensagem é a mesma: é preciso perturbar a segurança dos significados estabelecidos e as práticas normalizadas. Como diz Walter Benjamin, "nada é mais pobre do que uma verdade expressa como se fosse um pensamento" (BENJAMIN apud TRINH, 2015, p. 31).

Sempre em defesa do heterogêneo, seu trabalho tem força de manifesto porque é coerente e possui propósito claro: criar sentidos que possam brotar de *um outro lugar dentro daqui*. Este lugar, que transita entre o próximo e o longínquo, é criado quando a realidade passa a falar de modo diferente do habitual, por exercícios variados de percepção dessa mesma realidade. Seria possível experimentar as imagens como se estivessem imersas no corpo, como se fossem toques? Ver os sons? Ouvir imagens? Quais limites devemos ultrapassar para não parar no escuro, seguir o ritmo dos sentidos? Trinh explica:



> Quando começo a me empenhar no processo de fazer um filme ou em qualquer excursão artística, também estou embarcando em uma jornada cujo ponto de chegada é desconhecido para mim. A obra é, deste modo, uma dádiva (TRINH, 2015, p. 24).

A dádiva de ser conduzido rumo ao desconhecido. É o limite da compreensão, da segurança e da certeza, portanto, que devem ser ultrapassados. Para tanto, as imagens precisam ser deslocadas de seu estado natural. O deslocamento é necessário para que o significado não se encerre com o que é dito e mostrado. É preciso contestar a própria realidade, enfatizando a construção da experiência cinematográfica como uma "passagem noturna" que exige o deslocamento. Oposto ao que é fixo, o conceito de deslocamento na obra de Trinh fornece bases para construção de um outro conceito importante para a diretora, o de *intervalo*:

> O intervalo, quando sustentado criativamente, permite que as palavras despertem energias dormentes e ofereçam, pelo impasse, uma

passagem de um espaço (visual, musical, verbal, mental, físico) para outro (TRINH, 1999, p. 13, tradução nossa).

Trinh ampara-se na teoria musical para explicar como o ritmo depende dos intervalos. Um aspirante a músico, segundo ela, deve dominar a ciência dos intervalos para se especializar, aprendendo a identificá-los, posto que "ritmo é o que determina, não verbalmente, a qualidade do relacionamento – entre cada componente da imagem sonora e no interior desses componentes (TRINH, 2015, p. 25). Passando da música para a escrita, a artista nos dirá da maneira como a palavra "intervalo", na antiga caligrafia chinesa, é representada por uma lua vista entre os batentes de uma porta. Tal imagem sintetiza a ideia de abertura à passagem. "Espaçamento é o que todo movimento requer: o que entra, sai, o que habita bem dentro, viaja para longe" (TRINH, 1999, p. 17). Isso não é mera abstração. Para Trinh, falar de si é sempre remeter à sociedade, o que há de mais íntimo refere-se ao que é mais exterior. Nesse intervalo entre o eu e o mundo, como de resto no intervalo entre o nascimento e a morte, pulsa o que move seu cinema.

Trinh nasceu em Hanói, Vietnam, migrou para os Estados Unidos para estudar durante sua juventude, fugindo do regime político vietnamita que ameaçava sua liberdade, e jamais voltou ao país natal. Ou melhor, voltou para filmar *Surname Viat Given Name Nam* (1989), seu terceiro longa-metragem. Além da África e do Vietnam, ela filmou ainda a China e o Japão. O deslocamento em seu trabalho, portanto, não é apenas formulação teórica ou conceitual, ele é uma *práxis*. Para a diretora, Vertov teria sido um importante adepto dessa prática, por sua maneira de criar imagens que deslocavam o olhar do espectador constantemente, rompendo com os hábitos de ver, entre rupturas e trucagens. Na teoria de Vertov, explica Trinh, as cineimagens, cinedocumentos ou cinepoemas são construídos pelos intervalos, "pelo movimento entre as partes e os quadros, pelas proporções dessas partes entre elas, pelas transições entre um impulso visual e o próximo" (TRINH, 1999, p. 14).

A montagem, nesse sentido, tem especial relevância para o entendimento da noção de intervalo, pois é o procedimento cinematográfico que cria espaços e relações entre um plano e outro, ou dentro de um mesmo plano. Montar, enquanto ato de criação de intervalos, não se limita apenas à edição das imagens, a organizar os planos filmados, mas também se refere a procedimentos de seleção e organização já realizados na pré-produção ou na filmagem. Por exemplo, quando em *Mire o Conteúdo* (*Shoot for the contents*, 1991) a diretora escolhe Clairmonte Moore, um afrodescendente, para dar o principal depoimento sobre a situação política chinesa, no lugar de um chinês nato, ela monta – seleciona e organiza – de modo a deslocar o que usualmente seria esperado. Moore – que se define como "um membro da classe residual, um eufemismo para viver no subterrâneo, viver fora das normas, fora do *status quo*" – é uma escolha consciente e coerente com os propósitos da diretora de não fixar as identidades em jogos de afirmação e reafirmação, mas de questioná-las, tensioná-las, desafiando as posições estabelecidas e problematizando. Como explica César, "as autoridades naturalizadas dos discursos e as fronteiras entre o endógeno e o exógeno":



> Além de ser estrangeiro, nenhum sinal, título ou classificação localiza o seu discurso em instituições e estruturas sociais. Não há iniciativa de apresentá-lo como alguém que fala de algum posto de saber legitimado, pelo contrário: trata-se de contrariar a expectativa de que "a voz do saber", em um documentário, seja sempre outorgada ao nativo ou à autoridade instituída (CÉSAR, 2015, p. 86).

Não é apenas pela escolha de destacar essa personagem que *Mire o conteúdo* se configura como uma declaração da artista contrária à endogenia e a uma explicação da realidade chinesa. O filme se compõe por uma combinação heterogênea de depoimentos, contos, poesias, citações, interpretações e imagens tateantes, trêmulas, um tanto instáveis, traduzindo formalmente – uma outra vez – o esforço da cineasta em não totalizar o sentido, de não capturar o objeto, aproximando-se do universo filmado com cautela e certa reverência pelo que, dele, restará impossível descobrir. Como defende César, o filme é um convite a mirar – não decifrar – a China. A narração, composta por duas vozes femininas não identificadas, declara de saída que a face visível da China é minúscula comparada ao seu mistério. Trinh procura conservar esse mistério, pela maneira como erige a narrativa, sem revelar controle sobre o que filma, antes, abrindo espaço para que nela possam conviver as contradições. Mais uma vez, ela busca falar próximo, nas vizinhanças de quem filma, construindo um discurso que se aproxima do sujeito sem se apropriar de alguma verdade sobre ele, um discurso "cujos encerramentos são unicamente os momentos de transição abrindo-se para outros momentos de transição" (TRINH, 1999, p. 336).

A opção por montar a narração com vozes femininas também interessa para desconstruir a ideia de uma linguagem centralizadora de sentido. Sabemos o quanto a voz-*off* pode se constituir como um lugar de poder ilimitado, ao se apresentar como emissora da explicação unívoca dos fatos. Também sabemos o quanto esse lugar cabe, na tradição do cinema documentário, a um homem de voz grave e profunda. Ao promover essa performance vocal entre mulheres que só veremos posteriormente, a diretora propõe uma outra função para a voz-*off* – no intervalo entre as citações e referências narradas, o sentido permanecerá aberto, em permanente deslocamento.



A narração feminina é recurso recorrente em seu trabalho. Ela está presente em *Espaços descobertos: viver é circular* (*Naked Spaces: Living is round*, 1985), seu segundo longa-metragem, realizado na África pouco depois de *Remontagem*. Dessa vez, temos um trio de vozes, de modulação, timbre e tom distintos. Constantemente, como em *Mire o Conteúdo*, aquilo que é visto não corresponde ao que é ouvido, e a sensação é de desorientação. Como explica Guimarães:

> Não raro, o espectador se encontra desorientado diante dos desvãos entre os enunciados que as três vozes proferem e aquilo que ele vê e escuta: a não-coincidência entre o que se olha e o que se ouve, a incerteza quanto aos universos filmados, com suas denominações fugidias, as passagens dos mitos citados elipticamente, os planos breves e a velocidade da montagem: tudo isso embaralha, propositadamente, tanto as estratégias da ciência ocidental que toma os africanos como "objetos de estudo" quanto as verdades tácitas do senso comum (GUIMARÃES, 2015, p. 68).

As vozes de *Espaços Descobertos* não informam, não explicam, não descrevem, apenas se apresentam, sensivelmente, criando com as imagens um exercício de percepção, visto que os sujeitos filmados estão sempre em silêncio. Esse contraste faz aumentar o intervalo entre o que é visto e o que é ouvido. A recorrência dos planos de batentes e passagens de porta, tomados do interior, que possibilitam avistar o exterior pelos limites da casa, também reforça o intervalo como conceito estruturante do filme. O tratamento dado à trama sonora faz pensar em Daney e seu pensamento sobre a *voz off*:

> A *voz off* é o lugar de todos os poderes, de todas as arbitrariedades, de todos os esquecimentos [...] Lugar de um poder ilimitado. Saímos desse círculo vicioso apenas quando a *voz off* arrisca-se a qualquer coisa e arrisca-se como voz: por sua desmultiplicação (não mais uma voz, mas as vozes, não mais uma certeza, mas enigmas), sobretudo por sua singularização [...] Vingança da voz fundamental sobre o discurso construído. Do feminino sobre o masculino (DANEY, 2007, p. 197).



Ainda com relação à voz, Doane irá destacar o modo como a *mise-en-scène* clássica esforça-se em escamotear a heterogeneidade própria ao "corpo" do filme – composto de elementos visuais e sonoros –, com fins a "perpetuar a imagem de unidade e identidade sustentada por este corpo". O cinema clássico organiza o som e a voz em função de uma unidade (*oneness*) que limita seus usos e possibilidades expressivas, como forma de manter o espectador "preso" ao filme, atraído por sua magia, satisfeito em seus desejos e fantasias. Seu pensamento aproxima-se ao de Daney quando ela considera que, no documentário clássico, tal unidade é muitas vezes garantida pela *voz off*, lugar dos poderes, do discurso, do saber instituído, que confere ao conhecimento status de algo dado, e não produzido pelo espectador. Como alternativa, Doane reflete sobre uma "política da voz", que implica "não apenas aumentar o número de vozes, mas radicalmente mudar o relacionamento delas para com a imagem, efetuando uma disjunção entre som e significado" (DOANE, 1983, p. 472).

O cinema de Trinh investe bastante nessa política da voz feminina, uma política em "tom menor", para usar a expressão de Mesquita.

Ao comentar o filme *Sobrenome Viet Nome Próprio Nam*, a pesquisadora indica mais uma vez a escolha de Trinh pelos caminhos sem ponto de saída e de chegada definidos, em favor de uma encruzilhada entre uma "urgente afirmação" da história recente do Vietnam e de sua "vigilante desconstrução", animada pela "vontade de fustigar qualquer expectativa de compreensão e domínio dessa temática":

> Encruzilhada, então, da urgente afirmação e da vigilante desconstrução; do peso dos testemunhos e da posta em crise da entrevista como procedimento; da aposta na eficácia das formas documentais (para acesso à experiência e para sua transmissão) e de seu questionamento manifesto (MESQUITA, 2015, p. 75).



Neste filme, a diretora recolhe depoimentos de mulheres que vivenciaram a queda de Saigon, o fim da guerra e a reunificação do Vietnam sob o regime comunista durante os anos 1980. Ela entrevista mulheres que ficaram no país e mulheres que partiram – como ela própria partiu – na diáspora norte-americana. Além da contundência das histórias contadas, interessa bastante o jogo de cena realizado por Trinh. Na primeira parte do filme, ouvimos cinco relatos de mulheres, que em verdade são atrizes vietnamitas residentes nos Estados Unidos reencenando depoimentos de mulheres que permaneceram no Vietnam. Ainda não é revelado ao espectador que são reencenações – isso só ocorre na segunda parte do filme, quando as atrizes são apresentadas e oferecem seu testemunho, mas há pistas, pois, como aponta Mesquita, a *mise en scène* já apresenta indícios do artifício, pela iluminação precisa, a cenografia e os enquadramentos pouco comuns. Além disso, trechos das falas são transcritos em legendas que tomam a tela, a palavra escrita toma espaço da falada.

Notamos quantos intervalos surgem na descrição de apenas parte desse filme: entre as que vivenciaram as experiências, quem jamais veremos, e as que encenam os testemunhos das primeiras, entre a palavra falada e a palavra escrita, entre recursos do documentário e da ficção instalam-se lacunas que o filme constrói para conscientemente recusar a totalização do sentido. Aqui também veremos uma coleção de fragmentos – cartas, contos, poemas, canções – que, colocados em relação, parecem sublinhar o sentido que vibra no espaço entre eles. Inclusive um dos materiais apresentados em fragmentos, o poema *O conto de Kieu* – poema épico que narra as desventuras de uma vietnamita que, sacrificando-se pelos homens, torna-se prostituta – anuncia um intervalo na obra da própria Trinh, visto que esse mesmo poema retornará como inspiração para um filme subsequente, *Um conto de amor* (1995), seu primeiro longa-metragem roteirizado (ela prefere este ao termo "ficção")[2].

A livre apropriação de imagens e materiais sonoros que notamos em *Sobrenome Viet* – recurso que já havíamos notado em *Mire o Conteúdo* – não significa que o filme se abstenha de um posicionamento frente ao que narra. Há uma clara e manifesta inclinação em direção às mulheres, notadamente oprimidas em um Vietnam machista e patriarcal. Como explica Mesquita:



> Apropriar-se, aqui, é apostar em uma contra-história feminina que rasure as formas como as mulheres vietnamitas foram interpeladas pela tradição, pela nação, pelos discursos heteronormativos e mesmo pelas formas de conhecimento ocidentais, incluídos os registros imagéticos (MESQUITA, 2015, p. 78).

A contra-história feminina contada por Trinh não tem início com esse filme. Valendo-nos do recurso da repetição, tão explorado em sua obra, lembremo-nos de sua fala em *Remontagem*:

> Em vários contos
> A mulher é retratada como aquela que possuía o fogo
> Só ela sabia acender o fogo
> Ela o mantinha em vários lugares

2. Andrade também ressalta a importância do intervalo como categoria de análise da obra de Trinh ao escrever que experimentar *Um conto de amor* "é se permitir habitar esses intervalos, esses traços que se conectam, ao mesmo tempo que distinguem: corpo-paisagem; sonho-realidade; passado-presente; individual-coletivo; dentro-fora" (ANDRADE, 2015, p. 89).

> No final de um pau com o qual ela cavava a terra, por exemplo,
> Em suas unhas ou em seus dedos.

São elas, as mulheres, que possuem o fogo e conseguem mantê-lo aceso, ao contrário do que sempre ouvimos sobre a descoberta do fogo pelo homem. Em *Espaços descobertos*, são elas que habitam as casas, com suas crianças e seus corpos arredondados. Em *Mire o Conteúdo*, são elas que nos guiam pela monumental história da China. Mas não é apenas por privilegiar vozes e corpos femininos em cena que Trinh abre caminho para uma reflexão acerca do feminismo com seu cinema. Isso seria contraditório em relação ao que ela própria defende, a saber, um permanente questionamento sobre as representações e o encerramento de sentido.

O que faz da obra de Trinh T. Minh-ha uma das mais instigantes para pensar o feminismo no cinema é o fato de que sua força política e estética resulta de um permanente questionamento sobre sua própria construção – como ocorre também com a teoria feminista. Em sua defesa do que é *trans*, do que se movimenta e se diferencia em detrimento das definições estanques, Trinh se aproxima bastante de algo que sugere De Lauretis para o feminismo: "um movimento a partir do espaço representado por/em uma representação, por/em um discurso, por/em um sistema de sexo-gênero, para o espaço não representado, mas implícito (não visto) neles" (DE LAURETIS, 1994, p. 237).

Este movimento entre o dentro e o fora do gênero, movimento de vaivém entre a representação do gênero e o que essa representação exclui, ou mais exatamente, torna irrepresentável, reverbera no movimento cinematográfico de Trinh, que explora, filme após filme, o que se passa entre o espaço discursivo (representado), em que vigoram posições hegemônicas, e um outro espaço, repetimos, *um outro lugar dentro daqui:*

> esses outros espaços tanto sociais quanto discursivos, que existem, já que as práticas feministas os (re)construíram, nas margens (ou "nas entrelinhas", ou "ao revés"), dos discursos hegemônicos e nos interstícios das instituições, nas contrapráticas e novas formas de comunidade (DE LAURETIS, 1994, p. 238).

Espaço-fora, ou *space-off*, é o termo adotado por De Lauretis para indicar esse espaço intersticial, intervalar, contra-hegemônico. O termo é cinematográfico, sabemos, e diz desse espaço não visível mas inferido a partir do que resta visível na imagem, como uma voz feminina – ou duas ou três – a romper com a totalização de sentido ao desestabilizar a cena, introduzindo nela elementos dissonantes e infinitamente variados, criando um outro espaço paralelo e concomitante ao que é visto. Nas narrativas mestras, cinemáticas ou não, os dois espaços são reconciliados e integrados, de modo a não restar contradição. Mesmo os pontos localizados fora da imagem ou fora-do-campo – atrás da câmera, em frente à tela – são reabsorvidos, num conjunto homogêneo e androcêntrico. Aqui, no cinema de Trinh, não há conjunto homogêneo, mas pontos de articulação entre a câmera, o mundo e o espectador.



Criar um filme e pensar o feminismo, se entendemos bem o que Trinh propõe, são ações que têm em comum a exigência de experimentar limites, dentre os quais o limite do próprio pensamento. É preciso pensar o impensável, ir além do limite do possível, se o que se quer é *trans*formação. É preciso criar pactos com a contradição, o heterogêneo, a variação e a incerteza. Tomar posição sempre, mas não fixar posições. Deslocar-se, não parar no escuro. Muitas encruzilhadas surgirão pela estrada, que não tem ponto certo de chegada, antes está viva. Avancemos por ela, buscando posições cada vez menos estanques e mais estratégicas, com os sentidos alertas e de fogo em punho.

## Referências Bibliográficas


ANDRADE, Fábio. "Um quarto só seu". In: MAIA; FLORES. *O cinema de Trinh T. Minh-ha*. Catálogo. Rio de Janeiro: Caixa Cultural, 2015, p. 87-91.

CÉSAR, Amaranta. "Mire na forma, atire no conteúdo". In: MAIA, Carla; FLORES, Luis Felipe. *O cinema de Trinh T. Minh-ha*. Catálogo. Rio de Janeiro: Caixa Cultural, 2015, p. 81-86.

DANEY, Serge. *A rampa*. São Paulo: Cosac Naify, 2007.

DE LAURETIS, Teresa. "A tecnologia do gênero". In: HOLLANDA, Heloísa Buarque de (Org.). *Tendências e impasses*: o feminismo como crítica da cultura. Rio de Janeiro: Rocco, 1994, p. 206-242.

DOANE, Mary Ann. "A voz no cinema: a articulação de corpo e espaço". In: XAVIER, Ismail (Org.). *A experiência do cinema*: antologia. Rio de Janeiro: Edições Graal: Embrafilme, 1983.

GUIMARÃES, César. "Habitar, cantar, filmar". In: MAIA, Carla; FLORES, Luis Felipe. *O cinema de Trinh T. Minh-ha*. Catálogo. Rio de Janeiro: Caixa Cultural, 2015, p. 65-74.

MESQUITA, Cláudia. "Sobrenome Viet nome próprio Nam: histórias contra-heróis". In: MAIA, Carla; FLORES, Luis Felipe. *O cinema de Trinh T. Minh-ha*. Catálogo. Rio de Janeiro: Caixa Cultural, 2015, p. 75-80.

MONASSA, Tatiana. "Remontagem". In: MAIA, Carla; FLORES, Luis Felipe. *O cinema de Trinh T. Minh-ha*. Catálogo. Rio de Janeiro: Caixa Cultural, 2015, p. 59-63.

TRINH, Minh-ha T. *Cinema interval*. New York: Routledge, 1999.

______. "A busca totalizante do significado". In: MAIA, Carla; FLORES, Luis Felipe. *O cinema de Trinh T. Minh-ha*. Catálogo. Rio de Janeiro: Caixa Cultural, 2015, p. 29-50.

______. "Não pare no escuro (Declaração da artista)". In: MAIA, Carla; FLORES, Luis Felipe. *O cinema de Trinh T. Minh-ha*. Catálogo. Rio de Janeiro: Caixa Cultural, 2015, p. 21-28.

______. "Questões de imagem e política". In: MAIA; FLORES. O cinema de Trinh T. Minh-ha, p. 57 MAIA, Carla; FLORES, Luis Felipe. *O cinema de Trinh T. Minh-ha*. Catálogo. Rio de Janeiro: Caixa Cultural, 2015, p. 51-57.

# COLABORADORAS E COLABORADORES



## Alcilene Cavalcante

Professora da Faculdade de História da Universidade Federal de Goiás - UFG. Doutora em Letras: Estudos Literários pela Universidade Federal de Minas Gerais - UFMG. Autora de *Uma escritora na Periferia do Império: vida e obra de Emília Freitas* (2008), de *A ação pastoral dos bispos da diocese de Mariana (MG/Brasil): mudanças e permanências* (2016) e de diferentes artigos sobre cinema e gênero em periódicos e livros nacionais e estrangeiros.

## Alessandra Meleiro

Pós-doutora junto à University of London (School of Oriental and African Studies/ Media and Film Studies). Professora do Bacharelado e Pós-Graduação em Imagem e Som da Universidade Federal de São Carlos (UFSCar). Autora do livro *O Novo Cinema Iraniano: uma opção pela intervenção social*, organizadora das coleções *Cinema no mundo: indústria, política e mercado* e *A indústria Cinematográfica e Audiovisual Brasileira*, dentre outros.

## Alessandra Soares Brandão

Professora do Programa de Pós-Graduação em Inglês e do Curso de Cinema da Universidade Federal de Santa Catarina. Co-organizou as obras *Políticas dos Cinemas Latino-Americanos* (2012), *Cinema, Globalização, Transculturalidade* (2013) e *A sobrevivência das imagens* (2015), tendo também publicado capítulos de livros e artigos em periódicos nacionais e internacionais.

## Ana Catarina Pereira

Docente na Universidade da Beira Interior e doutorada em Ciências da Comunicação, na vertente Cinema e Multimedia, pela mesma universidade. É directora da licenciatura em Ciências da Cultura e representante da Faculdade de Artes e Letras na Comissão de Igualdade da UBI. Investigadora do centro LabCom.IFP, desenvolve pesquisa nas áreas de Estudos Feministas Fílmicos, Pedagogia e Artes. Sendo uma das fundadoras da Conferência Internacional de Cinema e Outras Artes, realizada anualmente na UBI, é também coordenadora do GT de Estudos Fílmicos da SOPCOM.

### Ana Maria Veiga

Doutora em História, com a tese *Cineastas brasileiras em tempos de ditadura: cruzamentos, fugas, especificidades*. Tem pós-doutorado Interdisciplinar em Ciências Humanas. É professora do Departamento de História e do PPGH, da UFPB, e editora das revistas *Saeculum* e *Estudos Feministas*.



### Ana Paula Alves Ribeiro

Antropóloga, doutora em Saúde Coletiva, é professora adjunta da Faculdade de Educação da Baixada Fluminense e do Programa de Pós-Graduação em Educação, Cultura e Comunicação em Periferias Urbanas (PPGECC), da Universidade do Estado do Rio de Janeiro.

### Carla Maia

Curadora e pesquisadora de cinema, é doutora em Comunicação Social pela FAFICH/UFMG, professora do curso de Cinema e Audiovisual do Centro Universitário UNA de Belo Horizonte e integrante da Associação Filmes de Quintal.

### Cecília Mello

Professora de cinema no Departamento de Cinema, Rádio e Televisão da ECA-USP. É autora de diversos artigos e capítulos de livro no Brasil e no exterior. Organizou, entre outros, os livros *Realism and the Audiovisual Media* (com Lúcia Nagib, Palgrave Macmillan, 2009) e *Realismo Fantasmagórico* (PRCEU - Cinusp, 2015). Seu livro *The Cinema of Jia Zhangke: Realism and Memory in Chinese Film* foi publicado em 2019 pela Bloomsbury (Londres, Reino Unido).

### Clarisse Maria Castro de Alvarenga

Professora da Faculdade de Educação, da UFMG, doutora em Comunicação Social (UFMG) e pós-doutora pelo PPGAS do Museu Nacional (UFRJ). É autora do livro *Da cena do contato ao inacabamento da história* (Edufba, 2017), tendo dirigido filmes como *Ô, de casa!* (2007) e *Homem-peixe* (2017).

Flávia Cesarino Costa

Professora no Departamento de Artes e Comunicação, da Universidade Federal de São Carlos. Doutora em Comunicação e Semiótica, pela Pontifícia Universidade Católica de São Paulo, tem pós-doutorado na Escola de Comunicações e Artes, da Universidade de São Paulo (ECA-USP) e é autora de *O primeiro cinema: espetáculo, narração, domesticação* (Rio de Janeiro: Azougue, 2005) e de artigos sobre cinema brasileiro. Pertence ao Cinemídia – Grupo de Estudos sobre História e Teoria das Mídias Audiovisuais.

Janaína Oliveira



Pesquisadora e curadora, é doutora em História, professora no IFRJ (Instituto Federal do Rio de Janeiro), e Fulbright Scholar no Centro de Estudos Africanos na Universidade de Howard, em Washington D.C., nos EUA. Atualmente, é curadora do Encontro de Cinema Negro Zózimo Bulbul (RJ) e do FINCAR (Festival Internacional de Realizadoras / PE). É também consultora de filmes da África e da diáspora negra para o Festival Internacional de Locarno (Suíça). Faz parte da APAN (Associação dos Profissionais do Audiovisual Negro). É idealizadora e coordenadora do FICINE, Fórum Itinerante de Cinema Negro (www.ficine.org)

Juily Manghirmalani

Mestre em Imagem e Som (UFSCAR). Suas pesquisas possuem como escopo os cinemas indianos, gênero e sexualidade. É cineasta, trabalha com direção de documentários e videoclipes, como também, faz produção de arte para filmes e séries.

Karla Holanda

Professora do Departamento de Cinema e Video e do Programa de Pós-Graduação em Cinema e Audiovisual (PPGCine), da Universidade Federal Fluminense. É coordenadora do grupo de pesquisa Documentário e Fronteiras. Pesquisa autoria feminina e documentário, tendo publicado livros e artigos, destacando-se a organização do livro *Feminino e Plural: mulheres no cinema brasileiro* (2017). Como cineasta, dirigiu, dentre outros, *Kátia* (2013).

Letícia Moreira

Mestranda no Programa de Pós-Graduação em Multimeios, no Instituto de Artes da Universidade Estadual de Campinas. Graduada em Comunicação Social – Produção em Comunicação e Cultura pela Universidade Federal da Bahia. Tem experiência na área de Comunicação, com ênfase em Estudos da Recepção, Crítica e Teorias Feministas de Cinema.

### Mariana Baltar

Doutora em Comunicação. É bolsista de produtividade do Cnpq (Pq 2) e professora da graduação e do Programa de Pós-graduação em Cinema e Audiovisual (PPGCine), da UFF. Publicou diversos artigos entre eles: "Atrações e prazeres visuais em um pornô feminino" (2015); "Real sex, real lives – excesso, desejo e as promessas do real" (2014) e organizou o livro *E Pornô, tem pornô? Panorama of Brazilian Porn* (2018), editado pela Mimesis Internacional.



### Marina Cavalcanti Tedesco

Professora na Universidade Federal Fluminense, com experiência em roteiro, direção e fotografia. Entre suas principais publicações estão a organização dos livros *Corpos em projeção: gênero e sexualidade no cinema latino-americano* (2013), *Feminino e plural: mulheres no cinema brasileiro* (2017) e o capítulo sobre cinema no livro *Explosão feminista: Arte, cultura, política e universidade* (2018).

### Maurício de Bragança

Graduado em História e Cinema, com Mestrado em Comunicação e Doutorado em Letras, pela UFF. Atualmente, é professor do Departamento de Cinema e Video e do Programa de Pós-Graduação em Cinema e Audiovisual, da UFF. Co-organizou, em 2013, o livro *Corpos em projeção: gênero e sexualidade no cinema latino-americano* (7Letras).

### Natalia Christofoletti Barrenha

Doutora em Multimeios pela Universidade Estadual de Campinas – UNICAMP. Autora de *A experiência do cinema de Lucrecia Martel: resíduos do tempo e sons à beira da piscina* (2014). Realiza pesquisa de pós-doutorado no PPG Teoria e História Literária da UNICAMP, com apoio da CAPES.

### Neide Jallageas

Pesquisadora, ensaísta, curadora e docente, criou a Kinoruss Edições e Cultura, especializada em pesquisa e publicações de ensaios teóricos sobre cultura e arte rus-

sas. Pós-doutora em Meios e Processos Audiovisuais (ECA/USP) e em Literatura e Cultura Russa (FFLCH/USP) (2010-2014), com Estágio de Pesquisa em Moscou (2012), sob tutoria de Naum Kleiman, junto aos arquivos de Serguei Eisenstein, no Museu de Cinema Russo. Possui doutorado sobre Tarkóvski (PUC-SP) e mestrado sobre fotografia, literatura e vídeo (ECA/USP).

### Patrícia Machado

Doutora em Comunicação e Cultura pela ECO-UFRJ, professora do curso de Comunicação Social (cinema) da PUC-Rio e co-organizadora do livro *Imagens em disputa – cinema, vídeo, fotografia e monumento em tempos de ditadura* (7Letras, 2018) e do e-book *Arquivos em Movimento* (ed.FGV, 2017).



### Patrícia Mourão

Curadora com pós-doutorado no Departamento de Artes Visuais, da Universidade de São Paulo, e doutorado no departamento de Meios e Processos Audiovisuais da mesma universidade, com período sanduíche na Columbia University. Entre suas principais publicações, encontram-se textos sobre o cinema experimental norte-americano, Jonas Mekas, Stan Brakhage e Hollis Frampton.

### Ramayana Lira de Sousa

Professora do Programa de Pós-Graduação em Ciências da Linguagem e do Curso de Cinema e Audiovisual da Universidade do Sul de Santa Catarina. Co-organizou as obras *Políticas dos Cinemas Latino-Americanos* (2012), *Cinema, Globalização, Transculturalidade* (2013) e *A sobrevivência das imagens* (2015), tendo também publicado capítulos de livros e artigos em periódicos nacionais e internacionais.

### Regina Gomes

Doutora em Ciências da Comunicação pela Universidade Nova de Lisboa (especialidade em Cinema), professora no Programa de Pós-Graduação em Comunicação e Cultura Contemporâneas, da Universidade Federal da Bahia, onde também é coordenadora do Grupo de Pesquisa Recepção e Crítica da Imagem – GRIM. Tem experiência na área de Comunicação, com ênfase em Estudos de Recepção, Análise e Crítica de Cinema e Audiovisual.

Roberta Veiga

Professora doutora do Departamento de Comunicação e do PPGCOM, da UFMG; editora da Revista Devires: Cinema e Humanidades; coordenadora do grupo de pesquisa Poéticas Femininas, Políticas Feminista: a mulher no cinema (UFMG); tradutora do livro *Nothing Happens: Chantal Akerman's Hyperrealist Everyday* (2016); autora de capítulo no livro *Feminino e Plural: mulheres no cinema brasileiro* (2017).

Wagner Pinheiro Pereira

Historiador e atualmente professor de História da América e de História da Arte e da Cultura Audiovisual, dos cursos de História e de Relações Internacionais, da Universidade Federal do Rio de Janeiro (UFRJ). Coordenador do Laboratório de História, Cinema e Audiovisualidades (LHISCA) e Editor-Chefe da *Revista Poder & Cultura* (ISSN: 2359-1072).

Coordenação geral: Numa Editora
Conselho editorial: Adriana Maciel
Fred Coelho
Lia Duarte
Mauro Gaspar
Marina Lima
Raïssa de Góes

Organização: Karla Holanda
Projeto gráfico: Luiz Garcia
Revisão: Antonio David
Rava Vieira

H722m

Holanda, Karla (org.) -
Mulheres de cinema - Rio de Janeiro:
Numa, 2019.
412 p.; 23 cm.
Inclui bibliografia
1ª edição atualizada

ISBN 978-85-67477-42-8

1. Mulheres no cinema: História. Título.

CDD - 791.4309

Este livro foi composto nas fontes Calluna e Gotham,
em papel Soft Pólen, 80g (miolo) e Cartão Supremo DuoDesign, 300g (capa).
Impresso na Gráfica Forma Certa. Setembro de 2019, Rio de Janeiro, Brasil.